The Second Story

스토리가 있어 재미있고, 친절한 해설이 있어, 읽다 보면 영단어가 머리에 쏙쏙!

어원으로
영단어
길들이기
The Second Story

下　박영로

 디아콘

머리말

영단어 길들이기는 이런 단어 학습이 가능합니다.

일상 속에 스며든 영단어를 활용해 어원습득이 가능
지하철 음성안내문, 거리의 간판, 제품명, 광고문구, 영화, 노래 가사에 나오는 영단어를 활용한 어원 분석 TIP를 제공하여 영단어가 공부가 쉽습니다.

어원 분석을 통한 영단어 공부로 인한 학습 부담 NO
누구나 알 수 있는 쉬운 단어를 활용한 친절한 어원 TIP를 제공하여, 어원을 통한 영단어 공부가 부담 없고, 즐겁습니다.

관련된 동의 어근을 수록하여 어원 응용과 적용이 쉬움
새로운 어원을 설명할 때마다 관련된 동의 어근이 적혀 있어, 어원을 활용한 영단어 공부가 습관이 되고, 영단어가 머릿속에 쏙쏙 이해되게 하였습니다.

기본 단어, 반의어와 동의어가 있어 기초가 튼튼한 영단어 학습가능
연습문제 앞에 기본 단어와 반의어·동의어를 수록하여, 영단어 기초를 튼튼히 할 수 있고, 연습문제를 통해 진단학습이 가능하게 했습니다.

그리스 로마신화를 통해 스토리가 있는 어원 공부 가능
우리가 흔히 쓰고 있으며, 그리스 로마신화와 관련이 있는 영단어를 대화체로 설명하여, 드라마를 보듯 생동감 있고, 재미있는 영단어 학습이 가능합니다.

상황별 우리말 대화로 마인드맵(mind map)을 하듯 영단어 복습 가능
새로운 어원 학습이 끝날 때마다, 상황별 우리말 대화로 배운 어원과 관련된 영단어를 복습할 수 있어, 마치 지도를 그리듯이 영단어를 마인드맵(mind map)하니, 영단어 공부가 지루할 틈이 없습니다.

어원 분석을 통해 영단어를 공부를 해야하는 이유
단어는 오늘 몇 개 암기하는 공부와 더불어, 지금까지 알고 있는 단어를 활용하여, 그 단어의 어원을 파악하여, 의미를 확대 재생산하는 생각하는 단어 공부가 되어야 합니다. 그리하여 어원을 분석한 어휘 책을 활용하여 다음과 같이 공부해야 온전히 단어가 내 것이 됩니다. 제1단계: 접두사를 활용하여 뜻이 긍정인지 부정인지 파악하고, 제2단계: 알고 있는 단어로 어원을 익히고 뜻을 유추하며, 제3단계: 접미사를 통하여 첨가된 의미와 품사를 파악합니다. 접미사는 핵심품사(형용사, 부사, 명사, 동사: 일명-형부명동)를 결정합니다. 품사를 아는 것은 영문법에 매우 중요합니다. 왜냐하면 올바른 영어 문장은 각각의 품사를 위치에 맞게 질서 있게 배열해 놓은 것이기 때문입니다. 영단어 길들이기는 이러한 생각을 충실히 반영하려고 최선을 다했습니다.

박 영 로

1. 생활 속 영단어로 어원 친해지기

카페베네(caffe bene)

caffe + bene
(good)

즉, bene는 '좋은' 의미를 갖고 있어.

좋은 의미라고...

benediction : bene(good)+dict(to say)+ion(명접) → 좋게 말해주는 것 → 축복, 덕담

benefactor : bene(good)+fact(to make)+or(사람) → 좋은(행위를) 만드는 사람 → 후원자

beneficent : bene(good)+fic(to make)+ent(형접) → 좋게 만들어 주는 → 도움을 주는

beneficiary : bene(good)+fic(to make)+ary(사람) → 좋게 만들어진 것을 받는 사람 → 수혜자

2. 어원 분석으로 영단어 공부 극대화

접두사+**어근**+**접미사**로 구성되어 있는 영단어에서, 접두사는 단어(**어근**) 앞에 붙어서 새로운 단어를 만들어 내고, 어근은 말 그대로 실질적 의미를 나타내는 중심이 되는 부분, 접미사는 단어(어근) 뒤에 붙어서 영어의 핵심품사인 형용사, 부사, 명사, 동사(일명: **형부명동**)를 만든다.

접두사 + 어근 + 접미사

3. 쉬운 단어 활용한 어원 공부

아이돌(idol=우상) 그룹 INFINITE(인피니트)의 IN은 부정 in+finite(유한한) → 유한하지 않은 → 무한한 → 끝이 없이 흥하라는 의미로 그룹 이름을 지었겠고, 참고로 finish를 생각하면 쉽게 이해됨

in+active(활동적인) → **활동적이지 않는,**
in+equality(평등) → **불평등**
in+human(인간적인) → **비인간적인**

4. 어휘책의 순서(60회)

접두사(1~11회)

○ 앞·뒤, 위·아래, 안·밖, 사이·관통, 부정·반대·긍정, 분리·이탈·결합, 숫자, 기타 순(順)

○ **앞**이 있으면 **뒤**가 있을 것이고, **위**가 있으면 **아래**를 의미하는 접두사가 있을 것이라 생각하면서 공부

앞에 해당되는 접두사

ex) AD- A- : ~로(to), ~쪽으로(toward), ~의 가까이에(near), 강조(intens)

ANTE- : 전에(before)

FORE- : 미리, 앞, 이전(beforehand, front, before)

PRE- : 전에(before), 미리(beforehand), 앞에(fore)

PRO- : 앞으로(forward), 전방으로(forth)

접두사 1 앞

PRE- : 전에(before), 미리(beforehand), 앞에(fore)

○ premature[prìːmətʃúər]

○ pre(before)+mature(무르익은) : '때가 되기 전에 익었다'는 것은 → a. ① (시간이면) **시기상조의** ② (생각이면) **성급한** ③ (태아면) **조산**의 의미를 갖는 것은 상식이지

○ premature infant(baby) **조산아**

○ premature judgment **성급한 판단**

○ The number of **premature** births has increased.
조산아 수가 증가하고 있다.

우리말 대화로 단어 복습하기

가. 은행을 **속이고(deceive)** 금융 동결을 **해제시킬(defrost)** 목적으로 서류를 **위조한(counterfeit)** 범인들이 체포되었다는군?

나. 한두 명이 아니었을 텐데. **체포(arrest)**과정에서 불상사는 없었고?

5. 어근(339개 어근을 알파벳 순서로 어원분석)

어근 1 act, ag 부터 어근 339 war, ward 까지

6. 기본어휘 정리(A~Z) (동의어, 반의어 수록)

○ ability[əbíləti] n. **능력, 할 수 있음** ↔ inability 무능력

○ absence[ǽbsəns] n. **결석, 결근, 부재**
↔ presence 출석, 참석

○ absolute[ǽbsəlùːt] a. **절대적인**↔relative 상대적인, 비교적인

○ abstract[ǽbstrǽkt]a **추상적인, 이론적인**↔concrete 구체적인

○ accelerate[æksélərèit] v. **빠르게 하다, 가속하다**
↔ decelerate 더디게 하다, 감속하다

○ accept[æksépt] v. **받아들이다** ↔ refuse,decline, reject

거절하다, 거부하다

○ accord[əkɔ́ːrd] v. **일치하다, 조화하다** ↔ discord 불일치하다, 부조화하다

7. 연습문제를 통한 진단학습

01. 제시된 단어 중 의미가 가장 적절한 것을 찾아 괄호 안에 넣으시오.

ⓐ recession ⓑ revise ⓒ pros and cons ⓓ acknowledge
ⓔ postmortem ⓕ afford ⓖ asset ⓗ prolong ⓘ preclude
ⓙ recommend ⓚ assimilate ⓛ withhold ⓜ forearm
ⓝ represent ⓞ absurd ⓟ account

1) (　) : 여유가 있다　　2) (　) : 계좌

3) (　) : 보류하다　　　4) (　) : 부검

5) (　) : 배제하다　　　6) (　) : 자산

7) (　) : 불황　　　　　8) (　) : 대표하다

8. 그리스 로마신화로 어원 익히기

제우스가 미움, 시기, 질투, 화냄, 두려움 등 온갖 병들이 가득한 상자를 pandora에게 준거야.

판도라는 상자를 열게 되었고 온갖 병들이 나오게 됐어. 희망만 빼고…

○ Pandora[pændɔ́ːrə] → pan(all)+dora(gift, 선물) → 모든 선물
  - 인류 최초의 여자 Pandora는 제우스가 인간을 벌하기 위한 '모든 선물'을 의미함

○ pandemic[pændémik] → pan(all)+dem(people)+ic(접미사) → 모든 사람에게 도는 → 전 세계(전국적인) 유행병

The First Story

영단어 길들이기. 목차

• 1. 접두사 •

앞 · 뒤/위 · 아래/안 · 밖 · 사이 · 관통/
부정 · 반대 · 긍정/분리 · 이탈/결합 · 숫자/기타 순(順)

에 반대하여(against), 반대로(contrary) p66 / **DIS-, DI-** : 반대의(opposite of), 부정(not), 박탈하다(deprive of), 결함·부족(lack), 반대로 하다(do the opposite of) p68 / **FOR-** : 반대.부정(against) p70 / **IN-, IL-, IM, IR-, NON-** : 아닌(not, un, without) p70 / **MAL-, MALE-** : 악한, 나쁜(evil, ill, bad, wrong) p73 / **MIS-** : 나쁜, 나쁘게, 잘못된, 잘못하여(bad, badly, wrong, wrongly) p75 / **OB-** : 대항하여(against), 방해가 되어(in the way), 위에(over) p76 / **UN-** : ~이 아닌(not), ~이 부족한(lack of), ~의 반대로 하다(do the opposite of), ~에서 벗어나다 (remove or release from) p78

● **2. 어근** ●

The Second Story

········· ● **정답과 해설** ● ·········

어근 164 MEMO : 기억하다(to remind, remember)

862. memorial [məmɔ́ːriəl]
memo(to remember)+r+ial(형접)

'기억하는 것' 이 → n. ① **기념비(적인 것)** ② **기념물** ③ **기념식**
　　　　　　　　　　　　a. ① **기념의** ② **추도의**가 된 거지
- **memo**ry[méməri] n. ① **기억(력)** ② **기억(하는 시간적 범위)** ③ (과거의)
　　　　　　　　　　　기억 ④ **추억** ⑤ **회상** ⑥ (컴퓨터의) **기억 장치**
- **memo**ir[mémwaːr] n. ① **회고록** ② **전기**
- **memo**rize[méməràiz] v. **암기하다**
- **memo**rization[mèmərəzéiʃən] n. **암기**
- **re**membrance[rimémbrəns] n. ① **추모** ② **추도** ③ **기념물**
- **memorial** day **현충일**
- syn. **cenotaph**(기념비), **monument**(기념물), **commemorative**(기념의)

We can come up with a more decent **memorial**.
우리는 더욱 품격 있는 기념식을 제안할 수 있다.
① **come up with** 제안하다, 세우다 ② **decent**[díːsənt] 품위 있는

863. memorandum [mèmərǽndəm]
memo+ran+dum(명접)

'메모를 하는 것' 이 → n. ① (약속을 지키겠다는 내용을 적은 거면) **각서** ② (특정 주제에 대해서 쓰면) **제안서** ③ (여럿이 돌려보려는 거면) **회람**이라고 하지
- **mem**ento[məméntou] n. (사람·장소를 기억하기 위한) **기념품**
- **memorandum** of understanding 양해각서(MOU)
- syn. **proto**col(초안, 원안)

The Department's guidance in this **memorandum** rests on its expectation.
이 제안서에서 국무성 지침은 부서의 기대치를 반영한다.

864. monument [mɑ́njumənt]
monu(to remind)+ment(명접)

'기억하려고' 만든 것을 → n. ① **기념물** ② **건축물** ③ **기념비적인 것** 이라고 하지
- **monu**mental[mɑ̀njuméntl] a. ① **엄청난** ② **기념비적인** ③ **기념이 되는**
- natural **monument** 천연기념물
- syn. **memo**rial(기념물), **commemo**ration(기념)

A review was conducted of the Washington **Monument**.
워싱턴 기념비에 대한 검토가 이루어졌다.

865. commemorate [kəmémərèit]
com(intens)+memo(to remind)+ate(동접)

'강하게 기억하는 것' 이 → v. (중요 인물·사건을) **기념하다**가 된 거지
- **commemo**ration[kəmèməréiʃən] n. ① (중요 인물·사건의) **기념** ② **기념행사**
- syn. **celeb**rate(축하하다, 거행하다)

The surviving veterans are gathering to **commemorate** the 69th anniversary.
생존 예비역들이 69주년을 기념하기 위해 모여들었다.

866. amnesia [æmníːʒə]
a(not)+mnes(mind)+ia(병, 명접)

'기억나지 않는 것'을 → n. ① **기억 상실** ② **기억상실증**이라고 하지
- a**mnes**iac[æmníːziæk] n. **기억상실증 환자** a. **기억상실증의**
- pa**ramnes**ia[pæræmníːʒə] n. **기억 착오**
- a**mnes**ty[æmnəsti] n. ① **사면** ② (범행·무기의) **자진 신고 기간**

> Historical **amnesia** will lead to the resurgence of its militarism.
> 역사에 대한 기억 상실은 군국주의 부활을 초래할 것이다.
> ① resurgence 부활 ② militarism[mílətərizəm] 군국주의

■■■ 우리말 대화로 단어 복습하기

가. 오늘의 **기념식(memorial)**에서 무엇이 진행되지?

나. 두 나라 간 **양해각서(memorandum)**를 교환하고, 양국의 우정을 **기념하는(commemorate) 기념물(monument)** 제막식이 있을 거야.

어근 165

MEN, MIN : 튀어나오다(to project) → '튀어나와 눈에 띄는' 것으로 이해할 것

---

867. eminent [émənənt]
e(out)+min(to project)+ent(형접)

'밖으로 튀어나온 것'이 → 세상에 널리 드러나 → a. ① **저명한** ② **탁월한** 것이 된 거지
- e**min**ence[émənəns] n. ① **저명** ② **고위** ③ **명성**
- e**mir**ate[imíərət] n. ① **아랍 토후의 신분** ② **토후국**
- e**mir**[əmíər] n. ① (이슬람 국가의) **왕** ② **통치자**
- syn. dis**tingu**ished(눈에 띄는), celebrated(유명한), outstanding (걸출한), conspicuous(눈에 띄는) ↔ ant. unknown(알려지지 않은)

> The **eminent** Russian scientist garnered headlines.
> 저명한 러시아 과학자가 헤드라인을 차지했다.
> garner 얻다, 모으다

---

868. imminent [ímənənt]
im(on)+min(to project)+ent(형접)

'위로 튀어나온' 것이 → a. ① **금방이라도 닥칠 듯한** ② **임박한** ③ **목전의** 일이라고 하지
- im**min**ence[ímənəns] n. ① **절박** ② **긴박** ③ **급박** ④ **절박한 일**
- pro**min**ent[prámənənt] a. ① **중요한** ② **두드러진** ③ **돌출된**
- syn. urgent(긴급한), impending(임박한)

> A transfer of ownership was **imminent**.
> 소유권 이전이 임박했다.

---

869. menace [ménis]
men(to project)+ace(명접)

'튀어나온 것'이 → 힘으로 으르고 협박하는 상황이면 → n. ① **위협적인 존재** ② (어조·분위기 등으로 느껴지는) **위협** ③ (법률적인) **협박** ④ **공갈** ⑤ **겁박** v. ① **위협하다** ② **협박하다**가 된 거지
- me**nac**ing[ménisiŋ] a. ① **위협적인** ② **협박을 가하는**

- syn. **in**tim**i**dation(협박), **co**ercion(강압), **blackmail**(협박,협박하다),
  threaten (협박하다), **in**tim**i**date(위협하다), **co**erce(강요하다)

Assad accepted the disarmament plan under **menace** of airstrikes.
아사드는 공중폭격 위협을 받고 군비축소 계획을 수용했다.
disarmament 군비축소, 무장해제

870. com**mence** [kəméns]
com(with)+men(to project)+ce(동접)

'함께 튀어나오는 것' 이 → v. (처음으로 일·행동을 하면) **시작하다**가 된 거지
- com**men**c**ement**[kəménsmənt] n.① **시작** ② **개시** ③ **학위 수여식** ④ **졸업식**
- **commencement** date of coverage 보험 보장개시일
- syn. **em**bark on(착수하다), **ini**tiate(시작하다)

The strike would **commence** at 12:01 a.m.
파업은 낮 12시 1분에 시작될 것이다.

■■■ **우리말 대화로 단어 복습하기**

가. 북한의 **임박한(imminent)** 핵 **위협(menace)**을 해결할 방안은 없는 걸까?
나. **탁월한(eminent) 협상가(negotiator)**가 나타나 근본적인 문제 해결을 **시작했으면(commence)** 좋겠어.

어근 166	MENT : 마음·정신(mind), 생각하다(to think) → 정신이 맑아야 올바른 생각이 나오지
	※ **동의어근 ANIM(어근9) / PSYCH(어근237)**

871. **ment**al [méntl]
ment(mind)+al(형접)

'정신의' 는 → a. ① **정신의** ② **마음의** ③ **정신적인** ④ (정상이 아니면) **미친**
거라고 하지
- **de**trim**ent**al[dètrəméntl] a. ① **해로운** ② **유해한**
- **mental** age 정신 연령   • **mental** retardation 정신 지체
- **mental** culture/breakdown/disorder/asylum **정신 수양/쇠약/장애/병원**
- syn. **psycholog**ical(정신적인), **in**sane(미친)

There is an inability to tell right from wrong because of a **mental** disease.
정신질환 때문에 옳고 그름을 구별하지 못한다.
tell A from B A와 B를 구별하다

872. **ment**ion [ménʃən]
ment(to think)+ion(명접)

'생각하는 것' 을 말하면 → v. ① **언급하다** ② **말하다** n. ① **언급** ② **거론**이 되는 거지
- com**ment**[kάment] n. ① **논평** ② **의견** v. ① **논평하다** ② **견해를 밝히다**
- com**ment**ary[kάməntèri] n. ①(라디오 · 텔레비전의) **실황 방송** ② **논** ③ **해설**
- com**ment**ator[kάməntèitər] n. **해설자**
- syn. **state**(말하다), **re**fer to(언급하다)

It is a lot of political anecdote, not to **mention** 20th century history.
20세기 역사는 말할 것도 없이, 많은 정치적 일화가 있다.
anecdote[ǽnikdòut] 일화

873. **dementia** [diménʃə]
de(out from)+ment(mind)+ia(병, 명접)

'정신이 밖으로 벗어난 상태' 를 → n. **치매**라고 하지
- Alzheimer's **disease** 노인성 치매

> Repeated blows to the head can lead to **dementia**.
> 머리에 반복적인 타격은 치매로 이어질 수 있다.

874. **reminiscent**
[rèmənísnt]
re(again)+min(to think)+isc+ent(형접)

'다시 생각하는 것' 을 → a. ① **연상시키는** ② (흐뭇한 마음으로) **추억에 잠긴** 듯한 거라고 하지
- **reminiscence**[rèmənísns] n. ① **회상** ② **추억** ③ **연상시키는 것**
- **remind**[rimáind] v. ① **상기시키다** ② **생각나게 하다**
- syn. **suggestive**(암시하는), **evocative**(환기시키는)

> Twisters more **reminiscent** of spring than fall savaged communities.
> 가을 보다는 봄을 연상시키는 토네이도가 지역사회를 무참히 공격했다.
> **savage** 야만적인, 잔인하게 공격하다

■■■ 우리말 대화로 단어 복습하기

가. 최근 **정신적인(mental)** **치매(dementia)** 증세**(symptom)**로 고통 받고 있는 노인들을 비하하는 행위가 문제가 됐다는데?

나. 사회학자들은 나치의 **선전(propaganda)** **선동(sedition)**같이 비열한 짓을 **연상시킨(reminiscent)**다고 **말했어(mention)**.

어근 167

MERCE : 거래하다(to trade) → (거래하는 장소) 시장(market) → (거래하고 남은 물건)을 친절 (favor)하게 배품으로 이해 / 로마의 '**무역, 상인, 여행자 신**' 머큐리(Mercury)에서 기원함

875. **commerce** [káməːrs]
com(together)+merce(to trade)

'함께 거래하는 것' 이 → n. ① **상업** ② **무역**이지
- **commercial**[kəmə́ːrʃəl] a. ① **상업의** ② **상업적인** ③ **민영의**
- social **commerce** 소셜커머스: 반값 할인쿠폰 공동구매 웹사이트
- **commercial** paper 기업 어음(CP) • **commercial** vehicle **상용차**
- Chamber of **Commerce** 상공 회의소 • syn. **trade**(무역)

> E-**commerce** companies make everything.
> 전자상거래 회사들은 모든 제품을 만든다.

876. **merchandise**
[mə́ːrtʃəndàiz]
merchan(to trade)+d+ise(동접)

'거래할 목적으로 만든' 것이 → n. ① **상품** ② **물품** ③ (홍보용) **상품** ④ **제품**
v. (광고 등을 이용하여 물품을) **판매하다**가 된 거지
- **merchandising**[mə́ːrtʃəndàiziŋ] n. ① **판매** ② **판촉** ③ **캐릭터 상품**
- **merchant**[mə́ːrtʃənt] n. ① **상인** ② **무역상** a. ① **해운의** ② **상선의**
- syn. **product**(제품), **goods**(상품), **commodities**(상품), **wares**(제품, 물건)

> The flood of commemorative **merchandise** has risen fast and furious.
> 기념상품이 홍수처럼 밀려들고 있고 기세가 엄청났다.
> **commemorative**[kəmémərèitiv] 기념하는

877. mercy [mə́ːrsi]
merc(favor)+y(명접)

'(적에게도) 호의를 베푸는 것' 을 → n. **자비**라고 하지
- **merci**ful[mə́ːrsifəl] a. **자비로운**
- **merci**less[mə́ːrsilis] a. ① **무자비한** ② **무정한**
- at(on) the **mercy** of ① **~에 휘둘리는** ② **~에 맡겨** ③ **~처분대로**
- syn. len**ity**(자비), char**ity**(자비), com**passion**(동정)

> They'd be left at the **mercy** of high premiums.
> 그들은 높은 보험료에 휘둘리게 될 것이다.
> **premium** 보험료

◆ **어원 TIP**
- **mercen**ary[mə́ːrsənèri] → merce(to trade)+ary(관계가 있는, 형접) → (돈을 목적으로) **거래되는 것과 관계가 있는** → **용병, 돈이 목적인**
- market → mar(to trade)+et(장소) → **거래하는 장소** → **시장**

◆ **어휘 플러스**
mart 매매시장 / mercur**ial** 변덕스러운, 수은의

■■■ 우리말 대화로 단어 복습하기
가. 사람의 온기와 정을 느낄만한 곳을 **추천(recommendation)**해주겠니?
나. **상품(merchandise)**을 거래하는, **상업(commerce)**의 중심지라 할 수 있는, 전통시장이 정과 **자비(mercy)**가 넘쳐나는 곳이지.

어근 168

MERG, MERS(E) : 가라앉다(to sink under), 담그다(to dip), 돌진하다(to plunge)

---

878. merge [məːrdʒ]
merg(to sink under)+e(동접)

'가라앉게 하는(해체하여)' 것이 → 둘 이상의 단체나 조직, 국가 등을 하나로 하면 → v. ① **합병하다** ② **합치다** ③ **융합되다** ④ **녹아들다**가 된 거지
- **merg**er[mə́ːrdʒər] n. **합병**
- **merger** and acquisition **인수 합병(M&A)**
- syn. **integrate**(통합하다), **amalgamate**(합병하다), **consolidate**(합병하다), **combine**(결합하다) → ant. **separate**(분리하다)

> The company **merger** has produced the new biotechnology.
> 그 회사의 합병이 새로운 생명공학을 탄생시켰다.

---

879. emerge [imə́ːrdʒ]
e(out)+merge(to dip)

'가라앉은 것이 밖으로 나와' → v. ① (어둠 속이나 숨어 있던 곳에서) **모습을 드러냈다** ② (사실·생각 등이) **드러나다** ③ **나타나다** ④ (어려움에서) **벗어나다**가 된 거지
- **emerg**ence[imə́ːrdʒəns] n. ① **출현** ② **발생** ③ **탈출**
- **emerg**ency[imə́ːrdʒənsi] n. ① **비상(사태)** ② **응급**
  cf. con**ting**ency 만일의 사태

- **emergent**[imə́:rdʒənt] a. ① 신흥의 ② 신생의
- **emerging**[imə́:rdʒiŋ] a. ① 신흥의 ② 최근에 생겨난
- **emeritus**[imérətəs] a. 명예직의   • **emerging** market 신흥 시장
- syn. **sur**face(수면으로 떠오르다), turn up(나타나다). **ap**pear(나타나다)

> The United States prevents the **emergence** of a nuclear–armed Iran.
> 미국은 핵무장한 이란의 출현을 막았다.

880. **im**merse [imə́:rs]
im(in)+merse(to dip)

'안으로 담그는 것' 이 → v. ① **담그다** ② (열중하는 정신이면) **몰두하다**가 된 거지
- **im**merg**e**[imə́:rdʒ] v. ① 뛰어들다 ② 가라앉다 ③ 사라지다
- **im**mers**ion**[imə́:rʒən] n. ① 담금 ② 몰두 ③ 몰입
- be **immersed** in ① 깊이 빠지다 ② 몰두하다
- **immersion** course 몰입교육과정
- syn. **en**gulf(몰두하다), **en**gross(몰두하다), **ab**sorb(몰두하다)

> Such programs **immerse** children in the world of scientific research.
> 그러한 프로그램들은 아이들을 과학 탐구 세계에 빠져들게 한다.

◆ 어원 TIP
- **sub**merge → sub(under)+merge(to plunge) → 아래로 돌진하다 → 잠수하다, (생각 등을) 깊이 감추다

■ **우리말 대화로 단어 복습하기**

가. 지난해 인수 **합병(merger)**한 기업이 위기를 **극복하고(overcome)**, 정상**궤도(orbit)**에 올라선 것으로 **나타났다(emerge)**면서?

나. 전 임직원이 업무에 **몰두하고(immerse)** 노력한 결과지.

어근 169

META : 사이에서 바꾸다, 변화하다(to change)
※ 동의어근 MUTE(어근182)

881. **metabol**ism
[mətǽbəlìzm]
meta(to change)+bol(to throw)
+ism(명접)

'변화하도록 던지는 것' 을 → n. ① (묵은 것이 없어지고 새것이 생기면)
신진대사 ② (물질을 섭취하고 필요하지 않은 물질을 배출시키면) **물질 대사**
③ **대사**라고 하지

> Bacterium strain hinders the **metabolism** of the cells.
> 변종 박테리아가 세포의 신진대사를 방해한다.

882. **metamorpho**sis
[mètəmɔ́:rfəsis]
meta(to change)+morpho(shape)
+sis(명접)

'형태를 바꾸는 것' 을 → n. ① **변형** ② **변태** ③ **탈바꿈**이라고 하지
- syn. **transform**ation(변형)

It's one of the most radical **metamorphoses**.
그것은 급격한 변형 중 하나이다.

radical 근본적인

883. metaphor [métəfɔ̀:r]
meta(to change)+phor(to carry)

'바꿔서 지니는' 말이면 → n. ① **은유** ② **비유**이지
- **satire**[sǽtaiər] n. **풍자**
- **allegory**[ǽləgɔ̀:ri] n. ① **우화** ② **풍자**
- syn. **ana**logy(유추, 유사), **trope**(수사 어구) ↔ ant. sim**ile**(직유)

She sees it as a **metaphor** of life.
그녀는 그것을 삶의 은유로 보았다.

see A as B A를 B로 생각하다

884. metaphysics
[métəfíziks]
meta(to change)+physics

'변형 물리학' 은 → n. **형이상학**이 맞지?

We discuss **metaphysics** and epistemology.
우리는 형이상학과 인식론을 토론했다.

epistemology[ipìstəmάlədʒi] 인식론

885. metaplasm
[métəplæzm]
meta(to change)+plasm(form)

'형태 변화' 가 일어난 것을 → n. ① (생물) **후형질** ② **어형 변이**라고 하지
- **proto**plasm[próutouplæ̀zəm] n. **원형질**

A **metaplasm** is a change to the orthography of a word.
어형변이는 단어의 철자법 변화를 말한다.

orthography[ɔ:rθάgrəfi] 철자법

■■■■ 우리말 대화로 단어 복습하기

가. **신진대사(metabolism)**라는 단어의 **어형변이(metaplasm)**를 통한, 언어의 **변형(metamorphosis)**으로, 사물을 **비유(metaphor)**적으로 표현할 수 있나?

나. **엄청난(tremendous) 형이상학(metaphysics)**적 표현이 되겠는데...어려워.

| 어근 170 | METER, METR, MEAS : 측정하다(to measure) |

886. measure [mé3ər]
meas+ure(명접)

'측정하는' 것이 → ① **측정하다** ② (중요성 · 가치 · 영향을) **판단[평가]하다**
n. ① (문제나 사태를 해결하기 위한) **조치** ② (시행하는 방침이면) **정책**
③ (판단 · 측정의) **척도** ④ (기준이면) **단위**가 된 거지
- **meas**urement[mé3ərmənt] n. ① **측정** ② **치수** ③ **측량**
- ad**meas**ure[ædmé3ər] v. ① (토지 등을) **할당하다** ② **재다**
- syn. **evalu**ate(평가하다), **calcul**ate(계산하다, 평가하다), **gauge**(평가하다)

We adopt **measures** to ensure national security.
우리는 국가안보를 보장하는 대책을 채택했다.

887. **countermeasure**
[káuntərmèɜər]
counter(against)+measure(조치)

'대항하는 조치' 를 → n. ① **대책** ② **대응책** ③ **보호 조치**라고 하지
- syn. meas**ures**(대책), **steps**(대책)

National Tax Service had undertaken aggressive **countermeasures**.
국세청은 공격적인 대응책에 착수했다.

undertake 떠맡다, 착수하다

888. **dimension**
[dimén∫ən]
di(from)+mens+ion(명접)

'기준점에서 측정하는 것' 이 → n. ① **크기** ② **치수** ③ (상황의) **규모** ④ **차원**
⑤ **관점**이 된 거지
- d**imens**ional[dimén∫ənl] a. ① ~**차원의** ② ~**치수의**
- fourth dimension **4차원**
- syn. ex**tent**(크기)

The Museum adds a completely different **dimension**.
그 박물관은 완전히 차원이 다른 것을 추가했다.

889. **immense** [iméns]
im(not)+mense

'측정이 안 되는' 크기면 → a. ① **엄청난** ② **막대한** 이 되는 거지
- imm**eas**urable[imé3ərəbl] a. ① **헤아릴 수 없는** ② **측정할 수 없는**
- imm**ens**ity[iménsəti] n. ① **엄청남** ② **방대함**
- immense profits **막대한 이익**
- syn. v**ast**(거대한), h**uge**(막대한), tremend**ous**(엄청난)

His **immense** wealth led to the unchecked behaviors.
그의 엄청난 부가 제멋대로의 행동을 초래했다.

890. **symmetry** [símətri]
sym(together)+metr+y(명접)

'함께 측정한 것' 이 → n. ① (한쪽으로 치우치지 않게 나타나면) **균형** ② (서로 맞서는 거면) **대칭**이 되는 거지
- symm**etrical**[simétrikəl] a. ① **대칭적인** ② **균형이 잡힌** = symm**etric**
- a**symm**etry[eisímətri] n. ① **불균형** ② **어울리지 않음** ③ **비대칭**
- un**balance**[ʌnbǽləns] n. **불균형** v. ① (일·상황의) **평형을 깨뜨리다** ② (사람·사물의) **균형을 흔든다** ③ **마음의 평행을 잃게 하다**
- bilateral symmetry **좌우 대칭**
- syn. ba**lance**(균형), equilib**rium**(균형), pro**port**ion(균형, 비율)

The spring 2017 collection is heavily inspired by the **symmetry** and mysticism.
2017 봄 컬렉션은 대칭과 신비주의에서 많은 영감을 받았다.

mysticism 신비주의

- commensur**ate**[kəménʃərit] → com(with)+mensur(to measure)+ate(형접) → 함께 측정한 결과가 → (크기 · 중요도 · 자질 등에) **어울리는, 상응하는**
- medit**ate**[médətèit] → medi(to measure)+ate(동접) → (마음을) 측정하는 것이 → **명상하다**
- med**ical** → med(to measure)+ical(형접) → (사람의 병을) 측정하는 것이 → **의학의**

◆ 어휘 플러스
barometer 기압계, 바로미터 / **dia**meter 지름(p61) / **geometry** 기하학(p270) / **med**icine 약 / re**med**y 치료, 해결책

■ **우리말 대화로 단어 복습하기**
가. 문화재를 **보수(maintenance)**할 때 유의사항이 뭐가 있나요?
나. **치수(dimension)**와 좌우 **대칭(symmetry)**을 고려하지 않고, 적절한 **조치(measure)**와 **대응책(countermeasure)** 없이, 공사를 진행하면 **엄청난(immense)** 대가를 치르게 되지.

어근 171

MIGR : 이동하다(to move)　　※ 동의어근 MOB, MOV, MOT(어근175)

891. **migr**ate [máigreit]
migr+ate(동접)

'이동하는 것' 이 → v. ① **이주하다** ② **이동하다** ③ (컴퓨터) **이송하다**가 된 거지
- **migr**ation[maigréiʃən] n. ① (사람·철새·동물의 대규모) **이동** ② (컴퓨터) **이행**
- **migr**atory[máigrətɔ̀ːri] a. ① **이주하는** ② **이동하는**
- **migr**ant[máigrənt] n. ① (특히 일자리를 구하기 위한) **이주자** ② **철새**
- **migr**aine[máigrein] n. **편두통**(불어에서 유래)

The eggs hatch into larvae, which **migrate** to the lungs.
알이 부화해서 애벌레로 변해서, 폐로 이동한다.

892. **e**migr**ate** [émigrèit]
e(out)+migr+ate(동접)

'밖으로 이동하는' 것이 → v. ① **이민을 가다** ② (다른 나라로) **이주하다**가 된 거지
- **e**migr**ation**[èmigréiʃən] n. ① **이민** ② **이주** ③ **출국관리**
- **e**migr**ant**[émigrənt] n. ① **이민자** ② **이주민**
- **e**migr**e**[émigrèi] n. **망명자**

The composer applied for citizenship with the aim to **emigrate**.
그 작곡가는 이민 가려는 목적으로 시민권을 신청했다.

893. **im**migr**ate** [íməgrèit]
im(in)+migr+ate(동접)

'안으로 이동하는' 것이 → v. ① **이주해오다** ② **이주하다**가 된 거지
- **im**migr**ation**[ìməgréiʃən] n. ① **이민** ② **출입국 관리** ③ **이주**
- **im**migr**ant**[ímigrənt] n. ① **이민자** ② **이주민**
- **immigration** office **출입국 관리 사무소**

The survivors were trying to **immigrate** to the U.S. illegally.
생존자들은 미국으로 불법 이민을 시도하고 있었다.

가. 지난해 우리나라에서 해외로 **이주(emigration)**한 사람과, 국내로 **이주(immigration)**한 사람을 조사한 결과는 어떻게 나왔어?

나. **이동(migration)**으로 인한 인구 편차는 거의 없었어.

어근 172

MINISTER : 섬기다, 봉사하다(to serve) → 자신을 작게(mini)해서 일을 하는 사람(er)으로 이해 필요

894. minister [mínəstər]
minister(to serve)

'섬기는 사람' 을 → n. ① **장관** ② **각료** ③ **목사** ④ **공사** 같은 공직자를 말하지

- **ministry**[mínəstri] n. ① (정부의) **부처** ② (집합적) **목사**
- **ministerial**[mìnəstíəriəl] a. ① **장관의** ② **각료의**
- vice-**minister 차관**   • a cabinet **minister 각료**
- syn. **clergyman**(성직자), **priest**(성직자), **parson**(교구 목사), **preacher**(목사, 전도자), **pastor**(사제, 목사)

Vivian is the living civil rights leader and **minister**.
비비안은 살아있는 시민권 지도자이자 목사이다.

895. administer
[ədmínistər]
ad(to)+minister

'섬기는' 것이 → v. ① (어떤 일을 맡아 하면) **관리하다** ② (일을 시행하면) **집행하다** ③ (권한을) **부여하다** ④ (약을) **투여하다** ⑤ (조직·기구를 위한 거면) **운영하다**가 된 거지

- **administration**[ədmìnistréiʃən] n. ① **관리** ② **행정** ③ **집행** ④ **행정부** ⑤ (약물) **투여**
- **administrator**[ədmínistrèitər] n. ① **행정관** ② **관리자**
- **administrative** expense ① **일반 관리비** ② **행정 비용**
- syn. **manage**(관리하다), **direct**(지휘하다), **govern**(다스리다), **command**(지휘하다), **supervise**(감독하다)

Detectives failed to **administer** a complete Miranda.
수사관들은 온전한 미란다 원칙을 지키는 데 실패했다.

가. **장관(minister)**이 하는 일이 뭐지?

나. 각 **부처(ministry)**를 효율적으로 **관리하고(administer)** 국민들에게 봉사하는 직책을 말하지.

어근 173

MIR : 놀라다(to wonder)

896. miracle [mírəkl]
mir+acle(명접)

'놀라게 하는 것' 이 → n. ① **기적** ② **경이로운 산물**이 된 거지
- **mirage**[mirάː3] n. ① **신기루** ② **신기루 같은 것**
- syn. **marvel**(놀라운 일)

> I wanted to participate in a **miracle**.
> 나는 기적에 참여하기를 원했다.

897. admire [ædmáiər]
ad(to)+mire

'(누군가)에게 놀라서 하는' 것이 → v. ① (높여 공경하면) **존경하다** ② (마음속 깊이 느끼어 찬탄하면) **감탄하다** ③ (높이 평가하면) **칭찬하다** ④ (우러러 공경하면) **숭배하다**가 되는 거지
- **admiration**[ædməréiʃən] n. ① **존경** ② **감탄**
- **admiral**[ǽdmərəl] n. ① **해군 장성** ② **제독**
- **admirer**[ædmáiərər] n. ① **숭배자** ② (여자를) **흠모하는 남자**
- syn. **respect**(존경하다), **esteem**(존경하다), **adore**(숭배하다) ↔ ant. **despise**(경멸하다)

> Neighbors **admire** his dedication as well.
> 이웃들 역시 그의 헌신에 찬사를 보냈다.

898. marvelous [mάːrvələs]
marvel(to wonder)+ous(형접)

'놀라게 하는' 것이 → a. ① **놀라운** ② **믿기 어려운** ③ **멋진** 이 된 거지
- **marvel**[mάːrvəl] n. ① **놀라운 일** ② **경이로운 결과** ③ **업적** v. ① **경이로워하다** ② **경탄하다**
- **marble**[mάːrbl] n. ① **대리석** ② **구슬**
- a heart of **marble** ① **냉혹한 마음** ② **무정한 마음**
- syn. **extraordinary**(비범한), **amazing**(놀라운), **phenomenal**(경이적인), **remarkable**(놀랄만한), **miraculous**(놀라운), **surprising**(놀라운), **astonishing**(놀라운)

> Telescope has sent back images of the most **marvelous** phenomena.
> 망원경이 가장 놀라운 현상에 대한 이미지를 보내왔다.

◆ 어원 TIP
- **mirror** → mir(to wonder)+or(기구, 명접) → 놀라게 하는 기구 → 거울

▬▬ 우리말 대화로 단어 복습하기
가. **기적(miracle)** 같은 일이라고 세계가 우리를 **칭찬하고(admire)** 있는 이유가 뭐지?
나. 우리나라가 단시간에 **놀라운(marvelous)** 경제 발전과 성숙한 민주주의를 **달성(achievement)**한 것 때문이지.

어근 174 MISS, MISE, MIT : 보내다(to send)

899. mission [míʃən]
miss(to send)+ion(명접)

'보내는 것' 이 → n. ① (맡은 일 때문이면) **임무** ② (일로 외국에 가면) **사절단**
③ (신앙을 세상에 널리 알리는 거면) **전도**가 되는 거지
- missionary[míʃənèri] a. **선교의** n. **선교사**
- missile[mísəl] n. **미사일**
- syn. assignment(임무), vocation(소명)

> The **mission** would be part of the Pentagon's national security
> strategy.
> 그 임무는 미 국방부의 국가 안보전략의 일부가 될 것이다.

900. admit [ædmít]
ad(to)+mit(to send)

'근접하여 보내는 것' 이 → v. ① (옳거나 확실하여) **인정하다** ② (내용이나 사실이
옳다고 인정하여) **시인하다** ③ (허락하면) **허가하다** ④ (병원에) **입원시키다**가
된 거지
- admission[ædmíʃən] n. ① **입학** ② **입장** ③ **인정** ④ **입장료**
- admittance[ædmítns] n. ① **입장** ② **들어감**
- syn. acknowledge(인정하다), accept(인정하다), concede(시인하다),
  recognize(인정하다), confess(고백하다) ↔ ant. deny(부인하다)

> The company did not **admit** the allegations.
> 회사는 혐의를 인정하지는 않았다.
> allegation[æligéiʃən] 혐의, 주장

901. commit [kəmít]
com(together)+mit(to send)

'함께 보내는 것' 이 → v. ① (죄를 짓거나 잘못을) **저지르다** ② (앞으로의 일을
미리 정하면) **약속하다** ③ (한 가지 일에) **전념하다** ④ (가두어 넣으면) **수감하다**
⑤ (몸과 마음을) **헌신하다**가 된 거지
- committee[kəmíti] n. **위원회**
- commitment[kəmítmənt] n. ① **약속** ② **헌신** ③ **전념**
  ④ (돈·시간·인력의) **투입**
- compromise[kámprəmàiz] v. ① **타협하다** ② **양보하다** ③ **위태롭게 하다**
  n. ① **타협** ② **절충**
- commit suicide **자살을 저지르다**
- syn. devote(헌신하다), imprison(수감하다) ↔ release(석방하다)

> We **commit** 100% of donations to victims.
> 우리는 기부금의 100%를 희생자에게 투입하였다.
> victim 희생자

902. dismiss [dismís]
dis(away)+miss(to send)

'멀리 보내는 것' 이 → v. ① (단번에 거절하면) **일축하다** ② (생각·느낌이면)
떨쳐버리다 ③ (직장이면) **해고하다** ④ (소송이면) **기각하다**가 된 거지
- dismissal[dismísəl] n. ① **해고** ② **묵살** ③ **기각**

- **dismissive**[dismísiv] a. ① **무시하는** ② **멸시하는** ③ **경멸적인**
- syn. **reject**(거절하다), **dispel**(떨쳐버리다), **sack**(해고하다), **fire**(해고하다), **axe**(해고하다), **discharge**(면직시키다)

> The court could **dismiss** the case.
> 법원은 사건을 기각할 수 있다.

903. **emit** [imít]
e(out)+mit(to send)

'밖으로 보내는 것' 이 → v. ① (빛·열·가스·소리를) **내뿜다** ② **방출하다**가 된 거지
- **emission**[imíʃən] n. ① **방출** ② **배출** ③ **배기가스**
- **emissive**[imísiv] a. ① **방사된** ② **방출된** ③ **방사성의**
- syn. **give off**(내다) ↔ ant. **absorb**(흡수하다)

> The fuels **emit** less greenhouse gases than petroleum.
> 그 연료는 석유보다 온실가스를 덜 배출한다.

904. **intermit** [ìntərmít]
inter(between)+mit(to send)

'사이에서 (시간을) 보내는 것' 이 → 하던 일을 중도에서 그만두는 것이면 → v. ① **일시적으로 중지하다** ② **단속하다** ③ **중지시키다**가 되는 거지
- **intermittent**[ìntərmítnt] a. ① **간헐적인** ② **간간히 일어나는**
- **intermission**[ìntərmíʃən] n. ① (연극·영화 등의) **중간 휴식 시간** ② **막간** ③ **중지**
- syn. **pause**(잠시 멈추다), **suspend**(중단하다)

> A voter can't **intermit** the exercise of the duty.
> 어떤 유권자도 의무 행사를 중지시킬 수 없다.

905. **permit** [pərmít]
per(through)+mit(to send)

'통과하여 보내는 것' 이 → v. ① **허용하다** ② **허가하다** ③ **허락하다** n. **허가증**이 된 거지
- **permission**[pərmíʃən] n. ① **허가** ② **허락** ③ **승인**
- work **permit** (외국인의) **취업 허가증**
- access **permit** 기밀 자료 열람 허가증
- syn. **allow**(허락하다), **grant**(승인하다), **sanction**(인가하다), **authorize**(권한을 부여하다), **approve**(승인하다), **license**(허가하다) ↔ ant. **forbid**(금지하다)

> Divers with **permits** can capture fish.
> 허가증을 소지한 다이버들은 물고기를 잡을 수 있다.

906. **premise** [prémis]
pre(before)+mis(to send)+e

'미리 보내는 것' 이 → n. (추론의 내세우는 기초이면) **전제**라고 하지
- **premises**[prémisiz] n. ① **부지** ② **구내**
- **promise**[prámis] v. **약속하다** n. ① **약속** ② **가능성** ③ **징조**
- major/minor **premise** 대전제/소전제
- syn. **assumption**(가정), **hypothesis**(전제), **supposition**(추정, 추측)

The police search the **premises**.
경찰은 그 부지를 수색했다.

907. re**mit** [rimít]
re(back)+mit(to send)

'뒤로 보내는 것' 이 → v. ① (돈이면) **송금하다** ② (죄이면) **면제해주다**
n. (맡은 사무이면) **소관**이라고 하지
- re**mitt**ance[rimítəns] n. ① **송금** ② **송금액**
- re**mitt**al[rimítl] n. ① (병의) **차도** ② **면제** ③ **사면**; re**miss**ion
- re**miss**[rimís] a. ① **태만한** ② **부주의한**

The insurers have to **remit** a portion of their excess profit back.
보험업자들은 과도한 이익 일부를 되돌려 주어야 한다.

908. sub**mit** [səbmít]
sub(under)+mit(to send)

'아래로 보내는 것' 이 → v. ① (의견, 서류, 제안서 등이면) **제출하다**
② (머리를 숙이면) **굴복하다** ③ (진술이면) **말하다**가 된 거지
- sub**miss**ion[səbmíʃən] n. ① **항복** ② **제출** ③ (법정에서 판사에게 하는) **진술**
- sub**miss**ive[səbmísiv] a. ① **순종적인** ② **고분고분한**
- **submit** a bill **법안을 제출하다**
- syn. **turn in**(제출하다), **yield**(굴복하다), **suc**cumb(굴복하다), **give in**
  (굴복하다), **sur**render(항복하다) ↔ ant. con**quer**(정복하다),
  re**sist**(저항하다), **withstand**(저항하다)

The firm **submits** bills fraught with services that were never rendered.
회사는 결코 제공받은 적이 없는 서비스로 가득한 청구서를 제출했다.
① **fraught with** ~로 가득 찬, ~투성이의 ② **render** 만들다, 제공하다

909. trans**mit** [trænsmít]
trans(across)+mit(to send)

'(사람이나 장소를) 가로질러 보내는 것' 이 → v. ① (글이나 사진이면) **전송하다**
② **방송하다** ③ (병·습관·풍습이면) **전염시키다** ④ (열·전기·소리이면)
전도하다가 된 거지
- trans**miss**ion[trænsmíʃən] n. ① **전송** ② **변속기** ③ **방송** ④ **전염**
- syn. **broadcast**(방송하다)

The devices **transmit** that information to bureaucrats.
그 장치가 정보를 관료들에게 전송해준다.

◆ 어원 TIP
- **sum**mit[sʌmit] → sum(super)+mit(to send) → 최고 높은 곳으로 보내진 것 → 정상
- **sur**mise[sərmáiz] → sur(over)+mise(to send) → (미루어 헤아려) 위로 보내는 것 → 추측하다
- **pro**mise → pro(forth)+mise(to send) → (만날 날을) 미리 보내는 것 → 약속, 약속하다
- **de**mise[dimáiz] → de(down)+mise(to send) → 아래로 보내는 것 → (기관·사상·기 업 등의) 종말, 폐업, 사망
  / **de**mit 해고시키다, 사직하다
- **o**mit → o(to)+mit(to send) → (빠뜨리고) ~로 (뭔가를) 보내다 → 누락하다, 생략하다

372 어원으로 영단어 길들이기(下)

가. **허용(permission)**치를 초과한 **배기가스(exhaust)**를 **내뿜는(emit)** 자동차 운행을 일시 **중지시키는(intermit) 임무
(mission)**를 맡고 있는 공직자가 뇌물로 받은 돈을 개인계좌로 **송금하고(remit), 직무를 유기(dereliction of duty)**
한 혐의로 체포되어, 재판에 **넘겨졌다(surrender)**는데, 왜 이렇게 난리야?

나. 그런데 담당 판사가 잘못된 **전제(premise)**로, 죄를 **기각하는(dismiss)** 판결로, 국민들의 비판에 직면하게 되었고,
결국 판사는 잘못을 **인정하고(admit)**, 사표를 **제출했다(submit)**는군.

생활 속 영단어로 어원 친해지기

티케 : 지난 번에 배운 어근이 뭐였지?

고양이 : 164. 기억하다 memo / 165. 튀어나오다 men, min / 166. 정신 ment / 167. 거래하다 merce /
168. 돌진하다, 잠기다 merg, mers / 169. 바꾸다, 변화하다 meta / 170. 측정하다 meter, metr,
meas / 171. 이동하다 migr / 172. 섬기다, 봉사하다 minister / 173. 놀라다 mir / 174. 보내다
miss, mit가 있어요.

티케 : 일상 속에서 활용한 사례를 말해주겠니?

고양이 : 월드스타 BTS 노래 "permission to dance", 대륙간탄도미사일(ICBM Intercontinental Ballistic
Missile), 평창조직원회(the PyeongChang Organizing Committee), 1986년 국내 개봉된 영화
미션(MISSION), 미국의 로맨틱 코미디 드라마 영화 **어드미션(admission)**, 2006년 국내 개봉된 범죄/
드라마/코미디 **인터미션(Intermission)**, 싱가포르에서 하녀로 취업하여 필리핀 가족을 부양하는
주인공 이야기를 다룬 2015 미국 영화 **송금(remittance)** 등 배운 어근과 관련된 영화가 정말
많았어요.

토끼 : **현충일(memorial day)**, **양해각서(MOU)(memorandum of understanding)**, **소셜커머스(social
commerce)**, **응급실(emergency room)** 등이 있었어요.

토끼 : 먼저 miss가 **'놓치다'** 의미니까, miss가 '(잡지 못하고) 보내다'는 'to send'라는 어원이 되겠다고 생각했어요.

티케 : 좋아요. 설명을 덧붙이면,

○ per**mission** → per(through)+mis(to send)+ion(명접) → 통과하여 보내는 것 → 허가, 허락

○ com**mittee** → com(together)+mit(to send)+ee('~하게 되는 사람, 명접) → (조직을 위하여) 함께
보내도록 임명된 사람들의 집합 → 위원회

○ ad**mission** → ad(to)+mit(to send)+ion(명접) → (조직이나 장소에) 도달하도록 보내지는 것 → 입학,
입장

○ inter**mission** → inter(between)+mit(to send)+ion(명접) → (연극·영화 등의) 사이에서 보내지는 것
→ (연극·영화 등의) 중간 휴식 시간, 막간, 중지

○ re**mittance** → re(back)+mit(to send)+ance(명접) → (돈을) 뒤로 보내는 것 → 송금, 송금액

○ memo**rial** → memo(to remember+ial(형접) → 기억하는 → 기념의, 추도의

○ com**merce** → com(together)+merce(to trade) → 함께 거래하는 것 → 상업

○ e**mergency** → e(out)+merge(to dip)+ency(명접) → 가라앉은 것이 밖으로 나오는 → 응급, 비상이
되는 거지.

티케 : 다음에 배울 어근은 mob, mov, mot / mode / mol / mon / mont, mount / mony / mort, mors /
mun, mon / mute / nai, nat / nacro / nav, nau이지요.

S

• sacred[séikrid]	a. 신성한, 거룩한 = holly ↔ secular 세속적인, profane 세속적인
• sadden	v. 슬프게 하다 ↔ gladden 기쁘게 하다
• safe	a. 안전한 ↔ dangerous 위험한
• salt	a. 소금기가 있는 salt water 바닷물 ↔ fresh 민물의 fresh water 민물
• sane	a. 제정신의, 온전한 ↔ insane 제정신이 아닌, 미친 = mad
• scanty	a. 부족한, 불충분한 = insufficient ↔ ample, plentiful 풍부한, 충분한
• scarcity[skέərsəti]	n. 부족, 결핍 ↔ plenty 풍부, 많음, 충분
• sender	n. 보낸 사람, 발신인, 송신기 ↔ receiver 받는 사람, 수신인, 수신기
• senior	a. 연상의, 손위의, 선배의 ↔ junior 연하의, 손아래의, 후배의
• severe[sivíər]	a. 혹독한, 가혹한, 엄격한 = rigorous(엄격한) ↔ mild 온화한, 부드러운
• sharply	ad. 날카롭게, 예리하게 ↔ bluntly, dully 무디게, 둔하게
• shorten	v. 짧게 하다 ↔ lengthen 길게 하다
• shorthand	n. 속기법, 속기(의) ↔ longhand 보통 필기법
• short-sight	n. 근시, 근시안, 근시안적 견해 ↔ long-sight 원시, 선견지명, 통찰력
• short-sighted	a. 근시의, 근시안적인 = nearsighted ↔ long-sighted 원시의, 먼 데를 볼 수 있는, 선견지명이 있는 = farsighted
• shut	v. 닫다, 폐쇄하다 = close ↔ open 열다
• significance	n. 중대성, 중요성 = importance ↔ insignificance 하찮은 것, 사소함
• simple	a. 간단한, 단순한 ↔ complex, compound 복잡한
• simplicity	n. 간단, 단순, 단일 ↔ complexity 복잡함, 복잡성
• sink	v. 가라앉다, 침몰하다 ↔ float 뜨다
• sinkable	a. 가라앉을 수 있는, 침몰할 수 있는 ↔ floatable, floaty 뜰 수 있는
• sister-in-law	n. 남편이나 아내의 여자 형제, 시누이, 형수, 제수, 올케 ↔ brother-in-law 남편이나 아내의 형제, 매부, 처남, 시동생, 자매의 남편(동서)
• son-in-law	n. 사위, 양자 ↔ daughter-in-law 며느리, 양녀
• slack	a. 느슨한, 헐거운 = loose ↔ tight 꽉 끼는, 단단한
• slavery	n. 노예 신세, 노예 신분, 예속, 굴종 ↔ liberty 자유
• smile	v. 웃다, 미소 짓다 ↔ frown 찡그리다
• smooth	a. 매끄러운 ↔ rough 거친
• sober	a. 술 취하지 않은, 온전한, 침착한 ↔ drunken 술 취한
• soft	a. 부드러운, 유연한 ↔ hard, tough 단단한, 딱딱한
• soul	n. 영혼, 혼 = spirit(정신) ↔ body, flesh 몸, 육체
• sound	n. 소리 ↔ silence 침묵
• special	a. 특별한 = particular ↔ general 일반적인
• specialization	n. 전문화 ↔ generalization 일반화
• specific	a. 구체적인, 명확한, 특정한 ↔ general 일반적인, generic 포괄적인
• spinster[spínstər]	n. 미혼여성, 노처녀 = old maid ↔ bachelor[bǽtʃələr] 미혼남자, 총각
• spontaneous[spantéiniəs]	a. 자발적인 = voluntary ↔ compulsory 의무적인
• stale[steil]	n. 신선하지 않는, 상한 ↔ fresh 신선한

- static[stǽtik]   a. 정적인, 정지 상태의 ↔ dynamic, kinetic 활동적인
- stiff   a. 딱딱한, 굳은, 뻣뻣한 ↔ limp, flexible 유연한, 나긋나긋한
- stingy[stíndʒi]   a. 인색한, 구두쇠의 ↔ generous 관대한, 후한
- straight   a. 곧은, 일직선의 ↔ crooked 굽은, 비뚤어진
- strengthen   v. 강하게 하다 ↔ weaken 약하게 하다
- subtract   v. 빼다, 감하다, 공제하다 ↔ add 더하다, 보태다
- succeed   v. 성공하다 ↔ fail 실패하다
- successor   n. 후임자, 후계자, 상속자 ↔ predecessor 선임자, 선배
- sudden   a. 갑작스런, 돌연한 ↔ gradual 점진적인, 단계적인
- suffix   n. 접미사 ↔ prefix 접두사
- sullen[sʌ́lən]   a. 무뚝뚝한, 실룩거리는 ↔ genial 상냥한, 다정한
- sunny   a. 양지바른, 햇볕이 드는 ↔ shady 음지의, 그늘진
- surface[sə́ːrfis]   n. 표면, 외부 ↔ bottom 밑바닥
- surplus   n. 잉여금, 흑자, 나머지 ↔ deficit 결손, 부족, 적자
- sunrise   n. 일출 = sunup ↔ sunset, sundown 일몰
- sweet   a. 단, 달콤한 ↔ bitter 쓴, 쓰라린
- swift   a . 신속한, 빠른 = fast ↔ slow 느린
- synonym[sínənim]   n. 동의어 ↔ antonym 반의어
- synthesis   n. 종합, 조립 ↔ analysis 분석, 분해
- synthesize[sínθəsàiz]   v. 종합하다 ↔ analyze 분석하다, 분해하다
- synthetic[sinθétik]   a. 종합적인, 종합의 ↔ analytic 분석적인, 분석의

 **Exercise 15**

1. (A)에 제시된 어근의 의미를 가장 적절하게 표현한 것을 (B)에서 찾아 쓰시오.

(A)	(B)
1) MANIA _____	ⓐ 표시(sign), 상징(symbol)
2) MACRO, MAGN, MEGA, MAJ _____	ⓑ 손(hand), 머무르다(stay)
3) MAND _____	ⓒ 기억하다(to remind)
4) MIGR _____	ⓓ 바꾸다, 변화하다(to change)
5) MENT _____	ⓔ 섬기다, 봉사하다(to serve)
6) MINI _____	ⓕ 작은(small)
7) MISS, MIT _____	ⓖ 명령하다(to order)
8) MERCE _____	ⓗ 큰(great, large)
9) MEMO _____	ⓘ 정신(mind)
10) MAN, MANU _____	ⓙ 이동하다(to move)
11) MARC, MARK _____	ⓚ 보내다(to send)

12) MED _____	① 물에 잠기다, 흡수하다(to dip)
13) META _____	ⓜ 큰(large)
14) MIR _____	ⓝ 맡기다(to entrust)
15) MEN, MIN _____	ⓞ 작은(small)
16) MEND _____	ⓟ 중간(middle)
17) MICRO _____	ⓠ 튀어 나오다(to project)
18) MAX _____	ⓡ 거래하다(to trade)
19) MERG, MERS _____	ⓢ 측정하다(to measure)
20) MINISTER _____	ⓣ 놀라다(to wonder)
21) METER, METR, MEAS _____	ⓤ 광기(madness), 광적충동(insane impulse)

2. 제시된 단어 중 의미가 가장 적절한 것을 찾아 괄호 안에 넣으시오.

ⓐ command ⓑ manage ⓒ mince ⓓ major ⓔ imminent ⓕ permanent ⓖ maniac ⓗ menace ⓘ manual ⓙ minute ⓚ reminiscent ⓛ manacle ⓜ medieval ⓝ metamorphosis ⓞ manuscript ⓟ countermeasure ⓠ remain ⓡ commemorate ⓢ majestic ⓣ merchandise ⓤ counterman ⓥ marked ⓦ macroeconomics ⓧ dementia ⓨ reprimand ⓩ manipulate

1) ( ) : 기념하다	2) ( ) : 수갑	3) ( ) : 치매
4) ( ) : 남다	5) ( ) : 두드러진	6) ( ) : 거시경제학
7) ( ) : 중세의	8) ( ) : 지휘하다	9) ( ) : 상품
10) ( ) : 원고	11) ( ) : 대책	12) ( ) : 조작하다
13) ( ) : 임박한	14) ( ) : 장엄한	15) ( ) : 변형
16) ( ) : 질책하다	17) ( ) : 잘게 썰다	18) ( ) : 관리하다
19) ( ) : 영속적인	20) ( ) : 중요한	21) ( ) : 연상시키는
22) ( ) : 미치광이	23) ( ) : 위협	24) ( ) : 취소하다
25) ( ) : 의사록	26) ( ) : 수동의	

3. 제시된 단어와 <u>반대되는</u> 의미로 가장 적절한 단어를 찾아 괄호 안에 넣으시오.

ⓐ simplicity ⓑ spontaneous ⓒ drunken ⓓ dismiss ⓔ static ⓕ sharply ⓖ stingy ⓗ sink ⓘ spinster ⓙ submit ⓚ tight ⓛ gradual ⓜ mild ⓝ general ⓞ straight ⓟ plenty

1) ( ) : dynamic	2) ( ) : severe	3) ( ) : specific
4) ( ) : float	5) ( ) : sudden	6) ( ) : slack
7) ( ) : sober	8) ( ) : scarcity	9) ( ) : generous
10) ( ) : employ	11) ( ) : crooked	12) ( ) : complexity
13) ( ) : compulsory	14) ( ) : resist	15) ( ) : bachelor
16) ( ) : bluntly		

4. 밑줄 친 단어와 전혀 관계없는 것을 고르시오.

1) It's a job that requires an **immense** amount of trust.
   ① enormous　　　② tiny　　　③ huge　　　④ tremendous

2) Recent reports on the activities of the **eminent** maestro Mariss raised questions.
   ① distinguished　　　② prominent　　　③ outstanding　　　④ indistinct

3) She was **permitted** entry into Canada.
   ① deny　　　② approve　　　③ allow　　　④ admit

4) The diplomat was assigned to **mediate** a peaceful solution to the Syrian conflict.
   ① arbitrate　　　② conciliate　　　③ hamper　　　④ go between

5) Seven students would **immerse** themselves in tech entrepreneurship.
   ① engross　　　② absorb　　　③ distract　　　④ preoccupy

5. 밑줄 친 단어와 가장 유사한 것을 고르시오.

1) The government should not **meddle** in people's lives.
   ① interfere　　　② intrude　　　③ loathe　　　④ sanction

2) A way to **emancipate** a nation from the past may be to subvert existing symbols.
   ① elucidate　　　② liberate　　　③ overthrow　　　④ frustrate

3) Investors offered cautious approval for the **merger** plan.
   ① acquisition　　　② takeover　　　③ amalgamation　　　④ strategy

4) They represent a **marvelous** variety of styles and influences.
   ① vigorous　　　② massive　　　③ marble　　　④ astonishing

5) Despite the **mediocre** economy, corporate profits are fairly strong.
   ① commonplace　　　② mundane　　　③ outrageous　　　④ energetic

6. 밑줄 친 단어와 반대되는 것을 고르시오.

1) They have these gorgeous patterns and **symmetry**.
   ① equilibrium　　　② proportion　　　③ asymmetry　　　④ axis

2) City officials **surmise** that the thieves have fled the country.
   ① guess　　　② assume　　　③ guarantee　　　④ speculate

3) It's always been a journalistic **maxim** that you don't put yourself into the story.
   ① proverb　　　② vulgarism　　　③ adage　　　④ aphorism

4) The elite commissions should push proposals that **magnify** that advantage.
   ① exaggerate　　　② enlarge　　　③ overstate　　　④ diminish

5) The installation offers itself as a **metaphor** about freedom and constraint.
    ① simile   ② analogy   ③ trope   ④ hyperbole

7. 아래에 제시된 단어 중 밑줄 친 우리말의 의미에 맞게 빈칸에 적절한 것을 골라 넣으시오.

---

demise / intermit / memorandum / commend / metabolism / maneuver / kleptomania / manifest / amnesia / commence

---

1) 그는 그 계획의 **종언**을 발표했다.
    → He announced the plan's (   ).

2) 나는 무선 산업체에 용감하게 맞선 상원을 **칭찬하**고 싶**다**.
    → I would like to (   ) the Senate for standing up to the wireless industry.

3) 그것은 너무 많은 에너지를 사용하기 때문에, 그러한 **책략**은 마지막 수단이다.
    → Since it uses so much energy, the (   ) is a last resort.

4) 우리는 정부와 양해 **각서**에 서명했다.
    → We signed a (   ) of understanding with the government.

5) 위원회가 토론을 **개시할** 권한을 가지고 있지 않다.
    → The board has no right to (   ) discussions.

6) 올겨울 몹시 찬 온도가 당신의 **신진대사**를 활성화시킬 수 있다.
    → This winter's frigid temperatures may be revving up your (   ).

                                                                            * **rev up** 활발하게 하다

7) 과학자들은 **도벽**을 치료할 약을 연구 중이다.
    → Scientists are working on a drug to cure (   ).

8) 우리는 3-6개월 동안 아이들의 출석을 **중단시킬** 수 있**다**.
    → We could (   ) the attendance of children for three or six months.

9) 사진은 전쟁의 본질을 **분명히 보여줄** 것이**다**.
    → The picture would (   ) the nature of war.

10) 일부 국회의원들은 금융 위기에 대해 **기억상실** 증세를 보여주고 있다.
    → Some lawmakers are exhibiting symptoms of (   ) of the financial crisis.

그리스로마신화로 어원 익히기

티케 : 우리의 삶에서 빼놓을 수 없는 곳이 시장이지.

토끼 : 시장은 물건을 파는 상인과 사는 시민들의 인정이 넘쳐나는 곳이죠.

티케 : 맞아. 그런데 물건을 사고파는 거래와 관련된 그리스 로마신화도 있지.

고양이 : 뭔데요?

티케 : 태양 가장 가까이 있어 너무나 뜨거운 수성 **머큐리(Mercury)**가 로마의 '**무역, 상인, 여행자 신**'이기도 하지. 그리스신화에서는 '**헤르메스(Hermes)**'라고 해.

티케 : 이번 회에 배운 'merchant, merchandise, market, mercy'의 어원이 '**거래하다(to trade)**'로 '**무역, 상인 신**' 머큐리(Mercury)와 관련이 있는 거지.

티케 : '**거래하는 사람**' 상인(merchant), '**거래하는 물건**' 상품(merchandise), '**거래하는 장소**' 시장(market), '**거래하고 남은 물건을 베푸는 행위**' 자비(mercy)가 되는 거야.

티케 : 그리고 장사의 신이 되기 위해서는 지혜롭게 수완을 발휘할 필요가 있는 데, 지혜의 신이 '**메티스(Metis)**'야.

티케 : 사실 '**메티스(Metis)**'는 '**제우스(Zeus)**'의 최초의 아내로 '**아테나(Athena)**'를 낳았지, 로마 신화에서 '**미네르바(Minerva)**'가 아테나와 동일시되는 존재야.

티케 : 그 어머니에 딸이라고 '**아테나(Athena)**'는 '**지혜와 전쟁 여신**'이고 그리스 사람들의 사랑을 많이 받았지. 그리스의 수도는 잘 알려져 있는 대로 '**아테네(Athens)**'인데, '**아테나(Athena)**'에서 유래한 거야.

◆ **그리스신화 관련된 어휘**

● mentor[méntɔːr] n. 스승, 멘토; 경험 없는 사람에게 오랜 기간에 걸쳐 조언과 도움을 베풀어 주는 유경험자·선배

● **멘토의 유래** : 멘토르(Mentor)는 호메로스의 『오디세이아』에 등장하는 나이 많은 현자

  – 그는 오디세우스의 충직한 친구로 오디세우스가 트로이 원정을 떠나기 전에 어린 아들 텔레마코스의 교육과 집안의 일을 멘토르에게 맡긴데서 유래

| 어근 175 | MOB, MOT(E), MOV : 움직이다(to move)　　※ 동의어근 MIGR(어근171) |

910. mobilize [móubəlàiz]
mob+ile(적합한)+ize(동접)

'움직이기 적합하게 하는' 것이 → v. ① (인적 자원을) **동원되다** ② (물자·수단 등을) **동원하다** ③ (군대를) **동원하다**가 된 거지
- **mob**ile[móubəl] a. ① **이동하는** ② **움직임이 자유로운** ③ **유동적인** n. ① **휴대전화** ② **모빌**
- **mob**ility[moubíləti] n. ① (사회적) **유동성** ② **이동성** ③ **기동성**
- de**mob**ilize[diːmóubəlàiz] v. ① **제대시키다** ② **해산하다**
- **mob**[mab] n. ① **폭도** ② **군중** ③ **집단** v. **떼를 지어 공격하다**
- auto**mob**ile[ɔ́ːtəməbíːl] n. **자동차**
- syn. **muster**(소집하다, 동원하다)

The case helped **mobilize** popular outrage.
그 사건은 대중의 분노를 촉발시키는 데 기여했다.

911. motion [móuʃən]
mot+ion(명접)

'움직이는 것' 이 → n. ① (의견을 같이하면) **동의안** ② (몸놀림이나 손발을 말하면) **동작** ③ **운동** ④ (생각, 의안이면) **발의** v. **동작을 해보이다**가 된 거지
- com**mot**ion[kəmóuʃən] n. ① **소동** ② **소란** ③ **동요**
- e**mot**ion[imóuʃən] n. ① **감정** ② **기분** ③ **감동** ④ **정서**
- e**mot**e[imóut] v. **감정을 과장해서 드러내다** ● an urgent **motion** 긴급동의
- syn. **proposal**(제안), **suggestion**(제안), **proposition**(제안), **gesture** (몸짓, 몸짓을 하다), **gesticulation**(몸짓), **gesticulate**(몸짓으로 나타내다), **beckon**(손짓으로 부르다)

Delegates cast a vote for the **motion**.
대리인들은 그 제안에 찬성투표를 하였다.

912. motive [móutiv]
mot+ive(형접)

'움직이는' 것이 → n. ① (의사 결정이나 어떤 행위의 원인을 말하면) **동기** ② (까닭이나 근거이면) **이유** a. **원동력이 되는** 의미가 된 거지
- **mot**ivate[móutəvèit] v. ① **동기를 부여하다** ② **자극하다**
- **mot**ivation[mòutəvéiʃən] n. ① **동기 부여** ② **욕구** ③ **자극**
- **mot**if[moutíːf] n. ① (미술·문학·음악의) **주제, 테마** ② (잠바·트레이닝 등의) **장식, 무늬**
- leit**mot**if[láitmoutìːf] n. ① (책·미술 작품·특정 집단 등에) **주제, 중심 사상** ② (음악) **라이트모티브**
- loco**mot**ive[lòukəmóutiv] n. **기관차** a. ① **운동의** ② **이동의** ③ **보행의**
- de**mot**ivate[diːmóutəvèit] v. **의욕을 꺾다**
- syn. **reason**(이유), **ground**(근거), **purpose**(목적), **object**(목적, 동기)

The shooting seems to be random with no obvious **motive**.
총격이 뚜렷한 동기 없이 마구잡이로 자행된 것으로 보인다.

913. demote [dimóut]
de(down)+mote

'아래로 이동하는 것' 이 → v. ① **강등시키다** ② **좌천시키다**가 된 거지
- **demotion**[dimóuʃən] n. ① **강등** ② **격하** ③ **좌천**
- syn. **downgrade**(좌천시키다), **degrade**(강등시키다) ↔ ant. **promote**

Police commissioner has **demoted** two police precinct commanders.
경찰청장은 두 명의 관할 경찰서장을 좌천시켰다.
precinct[príːsiŋkt] 관할

914. promote [prəmóut]
pro(forward)+mote

'앞으로 이동시키는 것' 이 → v. ① (일반에게 널리 알리기 위한 거면) **홍보하다**
② (재촉하여 빨리 나아가면) **촉진하다** ③ (직책이면) **승진시키다** ④ (지위나 등급이면) **승격시키다**가 된 거지
- **promotion**[prəmóuʃən] n. ① **승진** ② **홍보** ③ **판촉** ④ **승격** ⑤ **주장**
- **remote**[rimóut] a. ① **외진** ② **외딴** ③ **원격의** ④ **동떨어진** ⑤ **희박한**
- syn. **advance**(촉진시키다), **advertise**(광고하다), **publicize**(광고하다),
upgrade(승진시키다), **raise**(승진시키다), **elevate**(승진시키다),
exalt(승진시키다) ↔ ant. **demote**

Diagrams are used to **promote** creative thinking.
도표는 창의적인 사고를 촉진시키기 위해 사용된다.

915. remove [rimúːv]
re(back)+move

'(없애려고) 뒤로 이동시키는 것' 이 → v. ① **제거하다** ② **없애다** ③ **삭제하다**
④ **해고하다** ⑤ **옮기다** n. (두 사물이) **동떨어져 있는 정도**가 된 거지
- **removal**[rimúːvəl] n. ① **제거** ② **철거** ③ **파면** ④ **이사** ⑤ **해고**
- syn. **eliminate**(제거하다), **get rid of**(제거하다), **oust**(내쫓다), **dismiss**(해고하다), **fire**(해고하다) ↔ ant. **insert**(끼워 넣다), **appoint**(임명하다)

The court ordered a neighborhood to **remove** the trash.
법원은 쓰레기를 치우라고 이웃에게 명령했다.

◆ 어원 TIP
- **mobocracy**[mɑbάkrəsi]→ mob(moveable crowd)+o+cracy(to rule) → 폭도에 의해 통치하는 정치 → 우민정치, 폭민정치
- **motto** → mot(to move)+to → (사람을) 움직이게 하는 말 → 모토, 좌우명
- **movie** → mov(to move)+ie(애착·친밀, 명접) → 움직이는 사진 → 영화

◆ 어휘 플러스
mob psychology 군중심리 / **motor** 모터, 발동기, 자동차 / **movement** 움직임, 운동 / **moviegoer** 영화 팬 / **mutiny**[mjúːtəni] 반란, 폭동

■■■ 우리말 대화로 단어 복습하기
가. 정부는 **공무원(public servant)**의 업무 **동기(motive)**를 유발하는 평가 제도를 **발의(motion)**하였다지?
나. 실적이 우수한 공무원은 **승진시키고(promote)**, 실적이 저조한 공무원은 **강등(demotion)**이나 **해고하는(remove)**
등 강력한 행정력을 **동원한다(mobilize)**는 군.

어근 176

MODE : 방법(manner), 제한하다 (to limit), 측정하다(to measure), 적합한(suitable) / mode가 (특정한) 방식, 방법, 유형 의미를 갖고 있음을 고려하여 어원을 이해할 필요가 있음

916. moderate [mάdərət]
mode(to limit)+r+ate(동접)

'제한된 틀에' 맞추어진 것이 → a. ① **보통의** ② **적당한** ③ **절제하는** ④ **중도의** ⑤ **온건한** n. (어느 한쪽으로 치우치지 않는) **중도파** v. [mάdərèit] ① (정도가 덜해지면) **누그러지다** ② (긴장된 상태나 급박한 것을 느슨하게 하면) **완화시키다** ③ (진행을 맡는 거면) **사회를 보다**가 된 거지
- moderation[mὰdəréiʃən] n. ① **중용** ② **절제** ③ **온건** ④ **조정**
- moderato[mὰdərάːtou] ad. ① **중간 속도로** ② **모데라토**
- syn. reasonable(적당한), controlled(통제된), modest(적당한), ordinary(보통의), mediocre(보통의), so-so(좋지도 나쁘지도 않은), proper(적당한), suitable(적당한), appropriate(적당한), middle-of-the-road(중도의), subside(누그러지게 하다), soften(부드럽게 하다), temper(진정시키다), abate(누그러뜨리다) ↔ extreme(극도의, 과격한), intensify(강렬하게 만들다)

The deal disappoints more **moderate** lawmakers.
그러한 거래는 더 온건한 국회의원들을 실망시켰다.

917. modest [mάdist]
mod(manner)+est(형접)

'방식을 따르는' 것이 → a. ① (자신을 낮추는) **겸손한** ② (성질·상태·요구 등이) **적당한** ③ (태도·성질이) **수수한** ④ **정숙한** 의미가 된 거지
- modesty[mάdəsti] n. ① **겸손** ② **검소함** ③ **단정함**
- immodesty[imάdisti] n. ① **무례** ② **버릇없음** ③ **천박함**
- syn. moderate(절제하는), unpretentious(잘난 체 하지 않는), frugal(검소한), ordinary(보통의) ↔ ant. immodest(무례한), arrogant(거만한)

A hike in the minimum wage results in a **modest** reduction.
최저임금 인상이 약간 축소되는 결과를 낳았다.
① **hike** 인상, 하이킹하다 ② **minimum wage** 최저임금

918. modernize [mάdərnàiz]
modern(현대의)+ize(~화하다, 동접)

'현대화하는 것' 이 → v. 현대화하다이지
- modern[mάdərn] a. ① **현대의** ② **현대적인** ③ **최신의** ④ **새로운**
- modernization[mὰdərnizéiʃən] n. ① **현대화** ② **근대화**
- modernity[madάːrnəti] n. ① **현대성** ② **현대식** ③ **현대적인 것**
- post-modernism 포스트모더니즘

The agreement is the only chance for Ukraine to **modernize** its economy.
그 협정이 우크라이나가 경제를 현대화할 수 있는 유일한 기회이다.

919. modify [mάdəfài]
mod(to limit)+i+fy(to make)

'제한된 범위 내에서 고쳐 만드는 것' 이 → v. ① (바꾸어 새롭게 하면) **변경하다** ② (바로잡아 고치면) **수정하다** ③ (기준이나 실정에 알맞게 하면) **조정하다**가 되는 거지
- modification[mὰdəfikéiʃən] n. ① **수정** ② **변경** ③ **조정**
- modifier[mάdəfàiər] n. ① **수식어** ② **한정어**

● syn. **am**end(수정하다), **re**vise(교정하다), **re**form(개혁하다), **re**arrange(재조정하다), **ad**just(조정하다), **al**ter(바꾸다), **re**model(개조하다)

The Industrial Commission will discuss whether to **modify** the findings.
산업위원회는 조사결과의 수정 여부를 논의할 것이다.

920. **modu**late
[mɑ́dʒulèit]
modul(to measure)+l+ate(동접)

'측정하는 것'이 → v. ① (목소리의 크기 · 강도 등을) **조절하다** ② (음악이면) **조를 바꾸다** ③ (전파 · 무선 신호를) **맞추다**가 된 거지
● modul**ation**[mɑ̀dʒuléiʃən] n. ① **변조** ② **조절** ③ **조정**
● mod**ule**[mɑ́dʒuːl] n. ① **모듈** ② **측정 기준** ③ **교과목 단위**

They have the ability to **modulate** negative emotions.
그들은 부정적인 감정을 조절할 능력을 가지고 있다.

921. **commod**ious
[kəmóudiəs]
com(with)+mod(suitable)+ious(형접)

'함께 하도록 틀을 적합하게 하는' 것이 → a. ① (공간이면) **널찍한**
② (편하고 이용하기쉬우면) **편리한** 의미가 된 거지
● comm**ode**[kəmóud] n. ① **서랍장** ② **변기 겸용 의자**
● commod**ity**[kəmɑ́dəti] n. ① **상품** ② **물품** ③ **생필품** ④ **원자재**
● commod**ification**[kəmɑ̀dəfikéiʃən] n. ① **상품화** ② **상업화**
● commod**ify**[kəmɑ́dəfài] v. ① **상품화하다** ② **매매하다**
● syn. spac**ious**(넓은)

A more **commodious** club edifice will be erected.
훨씬 널찍한 클럽 건물이 세워지게 될 것이다.
edifice[édəfis] 건물

922. **accommod**ate
[əkɑ́mədèit]
ac(to)+com(together)
+mode(suitable)+ate(동접)

'함께 하려고 적합하게 하는' 것이 → v. ① (공간, 의견을) **수용하다** ② **편의를 도모하다** ③ (요구에) **부흥하다** ④ (환경에) **맞추다**가 된 거지
● accommod**ation**[əkɑ̀mədéiʃən] n. ① **숙박** ② **숙박시설**
● accommod**ating**[əkɑ́mədèitiŋ] a. ① **남이 시키는 대로 하는** ② **잘 돌보아 주는** ③ **친절한**
● syn. **ad**apt(적응하다), **com**ply(응하다), **ac**clim**ate**(환경에 익숙해지다)

We try to **accommodate** opposing points of views.
우리는 반대되는 관점을 수용하려고 노력하고 있다.

◆ 어휘 플러스
outmod**ed** 유행에 뒤떨어진, 구식의 / **mold** 거푸집, 틀 / **model** 모델, 모형

■■■■ 우리말 대화로 단어 복습하기
가. 시는 주민의 **편리를 도모하기**(accomodate) 위하여, 오래되고 낡은 체육관을 **변경하여**(modify), **현대화하는**(modernize) 사업을 시작했다지?

나. 공간을 **널찍하게(commodious)**하고, **습도(humidity)**와 온도를 **적당하게(moderate) 조절하는(modulate)** 기능을 갖춘 체육관으로 바꾼다는군.

| 어근 177 | MON : 경고하다(to warn), 보여주다(to show) |

923. admonish [ædmániʃ]
ad(to)+mon+ish(동접)

'다가가서 경고하는 것' 이 → v. ① **훈계하다** ② **충고하다** ③ **꾸짖다**가 된 거지
- **admon**ition[ædməníʃən] n. ① **충고** ② **경고** ③ **훈계**= **admonishment**
- **mon**ition[məníʃən] n. ① **충고** ② **경고** ③ **훈계** ④ **법적인 고지**
- syn. **re**buke(꾸짖다), **re**prove(꾸짖다)

> Judges **admonish** jurors to avoid talking about a case during trial.
> 판사들은 재판이 진행 중인 사건에 대해 배심원들이 언급을 피하도록 충고했다.

924. monitor [mánətər]
mon+it+or(사람)

'경고하는 사람' 이 → n. ① **모니터** ② **감시 장치** ③ **모니터 요원** v. ① **감시하다** ② **추적 관찰하다** ③ **감독하다**가 된 거지
- **mon**itoring[mánitəriŋ] n. ① **감시** ② **관찰** ③ **모니터링**
- syn. **keep an eye on**(감시하다), **keep a watch on**(주시하다)

> The next-generation satellite **monitors** long-term climate change.
> 차세대 인공위성은 장기적인 기후변화를 감시한다.

925. summon [sʌ́mən]
sum(under)+mon

(법이나 규범)'아래로 경고하는 것' 이 → v. ① (법원이 피고인·증인 등에 명령하면) **소환하다** ② (상대방을 부르면) **호출하다** ③ (불러서 모으면) **소집하다** ④ (일을 부탁하면) **요청하다** ⑤ (용기 등을 어렵게) **내다**가 된 거지
- **sum**mons[sʌ́mənz] n. ① **소환장** ② **소환 명령** v. **출두를 명하다**
- syn. **muster**(소집하다), **con**vene(소집하다)

> Her lawyers declined to **summon** her again.
> 그녀의 변호인들은 그녀를 다시 소환하는 것을 거절했다.

◆ 어원 TIP
- muster → muster(to show) → 보여줄 목적으로 모이게 하는 것 → (지지 등을 최대한) **모으다**, (용기 등을 최대한) **내다**, (병사들이) 소집[동원]되다, 소집[동원]하다
- de**monstr**ate → de(from)+monstr(to show)+ate(동접) → (협의에서) 벗어나도록 보여주는 것 → 증명하다
- **mon**ster → mon(to warn)+ster(사람, 명접) → 경고하는 사람 → 괴물, 괴수
- **mon**strous[mánstrəs] → 괴물 같은, 거대한, 극악무도한

우리말 대화로 단어 복습하기
가. 부모가 자녀를 대할 때 **신중한(circumspect) 접근(approach)**이 필요한 일은 특히 뭐가요?
나. 부모가 자녀를 **감시하고(monitor), 호출하여(summon), 훈계하는(admonish)** 일이지.

926. montage [mɑntɑ́:ʒ]
mont+age(명접)

'(사진이나 그림을) 산처럼' 쌓아 올라가는 것이 → n. ① (사진의 편집 구성이면) **몽타주** ② **짜깁기**가 된 거지
- photomontage[fóutoumɑntɑ́:ʒ] n. ① **합성 사진** ② **사진 합성법**

It is in creative photography that **montage** techniques come into their own.
몽타주 기법이 진정으로 진가를 발휘하는 창의적인 사진이다.
come into one's own 진가를 발휘하다

927. amount [əmáunt]
a(to)+mount

'산처럼' 쌓아 올리는 것이 → n. ① (전체의 액수면) **총액** ② (돈의 액수면) **금액** ③ (원금과 이자면) **원리합계** ④ (말이나 글의 핵심이면) **요지** v. ① **~에 달하다** ② **~에 상당하다** ③ **~에 도달하다**가 된 거지
- **amount** at risk **위험 보험금**

Many tech companies collect vast **amounts** of user data.
많은 기술기업들이 방대한 양의 사용자 데이터를 수집한다.
vast 광대한, 방대한

928. paramount [pǽrəmàunt]
para(by)+mount

'산에 근접한 것' 이 → a. ① **최고의** ② (가장) **중요한** 의미가 된 거지
- paramountcy[pǽrəmàuntsi] n. ① **최고권** ② **주권** ③ **우월**
- syn. **pri**me(중요한), **pri**mary(주요한), **supre**me(최고의)

The party line would be **paramount** to him.
당 노선이 그보다 훨씬 중요하다.

929. surmount [sərmáunt]
sur(over)+mount

'산을 넘는' 것이 → v. ① (위기를) **극복하다** ② **이겨내다**가 된 거지
- insurmountable[ìnsərmáuntəbl] a. ① **극복할 수 없는** ② **해결할 수 없는**
- syn. **over**come(극복하다), **get over**(극복하다), **go beyond**(넘어서다)

Twitter must **surmount** cultural barriers and political and economic instability.
트위터는 문화적 장벽과 정치적, 경제적 불안정을 극복해야 한다.

◆ 어원 TIP
- Montblanc → mont(mountain)+blanc(white) → 항상 눈이 덮여 있어 '하얀 산' → 몽블랑
- mountainous 산이 많은

가. **최고의(paramount)** 수사팀이, **상당한(considerable) 금액(amount)**을 은행에서 탈취하고 도망친 **용의자 (suspect)**를 검거했다지?

나. 그래. **목격자(witness)**의 **증언(testimony)**을 바탕으로, **정밀한(accurate) 몽타주(montage)**를 작성하여, 어려운 난관을 **이겨내고(surmount)** 범인을 검거한 거지.

어근 179	MONY : 상태(state)(접미사로 쓰임)

---

930. acrimony
[金krəmòuni]
acri(sharp)+mony(state)

'날카로운 상태' 는 → n. ① (분석이나 비평 따위가) **신랄함** ② (좋지 않게 생각하면) **악감정** ③ (분노와 증오면) **적개심**이 된 거지
- acrimonious[金krəmóuniəs] a. ① **신랄한** ② **험악한** ③ **격렬한**

> The political landscape spurred legal action and **acrimony**.
> 정치적 지형이 법적 소송과 적개심을 촉발시켰다.

931. ceremony
[sérəmòuni]
cele(heaven)+mony(state)

'하늘처럼 (대하는) 상태' 가 → 격식을 갖추어 치르는 행사면 → n. ① **의식** ② **의례** ③ **격식**이 되는 거지
- ceremonial[sèrəmóuniəl] a. **의식의** n. **의식절차**
- without **ceremony** 예의고 뭐고 없이   • syn. rite(의식), ritual(의식)

> The Prime Minister will not attend the memorial **ceremony** for Nelson Mandela.
> 수상은 넬슨 만델라 추도식에 참석하지 않을 것이다.

932. harmony [hάːrməni]
har(to fit)+mony(state)

'적합하게 맞춘 상태' 가 → n. ① **조화** ② **화합** ③ **화음** ④ **배합**이 된 거지
- harmonize[hάːrmənàiz] v. ① **조화를 이루다** ② **맞추다** ③ **화음을 넣다**
- harmonious[haːrmóuniəs] a. ① **조화로운** ② **보기 좋은** ③ **듣기 좋은**
- syn. accord(일치, 조화), agreement(일치) ↔ conflict(갈등), discord (불화, 불협화음)

> The band's new album was showcased in **harmony**.
> 밴드의 새로운 앨범이 조화롭게 선보였다.
> **showcase** 진열하다, 진열장

933. matrimony
[金trəmòuni]
matri(mother)+mony(state)

'엄마가 된 상태' 가 → n. ① **결혼 생활** ② **혼인** ③ **기혼**이 된 거지
- syn. marriage(결혼), wedlock(결혼 생활)

> The sacrament of **matrimony** requires a baptized man and a baptized woman.
> 혼인 성례는 세례 받은 남자와 여자가 각각 필요하다.
> ① sacrament[sǽkrəmənt] 성례 ② baptize[bæptáiz] 세례를 하다

■■■ 우리말 대화로 단어 복습하기

가. 최근 **조카(nephew) 결혼식(wedding ceremony)**에서 들은 주례사가 **기억(memory)**에 남아?

나. 뭔데?

가. **결혼 생활(matrimony)**은 상대의 잘못에 대해 **악감정(acrimony)**을 갖지 않으면서, **인내(endurance)**하며 조화
(harmony)된 삶을 위해, 서로 **노력(effort)**해야 한다는 거지.

어근 180	MORT, MORS : 죽음(death) → '로마 신화' '죽음의 신' 'Mors(모르스)'에서 기원, '그리스 신화'는 'Thanatos(타나토스)'임 ※ 동의어근 NECRO(어근190)

934. mortal [mɔ́ːrtl]
mort+al(형접)

'죽음' 이란 → 우리 모두가 → a. ① **언젠가는 반드시 죽는** ② **치명적인**
③ **목숨을 건** ④ **극도의** n. **인간**에게는 숙명이지
- mortality[mɔːrtǽləti] n. ① **죽을 운명** ② **사망률** ③ **사망자 수** ④ **사망**
- immortal[imɔ́ːrtl] a. ① **죽지 않는** ② **불멸의** ③ **불후의**
- immortality[ìmɔːrtǽləti] n. ① **불멸** ② **영원**
- mortician[mɔːrtíʃən] n. **장의사**
- mortuary[mɔ́ːrtʃuèri] n. ① **영안실** ② **빈소**
- mortify[mɔ́ːrtəfài] ① (감정 따위를) **억제하다** ② **굴욕감을 느끼게 하다**
- mortality rate **사망률**
- syn. fatal(치명적인), deadly(치명적인), lethal(치명적인)

> Ordinary **mortal** will be difficult to understand the entire work.
> 평범한 사람은 작품 전체를 이해하기 어려울 것이다.

935. mortgage [mɔ́ːrgidʒ]
mort+gage(to pledge)

'(부동산의) 죽음을 서약하는 것' 이 → n. ① **담보 대출** ② **담보** ③ **융자**
v. **저당 잡히다**가 된 거지
- foreclosure[fɔːrklóuʒər] n. ① **담보권 행사** ② **압류**
- mortgage rate **주택 담보 대출 금리**
- mortgage loan **담보 대출**

> The bank holds a **mortgage** on my house.
> 은행이 내 집을 저당 잡고 있다.

936. morbid [mɔ́ːrbid]
morb+id(형접)

'죽음의' 가 → a. ① (말·행동 등의 관심이) **병적인** ② (성격이) **소름끼치는**
③ (의학) **병과 관련된** ④ **병의**가 된 거지
- morbidity[mɔːrbídəti] n. ① (정신의) **병적 상태** ② **사망률** ③ **질병률**
- morbid anatomy **병리 해부(학)**
- syn. abnormal(병적인), unhealthy(불건전한)

Such reports contributed to the recent increase in **morbid** spine operations.
그러한 보도가 병적인 척추수술의 최근 증가에 원인이 되고 있다.

937. remorse [rimɔ́ːrs]
re(back)+morse

'나중에 죽을 것' 같은 것이 → 뉘우치는 마음이면 → n. ① **양심의 가책** ② **회환** ③ **후회**가 되는 거지
● re**morse**less[rimɔ́ːrslis] a. ① **무자비한** ② **냉혹한** ③ **갈수록 심해지는**
● syn. com**punct**ion(양심의 가책), re**pent**ance(후회, 회한), con**trit**ion(회환)

She has shown no **remorse** for her actions.
그녀의 행동을 보면 양심의 가책을 전혀 느끼지 않는 모습이다.

■■■ **우리말 대화로 단어 복습하기**

가. **언젠가는 반드시 죽는(mortal)** 우리가, **병적인(morbid)** 부동산 광풍에 편승해서, 주택**담보대출(mortgage)**까지 받아, **부동산(real estate) 투기(speculation)**에 가담하는 일을 어떻게 생각하니?
나. **양심의 가책(remorse)**도 없고, 다음 **세대(generation)**에게 죄를 짓는 일이지.

어근 181 | MUN, MON : 의무(duty), 교환하다(to exchange)

938. commons [kámənz]
com(with)+mon(to exchange)+s

'(필요한 것을) 더불어 교환하는' 것이 → n. ① **평민** ② **서민** ③ **하원**
                                      ④ **(대학 등의) 식사** ⑤ **식당**이 된 거지
● com**mon**[kámən] a. ① **흔한** ② **평범한** ③ **공통의** n. ① **공유지** ② **공원**
● com**mon**place[kámənplèis] a. **아주 흔한**
                                n. ① **흔한 일** ② **다반사** ③ **진부한 말**
● com**mon**wealth[kámənwèlθ] n. **영연방**
● **commonplace** book **비망록**
● **common** sense **상식**
● the House of **Commons** (영국, 캐나다의) **하원**

They are not conducive to the House of **Commons**.
그들은 하원에 도움이 되지 않았다.
conducive[kəndjúːsiv] 도움이 되는, 이바지하는

939. municipal
[mjuːnísəpəl]
mun(duty)+cip(to take)+al(형접)

'(스스로) 의무를 갖는' 것이 → a. ① **지방자치의** ② **시의** ③ **시립의** 가 된 거지
● **municip**ality[mjuːnìsəpǽləti] n. ① **지방 자치체** ② **지자체 당국**
● **mun**dane[mʌndéin] a. ① **평범한** ② **재미없는** ③ **현세의** ④ **세속의**
● **mun**ificent[mjuːnífəsənt] ① **아낌없이 주는** ② **대단히 후한**
● **municipal** engineering **도시 공학** cf. civil engineering **토목 공학**
● **municipal** government **시정**

They must be the **municipal** budget's best fiscal watchdogs.
그들은 지방 자치예산의 최고 재정 감시자 임에 틀림 없다.
① **budget**[bʌdʒit] 예산 ② **fiscal**[fískəl] 재정의, 회계의
③ **watchdog** 감시인

940. community
[kəmjúːnəti]
com(together)+mun(duty)+ity(명접)

'함께 의무를 지는 것' 이 → n. ① **사회** ② **공동체** ③ **커뮤니티** ④ **단체**
⑤ **집단**이지
- **communicate**[kəmjúːnəkèit] v. ① **의사소통하다** ② **소통하다** ③ **전달하다**
④ **전염시키다**
- **communication**[kəmjùːnəkéiʃən] n. ① **의사소통** ② **소통** ③ **통신** ④ **연락**
- **commune**[kəmjúːn] n. ① **공동체** ② **코뮌** ③ **최소 행정 구역**
- **excommunication**[èkskəmjùːnəkéiʃən] n. ① **파문** ② **제명**
- syn. **society**(협회)

Communities propose toll to reduce traffic congestion.
지역사회는 교통 혼잡을 줄이기 위해 통행료를 제안했다.
congestion 혼잡

941. immunity [imjúːnəti]
im(without)+mun(duty)+ity(명접)

'의무가 없는 것' 이 → n. ① **면제** ② (병에 걸리지 않을 만한 저항이면) **면역력**
③ **면책**이라고 하지
- **immunize**[ímjunàiz] v. ① **면역성을 주다** ② **예방주사를 놓다**
- **immunization**[ìmjunəzéiʃən] n. ① **면역** ② **예방 접종** ③ **면제**
- **immune**[imjúːn] a. ① **면역성이 있는** ② **면제된** ③ **면역이 된**
- **immune** system **면역체계**
- **immunity** bath **면책특권**

The commission will examine the presidential **immunity**
from criminal prosecution.
위원회는 형사소추로부터 대통령 면책을 검토할 것이다.
① **criminal** 형사상의, 범죄가 있는
② **prosecution**[prɑ̀səkjúːʃən] 기소, 소추

■■■ **우리말 대화로 단어 복습하기**

가. **지방자치(municipal)** 단체는 **서민(commons)**과 **공동체(community)** 이익을 위하여 일하는 조직이 맞는 거지?
나. 내말이! 힘 있는 자들의 **의무(obligation)**를 **면제(immunity)**해주려고 노력하는 조직은 절대 아니지.

어근 182
MUT, MUTE : 변하다, 바꾸다(to change)   ※ 동의어근 META(어근169)

942. mutable [mjúːtəbl]
mut+able(할 수 있는)

'변할 수 있는' 것은 → a. ① **잘 변하는** ② **변하기 쉬운** 거지
- **immutable**[imjúːtəbl] a. ① **불변의** ② **바꿀 수 없는** ③ **변경할 수 없는**

- mute[mju:t] a. ① 무언의 ② 말없는
- stand mute 묵비권을 행사하다

The influenza virus is a **mutable** infectious agent.
유행성 감기 바이러스는 변하기 쉬운 전염성 있는 매개체이다.
infectious[infékʃəs] 전염하는

943. mutation [mju:téiʃən]
mut+ation(명접)

'변화하여 만들어진 것' 이 → n. ① (새로운 형질이 나타나 유전하면) **돌연변이**
② **변화**가 된 거지
- mutate[mjú:teit] v. ① **돌연변이가 되다** ② **돌연변이 시키다** ③ **변형되다**

A genetic **mutation** blocks HIV from entering cells.
유전적 돌연변이가 HIV가 세포에 침투하는 것을 막아준다.
block A from B A가 B하는 것을 막다

944. mutual [mjú:tʃuəl]
mut+u+al(형접)

'변화하는' 것이 → a. ① (서로 좋아하는 거면) **상호적인** ② (짝을 이루거나
관계이면) **서로의** ③ (함께 일을 하거나 관계이면) **공통의**가 된 거지
- mutualism[mjú:tʃuəlìzm] n. ① (논리) **상호주의** ② (생물) **상리 공생**
- symbiosis[sìmbaióusis] n. **공생**
- parasitism[pǽrəsàitizəm] n. **기생**
- commensalism **편리공생**: 한쪽은 이익을 받으나 다른 쪽은 이익도 해도
없는 공생
- mutual fund **투자 식탁회사**
- syn. reciprocal(상호간의)

They respect Mandela's vision of **mutual** respect.
그들은 만델라의 상호 존중의 시각을 존경한다.

945. commute [kəmjú:t]
com(intens)+mute

'강하게 바꾸는 것' 이 → v. ① (직장에 근무하러 교통수단을 바꾸어) **통근하다**
② (형벌을 가볍게) **감형하다** ③ (지불 방식을) **대체하다** n. **통근**이 된 거지
- commutation[kàmjutéiʃən] n. ① **감형** ② (지불 방식) **교체** ③ **대체 지불**
- commutate[kάmjutèit] v. ① (전류의) **방향을 바꾸다** ② **직류로 하다**
- a commuter[commutation] ticket **정기권**

The average time it takes Americans to **commute** to work is 25 minutes.
미국인들이 직장까지 통근하는데 걸리는 평균시간은 25분이다.

946. transmute [trænsmjú:t]
trans(across)+mute

'가로질러 변하는 것' 이 → v. ① **변화시키다** ② **바꾸다**가 된 거지
- transmutation[trænsmju:téiʃən] n. ① **변화** ② **변질** ③ **변형** ④ **변성 돌연변이**
⑤ (소유권의) **양도**

It was once thought that lead could be **transmuted** into gold.
한때 납을 금으로 바꿀 수 있다고 생각했다.
lead 이끌다, 납

▬▬ 우리말 대화로 단어 복습하기

가. **공동의(mutual)** 이익에 반하여, **변하기 쉬운(mutable) 돌연변이(mutation)** 식물을 **변형시켜서(transmute)**, 시중에 **유통(circulation)**시킨 일당이 잡혔다면서?

나. 다행히 죄를 **뉘우치고(regret)** 잘못을 시정하는 **조치(measures)**를 신속하게 취하여, 재판부는 죄를 **감형하였다 (commute)**는군.

어근 183 | NAI, NAT : 타고난, 태어난(born) ※ 동의어근 GEN, GENE, GENI, GN(어근113)

947. **nat**ive [néitiv]
nat(born)+ive(형접)

'태어난' 그대로의 → a. ① (장소이면) **태어난 곳의** ② **토박이의** ③ **원산의** ④ **원주민의** ⑤ **타고난** n. ① **태생인 사람** ② **현지인** ③ (동식물의) **토종** ④ **원주민**이 되는 거지

● na**ive**[naːíːv] a. ① **순진한** ② (경험 · 지식 부족 등으로) **순진해 빠진** ③ **천진난만한**

● alter**nat**ive[ɔːltə́ːrnətiv] n. **대안** a. **대체의**

● **nat**al[néitl] a. ① **출생의** ② **태어난**

● **nat**ion[néiʃən] n. ① **국가** ② **나라** ③ **국민** ④ **민족**

● **nat**ure[néitʃər] n. ① **자연** ② **천성** ③ **본질** ④ **성질**

● in**nat**e[inéit] a. ① **타고난** ② **선천적인**

● syn. in**di**gen**ous**(토착의, 고유의), in**born**(타고난)

> She has spent over 30 years recording rapidly disappearing **native** cultures.
> 그녀는 30년 넘게 급격히 사라지고 있는 원주민 문화를 기록해 왔다.
> **spend** 시간 (in) **~ing** 시간을 − ing하면서 보내다

948. re**nai**ssance
[rènəsάːns]
re(again)+nai(born)+ss+ance(명접)

'다시 태어난 것' 이 → n. ① **르네상스** ② **문예 부흥** ③ **부흥** a. ① **문예 부흥 (시대)의** ② **르네상스 (양식)의** 가 된 거지

● syn. **re**birth(부활)

> A rail **renaissance** is underway.
> 철도 르네상스가 진행 중에 있다.

◆ 어휘 플러스

natur**al** 자연의 / **nat**ion**wide** 전국적인 / **nat**ion**al**ism 민족주의

▬▬ 우리말 대화로 단어 복습하기

가. 한 **원주민(native)**이 정부로부터 상을 받았다는데 이유가 뭐지?

나. 원주민 **문예 부흥(renaissance)**을 통해 사라진 전통을 **복원시킨(rehabilitate) 공로(credit)**를 인정받은 거지.

어근 184	NARCO : 잠(sleep) ※ 동의어근 DORM(어근79) / HYPNO, SOMN(어근128)

949. narcosis [nɑːrkóusis]
narco+sis(활동, 명접)

'활동이 잠자는 것' 이 → n. ① (약물에 의한) **혼수상태** ② **마취 상태**가 된 거지
- **narco**tism[nɑ́ːrkətìzm] n. **마취작용**
- **narco**tic[nɑːrkátik] n. ① **마약** ② **진통제** a. **최면 효과가 있는**
- **narco**tize[nɑ́ːrkətàiz] v. **마취시키다**
- **narcis**sism[nɑ́ːrsəsìzm] n. ① **나르시시즘** ② **자기도취증** ③ **자애**
- **a**pnea[æpníːə] ① **무호흡** ② **질식**
- syn. **an**esthes**ia**[æ̀nəsθíːʒə](마취)

The **narcosis** occurs while breathing nitrogen.
질소를 흡입하면 마취 상태가 발생한다.

◆ **어원 TIP**
- **narcolepsy**[nɑ́ːrkəlèpsi] → **narco+lepsy(발작)** → **수면 발작, 기면증**

■■■ **우리말 대화로 단어 복습하기**

가. **마취상태(narcosis)**에서 **수술(operation)**을 받은 환자는 어떻게 되었어?
나. 무사하게 **의식(consciousness)**을 회복했어**(recover)**.

어근 185	NAV, NAU : 항해하다(to sail), 배(ship)

950. navigate [nǽvəgèit]
nav(ship)+ig(to lead)+ate(동접)

'배를 이끌고 가는 것' 이 → v. ① **항해하다** ② (지도 등을 보며) **길을 찾다**
③ (힘들거나 복잡한 상황을) **다루다** ④ (인터넷을) **돌아다니다**가 된 거지
- **navig**ation[nævəgéiʃən] n. ① **항해** ② **운항** ③ **네비게이션**
- **circum**navig**ate**[sə̀ːrkəmnǽvəgèit] v. (배로) **일주하다**

He had to find ways to **navigate** daily life.
그는 일상생활에 대처하는 방안을 찾아야 했다.

951. nausea [nɔ́ːziə]
nau(to sail)+sea

'바다를 항해하다' 생기는 → 어지러운 증상이 → n. ① **구역질** ② **메스꺼움**
③ **배멀미**가 된 거지
- **nausea**te[nɔ́ːzièit] v. ① **메스껍게 하다** ② **구역질나게 하다** ③ **혐오감을 주다**
- syn. **dis**gust(구역질), seasick(배멀미)

Symptoms include dizziness, **nausea** and headaches.
증세는 현기증, 메스꺼움, 두통이 있다.

952. nautical [nɔ́ːtikəl]

nau(ship)+ical(형접)

'배'와 관련된 것을 → a. ① **선박의** ② **항해의** ③ **해상의** 라고 하지

- **naval**[néivəl] a. **해군의**
- **navy**[néivi] n. **해군** a. **남색의**
- **aeronaut**[ɛ́ərənɔ̀ːt] n. **열기구 조종사**
- **astronaut**[ǽstrənɔ̀ːt] n. **우주 비행사**
- **nautical** mile **해리**

A huge seawater area lies in the Russian exclusive
200-**nautical**-mile economic zone.
광대한 해수역이 러시아의 200해리 배타적 경제 수역 내에 있다.
exclusive economic zone 배타적 경제수역(EEZ)

◆ **어휘 플러스**

navy 해군 / **navvy** (운하·철도·도로 공사의) 인부

■■■ **우리말 대화로 단어 복습하기**

가. **항해하는(navigate) 선박의(nautical)** 선실에서, 심한 **구역질(nausea)**을 하는 친구들이 누구지?

나. 배를 처음 탄 **선원(sailor)**들이에요.

생활 속 영단어로 어원 친해지기

티케 : 이번에 배운 어근이 뭐였더라?

토끼 : 175. 움직이다 mob, mov, mot / 176. 방법, 제한하다, 측정하다 mode / 177. 경고하다, 보이다 mon / 178. 오르다 mont, mount / 179. 상태 mony / 180. 죽음 mort, mors / 181. 의무, 교환하다 mun, mon / 182. 변화다 mute / 183. 타고난 nai, nat / 184. 잠 nacro / 185. 항해하다 nav, nau가 있어요.

티케 : 일상 속에서 활용한 사례를 말해주겠니?

고양이 : 공부한 어원을 정리해보니 '동사무소' 'community service center' '플레쉬몹' 'flash mob', 은행에서 대출 방식 중 하나인 '담보대출' 'mortgage loan' 자동차를 운전할 때 요긴한 '네비게이션' 'navigation'이 있더라구요.

티케 : 좋아요. 설명을 덧붙이면,

○ flashmob → flashcrowd+smartmob의 합성어 → flash(번쩍이다)+mob(군중) → 번개 모임

○ mortgage loan → mort+gage(to pledge) loan(대출) → (부동산의) **죽음을 서약하고 받는 대출** → **담보대출**

티케 : 다음에 배울 어근은 nect, nex / neg / neo, nov, new, paleo / nerv, neuro / noc, nox, necro / nom, nomy, nem / nomin, onym, onomato / norm / not / nounce, nunce / nur, nutri, nour, ali / ode, ody / oper / opt / ortho / optim, pessi / ora, ore / ord(in) / ori, ort / osteo이지요.

어근 186

NECT, NEX : 묶다, 연결하다(to bind)
※ 동의어근 JOIN, JUNCT(어근133) / LEG(어근142) / SERT(어근268) / SOC(어근272)

953. connect [kənékt]
con(together)+nect

'함께 묶는 것' 이 → v. ① (교통편·전화·수도·가스를) **연결하다** ② **이어지다** ③ **관련시키다** ④ **접속하다**가 된 거지
- **connection**[kənékʃən] n. ① **연결** ② **관련성** ③ **관계** ④ **접속** ⑤ **친척**
- **disconnection**[dìskənékʃən] n. ① **단절** ② **단선** ③ **맥락이 없음**
- syn. **link**(연결하다) ↔ ant. **separate**(분리하다)

There is nothing to **connect** the victims with the assailants.
피해자들을 가해자와 연결 지을 수 있는 근거는 아무것도 없다.

954. annex [ənéks]
an(to)+nex

'옆에 묶는 것' 이 → v. ① (국가 · 지역 등을) **합병하다** ② (덧붙이면) **추가하다**
n. ① **부속 건물** ② **별관**이 된 거지
- **nexus**[néksəs] n. ① (여러 가지 것의 복잡한) **결합** ② **관계**
- the **nexus** of cause and effect **인과 관계**
- syn. **append**(덧붙이다), **attach**(첨부하다)

The budget cut by 30% results in closure of some courthouse **annexes**.
30% 정도의 예산삭감은 법원 청사 부속 건물 일부를 폐쇄하는 결과를 가져왔다.
result in ~결과를 초래하다

◆ 어휘 플러스
next generation 차세대 / **next door** 옆집에서, 옆집 사람

■■■ 우리말 대화로 단어 복습하기
가. 최근에 **완공한(complete)** 건물이 어떤 거지?
나. 본관으로 **이어지는(connect)** **부속 건물(annex)** 이야.

어근 187

NEG, NE : 부인하다(to deny), 부정(not, no)

955. negative [négətiv]
neg(to deny)+ative(형접)

'부인하는 것' 이 → a. ① (내용이면) **부정적인** ② **비관적인** ③ (테스트 결과이면) **음성의** ④ **마이너스의** n. **부정**이라는 의미가 된 거지
- **negation**[nigéiʃən] n. ① **부정** ② **결여** ③ **정반대**
- **neglect**[niglékt] v. ① **방치하다** ② **도외시하다** ③ (해야 할 일을) **하지 않다**
n. ① **방치** ② **소홀**
- **negative** electricity 음전기
- **negative** trade balance **마이너스 무역 수지**

- negative income tax **역소득세**
- ant. **po**sit**ive**(긍정적인)

> PTSD could spread **negative** impacts.
> 외상 후 스트레스 장애가 부정적인 영향을 확산시킬 수 있다.
> PTSD(posttraumatic stress disorder) 외상 후 스트레스 장애

956. **neglig**ence
[néglidӡəns]
neg(not)+lig(to gather)+ence(명접)

'(일하려고) 모이지 않는 것' 이 → n. ① (관련된 일이면) **태만**
② (잘못된 일이면) **과실** ③ (조심을 하지 않는 거면) **부주의**가 되는 거지
- **neglig**ent[néglidӡənt] a. ① **부주의한** ② **태만한** ③ **느긋한**
- **neglig**ible[néglidӡəbl] a. ① **하찮은** ② **무시해도 될 정도의**
- **neglig**ee[néglidӡèi] n. **네글리제; 얇은 천으로 된 여성용 실내 가운**
- gross **negligence 중과실**
- **negligent** homicide charge **과실치사죄**
- syn. **careless**ness(부주의), **neglect**(태만), **de**relict**ion**(태만), **in**attent**ion**(부주의), **dis**regard(무시)

> Social workers have monitored instances of abuse and **negligence**.
> 사회복지사들은 학대와 태만 실태를 감시하고 있다.

957. **negoti**ate [nigóuʃièit]
neg(not)+oti(easy)+ate(동접)

'쉽지 않게 하는' 것이 → v. ① **협상하다** ② **타결하다** ③ (힘든 부분을 성공적으로) **넘다**가 된 거지
- **negoti**ation[nigòuʃiéiʃən] n. ① **협상** ② **교섭** ③ **협의** ④ **절충**
- **negoti**able[nigóuʃiəbl] a. ① **협상의 여지가 있는** ② **절충 가능한** ③ **양도 가능한**

> The cities **negotiate** reductions in benefits.
> 시는 혜택을 줄이는 협상을 하고 있다.

958. **necess**ity [nəsésəti]
ne(no)+cess(to go)+ity(명접)

'떠나게 할 수 없는 것' 이 → n. ① **필수적인 것** ② **필수품**이 된 거지
- **necess**ary[nésəsèri] a. **필수적인**
- **necess**itate[nəsésətèit] v. **필요하게 만들다**
- **necessary** condition **필수조건**

> An innovation is not a choice but a **necessity**.
> 혁신은 선택이 아니라 필수적인 것이다.
> innovation 혁신

■■■■ **우리말 대화로 단어 복습하기**

가. **부정적인(negative) 전망(prospect)**을 극복하고(surmount) **협상(negotiation)**이 **타결된(negotiate)** 결정적인 이유가 뭐지?

나. **태만(negligence)**하게 협상에 임했던 사람들을 교체한 것이 크지.

959. innovate [ínəvèit]
in+nov(new)+ate(동접)

'안을 새롭게 하는 것' 이 → v. ① **혁신하다** ② **쇄신하다**가 된 거지
- in**nov**ation[ìnəvéiʃən] n. ① **혁신** ② **쇄신** ③ **획기적인 것** ④ **획기적인 사상**
  ⑤ **획기적인 방법**
- in**nov**ative[ínəvèitiv] a. ① **혁신적인** ② **획기적인**
- re**nov**ate[rénəvèit] v. ① (건물·가구 등을) **개조하다** ② **보수하다**
- syn. re**nov**ate(혁신하다), re**form**(개혁하다)

> Districts should have the freedom to **innovate**.
> 관할 지구가 혁신할 자유를 가져야 한다.
> **district** 지역, 지구

960. novel [nάvəl]
nov(new)+el(명접)

'새로운 것' 이 → n. (이야기면) **소설** a. ① **새로운** ② **신기한** 의미가 된 거지
- **nov**elty[nάvəlti] n. ① **신기함** ② **새로움** a. **색다른**
- **nov**ice[nάvis] n. ① **초보자** ② **풋내기**
- ap**prent**ice[əpréntis] n. ① **견습생** ② **도제**
- **nov**a[nóuvə] n. **신성**
- super**nov**a[sjùːpərnóuvə] n. **초신성**
- syn. **fict**ion(소설), **orig**inal(독창적인), un**common**(진기한) ↔
  ant. **ordin**ary(평범한)

> We come up with **novel** solutions to problems.
> 우리는 문제에 대한 새로운 해결책을 제시하였다.

961. paleontology
[pèiliantάləd3i]
pale(old)+onto(to be)+logy(학문)

'오래전에 존재하는 것을 연구하는 학문' 을 → n. ① **고생물학** ② **화석학**이라고
하지
- **paleo**logy[pèiliάləd3i] n. ① **유물 연구** ② **고대학**
- **paleonto**logist n. **고생물학자**
- **fossil**[fάsl] n. **화석**
- the **Paleo**lithic era **구석기 시대** = Old Stone Age

> Thomas is a curator of **paleontology**.
> 토마스는 고생물학 책임자다.

◆ 어휘 플러스

re**new** 갱신하다 / **neon** 네온 / **neo**nate 신생아 / **new**bie 새내기 / **new**born 갓 태어난 / **new**comer 신입, 신참 /
news 뉴스 / **news**stand 신문·잡지 가판대 / **neo**colonialism 신식민주의 / **Neo**lith Age 신석기시대 / **neo**-Nazi
신나치주의자

가. 새로 출간한 **소설(novel)**은 어떤 내용인가요?

나. 그 책은 **신식민주의(neocolonialism)** 시대를 사는 **고생물학자(paleontologist)**가, 기존의 **관행(practice)**을 **혁신하고(innovate)**, **고생물학(paleontology)**계에 새바람을 일으키는 과정을 **역동적(dynamic)**으로 서술하였어.

어근 189	NERV, NEURO : 신경(nerve) → 신경은 힘과 연결하여 이해 필요

962. **nerv**ous [nə́ːrvəs]
nerv+ous(형접)

'신경이' 쓰이는 것이 → a. ① **불안해하는** ② **초조해하는** ③ **신경이 과민한** ④ **신경의** 가 된 거지

- **hyper**sensiti**vity**[hàipərsènsətívəti] n. **과민증**
- **nervous** breakdown **신경 쇠약**
- central **nervous** system **중추 신경계**
- syn. **anx**ious(걱정하는), **un**easy(불안한), **ap**prehens**ive**(걱정하는), **tense**(긴장된)

> The owner is in the throes of a **nervous** breakdown.
> 주인은 신경 쇠약으로 고통을 받고 있다.
> ① **in the throes of** 한창 ~을 하는 중에 ② **throes** 격동, 고민, 과도기

963. **e**nerv**ate** [énərvèit]
e(out)+nerv+ate(동접)

'신경이 아웃 되게 하는' 것이 → v. ① **기력을 떨어뜨리다** ② **무기력하게 하다**가 된 거지

- **un**nerve[ʌnnə́ːrv] v. ① **불안하게 만들다** ② **기운을 빼앗다**
- syn. **de**bilit**ate**(심신을 약화시키다), **weak**en(쇠약하게 하다)

> He showed how a dictatorship had **enervated** the nation.
> 그는 독재정권이 국가를 어떻게 쇠락하게 하는지를 보여주었다.
> **dictatorship**[díkteitərʃip] 독재정권

964. **neur**al [njúərəl]
neur+al(형접)

'신경에 관한' 것을 → a. **신경의** 라고 하지

- **neur**ology[njuərάlədʒi] n. **신경학**
- **neuro**sis[njuəróusis] n. ① **노이로제** ② **강한 공포** ③ **신경증**
- **neur**on[njúərɑn] n. ① **뉴런** ② **신경 세포**
- **neuro**surgery[njùərousə́ːrdʒəri] n. **신경외과**
- **nervous**ness **신경과민**
- **neut**ral[njúːtrəl] a. **중립의**
- **neural** circuit **신경회로**

> Different **neural** pathways are behind different types of attachment behavior.
> 다른 신경 통로가 다른 유형의 애착 행동 이면에 있다.
> **attachment** 부착, 애착

가. 선생님. **신경이(nerve)** 과민한 사람은 특징이 무엇이 있나요?

나. 작은 일에도 **불안해하고(nervous)**, 자신을 **무기력하게 하는(enervate)** 일이 자주 발생하죠.

어근 190

NOC, NOX : 해로운(harm), 해치다(to hurt), 밤(night) → 어두운 밤은 낮과 비교해서
부정적으로 이해할 필요가 있음 → '**밤의 여신**', '**닉스(Nyx)**'
NECRO : 죽음(death), 죽이다(to kill) * '**죽음의 신**' Pluto, Thanato, Mors
※ '**죽음**' 동의어근 MORT, MORS(어근180)

---

965. innocent [ínəsənt]
in(not)+noc(harm)+ent(형접)

'해가 되지 않은' 것이 → a. ① **죄 없는** ② **무고한** ③ **선량한** ④ **악의 없는**
n. **순수한 사람**이 된 거지
- innocence[ínəsəns] n. ① **결백** ② **무죄** ③ **순수**
- innocently[ínəsəntli] ad. **천진난만하게**
- innocent mistake **단순한 실수**
- syn. guiltless(죄 없는), naive(순진한) ↔ ant. guilty(죄가 있는)

> The ostensible issue was the mistreatment of **innocent**
> individual taxpayers.
> 표면적인 문제는 죄 없는 개인 납세자를 홀대한 것이다.
> ① ostensible[ɑsténsəbəl] 표면적인 ② mistreatment 홀대, 잘못 다루는 것

966. nocuous [nɑ́kjuəs]
noc+u+ous(형접)

'해가 되는' 것이 → a. ① **해로운** ② **유해한** 이 된 거지
- innocuous[inɑ́kjuəs] a. ① **해가 없는** ② **악의 없는** ③ **무해한**
- noxious[nɑ́kʃəs] a. ① **유해한** ② **유독한**
- innoxious[inɑ́kʃəs] a. ① **해가 없는** ② **독이 없는**
- obnoxious[əbnɑ́kʃəs] a. ① **아주 불쾌한** ② **몹시 기분 나쁜**
- noxious fumes **유독 가스**
- syn. poisonous(독성이 있는), harmful(해로운)

> Such **nocuous** beverage was elsewhere to be found.
> 그런 유해한 음료수가 다른 곳에서도 발견되었다.

967. equinox [íːkwənɑ̀ks]
equ(same)+nox(night)

'밤이 (낮과) 같은' 것을 → n. ① **춘분** ② **추분**이라고 하지
- nocturnal[naktə́ːrnl] a. ① **야행성의** ② **야간의**
- nocturne[nɑ́ktəːrn] n. **야상곡**

> Spring **equinox** heralds official end of winter.
> 춘분은 겨울의 공식적인 끝을 알려준다.
> herald 알리다, 선구자

968. necromancy
[nékrəmænsi]

necro(death)+mancy(prophet)

'죽음을 예언하는 사람' 이 → 주문을 외거나 술법을 부리면 → n. ① **마법**
② **주술**이 되는 거지
- **necrop**sy[nékrapsi] n. ① **검시** ② **부검** = autopsy, **post**mortem
- **necro**sis[nəkróusis] n. ① **괴사** ② **괴저**
- **magic**ian[mədʒíʃən] n. **마법사**
- **wizard**[wízərd] n. (남자) **마법사** cf. witch[witʃ] **마녀**

> This act of **necromancy** goes horribly wrong.
> 이러한 주술행위는 끔찍할 정도로 잘못되어버렸다.

969. pernicious [pərníʃəs]
per(throughly)+nic(to kill)+ious(형접)

'철저하게 죽이는 것' 이 → a. ① **치명적인** ② **유해한** ③ **악의적인** 것이 된 거지
- **pernicious** anemia **악성 빈혈**
- a **pernicious** lie **악의에 찬 거짓말**
- syn. **dead**ly(치명적인), **leth**al(치명적인), **fat**al(치명적인)

> The most **pernicious** lie is that it's easy to obtain benefits.
> 가장 악의적인 거짓말은 혜택을 받기가 쉽다는 말이다.

■■■ 우리말 대화로 단어 복습하기
가. 그 소설은 낮과 밤이 같아지는 **추분(equinox)**이 배경이라며?
나. 맞아. 그때에 맞춰, **마법사(magician)**가 **주술(necromancy)**을 부려, **무고한(innocent)** 시민을 사회에 **치명적(pernicious)**이고 **해로운(nocuous)** 존재로 몰아가.

어근 191	NOM, NOMY, NEM : 관리하다(to manage), 분배하다(to distribute), 법칙(law)

970. autonomy [ɔːtánəmi]
auto(self)+nomy(law)

'스스로의 법칙을 갖는 것' 이 → n. ① **자치** ② **자치권** ③ **자율성**이 된 거지
- **autonom**ic[ɔːtənámik] a. ① **자치의** ② (신경이) **자율적인** ③ (식물) **자발적인**
- **autonom**ous[ɔːtánəməs] a. ① **자주적인** ② (사람) **자율적인** ③ **자치권이 있는**
- **autonomic** nervous system **자율 신경계**
- syn. self-**government**(자치)

> Hong Kong's position as an **autonomous** region might be jeopardized.
> 자치지역으로 홍콩의 지위는 위협받을 수 있다.

971. anomalous
[ənámələs]

a(not)+nom(law)+al+ous(형접)

'법칙이 아닌' 것을 → a. ① **변칙적인** ② (보통 있는 일이 아닌) **이례적인** 거라고 하지
- **anom**aly[ənáməli] n. ① **변칙** ② **이례** ③ **기형** ④ **이상**
- **anom**ie[ǽnəmiː] n. ① **아노미** ② **사회적 무질서** ③ **도덕적 무질서**
- **anom**ia[ənóumiə] n. ① **건망성 실어증** ② **명칭 실어증**
- **anomaly**/abnormal climate **이상기후**
- syn. **ir**regul**ar**(변칙적인)

The analysis may well have **anomalous** results.
분석이 이례적인 결과가 나온 것은 당연하다.
may well 당연하다

972. **antinomy** [æntínəmi]
anti(against)+nomy(law)

'법칙과 반대되는 것' 이 → n. ① **자기모순** ② **이율 배반** ③ **자가당착**이 된 거지
- syn. **contra**di**ct**ion(모순), **in**consist**en**cy(모순), paradox(역설)

Another version of the **antinomy** is more succinct.
자기모순에 관한 또 다른 해석은 더욱 간결했다.
succinct[səksíŋkt] a. 간결한

973. **economy** [ikánəmi]
eco(house)+nom(to manage)+y(명접)

'집을 관리하는 것' 이 → n. ① **경제** ② **경기** ③ **절약**이 된 거지
- econom**ics**[èkənámiks] n. ① **경제학** ② **자본 환경** ③ **자본 조건**
- econom**ize**[ikánəmàiz] v. ① **절약하다** ② (돈, 말을) **아끼다**
- econom**ic**[èkənámik] a. ① **경제의** ② **경제성이 있는**
- econom**ical**[èkənámikəl] a. ① **경제적인** ② **실속이 있는** ③ **알뜰한**
- eco**logy**[iːkálədʒi] n. ① **생태(계)** ② **생태학**
- economic sanctions/stimuli **경제제재/경기부양**
- syn. thri**ft**(절약), **pru**den**ce**(검약), husband**ry**(절약), frugal**ity**(절약)

The biggest impediment to a **economic** recovery has been dysfunction in Washington.
경기회복으로 가는 가장 큰 장애는 미국 정부의 기능 마비였다.
① **impediment**[impédəmənt] 방해, 장애
② **dysfunction**[disfʌ́ŋkʃən] 역기능, 기능 마비

974. **gastronome**
[gǽstrənòum]
gastro(stomach)+nom(to manage)
+e(사람)

'위를 관리하는 사람' 이 → n. ① **미식가** ② **식도락가**가 된 거지
- gastronom**y**[gæstránəmi] n. ① **요리법** ② **미식**
- syn. epicure[épikjùər](미식가)

Gluttons and **gastronomes** are filled with the traditional food fair.
대식가와 미식가들이 전통 음식 박람회를 가득 채웠다.
glutton[glʌ́tn] 대식가

◆ 어원 TIP
- neme**sis** → nem(to distribute)+sis → '복수의 여신' '네메시스[Nemesis]'가 복수의 벌칙을 분배해주는 데서 의미 유래 → 복수, 천벌
- nom**ad** → nom(to distribute)+ad → 가축에게 풀을 분배해주려고 돌아다니는 사람 → 유목민

◆ 어휘 플러스
astronom**y** 천문학 / taxonom**y** 분류학

■■■■ **우리말 대화로 단어 복습하기**

가. **자율성(autonomy)**을 강조하는 정부가 이래도 되는 거니?

나. 왜?

가. **미식가(gastronome)**들에게 특정 음식을 제한하는 것은, **이례적(anomalous)**이고 **자기모순(antinomy)** 아니니.

어근 192	NOMIN, ONYM, ONOMATO : 이름(name), 이름을 지어주다(to name), 말(word)

975. nominate [nάmənèit]
nomin(name)+ate(동접)

'이름을 불러주는 것' 이 → v. ① (후보자로) **지명하다** ② (적합한 대상을) **추천하다** ③ (지위나 임무를 맡기는) **임명하다** ④ (시간·날짜·제목을) **정하다**가 된 거지
- **nomin**ation[nàmənéiʃən] n. ① **추천** ② **지명** ③ **임명 후보에 오름**
- **nomin**ee[nàməní:] n. ① **지명된 사람** ② (투자금 등의) **명의자**
- **nomin**al[nάmənl] a. ① **명목상의** ② **이름뿐인** ③ (돈의 액수가) **이름뿐인**
- syn. **ap**point(임명하다)

Anyone can **nominate** a favorite plaything.
누구나 선호하는 장난감을 추천할 수 있다.
plaything 장난감

976. denominate
[dinάmənèit]
de(intens)+nomin(to name)+ate(동접)

'강하게 이름 붙인 것' 이 → v. ① (특정한 단위를 써서) **액수를 매기다** ② **명명하다**가 된 거지
- **denomin**ation[dinàmənéiʃən] n. ① (돈의) **액면가** ② (기독교의) **교파**
- **nomin**ation donation 공천헌금
- **nomin**ation of a candidate 후보자지명
- **nomin**al wages **명목 임금** ↔ real wage **실질 임금**
- **nomin**al value **액면가**
- large **denomin**ation note/bill **고액권**
- syn. **designate**(명명하다)

China worries about holding too many dollar-**denominated** assets.
중국은 지나치게 많은 달러화 표시 자산보유를 걱정하고 있다.

977. ignominious
[ìgnəmíniəs]
ig(not)+nomin(name)+ous(형접)

'이름을 붙이지 못하는' 것이 → a. ① **수치스러운** ② **창피한** ③ **불명예스러운** 의미가 된 거지
- **ignomin**y[ígnəmìni] n. ① **불명예** ② **수치**
- **renown**[rináun] n. **명성**
- syn. **disgrace**ful(불명예스러운), shame**ful**(수치스러운), **dishonorable**(불명예스러운)

Average student-loan debt has exceeded that **ignominious** mark.
대학생들의 학자금 대출로 인한 평균 부채가 불명예스러운 기록을 초과하였다.

978. **anonymous**
[ənánəməs]

an(without)+onym(name)+ous(형접)

'이름 없는' 것이 → a. ① **익명의** ② (글·기부 등이) **익명으로 된** ③ **특색 없는**
의미가 된 거지

- **an**onym[ǽnənim] n. ① **가명** ② **익명** ③ **작자 불명의 저작**
- **an**onym**ity**[ænəníməti] n. ① **익명(성)** ② **특색 없음**
- **all**onym[ǽlənim] n. ① **가명** ② **가명으로 출판한 작품**
- **pseud**onym[súːdənim] n. ① **익명** ② **필명**
- syn. **pseud**onym**ous**(익명의)

A married couple want to remain **anonymous**.
결혼한 부부가 이름을 밝히기를 원치 않았다.

979. **antonym** [ǽntənìm]

ant(opposite)+onym

'반대되는 말' 을 → n. **반의어**라고 하지

- **syn**onym[sínənim] n. ① **동의어** ② **유의어**
- **hom**onym[hámənim] n. **동음이의어**
- **acr**onym[ǽkrənìm] n. ① **두문자어** ② **약어**
- onomatopoe**ia**[ànəmæ̀təpíːə] n. **의성어**

Incidental`s **antonym** is intentional or planned.
우연의 반의어는 의도적이고 계획적인 것이다.

■■ **우리말 대화로 단어 복습하기**

가. SNS에서 퇴출하여야 할 일이 뭐라고 생각하니?

나. **익명으로**(anonymous) 상대를 **비방하는**(speak evil of) 글을 올리는 행위.

나. 그리고 물건을 거래할 때 **액면가**(denomination)를 **속이는**(deceive) **불명예스러운**(ignominious) 거래 행위.

나. 돈을 받고 다른 사람을 **추천하는**(nominate) 댓글을 쓰는 행위 등.

가. 다른 질문 하나, 영어단어 공부를 할 때 **효과적**(effective)인 공부방법이 없니?

나. **반의어**(antonym)와 **동의어**(synonym)를 **명확하게**(definitely) 정리하면서 공부하는 것이 좋아.

어근 193

NORM : 기준(standard), 규칙(rule)

980. **normal** [nɔ́ːrməl]

norm+al(형접)

'기준이 되는' 것이 → a. ① **보통의** ② **평범한** ③ **정상적인** ④ (정신 상태가)
정상인 n. ① **보통** ② **평균** ③ **정상**이라고 하지

- **norm**ality[nɔːrmǽləti] n. **정상 상태**
- **norm**alization[nɔ̀ːrməlizéiʃən] n. ① **정상화** ② **표준화**
- **norm**alize[nɔ́ːrməlàiz] v. ① **정상화하다** ② **정상화 되다**
- **normal** distribution **(통계) 정규 분포**
- **normal**ization of diplomatic relation **국교 정상화**
- syn. **a**ver**age**(평균의), **ord**in**ary**(보통의), **us**ual(보통의), **gen**er**al**(일반의),
  common(보통의), **run-of-the-mill**(평범한), **rat**ion**al**(합리적인) ↔
  ant. **un**us**ual**(이상한), **ab**norm**al**(비정상적인)

This weekend, we may have above **normal** temperatures.
이번 주말은, 정상온도를 웃돌 것이다.

981. **abnormal** [æbnɔ́ːrməl]
ab(from)+normal(정상적인)

'정상적인 것에 벗어난' 것이 → a. ① **비정상적인** ② **이상한** 의미가 된 거지
- **abnormality**[æbnɔːrmǽləti] n. ① **이상** ② **기형** ③ **변칙**
- syn. **unusual**(흔하지 않는), **uncommon**(흔하지 않는)

A rare genetic anomaly causes an **abnormal** heart rhythm.
희귀 변칙 유전자가 비정상적인 심장 박동을 초래한다.

982. **enormous** [inɔ́ːrməs]
e(out)+norm+ous(형접)

'(규모가 커서) 기준 밖에 있는' 것이 → a. ① **거대한** ② **막대한** ③ **엄청난** 의미가 된 거지
- **enormity**[inɔ́ːrməti] n. ① **심각함** ② **엄청남** ③ **극악무도한 범죄 행위**
- syn. **huge**(거대한), **vast**(거대한), **massive**(육중한), **tremendous**(거대한), **colossal**(거대한), **immense**(거대한), **mammoth**(거대한)

Underpinnings of companies rest on the **enormous** revenue.
기업 기반은 막대한 수입에 달려있다.
① **underpinning** 기초, 기반 ② **rest on** 의지하다 ③ **revenue**[révənjùː] 수입

우리말 대화로 단어 복습하기

가. 오늘 생을 마감한 한 여성을 세계가 주목하고 있는데, 이유가 뭐지?
나. 그녀는 **엄청난(enormous) 차별(discrimination)**을 **극복하고(overcome)**, 여성에 대한 **비정상적인(abnormal)** 사회적 관행을 **타파하고(break down)**, 사회를 **정상적인(normal)** 상황으로 변화시킨 위대한 여성이었지.

어근 194

NOT : 알다(to know)　　※ 동의어근 GNO SCI, GN, QUAINT(어근116)

983. **notable** [nóutəbl]
not+able(형접)

'알 수 있는' 것이 → a. ① **주목할 만한** ② **유명한** ③ **눈에 띄는** ④ **중요한**
n. ① **유명 인물** ② **중요 인물**이 된 거지
- **acknowledge**[æknάlidʒ] v. ① **인정하다** ② **확인하다** ③ **감사하다**
- **notation**[noutéiʃən] n. ① **(수학·과학·음악에서) 표기법** ② **기호**
- **notch**[natʃ] n. ① **급수** ② **등급** ③ **v자형의 새김**
v. ① **(점수 등을) 올리다** ② **달성하다**
- **notice**[nóutis] n. ① **신경씀** ② **주목** ③ **공고문** ④ **통지** ⑤ **사직서** ⑥ **해고 통보** v. ① **의식하다** ② **주목하다** ③ **관심을 기울이다**
- **notify**[nóutəfài] v. ① **(공식적으로) 알리다** ② **통고하다** ③ **통지하다**
- **notification**[nòutəfikéiʃən] n. ① **알림** ② **통고** ③ **통지** ④ **신고**
- **notion**[nóuʃən] n. ① **생각** ② **개념** ③ **관념**
- **notorious**[noutɔ́ːriəs] a. **악명 높은**
- **unnoticed**[ʌnnóutist] ① **눈에 띄지 않는** ② **간과되는** ③ **주목받지 못하는**

- top notch n. ① (도달할 수 있는) **최고점** ② **최고도** a. ① **일류의** ② **최고의**
- syn. **notice**able(눈에 띄는), **con**spic**uous**(눈에 띄는), **re**mark**able**(주목할 만한), mark**ed**(두드러진), **dis**tinguished(유명한), salient(두드러진), striking(두드러진), e**min**ent(저명한), pro**min**ent(저명한), **out**standing(뛰어난)

> Bitcoin is the most **notable** of many virtual currencies.
> 비트코인은 많은 가상 화폐 중 가장 주목받고 있다.
> **currency**[kə́ːrənsi] 통화, 화폐

984. connotation
[kɑ̀nətéiʃən]
con(together)+not+ation(명접)

'(표현으로) 함께 알 수 있는 것' 이 → n. ① **함축**(된 의미) ② **내포**가 된 거지
- **con**note[kənóut] v. ① **함축하다** ② **내포하다**
- **con**noisseur[kɑ̀nəsə́ːr] n. ① (예술품·음식·음악의) **감정가** ② **전문가**
- **de**not**ation**[dìːnoutéiʃən] n. ① **명시적 의미** ② (단어를 통한) **지시**
- **de**note[dinóut] v. ① **조짐을 보여주다** ② **조짐을 나타내다** ③ **의미하다**
- syn. **nuance**(뉘앙스, 미묘한 차이)

> Knitting still carry **connotations** of women's work.
> 뜨개질은 아직도 여성 작품이라는 의미를 내포하고 있다.

■ 우리말 대화로 단어 복습하기
가. 이번 기자회견에서 우리가 **주목할 만한(notable)** 것이 뭐지?
나. 그의 말에 **내포(connotation)**하고 있는 **명시적 의미(denotation)**를 알아내는 것이지.

어근 195
NOUNCE, NUNCE : 알리다(to report), 전달자(messenger)

985. announce [ənáuns]
an(to)+nounce

'다가가 알리는' 것이 → v. ① **발표하다** ② **알리다** ③ **선언하다** ④ **방송하다**가 된 거지
- **an**nounce**ment**[ənáunsmənt] n. ① **발표** ② **소식** ③ **성명**
- **an**nounc**er**[ənáunsər] n. ① **아나운서** ② **방송진행자**
- **de**nounce[dináuns] v. ① **맹렬히 비난하다** ② **고발하다** ③ **탄핵하다**
- **de**nunciation [dɪnʌnsièiʃn] ① (공개적인) **맹비난** ② **성토** ③ **규탄**
- syn. make known(알리다), **de**clare(선언하다), broadcast(방송하다), **in**form(알리다)

> Government **announces** that most of the key events will be broadcast live.
> 정부는 대부분의 중요행사를 생방송할 것이라고 발표했다.

986. enunciate [inʌ́nsièit]
e(out)+nunc+i+ate(동접)

'밖으로 알리는 것' 이 → v. ① (또렷이) **말하다** ② **발음하다** ③ (생각을 명확히) **밝히다**가 된 거지
- e**nunci**ation[inʌnsièiʃən] n. ① **발음** ② **언명** ③ **명확한 진술** ④ **체계적인 진술**

I want to **enunciate** to him that the band's behavior does not represent us.
그 집단의 행동이 우리를 대변하지 않음을 그에게 밝히고 싶다.

987. **pronounce**
[prənáuns]
pro(before)+nounce

'앞에서 알리는' 것이 → v. ① (소리로) **발음하다** ② (의사·태도를) **표명하다**
③ (외부에 정식으로) **선언하다** ④ (선언하여 널리 알려) **선고하다**가 된 거지
- **pronounce**ment[prənáunsmənt] n. ① **선언** ② **발표** ③ **공표** ④ **판결**
- **pronunc**iation[prənʌnsiéiʃən] n. **발음**
- **pronounce**d[prənáunst] a. ① **뚜렷한** ② **명백한** ③ **단호한**
- syn. **articul**ate(똑똑히 발음하다), **de**clare(선언하다), **pro**claim(공포하다)

He spews difficult-to-**pronounce** lexicons.
그는 발음하기 어려운 어휘들을 쉼 없이 토해냈다.
① **spew**[spjuː] 뿜어져 나오다 ② **lexicon**[léksəkən] 어휘

988. **renounce** [rináuns]
re(back)+nounce

'후퇴를 알리는 것' 이 → v. ① **포기하다** ② **단념하다**가 된 거지
- **renounce**ment[rináunsmənt] n. ① **단념** ② **파기** ③ **절교**
- syn. **dis**own(의절하다), **for**sake(저버리다), **re**linquish(포기하다),
  abandon(포기하다), give up(포기하다), **ab**jure(포기하다)

Ecuador **renounces** these trade preferences.
에콰도르는 이러한 무역 특혜를 포기했다.
preference[préfərəns] 좋아함, 우선권, 특혜

우리말 대화로 단어 복습하기
가. 너의 새해 소망은 뭐야?
나. 북한이 **핵확산금지조약**(Nonproliferation Treaty: NPT)에 **탈퇴**(withdrawal)를 **선언**(pronouncement)한 이후,
핵실험(nuclear test)을 계속하고 있는데, 이제라도 북한 **정권**(regime)이 핵개발을 **단념한다**(renounce)고, **발표**
(announcement)했으면 좋겠어.

어근 196
NUR, NUTRI, NOUR, ALI : 영양분을 공급하다(to nourish)

989. **nutrition** [njuːtríʃən]
nutri+t+ion(명접)

'영양분을 공급하는' 것이 → n. **영양**이지
- **nutri**ent[njúːtriənt] n. ① **영양소** ② **영양분**
- **nour**ishment[náːriʃmənt] n. ① (영양가 있는) **음식물** ② **영양**(분) ③ **자양물**
- **nur**sery[náːrsəri] n. ① **유아원** ② **유치원** ③ **묘목장**
- **mal**nutrition[mælnjuːtríʃən] n. **영양실조**
- under**nour**ishment 영양 부족

Most distributors receive discounts on **nutrition** products.
대부분 유통업자들이 영양제 할인을 받았다.

990. aliment [ǽləmənt]
ali(to nourish)+ment(명접)

'영양분을 공급하는 것' 이 → v. ① **자양분을 주다** ② (사람의 생활을 돌보면) **부양하다** ③ (경제적인) **지원하다** n. ① **자양물** ② (마음의) **양식** ③ **음식물** ④ **부양**이라는 표현이 된 거지

He suggested treatments are well-boiled **aliments**.
그는 치료하려면 잘 삶은 음식물을 섭취할 것을 제안했다.

991. alimony [ǽləmòuni]
ali(to nourish)+mony(state)

'영양분이 되는 상태' 가 → 혼인 관계에 이상이 생기면 → n. ① **이혼 수당** ② **별거 수당**을 받는 거지

- palimony[pǽləmouni] n. **별거수당**
- syn. maintenance(양육비)

Earned income includes wages and **alimony**.
근로소득은 임금과 이혼수당을 포함한다.

◆ 어휘 플러스
nurse 간호사, 간호하다 / nurture 양육하다

■ **우리말 대화로 단어 복습하기**

가. 너는 부양가족이 있는 경우 **이혼 수당(alimony)** 강화 방침을 어떻게 생각해?
나. 이혼한 사람이 자녀를 **부양하고(aliment)**, 사회에 낙오되지 않을 중요한 **영양(nutrition)**분 같은 존재라고 생각해.

어근 197

ODE, ODY : 노래하다(to sing)   ※ 동의어근 CANT, CENT(어근32)

992. method [méθəd]
meth(between)+od

'사이에서 노래하는' 것이 → n. ① (목적을 이루기 위한 수단이나 방식이면) **방법** ② (구성하는 각 부분을 계통적으로 통일한 거면) **체계성**이 된 거지
- methodical[əθádikəl] a. ① **체계적인** ② **조직적인** ③ **고지식한**
- methodology[mèθədálədʒi] n. **방법론**
- Methodism[méθədìzm] n. **감리교파**
- syn. manner(방법), mode(방식), system(체계), procedure(절차)

The patent details a **method** for manufacturing curved touchscreens.
그 특허권은 곡선 터치스크린 제조 방법을 상세하게 설명한 것이다.
detail 세부, 상세하게 설명하다

993. parody [pǽrədi]
par(beside)+ody

'비슷하게 노래하는' 것이 → n. 패러디 v. 패러디하다가 된 거지
- comedy[kámədi] n. ① **코미디** ② **희극** ③ **코미디 같은 점**
- melody[mélədi] n. ① **멜로디** ② **선율**
- comic book **만화책**
- syn. satire(풍자)

> Amazon isn't the first company to employ **parody** advertising.
> 아마존이 패러디광고를 채택한 최초의 회사가 아니다.

994. tragedy [trǽdʒədi]
trag(to gnaw)+edy

'갉아 먹는 노래를 하는' 것이 → 연극에서 → n. ① **비극**(적인 사건) ② **비극**(작품)이 된 거지
- trag**ic**[trǽdʒik] a. ① **비극적인** ② **비극의**
- rhapsody[rǽpsədi] n. ① **광시곡** ② **랩소디** ③ **격한 감정의 표현**
- syn. **dis**aster(재해), **cata**strophe(대 참사), calam**ity**(큰 재해) ↔ ant. fort**une**(행운), comedy(희극)

> The **tragedy** has raised questions about the training and skills of pilots.
> 비극적 사건이 조종사 교육과 기술에 의문을 불러일으켰다.

■■■ **우리말 대화로 단어 복습하기**
가. **비극(tragedy)**적인 사건을, 대중들에게 친근하게 다가가기 위한 접근 **방법(method)**은 없을까?
나. **패러디(parody)**하는 것이 괜찮을 수 있어.

어근 198
OPER : 일하다(to work) ※ 동의어근 LABOR(어근136)

995. operate [ápərèit]
oper+ate(동접)

'일한다는' 것이 → v. ① **운영하다** ② **영업하다** ③ **작동하다** ④ **가동되다** ⑤ **수술하다** ⑥ (군사) **작전을 벌이다**가 된 거지
- oper**ation**[àpəréiʃən] n. ① **운영** ② **작전** ③ **사업** ④ **수술** ⑤ **운용** ⑥ **작동**
- oper**ator**[ápərèitər] n. ① **운영자** ② **경영자** ③ **조작하는 사람** ④ **교환원**
- oper**a**[ápərə] n. **오페라**   • opus[óupəs] n. **작품**
- syn. **man**age(관리하다), run(운영하다)

> We won a five-year contract to **operate** the nearby convention center.
> 우리는 인근 컨벤션센터에 대한 5년 운영계약을 따냈다.

996. cooperate
[kouápərèit]
co(with)+oper+ate(동접)

'함께 일하는' 것이 → v. ① **협력하다** ② **협조하다**가 된 거지
- co**operation**[kouàpəréiʃən] n. ① **협력** ② **협조** ③ **합동**
- co**operative**[kouápərətiv] a. ① **협력하는** ② **협조적인** ③ **협동조합식의** n. **협동조합**
- syn. col**labor**ate(협력하다)

> His client would **cooperate** with prosecutors.
> 그의 의뢰인은 검사에 협조할 것이다.
> **prosecutor**[prásəkjùːtər] 검사

■■■ **우리말 대화로 단어 복습하기**
가. **기업(corporation)**이 성공으로 가는 **지름길(shortcut)**이 뭐라고 생각하니?
나. 임직원이 서로 **협력하여(cooperate)** 운영하는(operate) 것이지.

어근 **407**

| 어근 199 | OPT : 선택하다(to choose)　　※ 동의어근 LECT(어근141) |

997. option [ápʃən]
opt+ion(명접)

'선택하는 것' 이 → n. ① **선택** ② **선택 과목** ③ (자산의 매매) **선택권**
④ (프로그램 사용상의) **선택**이 된 거지
- **opt**ional[ápʃənl] a. ① **임의의** ② **선택적인**
- **opt**ical[áptikəl] a. ① **시각적인** ② **광학의**
- co-**opt**[kouápt] v. ① **선임하다** ② (가담을 원치 않는 사람을) **끌어들이다**
- **opt**ional contract **수의계약**
- call **option** **콜옵션**; 주식 매입 선택권 / put **option** **풋옵션**; 주식 매각 선택권
- syn. cho**ice**(선택)

Their only immediate **option** appears to be dragging out the confirmation process.
그들의 유일한 즉각적인 선택권은 인준과정을 질질 끄는 것이었다.
① immediate[imíːdiət] 즉간적인 ② drag out 질질 끌다

998. adopt [ədápt]
ad(to)+opt

'접근하여 선택하는' 것이 → v. ① (정책 등을) **채택하다** ② (양자로) **입양하다**
③ (문화·기술 등을) **받아들이다** ④ (방식이나 자세를) **취하다**가 된 거지
- ad**option**[ədápʃən] n. ① **입양** ② **채택**
- ad**opt**ee[ədaptíː] n. ① **양자** ② **입양아**
- syn. ac**cept**(받아들이다), em**brace**(받아들이다)

English **adopted** many foreign words.
영어는 많은 외국 말을 수용했다.

우리말 대화로 단어 복습하기
가. 선거에 참여하고, 투표하는 것이 왜 중요하죠?
나. 올바른 지도자의 **선택(option)**이 국가 질서를 바로 세우고, 올바른 **정책(policy)**을 **채택하는(adopt)** 것이 가능하지.

| 어근 200 | ORTHO : 곧은(straight), 바른(correct)　　※ 동의어근 RECT, REG(어근248) |

999. orthodox [ɔ́ːrθədàks]
ortho(straight)+dox(to teach)

'바르게 가르치는 것' 이 → a. ① **정통의** ② **전통적인** ③ (종교적) **정통파의**
라고 하지
- **ortho**dox**y**[ɔ́ːrθədàksi] n. ① **통설** ② (종교 등의) **정설**
- **un**orthodox[ʌnɔ́ːrθədàks] a. **비정통적인**
- **hetero**dox[hétərədàks] a. ① **이설의** ② **이단의**

Kiev is the birthplace of **Orthodox** Russia.
키예프는 러시아 정교의 탄생지이다.

1000. orthopedics
[ɔ̀ːrθəpíːdiks]

ortho+ped(child)+ics(학)

'아이의 신체를 바르게 하는 것' 을 → n. ① **정형외과** ② **골격 정형**이라고 하지
- orthodontics[ɔ̀ːrθədántiks] ① **치과 교정술** ② **치과 교정학**
- plastic/cosmetic **surgery 성형외과**

> Programs include care for stroke and **orthopedics**.
> 프로그램에 포함된 진료항목은 뇌졸중과 정형외과이다.

1001. orthography
[ɔːrθάgrəfi]

ortho+graph(to write)+y(명접)

'바르게 쓰는 것' 이 → n. ① **철자법** ② **맞춤법**이지

> A 1996 reform of German **orthography** allowed the hyphenation of very long words.
> 1996년 독일어 철자법 개혁은 매우 긴 단어를 하이픈으로 연결하는 것을 허용했다.

■■ 우리말 대화로 단어 복습하기

가. 선생님. **정통의(orthodox) 철자법(orthography)**에 따라 어떤 단어를 쓰죠?

나. **정형외과(orthopedics)**를 써봐.

어근 201

OPTIM : 최상(best) / PESSI : 가장 나쁜(worst) ※ **동의어근 SUM(어근287)**

1002. optimism
[άptɪmɪzəm]

optim+ism(주의)

'(모든 것을) 최상으로 보는 주의' 가 → n. ① **낙관론** ② **낙천주의**가 된 거지
- optimum[άptɪməm] a. ① **최고의** ② **최적의** n. ① **최고의 결과** ② **최적의 조건** pl. optima
- optimistic[àptəmístik] a. ① **낙관적인** ② **낙관하는**
- optimist[άptəmist] n. ① **낙관론자** ② **낙천주의자**
- optimize[άptəmàiz] v. ① **최대한 좋게 만들다** ② **최적화하다**
- optimal[άptəməl] a. ① **최선의** ② **최적의** ③ **최상의**

> Big gains have experts **optimistic**.
> 엄청난 이익이 전문가들을 낙관적으로 만들었다.

1003. pessimism
[pésɪmɪzəm]

pessi+m+ism(주의)

'(모든 것을) 최악으로 보는 주의' 가 → n. ① **비관론** ② **비관주의** ③ **비관적 견해**가 된 거지
- pessimistic[pèsəmístik] a. ① **비관적인** ② **회의적인**
- pessimist[pésəmist] n. ① **비관론자** ② **염세주의자**
- a vein of **pessimism 비관적인 기분**

> He expressed **pessimism** about effecting permanent change.
> 그는 항구적인 변화를 가져오는데 비관론을 표명했다.
> ① **effect** 결과, 효과를 가져오다
> ② **permanent**[pə́ːrmənənt] 영구적인, 영속적인

가. 인생을 설계할 때, 현실에 **충실한(faithful)** 실천 가능한 **목표(object)**를 세운다는 것이 무슨 말씀이죠?

나. **지나친(exorbitant) 낙관론(optimism)**도, 지나친 **비관론(pessimism)**도 경계하라는 거지.

어근 202

ORA, ORE : 말하다(to speak) ※ **동의어근 DIC, DICT(어근75) / FA, FESS(어근89) / LOCUT, LOGUE, LOGY, LOQU(어근152)**

1004. oral [ɔ́ːrəl]
ora+l(형접)

'말하는' 것이 → a. ① **구두의** ② **입의** ③ **구강의** n. ① **구두시험** ② (대학에서의) **구술 고사**가 된 거지
- oracle[ɔ́ːrəkl] n. ① **신탁**(신의 말씀) ② **귀중한 정보를 주는 사람**[책]
- syn. **spoken**(구두의) ↔ ant. **written**(필기의)

> A class of **oral** diabetes medications has drawn controversy.
> 일부 먹는 당뇨병 약이 논쟁을 불러일으키다.
> **draw controversy** 논쟁을 불러일으키다

1005. adore [ədɔ́ːr]
ad(to)+ore

'(좋아하거나 존경하여) 말하며 다가가는' 것이 → v. ① **아주 좋아하다** ② **흠모하다** ③ **숭배하다**가 된 거지
- **ad**or**ation**[ædəréiʃən] n. ① **숭배** ② **흠모** ③ **예배**
- ore[ɔ́ː(r)] n. **광석** cf. iron **ore** 철광석
- syn. **esteem**(존경하다), **re**vere(숭배하다)

> Some people **adore** gluten-free pizzas.
> 일부는 글루텐을 함유하지 않은 피자를 아주 좋아한다.

◆ **어휘 플러스**

oral history 구전 역사 / **or**at**ion** 연설 / **or**at**or** 연설가, 웅변가 / **or**atorio 오라토리오, 성가극 / **per**or**ation** (연설의) 마무리 부분, 장황한 연설, 끝맺는 말

가. 신의 말씀인 **신탁(oracle)**이 무엇을 의미하죠?

나. 신이 그의 뜻과 인간의 물음에 **열변을 토하면서(perorate) 구술한(oral)** 말씀을, 그를 **숭배하는(adore)** 제자들이 모아놓은 거지.

어근 203

ORD(IN) : 정돈하다, 배열하다(to arrange) ※ **동의어근 TIRE(어근307), RANGE(어근244)**

1006. order [ɔ́ːrdər]
ord+er(명접)

'정돈하는 것' 이 → n. ① (물건이나 일을 하도록 요구나 부탁이면) **주문** ② 무엇을 하게 하거나 법률 시행이면 **명령** ③ **질서** ④ (정해 놓은 차례면) **순서** ⑤ (사회·세계 등을 이루는) **체제** ⑥ (각 부분을 계통적으로 통일하는) **체계**

v. ① (상품 · 음식 · 음료를) **주문하다** ② **명령하다** ③ **정리하다**가 된 거지
- ord**erly**[ɔ́ːrdərli] a. ① **질서 있는** ② **정연한** ③ **정돈된**
  n. ① (병원의) **잡역부** ② (군대의) **잡역병**
- **dis**ord**er**[disɔ́ːrdər] n. ① (신체 기능의) **장애** ② **어수선함** ③ **무질서**
- in order ① **적법한** ② **유효한** ③ **순서대로** ④ (말·행동 등이) **알맞은**
  ⑤ **적절한**
- back order n. **이월 주문** v. **이월 주문하다**
- syn. **com**mand(명령하다), **di**rect(명령하다)

A buyer can check the status of any **order**.
구매자는 주문 상황을 점검할 수 있다.

1007. ord**ain** [ɔːrdéin]
ord+ain(동접)

'(직책을) 배열하는' 것이 → v. ① (성직자로) **임명하다** ② **명하다** ③ (선택,
규칙, 의미 등을) **정하다**가 된 거지
- ord**in**ance[ɔ́ːrdənəns] n. ① **법령** ② **조례**
- ord**eal**[ɔːrdíːəl] n. ① **시련** ② **고난**
- syn. **ap**point(임명하다), **nom**in**ate**(지명하다)

He could actually **ordain** the culture.
그는 실제로 문화를 정립할 수 있었다.

1008. **co**ordin**ate**
[kouɔ́ːrdəneɪt]
co(with)+ordin+ate

'함께 배열하는' 것이 → v. ① **조직화하다** ② **편성하다** ③ (몸의 움직임을)
조정하다 ④ (옷차림 · 가구 등을) **꾸미다** ⑤ **코디하다**
n. ① **좌표** ② **함께 잘 어울리는 옷들**이 된 거지
- **co**ordin**ation**[kouɔ̀ːrdənéiʃən] n. ① **조직(화)** ② **합동** ③ **조화**
  ④ (신체 동작의) **조정력**
- **co**ordin**ator**[kouɔ́ːrdənèitər] n. ① **코디네이터** ② **조정자**
  ③ **동격**으로 하는 것

Officials **coordinated** their investigation.
관리들은 수사 상황을 조율했다.

1009. ord**in**ary [ɔ́ːrdənèri]
ordin+ary(형접)

'배열되어 있는' 그대로가 → a. ① **보통의** ② **평범한** ③ **일상적인** 거지
- **extra**ord**in**ary[ikstrɔ́ːrdənèri] a. ① **뛰어난** ② **특별한** ③ **임시의**
  ④ **이례적인** ⑤ **엄청난**
- **in**ord**in**ate[inɔ́ːrdənət] a. ① **과도한** ② **지나친**
- ordinary income or loss **경상손익** · ordinary share **보통주**
- syn. **a**ver**age**(평균의), us**ual**(보통의), gener**al**(일반의), **com**mon(보통의),
  run-of-the-mill(평범한), ration**al**(합리적인), **com**monplace(
  평범한), standard(표준의), norm**al**(보통의)

Sanctions are more likely to punish **ordinary** people than the ruling elite.
제재조치가 집권 엘리트보다 보통사람들에게 피해를 줄 가능성이 많다.
sanction 승인, 제재, 승인하다, 인가하다

1010. **subordinate**

[səbɔ́ːrdəneɪt]

sub(under)+ordin+ate(동접, 형접)

'아래에 배열하는' 것이 → v. ① **경시하다** ② **종속시키다**

n. [səbɔ́ːrdənit] ① **부하직원** ② **하급자** a. [səbɔ́ːrdənit] ① **종속된**

② **부차적인** ③ **부수적인** 것이 된 거지

- **subordination**[səbɔ̀ːrdənéiʃən] n. ① **종속** ② **하위** ③ **복종** ④ **예속**
- **insubordination**[ìnsəbɔ̀ːrdənéiʃən] n. ① **불복종** ② **반항**
- syn. **inferior**(하급자) ↔ **superior**(상급자)

> He pushed **subordinates** to hire his relatives.
> 그는 친척을 고용하라고 부하직원에게 압력을 행사했다.

■■■■ **우리말 대화로 단어 복습하기**

가. 조직을 이끌어 가는 수장이 가져야할 덕목은 어떤 것이 있죠?

나. **평범한(ordinary) 부학직원(subordinate)**을 조직화하여(coordinate), 업무 특성과 **적성(aptitude)**에 맞게, 부하직원을 부서에 **임명하는(ordain)** 것.

나. 그리고 구성원들에게 **일방적인(unilateral)** 업무 **명령(order)**을 하지 않는, **쌍방향의(two-way)** 소통이 중요하지.

어근 204

ORI, ORT : 떠오르다(to rise) → 해는 동쪽에서 떠오르고, 새로운 생명 탄생과 연관해서 이해
※ 동의어근 SUR, SOUR(어근289)

1011. **orient** [ɔ́ːriənt]

ori+ent(형접)

'(해가) 떠오르는' 것이 → v. ① (목적, 의지, 방향을) **지향하다** ② (목적에) **맞추다** ③ **자기 위치를 알다** ④ (상황, 환경에) **적응하다** n. **동양** a. ① **빛나는** ② **동쪽의**가 된 거지

- **oriental**[ɔ̀ːriéntl] a. ① **동양의** ② **동양인의**
- **orientation**[ɔ̀ːriəntéiʃən] n. ① (목표) **방향** ② **오리엔테이션** ③ (사람) **성향** ④ **지향**
- **Oriental**[ɔ̀ːriéntl] n. **동양인**
- syn. **adjust**(맞추다), **adapt**(적응시키다)

> Infants without emotion regulation do not **orient** to others.
> 감정조절이 되지 않는 유아는 다른 사람에게 적응하지 못한다.
> **regulation**[règjəléiʃən] 규칙, 조절, 조정

1012. **origin** [ɔ́ridʒin]

ori+g+in(명접)

'(존재 등이) 떠오르는 것' 을 → n. ① **기원** ② **출신** ③ **원산** ④ **태생** ⑤ **유래**라고 하지

- **originate**[ərídʒənèit] v. ① **유래하다** ② **비롯되다** ③ **발명하다** ④ **창안하다**
- **originality**[ərìdʒənǽləti] n. **독창성**
- **original**[ərídʒənl] a. ① **원래의** ② **원본의** ③ **독창적인** n. **원본**
- **aboriginal**[æbərídʒənl] a. ① **원주민의** ② **토착의**
- **Aborigine**[æbərídʒəniː] n. (특히 호주) **원주민**
- syn. **source**(원천), **root**(뿌리)

> The **origin** of the slope lines remains an open question.
> 경사지 선의 기원에 대해서는 아직 답을 찾지 못했다.

1013. **abort** [əbɔ́ːrt]

ab(away)+ort(to rise)

'떠오르지 못하게 하는' 것이 → v. ① (계획 등을) **중단하다** ② **낙태를 하다**
③ **유산하다** ④ **유산시키다**가 된 거지

- **ab**ortion[əbɔ́ːrʃən] n. ① **낙태** ② **임신중절**(수술) ③ **유산**
  syn. **mis**carriage 유산
- syn. **mis**carry(유산하다), **halt**(멈추다), **cease**(중지하다)

> The law makes it illegal to **abort** a fetus 12 weeks or older that has
> a heartbeat.
> 법은 심장이 박동하는 12주가 된 태아를 낙태하는 것을 불법화했다.
> **fetus**[fíːtəs] 태아

우리말 대화로 단어 복습하기

가. **동양**(the Orient)에서는, **낙태를**(abortion) **금기**(taboo)시하는 **경향**(tendency)이 강한데 이유가 뭐죠?

나. 그것은 생명을 중시하는 **유교**(Confucianism) 사상에 **기원**(origin)하는지 모르지.

어근 205

OSTEO : 뼈(bone)

1014. **osteoporosis**
[ɑ̀stiəpəróusis]

osteo+poro(hole)+sis(명접)

'뼈에 구멍이 생기는 것'을 → n. **골다공증**이라고 하지

- **osteo**logy[ɑ̀stiɑ́lədʒi] n. ① **골학** ② **골해부학** ③ **골 조직** ④ **골격**
- **osteo**arthritis[ɑ̀stiouɑːrθráitis] n. **골관절염**
- **oss**ify[ɑ́səfài] v. ① **경화하다** ② **경직되게 하다** ③ **골화시키다** ④ **골화하다**

> The definitive test for diagnosing **osteoporosis** is a bone density study.
> 골다공증을 진단하는 확실한 테스트는 골밀도 검사이다.
> **definitive**[difínətiv] 결정적인, 명확한

우리말 대화로 단어 복습하기

가. 그의 **골밀도**(bone density) 검사 결과는 나왔어?

나. 응. 그는 **골다공증**(osteoporosis)과 **골관절염**(osteoarthritis) **위험**(peril)이 있어.

T

- tame[teim]   a. 길든, 길들여진 ↔ wild 야생의, 길들여지지 않는
- temporary[témpərèri]   a. 일시적인, 임시의 ↔ lasting, permanent, eternal 영구적인
- tender   a. 부드러운, 연한 = soft ↔ tough 질긴
- thick[θik]   a. 두꺼운, 진한, 짙은 ↔ thin 얇은, 가는 ↔ fat 살찐
- thoughtful[θɔ́ːtfəl]   a. 사려 깊은, 생각이 깊은 ↔ thoughtless, inconsiderate 배려심이 없는
- thrifty[θrífti]   a. 검소한, 절약하는, 알뜰한 ↔ wasteful 낭비하는, 사치스런
- tie   v. 매다, 묶다 ↔ untie 풀다
- tighten[táitn]   v. 단단히 죄다, 팽팽해지다, 더 엄격하게 하다 ↔ loosen 느슨하게 하다
- total[tóutl]   a. 전체의, 총계의 = whole ↔ partial 부분적인
- touchable   a. 만질 수 있는, 촉감으로 알 수 있는, 감동시킬 수 있는
         ↔ untouchable 건드릴 수 없는, 손댈 수 없는
         cf. untouched 훼손되지 않는, 손을 대지 않은
- tough[tʌf]   a. 질긴, 어려운 ↔ tender, soft 부드러운, easy 쉬운
- tranquil[trǽŋkwil]   a. 조용한, 평온한 ↔ noisy 시끄러운
- trivial[tríviəl]   a. 하찮은, 사소한 ↔ important 중요한
- true   a. 진실한, 사실의, 참된 ↔ false 거짓된, 틀린
- trust[trʌst]   n. 신뢰(하다), 신임(하다), 신탁 ↔ distrust 불신(하다)
- truth   n. 진실 ↔ falsehood 거짓, 거짓말

U

- ugly[ʌ́gli]   a. 추한, 못생긴 ↔ beautiful
- unable (to)   a. ~ 할 수 없는 ↔ able (to) ~할 수 있는
- unaccountable   a. 이해할 수 없는, 책임을 질 필요가 없는 ↔ accountable 책임이 있는
- unaccustomed   a. 익숙지 않는 ↔ accustomed 익숙한
- unattainable   a. 도달 불가능한, 얻을 수 없는 ↔ attainable 이룰 수 있는
- unaware[ʌnəwɛ́ər]   a. ~을 알지 못하는, 눈치 채지 못하는 ↔ aware 알고 있는, 눈치 채고 있는
- unbearable[ʌnbɛ́ərəbəl]   a. 참을 수 없는, 견딜 수 없는 ↔ bearable 견딜 수 있는, 참을 수 있는
- unbelievable   a. 믿기 어려운 ↔ believable 믿을 수 있는
- unbroken   a. 중단되지 않는, 깨어진 적이 없는 ↔ broken 깨진, 고장 난
- uncertainty[ʌnsə́ːrtnti]   n. 불확실성, 반신반의, 불확실한 것 ↔ certainty 확실성, 확실한 것
- unclean   a. 더러운, 불결한, 부정한 ↔ clean 깨끗한, 깔끔한
- uncomfortable   a. 불편한, 거북한 ↔ comfortable 편한, 편안한
- uncommon   a. 진귀한, 흔하지 않은, 굉장한 ↔ common 흔한, 평범한, 공통의
- unconditional   a. 무조건적인 ↔ conditional 조건부의
- unconscious[ʌnkánʃəs]   a. 의식을 잃은, 무의식 적인 ↔ conscious 의식하는

Exercise 16

1. (A)에 제시된 어근의 의미를 가장 적절하게 표현한 것을 (B)에서 찾아 쓰시오.

(A)	(B)
1) NAI, NAT _____	ⓐ 항해하다(to sail)
2) NOC, NOX _____	ⓑ 전달자(messenger), 알리다(to report)
3) NECT, NEX _____	ⓒ 이름(name), 말(word)
4) OPTIM _____	ⓓ 정돈하다(to arrange)
5) MON _____	ⓔ 오르다(to climb)
6) MUN, MON _____	ⓕ 움직이다(to move)
7) NORM _____	ⓖ 변화다(to change)
8) NOMIN, ONYM _____	ⓗ 새로운(new)
9) ORTHO _____	ⓘ 관리(management), 분배(distribution), 법칙(law)
10) NOT, GN, SCI _____	ⓙ 기준(standard), 규칙(rule)
11) MUTE _____	ⓚ 곧은(straight), 바른(correct)
12) MOB, MOV, MOT _____	ⓛ 떠오르다(to rise)
13) NEO, NOV _____	ⓜ 타고난(born)
14) MONT, MOUNT _____	ⓝ 방법(manner), 한계(to limit), 측정하다(to measure)
15) ORD(IN) _____	ⓞ 죽음(death)
16) NAV, NAU _____	ⓟ 신경(nerve), 힘(power)
17) MODE _____	ⓠ 최상(best)
18) NOM, NOMY, NEM _____	ⓡ 알다(to know)
19) NUR, NUTRI _____	ⓢ 해로운(harm), 밤(night)
20) ORI, ORT _____	ⓣ 묶다, 연결하다(to bind)
21) OPT _____	ⓤ 경고하다(to warn)
22) MORT, MORS _____	ⓥ 교환하다(to exchange)
23) NERV, NEURO _____	ⓦ 영양(nourish)
24) NOUNCE, NUNCE _____	ⓧ 선택하다(to choose)

2. 제시된 단어 중 의미가 가장 적절한 것을 찾아 괄호 안에 넣으시오.

> ⓐ montage ⓑ paleontology ⓒ mortgage ⓓ motion ⓔ transmute ⓕ acrimony ⓖ nocuous ⓗ amount
> ⓘ mutual ⓙ matrimony ⓚ remove ⓛ remorse ⓜ connotation ⓝ community ⓞ mobilize ⓟ paramount
> ⓠ anomalous ⓡ modest ⓢ commons ⓣ municipal ⓤ motive ⓥ nausea ⓦ admonish ⓧ annex ⓨ moderate
> ⓩ necromancy

1) ( ) : 지방자치의	2) ( ) : 동원하다	3) ( ) : 구역질
4) ( ) : 누그러지다	5) ( ) : 합병하다	6) ( ) : 훈계하다
7) ( ) : 평민	8) ( ) : 최고의	9) ( ) : 마법
10) ( ) : 신랄함	11) ( ) : 변형시키다	12) ( ) : 동의안

13) (　　) : 양심의 가책 　14) (　　) : 담보 대출 　15) (　　) : 변칙적인
16) (　　) : 총액 　17) (　　) : 함축 　18) (　　) : 제거하다
19) (　　) : 상호적인 　20) (　　) : 결혼생활 　21) (　　) : 고생물학
22) (　　) : 짜깁기 　23) (　　) : 해로운 　24) (　　) : 동기
25) (　　) : 공동체 　26) (　　) : 겸손한

3. 제시된 단어와 <u>반대되는</u> 의미로 가장 적절한 것을 찾아 괄호 안에 넣으시오.

ⓐ wasteful ⓑ order ⓒ tranquil ⓓ tame ⓔ adore ⓕ eternal ⓖ loosen ⓗ tragedy ⓘ falsehood ⓙ connect
ⓚ thoughtful ⓛ total ⓜ thick ⓝ occident ⓞ uncomfortable ⓟ important

1) (　　) : temporary 　2) (　　) : truth 　3) (　　) : comedy
4) (　　) : thin 　5) (　　) : comfortable 　6) (　　) : trivial
7) (　　) : confusion 　8) (　　) : thrifty 　9) (　　) : partial
10) (　　) : wild 　11) (　　) : inconsiderate 　12) (　　) : noisy
13) (　　) : despise 　14) (　　) : disconnect 　15) (　　) : orient
16) (　　) : tighten

4. 밑줄 친 단어와 <u>전혀 관계없는</u> 것을 고르시오.
1) Washington could not accept a government unless it **renounce**d violence.
　① give up 　② abet 　③ abandon 　④ abjure

2) Bankers and lawyers **surmount**ed the legal and bureaucratic hurdles.
　① overcome 　② conquer 　③ surrender 　④ get over

3) Global warming or climate change will personally hurt them a **moderate** amount.
　① proper 　② appropriate 　③ modest 　④ substantial

4) Detroit built its pipeline to **accommodate** industrial growth.
　① assess 　② support 　③ assist 　④ shore up

5) It is **notable** that the number of people hired to bureaucratic positions is rising.
　① conspicuous 　② salient 　③ distinguished 　④ ordinary

5. 밑줄 친 단어와 <u>가장 유사한</u> 것을 고르시오.
1) They **pronounced** their independence from Great Britain.
　① denounced 　② declared 　③ claimed 　④ propelled

2) All donors above $5,000 listed; no more than 15 percent are **anonymous**.
　① unanimous 　② cryptonymous 　③ ambiguous 　④ anecdote

3) They stay along with hospitality and **commodious** accommodations.
　① cogent 　② clandestine 　③ spacious 　④ two-by-four

416 어원으로 영단어 길들이기(下)

4) Doctors **abort** an abnormal twin.
    ① miscarry   ② mitigate   ③ mortify   ④ suspend

5) He urges US to **adopt** universal healthcare.
    ① embrace   ② adapt   ③ trigger   ④ shun

6. 밑줄 친 단어와 반대되는 것을 고르시오.

1) The bill will give a business owner more authority to fire or **demote** employees.
    ① degrade   ② promote   ③ relegate   ④ enthrall

2) To his name was attached an **ignominious** distinction.
    ① shameful   ② honorable   ③ mean   ④ infamous

3) The upas tree impairs health and **enervate**s the mind or body.
    ① enfeeble   ② deteriorate   ③ debilitate   ④ boost

4) **Optimism** seems to be growing, both among consumers and investors.
    ① tranquility   ② enthusiasm   ③ pessimism   ④ breakthrough

5) The outbreak of **morbid** obesity coincides with ingesting low-cost, sugary foods.
    ① unwholesome   ② abnormal   ③ sound   ④ unhealthy

7. 아래에 제시된 단어 중 밑줄 친 우리말의 의미에 맞게 빈칸에 적절한 것을 골라 넣으시오.

narcosis / pernicious / mutations / immunity / osteoporosis / innocent / summon / negligence / subordinate / modify

1) 모든 당사자가 만족한다면, 그들은 6개국 외무부장관을 **소집할** 수 있**다**.
    → If all sides are satisfied, they could (　　　　　　) the six countries' foreign ministers.

2) 그는 형사소추 **면책**을 즐기고 있다.
    → He enjoys (　　　　　　) from criminal prosecution.

3) 자기 **과실**이 모든 노인학대의 상당부분을 차지한다.
    → Self-(　　　　　　) accounts for a substantial portion of all elder abuse.

4) 아사드 정권은 **무고한** 시민을 죽이고 국제적 기준을 위반하는 일을 밥 먹듯이 했다.
    → The Assad regime is willing to kill (　　　　　　) and violate international norms.

5) 물속 깊은 곳에서는, 다이버들이 심각한 **혼수상태**를 경험할 수 있다.
    → At great depths, divers can experience severe (　　　　　　).

6) 이러한 수렁에서 벗어나는 해결책은 집주인에게 주택담보대출을 **조정하**게 하는 것이**다**.
    → The solution to this quagmire helps homeowners (　　　　　　) their mortgage loans.

7) 낮은 투여량도 암을 유발하는 유전적 **돌연변이**를 초래할 수 있다.
　　→ Lower doses can cause genetic (　　　　　), leading to cancers.

8) 긴 **종속**절과 구두점의 부족은 이것을 읽기 어렵게 만들었다.
　→ The long (　　　　　) clause and lack of punctuation make this hard to read.

9) 그의 말은 인종적인 고정관념을 노골적으로 드러내려고 시도한 점에서 **치명적**이었다.
　　→ His statement was (　　　　　) in its attempt to express racial stereotype openly.

10) **골다공증**을 예방하는 좋은 운동은 무엇인가?
　　→ What are good exercises to prevent (　　　　　)?

✿✿✿ 생활 속 영단어로 어원 친해지기 ✿✿✿

티케 : 이번에 배운 어근이 뭐였더라?

고양이 : 186. 묶다, 연결하다 nect, nex / 187. 부인하다 neg / 188. 새로운 neo, nov, new 오래된, 먼 paleo / 189. 신경, 힘 nerv, neuro / 190. 해로운, 밤 noc, nox / 191. 관리, 분배, 법칙 nom, nomy, nem / 192. 이름 nomin, onym, onomato / 193. 기준, 규칙 norm / 194. 알다 not / 195. 전달자, 알리다 nounce, nunce / 196. 영양분을 공급하다 nur, nutri, nour, all / 197. 노래하다 ode, ody / 198. 일하다 oper / 199. 선택하다 opt / 200. 곧은, 바른 ortho / 201. 최상 optim, 가장 나쁜 pessi / 202. 말하다 ora, ore / 203. 정돈하다 ord(in) / 204. 떠오르다 ori, ort / 205. 뼈 osteo가 있어요.

티케 : 일상 속에서 활용한 사례를 말해주겠니?

토끼 : 영화와 관련된 단어를 정리해보니, 모든 영화인들은 **아카데미상** 후보에 **지명(nomination)**을 받아 상을 받고 싶어하고, 2011년 스릴러/액션영화 'Nexus', 협상, 무죄, 순결(innocence), 초신성(supernova) 등이 있었어요.

고양이 : 음악으로는 쇼팽의 **야상곡(Nocturne)**, **오페라(opera)**, 일상에서 접하는 **감정가(connoisseur)**, **코미디(comedy)**, 미국 기업 '**오라클(Oracle Corporation)**', k사 자동차 **옵티마(optima)**, 골다공증 **(osteoporosis)**, 신입생 '**오리엔테이션(orientation)**'이 생각났어요.

티케 : 좋아요. 설명을 덧붙이면,
○ nex**us** → nex(to bind)+us → 묶여 연결되는 것 → (여러 가지 것의 복잡한) 결합, 관계
○ negoti**ation** → neg(not)+oti(easy)+ation(명접) → 쉽지 않게 하는 것 → 협상
○ **in**noc**ence** → in(not)+noc(harm)+ence(명접) → 해가 되지 않은 것 → 결백, 무죄, 순수
○ **super**nova → super+nova(신성) → 아주 큰 신성 → 초신성(超新星)
○ nomin**ation** → nomin(name)+ation(명접) → 이름을 불러주는 것 → 추천, 지명, 임명 후보에 오름
○ noc**turne** → nox(night)+turne : 밤을 묘사한 곡 → 야상곡 이 되는 거야.
○ **con**no**isseur** → con(together)+no(to know)+isseur (명접) → 모든 것을 알아가는 사람 → 감정가, 전문가
○ oper**a**[ɑ́pərə] → oper(to work)+a → 여러 파트가 음악으로 일하는 연극 → 오페라
○ comedy → com(carousal 연회)+edy(to sing) → 연회에서 흥을 돋우는 노래를 하는 것 → 희극, 코미디
○ optim**um** → optim(best)+um(형접) → 최고의 상태 → 최고의 결과, 조건 / 최고의
　　- optimum의 pl. optima
○ corpor**ation** → corpor(body)+ation(명접) → (조직의) 몸통을 만드는 것 → 기업, 법인
○ orient**ation** → orient+ation(명접) → 해가 떠오르는 (동)쪽으로 향하는 것 → 방향, 오리엔테이션, 지향이 되는 거지.

티케 : 다음 회에 배울 어근은 pac, pease / pan, panto, omni / par, pari / para / part / pass / pater, patri, mater, matri / patho, path, pass이지요.

티케 : 콜럼버스가 신대륙을 발견한 후에 인류역사는 많이 바뀌었지?

토끼 : 저도 알아요. 그런데 갑자기 콜럼버스는 왜죠?

티케 : 콜럼버스가 신대륙에 어떻게 갔지?

고양이 : 배를 타고 바다를 항해해서 갔죠?

티케 : 바로 그거야. 항해하는 것도 그리스 로마신화와 관련이 있지.

티케 : '**아로고호원정대(Argnautai)**'라고 들어봤어.

토끼 : 들어본 것 같기도 하고...

티케 : '**아르고(argo)**'는 그리스 신화에서 이올코스의 영웅 이아손과 그의 모험가들이, 전설의 황금양모를 찾아 모험을 떠날 때 타고 갔던 배의 이름이고, 원정에 함께한 이름을 '**아로고호원정대(Argnautai)**'라고 했어.

티케 : '**아르고(argo)**'는 '**빠르다**', '**아르고나우타이(Argnautai)**'는 '**아르고호 선원들**'이라는 의미야. '**아르고나우타이(Argnautai)**'는 영어로 '**Argonauts**'이지.

티케 : 어원을 분석하면 'Argonaut' → Argo+naut(sailor) → '**아르고호 선원들**'이 되는 거지. '**naut**'는 '**항행자, 추진자**'라는 뜻으로, 단어에 접미사로 활용되지. '**우주비행사**' '**astronaut**'를 생각하면 이해하기 쉬울 거야. 그리고 '**항해하다(to sail)**'어원 '**NAV, NAU**'가 되는 거지.

티케 : 덧붙이면, '**아르고호**'는 '**지혜와 기술을 주관하는 신**' '**아테나(Athena)**' 여신이 설계했다고 해, 로마신화에서는 '**미네르바(Minerva)**' 해당된다고 배웠잖아.

티케 : 이아손과 그의 일행이 성공적으로 항해를 마친 이후에 아르고호는 코린토스 지협에서 '**바다의 신**' '**포세이돈(Poseidon)**'에게 바쳐졌지, 로마신화는 '**바다의 신**'을 '**넵튠(neptune)**'이라고 하지, 우리가 알고 있는 '**해왕성**'이 여기서 유래한 거야.

티케 : 지금도 그렇지만 과거에도 바다는 무서운 곳이었지, 그래서 무사한 항해를 위해 신에게 기도하고 바다로 나갔겠지.

티케 : '**신에게 기도하여 신의 예언을 듣는 것**'을 '**신탁(oracle)**'이라고 하는데, 라틴어 '**오라쿨룸(oraculum)**'에서 나왔지, 그리고 '**orare**'는 '**기도하다**'는 의미로, '**말하다(to speak)**' '**ORA, ORE**'의 어원이 되는 거야. '**웅변가**'가 orator[ɔ́(:)rətər]인 것은 당연한 거지.

티케 : 신에 기도를 하고 바다를 항해해도, 바다는 많은 위험이 도사리고 있지. 그리스 신화에 나오는 마녀이자 '**바다의 요정**'이 '**사이렌(Siren)**'이었어. '**사이렌(Siren)**'은 '**신체의 반은 새이고 반은 사람**'인 '**사이렌**'은 아름다운 노랫소리로 뱃사람들을 유혹하여 배를 난파시켰어.

티케 : 지금은 신화 속의 인물보다는 경보장치를 가리키는 말로 널리 알려져 있는 '**사이렌(Siren)**'은 '**사이렌**'이라는 마녀가 소리로 사람들을 위험에 빠지게 한 데 착안하여, 1819년 프랑스의 C. C. 투르라는 발명가가 '**사이렌**'이라는 이름을 붙인 데서 비롯되었어. 그리고 '**스타벅스**' 상징도 '**사이렌**'이지. 고객을 유혹하겠다는 의미지.

티케 : 아무튼 바다는 생사를 넘나드는 위험한 곳이며, 죽음을 피할 수 없는 상황이 자주 일어나지.

티케 : 그리스 신화에서 '**죽은 사람의 혼이 있는 곳**' '**황천**' '**하데스(Hades)**'를 관장하는 '**저승 신**'이, 우리가 '**명왕성**'으로 알고 있는 '**플루톤(Pluto)**'이지, 로마신화에서는 '**디스(Dis)**'라고 배웠잖아.

어근 206

PAC(I), PEASE : 평화(peace) → 로마 '평화의 여신', 'Pax'에서 기원

1015. pacific [pəsífik]
pac+fic(to make, 형접)

'평화롭게 만든' 것이 → a. ① **평화로운** ② **평화를 사랑하는** ③ (바다면) **태평양의** n. **태평양**이 된 거지

- pacify[pǽsəfài] v. ① **달래다** ② **진압하다** ③ **진정시키다** = pacificate
- pacifism[pǽsəfìzəm] n. **평화주의**
- pacifist[pǽsəfìst] n. ① **평화주의자** ② **반전주의자**
- pacification[pæ̀səfikéiʃən] n. ① **강화** ② **화해** ③ **평정** ④ **강화 조약**
- Pacific Standard Time **태평양 표준시**(P.S.T.)
- pacific rim **환태평양 지역**

> There are **pacific**, brooding interludes.
> 평화로우면서 음울한 막간극들이 있다.
> ① **brooding** 음울한 ② **interlude** 막간극

1016. appease [əpíːz]
ap(to)+pease

'평화에 도달하려는' 것이 → v. ① (위로나 말로 하면) **달래다** ② (전쟁을 피하기 위해 어떤 국가의) **요구를 들어주다** ③ (서로 용서하고 사이좋게 지내기 위해) **유화 정책을 쓰다**가 된 거지

- appeasement[əpíːzmənt] n. ① **진정** ② **완화** ③ **유화 정책**
- appeasement policy ① **유화 정책** ② **회유책**
- syn. conciliate(회유하다), placate(달래다), soothe(달래다), mollify (진정시키다), ease(진정시키다) ↔ ant. anger(화나게 하다)

> His pay concessions fail to **appease** investors.
> 그의 급여 양보가 투자가들을 달래는 데 실패했다.
> **concession** 양보

▬▬ 우리말 대화로 단어 복습하기

가. 북한의 핵 위협을 해결하고, **평화로운(pacific)** 길을 모색하기 위해 토론에서 가장 대립되는 주제는 뭐지?

나. 북한 정권에게 **유화 정책을 쓰는(appease)** 것이, 과연 **효과(effect)**가 있는 가지.

어근 207

PAN, PANTO, OMNI : 모두(all), 전부(complete), 빵(bread) → 그리스 '전원의 신' 'Pan'에서 유래

1017. company [kʌ́mpəni]
com(with)+pany(bread)

'함께할 빵을 위해 모인' 것이 → n. ① **회사** ② **친구**가 된 거지

- companion[kəmpǽnjən] n. ① **친구** ② **동료**
- holding company **지주회사**
- syn. firm(회사), corporation(회사), syndicate(기업 연합)

He will push future growth projects at the **company**.
그는 회사의 미래성장 프로젝트를 추진할 것이다.

1018. accompany
[əkʌ́mpəni]
ac(to)+company(친구)

'친구와 함께 (어딘가로) 가는' 것이 → v. ① **동행하다** ② (일이 생겨) **수반[동반]하다** ③ (사람을) **수행하다**가 된 거지
- accom**pani**ment[əkʌ́mpənimənt] n. ① **반주** ② **부속물**
- accom**pan**ist[əkʌ́mpənist] n. **반주자**
- syn. **es**cort(호위하다), **go together with**(함께 가다)

Detectives are required to be **accompanied** by a partner on investigations.
형사들은 사건조사현장에 동료와 동행할 것을 요구받는다.

1019. panacea [pæ̀nəsíːə]
pan(all)+acea(cure)

'모든 병을 치료할 수 있는 약' 이 → n. (비유적) **만병통치약**이지
- syn. **cure-all**(만병통치약)

The stimulus is no **panacea** for an economic recovery.
경기 활성화 대책이 경기회복을 위한 만병통치약은 아니다.

1020. pandemic
[pændémik]
pan(all)+dem(people)+ic(형접)

'모든 사람에게 번지는 병' 이 → n. ① **전국적인 유행병** ② **세계적인 유행병**이 된 거지
- pandemon**ium**[pændəmóuniəm] n. ① **대혼란** ② **복마전** ③ **아수라장**
- epi**dem**ic[èpədémik] n. **유행병**
- en**dem**ic[endémik] n. **풍토병**

The **pandemic** threat extends beyond the border.
세계적인 유행병의 위협은 국경을 넘어 확대되고 있다.
threat[θret] 위협

1021. panorama
[pæ̀nərǽmə]
pan(all)+orama(view)

'모든 것이 보이는 것' 이 → n. ① (경치면) **전경** ② (주제·사건 등을 한눈에 보여주는 묘사·연구·그림이면) **파노라마**라고 하지
- syn. **pro**spect(전망), **vista**(경치, 풍경)

The **panorama** comprises a series of photographs.
그 파노라마는 일련의 사진들로 구성되어 있다.

1022. panoply [pǽnəpli]
pan(all)+oply(arms, 무기)

'모든 무기를 대비한 것' 이 → n. ① **모음** ② **집합** ③ **갑주** ④ **갑옷투구 한 벌**이 되었지

We appreciate artworks from a **panoply** of cultures.
우리는 문화의 모음에서 나온 예술작품을 감상하였다.

1023. pundit [pʌ́ndit]
pun(all)+dit(to give)

'모든 (지식을) 주는 사람' 을 → n. ① **전문가** ② **권위자**라고 하지
- syn. **maven**, **ex**pert

Nationalist-leaning **pundits** say the GMO crops leaves China's food supply vulnerable.
민족주의적 성향의 전문가들은 유전자 조작 곡물이 중국의 식량 공급을 취약하게 할 것이라고 말했다.

vulnerable[vʌ́lnərəbəl] 취약한, 연약한

1024. omnicompetent
[àmnikámpitənt]
omni(all)+competent(권한이 있는)

'모든 권한이 있는' 것은 → a. **전권을 가진** 거지
- omnivorous[ɔmnívərəs] a. ① **잡식성의** ② **두루 관심을 갖는**
- an **omnibus** law **일괄 법안**
- an **omniscient** viewpoint **전지적 작가 시점**

Theologians declare God to be omniscient and **omnicompetent**.
신학자들은 신이 전지전능하다고 선언했다.

◆ **어원 TIP**
- pantomime[pǽntəmàim] → panto(all)+mime(mimic actor) → 모든 것을 흉내 내는 배우 → 팬터마임, 무언극
- omnibus[ɔ́mnəbʌs] → omni(all)+bus(to feel) → 모든 것을 느낄 수 있는 것 → 옴니버스, 작품집
- omnipotent [ɔmnípətənt] → omni(all)+pot(able)+ent(형접)→ 모든 것을 할 수 있는 → 전능한

◆ **어휘 플러스**
Pan-American 범미(汎美)의 / panegyric[pǽnədʒírik] 찬사 / pantheon[pǽnθiàn] 판테온, 만신전
omnifarious 여러 가지의, 다방변에 걸친 / omnipresent 어디에나 있는 / omniscient[ɔmníʃənt] 모든 것을 다 아는, 전지의(p273) / omnivore[ɔ́mnəvɔ̀ːr] 잡식동물(p654)

■■■ 우리말 대화로 단어 복습하기
가. **친구(company)**를 **동행하고(accompany)** 백두산을 올라간 소감이 어땠어?
나. 나무들은 **갑주(panoply)**를 입은 듯 사열하고, 눈앞에 펼쳐진 **전경(panorama)**이 너무 아름다웠지.
나. 그러나 북한 동포들이 최근 **전국적인 유행병(pandemic)**으로 힘들다고 하니 마냥 즐겁지만은 않았어.
나. 만약 내가 **만병통치약(panacea)**을 만들 수 있고, **전권을 가진(omnicompetent) 전문가(pundit)**라면, 당장이라도 그들을 돕고 싶은 마음이었어.

어근 208
PAR(E), PAIR : 같은(equal), 정돈하다, 마련하다(to arrange), 보다(to see)
※ 동의어근 EQU(어근85) / IDEN(어근129) / SEMBLE(어근263) / SIMIL(어근270)

1025. parity [pǽrəti]
par(equal)+i+ty(상태, 명접)

'똑같은 상태' 가 → n. ① (보수 · 지위의) **동등함** ② (국가들 간 통화 단위상의) **동등성** ③ (국가들 간 통화 단위상의) **패리티**가 된 거지
- dis**parity**[dispǽrəti] n. ① **불균형** ② (한쪽에 불공평한) **차이**
- dis**parate**[díspərət] a. ① **서로 전혀 다른** ② **이질적인**
- income **disparity**[gap] **소득 격차** • syn. equivalence(등가)

1026. **pair** [pɛər]
pair(equal)

'똑같은' 것의 짝이 → n. ① (옷이면) **한 벌** ② (짝이면) **한 쌍** v. ① (둘씩) **짝을 짓다** ② (동물이 새끼를 기르기 위해) **짝을 짓다** ③ **부부가 되다**가 된 거지

- de**spair**[dispέər] n. **절망** v. ① **절망하다** ② **체념하다**
- de**sperate**[déspərət] a. ① **필사적인** ② **절망적인** ③ **절실한** ④ **자포자기의**
- de**speration**[dèspəréiʃən] n. ① **자포자기** ② **필사적임**
- de**sperado**[dèspəréidou] n. ① **무법자** ② **악당**
- im**pair**[impέər] v. ① (건강·능력·가능성을) **저해하다** ② **손상시키다**
- re**pair**[ripέər] v. ① **수리하다** ② **보수하다** ③ (상황을) **바로잡다**
  n. ① **수리** ② **보수** ③ **수선**
- **desperate** poverty **극빈** ● syn. **set**(한 벌), **couple**(한 쌍), **duo**(2인조)

1027. **prepare** [pripέər]
pre(before)+pare(to arrange)

'미리 마련하는' 것이 → v. ① **준비하다** ② **대비하다** ③ (음식을) **마련하다** ④ (약 등을) **조제하다**가 된 거지

- re**paration**[prèpəréiʃən] n. ① **준비** ② **대비** ③ (약·화장품 등) **조제용 물질**
- pre**parative**[pripǽrətiv] n. ① **예비** ② **준비** ③ **준비 신호** a. **예비의**
- pre**paratory**[pripǽrətɔ̀:ri] a. ① **준비를 위한** ② **대비를 위한** ③ **진학 준비의**
- **preparatory** school ① **사립 초등학교** ② **사립 고등학교**
- syn. **prime**(준비시키다), **warm up**(준비 운동을 하다, 예열하다)

1028. **compare** [kəmpέər]
com(with)+pare(to arrange)

'(두 개 이상을) 같이 배열하여' → 차이점이나 유사점을 판단하면 → v. ① **비교하다** ② **비유하다** ③ (~에) **필적하다** ④ **비교가 되다**가 된 거지

- com**parison**[kəmpǽrisn] n. ① **비교** ② **비유**
- com**parative**[kəmpǽrətiv] a. ① **비교의** ② **상대적인** ③ **비교적** ④ **비교급의**
- com**parable**[kámpərəbl] a. ① **비교할 만한** ② **비슷한**
- **comparable** worth **남녀 동일 임금 원칙** ● syn. **contra**st(대조하다)

1029. **disparage**
[dispǽridʒ]
dis(down)+par(to see)+age(동접)

'(상대를) 아래로 보는' 것이 → v. ① (잘못이나 흠을 책잡아 나쁘게 말하면) **비난하다** ② (깎아내리면) **폄하하다** ③ **우습게 보다**가 된 거지

- dis**paragement**[dispǽridʒmənt] n. ① **비난** ② **경멸** ③ **얕봄**

- syn. **be**little(폄하하다), **speak ill of**(악담하다), **under**rate(과소평가하다),
  underestimate(과소평가하다), **dis**credit(신임을 떨어뜨리다)

They attempts to **disparage** the credibility.
그들은 신뢰성을 떨어뜨리려고 애를 썼다.

1030. apparatus
[æpərǽtəs]
ap(to)+par(to arrange)+ate+us(명접)

'가까이 배열하는' 것이 → n. ① (세간·그릇·연장·기계면) **기구** ② (기계·
설비·제도·규칙이면) **장치** ③ (정당·정부의) **조직체** ④ (신체의) **기관**이라고 하지
- **ap**par**el**[əpǽrəl] n. ① **의류** ② (공식 행사 때 입는) **의복** ③ **복장**
- syn. equip**ment**(장비), **de**vice(장치), organiza**tion**(조직), **sy**stem(체계)

They rage against the **apparatus** of oppression.
그들은 억압 장치에 분노했다.

1031. apparent [əpǽrənt]
ap(to)+par(to see)+ent(형접)

'가까이 보이는' 것이 → a. ① **명백한** ② **분명한** ③ **~인 것처럼 보이는** 의미가
된 거지
- **ap**pear**ance**[əpíərəns] n. ① **외모** ② **출연** ③ (뜻밖에) **나타남** ④ **모습**
- **ap**pari**tion**[æpəríʃən] n. ① **유령** ② **환영**
- **trans**par**ent**[trænspέərənt] a. ① (유리·플라스틱 등이) **투명한** ② (
  변명·거짓말 등이) **속이 뻔히 들여다보이는** ③ (언어·정보 등이) **명료한**
- syn. **ob**vi**ous**(명백한), **evid**ent(분명한), **plain**(분명한), **clear**(분명한) ↔
  ant. **opaque**(불투명한), am**bigu**ous(애매한), **ob**scure(모호한)

The department came under scrutiny for its **apparent** inability.
그 부서는 명백한 무능으로 인해 정밀조사를 받게 되었다.

1032. peer [piər]
peer(equal, to see)

'똑같은' 나이나 직위이면 → n. ① **또래** ② **동료** / 집중해서 보는 거면 → v. ①
(잘 안 보여서) **유심히 보다** ② **눈여겨보다** ③ **응시하다**가 되는 거지
- **ap**pear[əpíər] v. ① **~처럼 보이다** ② **나타나다** ③ **출연하다** ④ **출두하다**
  ⑤ **발간되다**
- **appear in court** 법정에 출두하다
- **transparent** management 투명 경영
- syn. **com**rade(동료), **com**peer(동료), **gaze**(응시하다), **glare**(노려 보다)

The norms are in a particular **peer** group.
기준은 특정한 또래 집단 내에 있다.

◆ 어원 TIP
- **em**per**or** → em(in)+per(to arrange 정돈하다)+or(사람) → (나라) 안에서 정돈하는 사람 → 황제
- **em**pire[émpaiər] 제국; 황제가 다스리는 국가 / **se**parate 분리된, 분리하다

가. 결혼을 **준비하는(prepare)** 한 **쌍(pair)**의 예비부부가 서로 지켜야할 **분명한(apparent) 장치(apparatus)**를 만들어
　　서로 배려하는 것 말고 다른 말씀을 해주신다면?
나. 다른 **동료(peer)**와 상대를 **비교하고(compare), 폄하하는(disparage)** 말은 절대 해서는 안 되지.

어근 209

> PARA : 옆, 근접(beside, by), 주변(around), 피하다(to ward off) → 접두사로 활용됨
> ※ 동의어근 VIC(어근330)

1033. paradigm
[pǽrədàim]
para(beside)+digm(example)

'옆에서 본보기 되는' 것이 → n. ① **모범** ② **전형적인 예** ③ **전형적인 양식**
④ **패러다임**이 된 거지
- para**digm**atic[pærədigmǽtik] a. ① **모범의** ② **예증하는** ③ **전형적인**
- para**dise**[pǽrədàis] n. ① **파라다이스** ② **천국** ③ **낙원**
- para**digm** shift **인식 체계의 대전환**　• syn. para**gon**(모범), model(모범)

> We are seeing a **paradigm** shift.
> 우리는 패러다임의 대전환을 목격하고 있다.

1034. parasite [pǽrəsàit]
para+site(food)

'옆에 붙어 음식' 을 → 빌어먹으면 → n. ① **기생 동물** ② **기생 식물** ③ **기생충**
④ **기생충 같은 인간**이라고 하지
- mut**ualism**[mjúːtʃuəlìzm] n. ① (논리) **상호주의** ② (생물) **상리 공생**
- sym**bio**sis[sìmbaióusis] **공생**

> The drug is the best ways to treat the most deadly **parasites**.
> 그 약은 가장 치명적인 기생충을 치료하는 최선의 방법이다.

1035. parole [pəróul]
par(beside)+ole(to throw)

'(죄인을) 옆으로 던지는' 것이 → 형기가 끝나기 전이면 → n. **가석방**
v. **가석방시키다**가 되는 거지

> He faces life in prison without **parole**.
> 그는 가석방 없는 종신형에 직면했다.

1036. paranoia [pærənɔ́iə]
para(beside)+no(mind)+ia(증세)

'마음이 옆으로 간 증세' 가 → n. ① **편집증** ② **피해망상**이 된 거지
- para**no**id[pǽrənɔ̀id] a. ① **편집증적인** ② **피해망상적인** n. **편집증 환자**

> The synthetic drug can cause **paranoia**.
> 그 합성 마약은 편집증을 유발할 수 있다.

◆ 어원 TIP
- para**chute** → para(to ward off)+chute(활주로) → 위험을 피하면서 활주하는 것 → 낙하산
- para**dise** → para(around)+dise(wall) → (과수원이나 정원이) **주변이 벽으로 둘러싸인 곳** → 낙원
- para**llel**[pǽrəlèl] → para+allel(other) → 옆에 (나란히 있는) **다른 것** → (선이) **평행한**, (일이) **아주 유사한**, (일을)
　　병행하는, 아주 유사한 사람, 상응하는 것, 유사점, 유사하다, 병행하다, 필적하다

[참고사항]
- parliament[pɑ́ːrləmənt]가 '의회'라는 뜻을 갖게 된 것은 '말을 하는 곳'에서 유래하며, parable(우화)에서 파생
- Paralympic → Paraplegia(하반신 마비)와 Olympic(올림픽)이 결합된 합성어

우리말 대화로 단어 복습하기

가. 우리 사회에서 **기생충 같은 인간(parasite)**과 아주 **유사한(parallel)** 전형적인 예(paradigm)는 어떤 사람일까?

나. 남이 자기에게 해를 입힌다고 생각하는 **피해망상(paranoia)**에서 **범죄를 저지르고(commit a crime)**고, **가석방 (parole)**을 요구하는 일이겠지.

어근 210 | PART : 부분

1037. partial [pɑ́ːrʃəl]
part+ial(형접)

'부분의' 것이 → a. ① **부분적인** ② **불안전한** ③ (생각이 한쪽으로 치우치면) **편파적인** ④ (사랑하면) **편애하는** 의미가 된 거지
- partiality[pɑ̀ːrʃiǽləti] n. ① **편애** ② **불공평** ③ **차별** = favoritism
- impartial[impɑ́ːrʃəl] a. ① **공정한** ② **공평한**
- impartiality[impɑ̀ːrʃiǽləti] n. ① **공평무사** ② **불편부당** ③ **공명정대**
- syn. incomplete(불안전한), unfinished(미완성의), imperfect(불완전의), biased(편견이 있는), prejudged(선입관이 있는), unfair(불공평한) ↔ unbiased(공평한)

A judge ordered the **partial** shutdown of the plant.
판사는 그 공장에 대한 부분적인 조업 정지 명령을 내렸다.

1038. participate
[pɑːrtísəpèit]
part+cip(to take)+ate(동접)

'일부가 되어 취하는' 것이 → v. ① **참가하다** ② **참여하다**가 된 거지
- participation[pɑːrtìsəpéiʃən] n. ① **참가** ② **참여**
- partake[pɑːrtéik] v. ① **참가하다** ② (제공된 것을) **먹다** ③ **마시다**
- participant[pɑːrtísəpənt] n. **참가자**
- a participation loan 협조 융자
- syn. take part in(참가하다)

She **participated** in something momentous.
그녀는 중요한 행사에 참여했다.
momentous[mouméntəs] 중대한, 중요한

1039. particle [páːrtikl]
part+cle(명접)

'(물질의) 부분' 이 → n. ① **입자[조각]** ② **미립자**가 된 거지
- **particular**[pərtíkjulər] a. ① **특정한** ② **특별한** ③ **까다로운** n. ① (문서에 기록하는) **자세한 사항** ② (재산·사업·직업 등에 대한 자세한) **서면 정보**; 명사는 주로 복수형태
- **partition**[paːrtíʃən] n. ① **칸막이** ② (국가의) **분할** v. ① **분할하다** ② **나누다**
- **participle**[páːrtisìpl] n. **분사**
- **compartment**[kəmpáːrtmənt] n. ① (칸막이를 한) **객실** ② (가구 등의 물건 보관용) **칸**
- **particle** accelerator ① **입자 가속기** ② **분자 가속기**
- syn. **bit**(조각), **piece**(조각) **molecule**(분자)

> Ultrafine **particles** would soon be exposed to the air.
> 초미세 입자가 조만간 공기에 노출될 것이다.

1040. partisan [páːrtizən]
part+san(사람)

'조직의 부분에 속한 사람' 이 → a. **당파적인** n. 특정 정파의 **추종자**가 된 거지
- **party**[páːrti] n. ① **정당** ② **파티** ③ **당사자**
- **party** line ① **당의 방침** ② **당의 노선**
- **party** politics ① **정당 정치** ② **당리당략**
- **partisan** strife **당파싸움**
- syn. **adherent**(지지자)

> **Partisan** elements are hard to ignore.
> 당파적 요소는 무시하기 어렵다.
> **ignore** 무시하다

1041. impart [impáːrt]
im(in)+part

'안으로 부분을' 주는 것이 → v. ① (정보·지식 등을) **전하다** ② (특성을) **주다**가 된 거지
- **impartation**[impàːrtéiʃən] n. ① (정보를) **알림** ② **나누어 줌**
- **depart**[dipáːrt] v. ① **출발하다** ② (직장을) **떠나다** ③ **그만두다**
- **apartheid**[əpáːrtheit] n. **아파르트헤이트**: 남아프리카공화국의 인종 차별정책
- syn. **convey**(전달하다), **forward**(전송하다)

> Ming's age's shell has a lot of information to **impart**.
> 명나라 시대의 조개껍데기는 전해줄 많은 정보를 담고 있다.

◆ 어휘 플러스
parcel 소포 / **partner** 동반자, 파트너 / **partnership** 동업, 동반자 관계 / **apart** 떨어져서 / **compart** 구획하다

우리말 대화로 단어 복습하기
가. **당파적인(partisan)** 사람들이 경찰에 체포된 이유가 뭐지?
나. **티끌만큼(particle)**의 진실도 없는 **편파적인(partial)** 정보를 SNS를 통해 **전달하고(impart), 참여한(participate)** 혐의야.

PASS : 단계, 걷다(to step), 통과하다

1042. **passport** [pǽspɔːrt]
pass(to step)+port(entrance, 입구)

'입구를 통과할 수 있는' 것이 → n. ① **여권** ② (일을 가능하게 하는) **열쇠**가 된 거지
- **password**[pǽswəːrd] n. ① **암호** ② **비밀번호**
- **passport** control ① **출국 수속** ② **출입국 관리**

Kim Jong Nam sneaked into Tokyo's Disneyland on a fake **passport**.
김정남은 위조여권으로 도쿄 디즈니랜드에 몰래 잠입했다.

1043. **passage** [pǽsidʒ]
pass(to step)+age(행위, 명접)

'걷는 행위' 가 → n. ① **통로** ② **복도** ③ (인체 내에서 기체·액체가 통하는) **관** ④ (책의) **구절** ⑤ (시간의) **흐름** ⑥ (시간, 단계, 일의) **경과** ⑦ (법안의) **처리** ⑧ **통과** 같은 표현이 된 거지
- **passenger**[pǽsəndʒər] n. **승객**
- **pastime**[pǽstàim] n. ① **오락** ② **취미** ③ **여가**
- **passage** of time **시간의 흐름**
- rite of **passage** **통과의례**
- syn. **corridor**(복도)

What rites of **passage** have you participated in?
당신은 어떤 통과의례에 참여해봤는가?

1044. **impasse** [ímpæs]
im(not)+passe(to step)

'걸어갈 수 없는' 것이 → n. ① **교착상태** ② **난국** ③ **막다른 골목**이 된 거지
- **compass**[kʌ́mpəs] n. ① **나침반** ② **컴퍼스** ③ (도달 가능한) **범위**
- syn. **blind alley**(막다른 골목), **dead end**(막다른 골목), **deadlock**(교착상태), **stand-off**(교착상태), **stalemate**(교착상태), **standstill**(답보상태)

The negotiations reached an **impasse**.
협상이 교착상태에 이르렀다.

1045. **surpass** [sərpǽs]
sur(over)+pass(to step)

'위로 넘어가는' 것이 → v. ① **능가하다** ② **뛰어넘다**가 된 거지
- **surpassing**[sərpǽsiŋ] a. ① **빼어난** ② **뛰어난** ③ **비상한** ④ **놀랄 만한**
- syn. **outdo**(능가하다), **exceed**(초과하다), **excel**(능가하다)

Asian Americans are expected to **surpass** $1 trillion in consumer buying power.
아시아계 미국인들의 소비자 구매력이 1조 달러를 능가할 것으로 예상된다.

1046. **trespass** [tréspəs]
tre(across)+pass(to step)

'가로질러 걷는 것' 이 → 허가 없이 하면 → v. ① **무단 침입하다** ② **무단출입하다** ③ **난입하다** n. [tréspəs] ① (남의 사유지에 대한) **무단출입** ② **침입**이 되는 거지
- syn. **infringe**(침해하다), **encroach**(침해하다)

◆ 어휘 플러스
bypass 우회도로 / **boarding pass** 탑승권 / **past** 과거 / **passer-by** 행인

■■■ 우리말 대화로 단어 복습하기

가. 해외에서 **사유재산(private property)**을 **무단 침입한(trespass)** 혐의(suspicion)로, 공항을 **통과(passage)**하다가
　　체포(arrest)되어, **여권(passport)**을 빼앗기고 억류된 사람들은 어떻게 되었지?

나. **협상(negotiation)**이 처음에는 **교착상태(impasse)**에 빠졌으나 고비를 **뛰어넘고(surpass)** 최종 타결되었다는군.

어근 212

PATER, PATRI : 아버지(father), 아버지의 나라(country) / MATER, MATRI : 어머니
(mother)　※ 추가어근 POT : 주인(master), 남편(husband)

1047. **paternal** [pətə́ːrnl]
pater+n+al(같은, 형접)

'아버지 같은' 것이 → a. ① **아버지 같은** ② **아버지의** ③ **부계의** 라는 의미가 된 거지
- pater**nity** [pətə́ːrnəti] n. ① **부성** ② **부권**
- pater**nalism** [pətə́ːrnəlìzm] n. ① **온정주의**
　　　　　　　　　　　　　② (국가 · 기업에서의) **가부장주의**
- paternity suit/test **친자 확인 소송/검사**

The bride's **paternal** grandmother is a former president.
그 신부의 친할머니가 전직 대통령이었다.

1048. **patriarchy**
[péitriàːrki]
patri+arch(to rule)+y(명접)

'아버지가 통치' 하는 것 같은 사회를 → n. (사회 · 국가) **가부장제**라고 하지
- patriarch [péitriàːrk] n. ① **족장** ② **가장** ③ **총대주교**
- patri**mony** [pǽtrəmòuni] n. ① (아버지 사망 시 받는) **세습 재산**
　　　　　　　　　　　② (국가 · 교회 등의) **유산**
- patri**ot** [péitriət] n. ① **애국자** ② **패트리어트 미사일**
- patri**otism** [péitriətìzm] n. **애국심**

His book takes on a topic about the stultifying **patriarchy** of Korea.
그의 책은 우리나라의 무력화되고 있는 가부장제를 화두로 삼고 있다.
　　　　　　　　　　　　　　　　　stultifying 무력화되고 있는

1049. **patron** [péitrən]
patr+on(사람)

'아버지 같은 사람' 이 → n. ① **후원자** ② (자선 단체 등의) **홍보 대사**가 된 거지
- patr**onage** [péitrənidʒ] n. ① **후원** ② **지원** ③ **임용** ④ **단골손님** ⑤ **애용**
- patr**onize** [péitrənàiz] v. ① **후원하다** ② **애용하다** ③ **깔보는 태도**로 대하다
- patr**oon** [pətrúːn] n. **지주**
- patr**ol** [pətróul] n. **순찰** v. **순찰을 돌다**
- syn. **sup**porter(후원자), **back**er(후원자), **bene**factor(후원자)

Patrons buy a wine glass one at the winery.
후원자들은 포도주 양조장에서 와인 잔 하나를 구매한다.

1050. expatriate
[ekspéitrièit]
ex(out)+patri(country)+ate(동접)

'나라 밖으로 보내는 것' 이 → v. **국외로 추방하다** n. **국외 거주자[추방자]**가 된 거지
- **ex**patri**ation**[ekspèitriéiʃən] n. ① **국외 추방** ② **국적 이탈** ③ **국외 이주**
- syn. **exile**(망명자), **refugee**(망명자), **emigrant**(이주자)

She is a feminist, **expatriate** and experimentalist.
그녀는 남녀 평등주의자, 망명인 그리고 경험주의자였다.

1051. maternal [mətə́ːrnl]
mater+n+al(같은, 형접)

'어머니 같은' 것이 → a. ① **어머니의** ② **어머니다운** ③ **모계의** 가 된 거지
- **mater**n**ity**[mətə́ːrnəti] n. **임부**
- **matr**iarch[méitriὰːrk] n. (가문·사회 집단의) **여자 가장**
- **matr**iarch**y**[méitriὰːrki] n. **모계사회**
- **maternity** allowance/leave **출산 수당/휴가**

His setbacks start with poor **maternal** love.
그의 좌절은 부족한 모성애와 함께 시작되었다.

1052. matter [mǽtər]
mater(어머니)

'어머니' 라는 존재가 → n. ① **문제** ② **상황** ③ **사태** ④ **물질**
　　　　　　　　　　v. ① **중요하다** ② **문제되다**가 된 거지
- **matr**ix[méitriks] n. ① (성장, 발달의) **모체** ② **기반** ③ **행렬** ④ (도로의) **망**
- **matter** in hand **당면 문제**
- **matter** of record **기록 사항**
- syn. **quest**ion(문제), **aff**air(일), **inc**id**ent**(사건)

They attest to Goya's eventual turn to darker subject **matter**.
그들은 어두운 주제로 고야의 궁극적인 전환을 입증해준다.

1053. metropolis
[mitrápəlis]
metro(mother)+polis(city)

'어머니 같은 도시' 를 → n. ① **대도시** ② **중심지**라고 하지
- **metropoli**tan[mètrəpálitən] a. ① **수도권의** ② **대도시의**
- **megalo**polis[mègəlápəlis] n. **거대도시**

The unification of the City's boroughs helped propel the
metropolis on its rise.
그 도시의 자치구 통합은 거대도시의 부흥을 추진하는데 기여했다.
① **borough**[bə́ːrou] 자치구 ② **propel** 추진하다

◆ 어원 TIP
- **potent**[póutənt] → pot(master)+en(to be)+t(형접) → 주인이 존재하는 → 강한, 강력한

■ **우리말 대화로 단어 복습하기**

가. 우리나라의 **어머니 같은(maternal)** 대도시(metropolis)인 **수도(capital)** 서울은 다양한 사람들이 **거주하고 있지 (inhabit)**?

나. 예를 들면?

가. 자국에서 국외로 **추방당한(expatriate)** 사람, 그러한 사람들을 도와주는 **후원자(patron)**, 아직도 **가부장제 (patriarchy)**적 인식을 벗어나지 못하고 있는 사람 등...

어근 213

PATHO, PATH, PASS : 감정(emotion), 느끼다(to feel), 고통을 겪다(to suffer)
※ 동의어근 SENS, SENT(어근265)

1054. passion [pǽʃən]
pass(emotion)+ion(명접)

'감정이 있는 것' 이 → n. ① **열정** ② **격정** ③ **울화통** ④ **예수의 수난** 같은 의미가 된 거지

- passionate[pǽʃənət] a. ① **열정적인** ② **격정적인**
- impassion[impǽʃən] v. ① **깊이 감동시키다** ② **자극하다** ③ **흥분시키다**
- impassible[impǽsəbl] a. ① **무감각한** ② **고통을 느끼지 않는** ③ **둔감한**
- syn. fervor(열정), ardor(열정), enthusiasm(열정), zeal(열정) ↔ ant. indifference(무관심)

That reflects the **passion**-over-profit attitude.
그것은 이익을 넘어 열정적인 태도를 반영한다.

1055. compassion [kəmpǽʃən]
com(together)+passion(emotion)

'감정을 함께하는' 것이 → n. ① **동정** ② **연민**이 된 거지

- compassionate[kəmpǽʃənət] a. ① **연민 어린** ② **동정적인**
- compatible[kəmpǽtəbəl] a. ① **(컴퓨터 등이) 호환이 되는** ② **(생각·방법 등이) 양립될 수 있는** ↔ incompatible양립할 수 없는
- compassionate leave/allowance **특별휴가/수당**
- syn. pity(동정), mercy(자비, 연민)

All this was done with dignity and **compassion**.
이 모든 것은 존엄과 동정심에서 이루어졌다.

1056. pathetic [pəθétik]
pathe(to suffer)+t+ic(형접)

'고통을 겪는' 것이 → a. ① **불쌍한** ② **한심한** ③ **무기력한** 의미가 된 거지

- pathology[pəθάldʒi] n. ① **병리학** ② **(사람의 행동에서) 병적 측면**
- sympathetic[sìmpəθétik] a. ① **동정적인** ② **동조하는** ③ **호감이 가는**
- empathic[empǽθik] a. **감정이입의**
- emphatic[imfǽtik] a. ① **강한** ② **단호한** ③ **강조하는**
- syn. pitiable(불쌍한)

All assassins have basically been **pathetic** people.
모든 암살자들은 근본적으로 한심한 사람들이었다.

assassin[əsǽsin] 암살자, 자객

1057. a**pathy** [ǽpəθi]
a(without)+pathy(emotion)

'감정이 없는 것' 이 → n. ① **무관심** ② **냉담**이 된 거지
- anti**pathy**[æntípəθi] n. ① **반감** ② **혐오**
- em**pathy**[émpəθi] n. ① **감정이입** ② **공감**
- sym**pathy**[símpəθi] n. ① **동정** ② **공감** ③ **동조**
- tele**pathy**[təlépəθi] n. ① **텔레파시** ② **정신 감응**
- sym**pathy** strike **동조 파업**
- syn. **in**sensibi**l**i**ty**(무감각), **in**sensi**t**i**v**i**ty**(둔감), **un**concern(무관심),
  iner**t**ia(타성)

The case highlighted community **apathy**.
그 사건이 공동체의 냉담함을 고조시켰다.

1058. re**pent** [ripént]
re(again)+pent(emotion)

'다시 감정' 을 드러내는 것이 → 잘못을 반성하는 거면 → v. ① **뉘우치다**
② **회개하다** ③ **후회하다**가 되는 거지
- re**pent**ance[ripéntəns] n. ① **후회** ② **양심의 가책** ③ **참회**
- syn. **re**gret(후회하다)

I **repent** and ask for forgiveness for bringing her to power.
나는 그녀가 권력을 잡게 한 것을 후회하며 용서를 구한다.

◆ 어휘 플러스
pas**s**ive 수동적인 / pat**i**ent 환자, 인내심이 강한/ pat**i**ence 인내 / pathogen 병원균, 병원체 / em**path**i**ze** 공감하다
/ sym**path**i**ze** 동정하다(p91)

■■■ 우리말 대화로 단어 복습하기

가. 왜 그렇게 한숨을 쉬는가?
나. **열정**(passion)도 **동정**(compassion)도 없이, 모든 일을 **무관심**(apathy)하게 지나친 버린, 나의 **한심한**(pathetic)
지난날을 **후회하고**(repent) 있어.

생활 속 영단어로 어원 친해지기

고양이 : 이번 회에 배운 어근과 관련된 일상 속 단어는 영화 **기생충**(parasite), **매트릭스**(Matrix), **파라솔**
(parasol), **평화주의자**(pacifist), **소포**(parcel)가 있었요.
티케 : 좋아요. 설명을 덧붙이면,
○ parasol[pǽrəsɔ̀ː] → para(beside)+sol(sun) → 태양을 벗어나도록 하는 것 → 양산, 파라솔
○ matri**x** → matri(mother)+x → 엄마가 되는 것 → 모체, 기반, 행렬, 매트릭스
○ pacif**ist** → pacific(평화를 사랑하는)+ist(사람, 명접) → 평화를 사랑하는 사람 → 평화주의자
○ parcel → par(part)+cel(cell) → 세포처럼 (네모나게) 부분으로 포장한 것 → 소포
티케 : 다음에 배울 어근은 ped, pedi, fet / pen, pun / pend, pens / per / pet / phan, phen, fan / phil
이지요.

| 어근 214 | PED(E), PEDI, PEDO, FET : 발(foot), 아이(child) |

1059. pedestrian
[pədéstriən]
ped(foot)+estr+ian(사람)

'발로 걷는 사람' 이 → n. 보행자 a. ① 보행의 ② 보행자용의
③ 재미없는의미가 된 거지
- **peddle**[pédl] v. ① **행상하다** ② **팔러 다니다** ③ (생각·이야기를) **퍼뜨리다**
④ **유포하다**
- **pedestal**[pédəstl] n. ① (기둥·동상 등의) **받침대** ② **토대** ③ **기초**
- **pedestrianize**[pədéstriənaɪz] v. **보행자 전용으로 만들다**
- on a **pedestal** 존경을 받는

Pedestrians' worry is that he oversaw most of North Korea's trading.
행인들이 걱정하는 바는 그가 대부분의 북한 무역을 관장해왔다는 것이다.

1060. pedigree [pédəgrìː]
pedi(foot)+gree(crane, 두루미)

'두루미의 발' 과 같이 → n. ① (한 가문의 계통을 알 수 있으면) **족보** ② (같은 핏줄이면) **혈통** ③ (사람의) **가계** ④ (집안의 사회적 지위면) **가문** ⑤ (사물의) **내력** a. **혈통이 있는** 표현이 되는 거지
- syn. **lineage**(혈통)

The drama deals with an enviable **pedigree**.
그 드라마는 남부럽지 않은 가문을 다루고 있다.

1061. expedition
[èkspədíʃən]
ex(out)+ped(foot)+ition(명접)

'밖으로 발을 내딛는 것' 이 → n. ① **탐험** ② **탐험대** ③ **원정대** ④ **여행**이 된 거지
- **expedite**[ékspədàit] v. **신속히 처리하다**
- manned **expedition** 유인 탐사   • syn. **exploration**(탐험)

Members of an **expedition** discover two vicious extraterrestrial species.
탐사대원들은 두 개의 잔인한 외계종을 발견했다.
① **vicious** 사악한 ② **extraterrestrial** 외계의, 외계인

1062. impede [impíːd]
im(in)+pede(foot)

'안에 발을 내딛는 것' 이 → v. ① (일을 진행을 더디게 하면) **지연시키다**
② (일에 훼살을 놓으면) **방해하다**가 된 거지
- **impediment**[impédəmənt] n. ① **장애** ② **방해** ③ **언어 장애**
- syn. **delay**(지연시키다), **obstruct**(방해하다), **hinder**(방해하다), **hamper**(방해하다)

The establishment of the zone wouldn't **impede** normal air traffic.
비행구역 설정이 정상적인 항공운항을 방해하지 않을 것이다.

1063. fetch [fetʃ]
fet(foot, to grasp)+ch(동접)

'발로 가서 붙잡고 오는 것'이 → v. ① **데리고 오다** ② **가서 가져오다** ③ (특정 가격에) **팔리다**가 된 거지

- **fetter**[fétər] v. ① (남의 자유를) **구속하다** ② **족쇄를 채우다**

  n. ① **속박** ② **구속** ③ **족쇄**
- syn. **bring**(가져오다)

> This feature tells Gmail to **fetch** messages from your existing POP account.
>
> 이러한 특징은 Gmail에 명령해서 당신의 기존 POP 계정에서 메시지를 가져오게 하는 것이다.

1064. dispatch [dispǽtʃ]
dis(off)+pat(foot)+ch(동접)

'발을 딛고 떠나는 것' 이 → v. ① (특별한 목적을 위해) **보내다** ② (임무를 맡아가면) **파견하다** ③ (편지·소포·메시지를) **발송하다** ④ **신속히 해치우다** ⑤ **신속히 처리하다** n. ① **파견** ② **발송** ③ **긴급 공문** ④ (해외 특파원의) **특전**이 된 거지
- **dispatch** box 공문서 송달함

> The IOC will **dispatch** a high-ranking administrator.
>
> 올림픽위원회는 고위급 임원을 파견할 것이다.

1065. pediatrics
[pìːdiǽtriks]
pedi(child)+atr+ics(학문)

'아이들을 진료하는 파트' 를 → n. **소아과**라고 하지
- **pedi**atrician[pìːdiətríʃən] n. **소아과의사**
- **ped**agogy[pédəgòudʒi] n. **교육학**
- **ped**agogue[pédəgɑ̀g] n. **교사**
- **en**cyclopedia[insàikləpíːdiə] n. **백과사전**
- orthoped**ics**[ɔ̀ːrθəpíːdiks] n. **정형외과**

> The American Academy of **Pediatrics** recommends that kids under 2 should not use electronic screens.
>
> 미국 소아과협회는 2세 미만의 아이들은 전자화면을 절대 사용하지 말 것을 권고했다.
>
> **recommend** 권고하다

◆ 어원 TIP
- **en**cyclopedia → en(in)+cyclo(circle)+ped(child)+ia → (지식을) 아이들 안으로 순환시켜주는 것 → **백과사전**
- centipede → centi(hundred)+ped(foot)+e → 발이 백 개인(많은) 동물 → **지네**
- stampede → stamp(발을 구르다)+ede → 발을 구르며 몰려드는 것 → (사람·동물들이 한쪽으로) **우르르 몰림, 경쟁, 쇄도, 우르르 몰리다, 재촉하다**

◆ 어휘 플러스
pedal 페달, 발판 / **ped**dler 행상인, 마약판매인 / **ped**ometer 만보기, 보수계 / **fet**us 태아

■■■ 우리말 대화로 단어 복습하기

가. 오늘 사회면에서 **눈에 띄는(conspicuous)** 기사는 뭐니?

나. 불법 정차한 자동차가, 운전자 시야를 방해하여, 아이를 **동반한(accompany)** 보행자**(pedestrian)**가 횡단 보도를

건너다가, 아이가 다치는 **사고(accident)**로 인해, 아이가 **소아과(pediatrics)**에 **입원했다(hospitalize)**는 소식과
나. 정부가 우리 **조상(ancestor)**의 **혈통(pedigree)**을 찾기 위한, **탐험대(expedition)**를 **파견했다(dispatch)**는 거네.

어근 215	PEL, PEAL, PULS : 몰아가다(to drive), 치다(to beat)

1066. appeal [əpíːl]
ap(to)+peal(to drive)

(누군가)에게 '몰아가는 것' 이 → n. ① (법이면) **항소** ② (마음을 사로잡으면) **매력**
③ (남에게 하소연하면) **호소** ④ (사정하여 간절히 바라면) **애원** ⑤ **간청**
v. ① **항소하다** ② **상고하다** ③ **관심을 끌다** ④ **호소하다**가 되는 거지
- unap**peal**ing[ʌnəpíːlɪŋ] a. ① **매력이 없는** ② **호소력이 없는** ③ **유쾌하지 못한**
- **appeal** court ① **상소 법원** ② **항소 법원**
- **appeal** to tax tribunal (세무) **심판청구**
- syn. pe**tit**ion(타원), en**treat**y(탄원), en**treat**(탄원하다), **plead**(탄원하다),
  a**ttract**ion(매력), **charm**(매력), fas**cin**ation(매력)

In a rare **appeal**, Hamas authorities requested assistance from Israel.
이례적인 호소를 통해, 하마스 당국은 이스라엘의 원조를 요구했다.

1067. compel [kəmpél]
com(together)+pel(to drive)

'함께 몰아가는 것' 이 → v. ① **강요하다** ② **강제하다** ③ (어떤 반응을) **자아내다**
④ **불러오다**가 된 거지
- com**puls**ory[kəmpʌ́lsəri] a. ① **의무적인** ② **강제적인** ③ **필수의**
- com**puls**ion[kəmpʌ́lʃən] n. ① **강요** ② **충동**
- com**puls**ive[kəmpʌ́lsiv] a. ① **강박적인** ② **상습적인**
- com**pell**ation[kæmpəléiʃən] n. ① **말 걸기** ② **호칭** ③ **명칭**
- im**pel**[impél] v. ① (생각·기분이) **~해야만 하게 하다** ② **억지로 ~시키다**
- com**puls**ory education/execution **의무교육/강제 집행**
- com**puls**ory sale **강제 매매**
- syn. **force**(강요하다), ob**lig**e(강요하다), con**strain**(강요하다), co**erc**e(강요하다)

The carbon tax **compels** industry to make deep cuts in emissions.
탄소세는 기업들에게 배기가스 배출의 대폭적인 감축을 강제한다.

1068. dispel [dispél]
dis(apart)+pel(to drive)

(누군가)에게 '떨어지게 몰아가는' 것이 → v. ① (느낌·믿음을) **떨쳐 버리다**
② **불식시키다**가 된 거지
- ex**pel**[ikspél] v. ① **제적하다** ② (국가로부터) **쫓아내다** ③ **추방하다**
  ④ (공기나 물을) **배출하다** ⑤ **방출하다**
- ex**pell**ant[ikspélənt] a. ① **내쫓는 힘이 있는** ② **구제력 있는**
  n. ① **구충제** ② **구제약**
- syn. **dis**miss(떨쳐버리다), e**limin**ate(제거하다)

Officials sought to **dispel** any confusion.
관리들은 어떤 혼란도 떨쳐 버리려고 노력했다.

1069. **propel** [prəpél]
pro(forward)+pel(to drive)

'앞으로 몰아가는 것' 이 → v. ① **추진시키다** ② (특정한 방향・상황으로) **몰고 가다** ③ **나아가게 하다**가 된 거지
- **propellant**[prəpélənt] n. ① **추진체** ② **추진 연료** ③ (스프레이용) **압축가스**
- **propeller**[prəpélər] n. **프로펠러**
- **propelling** power **추진력**
- ant. **hold back**(저지하다)

A evolutionary trait can **propel** adaptation to a changing environment.
진화의 특성이 변화하는 환경에 적응력을 추진시킬 수 있다.

trait 특성, 특색

1070. **repeal** [ripíːl]
re(back)+peal(to drive)

'뒤로 몰아가는' 것이 → v. ① (법률을) **폐지하다** ② **무효로 하다** n. **폐지**가 된 거지
- **repel**[ripél] v. ① **쫓아버리다** ② **격퇴하다** ③ **혐오감을 느끼게 하다**
  ④ **역겨움을 느끼게 하다**
- **repeal** a grant **인가를 취소하다**
- syn. **abolish**(폐지하다), **annul**(폐지하다), **revoke**(폐지하다),
  nullify(파기하다), **cancel**(무효로 하다), **rescind**(폐지하다)

One-third of Americans supported full **repeal** of the healthcare law.
미국인들의 1/3은 건강 보건법의 전면적인 폐지를 지지했다.

1071. **pulse** [pʌls]
pul(to beat)+se(명접)

'치는' 것이 → n. ① (혈관 벽의 주기적인 파동이면) **맥박** ② (강한) **리듬** ③ **고동**
  ④ (광선・음향 따위의) **진동** ⑤ **파동**
v. ① **맥박치다** ② **고동치다** ③ **활기가 넘치다**가 된 거지
- **pulsate**[pʌlseit] v. ① **진동하다** ② **활기가 넘치다**
- **pulse-taking**[pʌlstèikiŋ] n. (세상의) **동향 조사**
- **pulse** rate **맥박 수**
- syn. **pulsation**(맥박)

The next generation of sky-scraping attractions will ramp up **pulse** rates.
차세대의 마천루 같은 명소가 맥박 수를 증가시킬 것이다.
① **attraction** 끌림, 명소, 명물 ② **ramp up** 증가시키다

◆ 어원 TIP
- **impulse** → im(in)+pul(to drive)+se(명접) → (마음) 안으로 몰아가는 것 → 충동, 충격, 자극

■■■ 우리말 대화로 단어 복습하기

가. 수술 중 갑자기 **맥박(pulse)**이 떨어져, **장애인(the disabled)**이 된 사람이, 병원을 상대로 **소송(lawsuit)**을 제기한 결과는 어떻게 되었지?

나. 1심 재판에서 졌지만 미련을 **떨쳐버리지(dispel)** 못한 **원고(plaintiff)**는, 포기를 **강요하는(compel)** 주변의 권유를 물리치고, **항소(appeal)**를 **추진하여(propel)**, 잘못된 법령의 **폐지(repeal)**를 이끌었다는데.

PEN(AL), PUN : 처벌하다(to punish)

1072. penalty [pénəlti]
penal+ty(명접)

'처벌하는 것' 으로 일어나는 것이 → n. ① **처벌** ② **벌금** ③ **페널티 킥** ④ **불이익**
이 되는 거지
- **penal**ize[píːnəlàiz] v. ① **처벌하다** ② **벌칙을 과하다**
- death **penalty 사형**
- **penal** servitude (강제 노동의) **징역**
- **penal** code ① **형법전** ② **형법** = criminal code
- syn. **punish**ment(처벌), **fine**(벌금)

She would receive the lenient **penalty**.
그녀는 관대한 처벌을 받을 것이다.
lenient[líːniənt] 관대한

1073. impunity [impjúːnəti]
im(without)+pun+ity(명접)

'처벌을 하지 않은 것' 이 → n. ① **처벌을 받지 않음** ② **면책**이 된 거지
- **pun**ish[pʌ́niʃ] v. ① **처벌하다** ② **벌을 주다**
- **pun**ishment[pʌ́niʃmənt] n. ① **처벌** ② **형벌** ③ **처형**
- **pun**itive[pjúːnətiv] n. ① **징벌의** ② **가혹한**
- capital **punishment 사형**
- corporal **punishment 태형**

Impunity is rampant.
면책이 만연되었다.
rampant[rǽmpənt] 만연하는

1074. subpoena [səbpíːnə]
sub(under)+poen(to punish)+a(명접)

'처벌하려고 (법원) 아래로 부르는 것' 이 → n. ① (증인에 대한 법원의) **소환장**
② **호출장** v. **소환하다**가 된 거지
- syn. **summon**s(소환, 소환장), **cit**ation(소환, 소환장), **summon**(소환하다)

The FBI declined to confirm or deny whether **subpoenas** were issued.
FBI는 소환장 발부 여부를 확인도 부인도 거부했다.

우리말 대화로 단어 복습하기

가. 공금**횡령**(embezzlement) 혐의로, **소환**(subpoena)된 **공무원**(civil servant)은 어떻게 되었어?

나. **무죄**(innocence)가 입증되어, **처벌받지 않고**(impunity) **불이익**(penalty)도 당하지 않게 되었다는데.

PEND, PENS : 매달다(to hang), 무게를 달다(to weigh) → 쓰지 않고 매달아 놓은 돈 / 나중에
의지해할 돈을 매달아 무게를 다는 것 / 문제 등을 매달려 생각하다(to ponder)
등으로 의미 이해

1075. pension [pénʃən]
pens(to hang)+ion(명접)

'(나중에 쓰려고) 매달아 놓은 것' 이 → n. ① (퇴직 후 규칙적으로 받는 돈이면) **연금** ② (퇴직 후 연금으로 짓는 집이면) **펜션**이라고 하지
* **pensive**[pénsiv] a. ① (슬픔・걱정 때문에) **깊은 생각에 잠긴** ② **수심 어린**
* syn. **annuity**(연금)

> She is entitled to a **pension**.
> 그녀는 연금을 받을 자격이 있다.
>
> **entitle** 권리를 주다

1076. pendent [péndənt]
pend(to hang)+ent(형접)

'(하지 않고) 매달아 놓은' 것을 → a. ① **매달린** ② **드리워진** ③ (결정이면) **미결의** ④ (정하지 못한 거면) **미정의** 가 되는 거지
* **pendant**[péndənt] n. ① **목걸이** ② **펜던트**
* **pending**[péndin] 전치사. ① (어떤 일이) **있을 때까지** ② **~을 기다리는 동안** a. ① **미결인** ② **계류 중인** ③ **임박한**
* **pendulum**[pénd3uləm] n. (시계의) **추**
* **pending** issue **현안 문제**
* **pendente** lite[pendénti-láiti] ad. **소송 중에**
* lite **pendente** 심리 중

> The knots were made in the **pendent** strings.
> 매달린 끈에 매듭이 만들어졌다.
>
> **knot** 매듭

1077. append [əpénd]
ap(to)+pend(to hang)

'옆에 매달다' 가 → v. ① (글에) **덧붙이다** ② **첨부하다** ③ **부가하다**가 된 거지
* **appendage**[əpéndid3] n. ① **첨가물** ② **부속물**
* **appendix**[əpéndiks] n. ① **맹장** ② **부록**
* syn. **attach**(첨부하다), **affix**(부착하다)

> I **append** copies of correspondence.
> 나는 편지 사본을 첨부했다.

1078. compensate [kámpənsèit]
com(with)+pens(to weigh)+ate(동접)

'함께 무게를 다는 것' 이 → v. ① (진 빚이나 대가면) **보상하다** ② (모자라는 것을 보충하면) **보완하다**가 된 거지
* **compensation**[kàmpənséiʃən] n. ① **보상(금)** ② (좋지 않은 점을 완화해 주는) **보상** ③ **이득**
* **compendium**[kəmpéndiəm] n. ① (주제에 대한) **개요서** ② **적요**
* syn. **recompense**(보상하다), **reimburse**(배상하다), **remunerate**(보상하다), **make amends**(보상하다), **make up for**(보상하다)

> Earth-based telescopes **compensate** for the distorting effects of Earth's atmosphere.
> 지구에 근거한 망원경은 지구 대기가 왜곡시키는 영향을 보완해준다.
>
> **distort** 왜곡하다

1079. depend [dipénd]
de(down)+pend(to hang)

'아래에 매달려 있는 것' 이 → v. ① **의지하다** ② **의존하다** ③ (소송·의안 등이) **미결로 있다**가 된 거지

- **de**pend**ent**[dipéndənt] a. ① **의존하는** ② (약물 등에) **의존적인** ③ **중독된** ④ **~에 좌우되는** ⑤ **달려 있는** n. **부양가족** = **dependant**
- **de**pend**ency**[dipéndənsi] n. ① **의존** ② **종속** ③ **속국**
- **de**pend**ence**[dipéndəns] n. ① **의존** ② **의지** ③ **중독**
- **inde**pend**ence**[ìndipéndəns] n. ① **독립** ② **자립**
- syn. **rely**(의지하다), **count**(의지하다)

> Many **depend** on gold mines and agriculture.
> 많은 이들이 금광과 농업에 의존한다.

1080. dispense [dispéns]
dis(out)+pense(to weigh)

'무게를 달아 나눠주는 것' 이 → v. ① (서비스를) **제공하다** ② (고르게 나눠주면) **분배하다** ③ (약을) **조제하다** ④ **~없이 지내다**가 된 거지

- **dis**pens**ation**[dìspənséiʃən] n. ① **특별 허가** ② **분배** ③ **시혜** ④ (특정 시기의 정치적·종교적) **제도**
- **dis**pens**ary**[dispénsəri] n. ① **조제실** ② **진료실**
- **dis**pens**er**[dispénsər] n. ① **기계** ② **용기**
- **dis**pense with ① (필요 없는 것을) **없애다** ② **생략하다**
- syn. **dis**tribute(분배하다), **as**sign(배정하다), **allo**cate(배분하다), **allo**t(분배하다), dole out(조금씩 나눠 주다)

> Those negotiations could help Toyota **dispense** with the acceleration lawsuits.
> 이번 협상은 도요타에게 신속재판을 필요 없게 할 수 있다.
> **acceleration lawsuit** 신속재판, 신속 소송

1081. expend [ikspénd]
ex(out)+pend(to weigh)

'무게를 달아 덜어내는 것' 이 → v. ① (돈·시간·에너지를) **쏟다** ② (많은 돈·시간·에너지를) **들이다** ③ (비용이면) **소비하다**가 된 거지

- **ex**pens**e**[ikspéns] n. ① **비용** ② **지출** ③ **소요 경비**
- **ex**pens**ive**[ikspénsiv] a. ① **비싼** ② **돈이 많이 드는** ③ **고가의**
- **ex**pend**iture**[ikspéndiʧər] n. ① (공공 기금의) **지출** ② **비용** ③ **경비** ④ (에너지·시간 등의) **소비** ⑤ **소모**
- annual/government **expenditure** 세출/재정지출

> Farmers **expend** significant resources growing and harvesting the crops.
> 농부들은 곡물을 키우고, 거둬들이는데 상당한 자원을 쏟는다.

1082. impend [impénd]
im(on)+pend(to hang)

'붙어 매달려 있는' 일이 → v. **임박하다**가 된 거지

- **im**pend**ing**[impéndiŋ] a. **임박한** syn. **im**min**ent**

> The fate seems to **impend** over the expedition.
> 원정대에게 임박한 운명이 보였다.

1083. propensity
[prəpénsəti]

pro(before)+pens(to hang)+ity(명접)

'앞에 매달려 있는 것' 이 → 성격이면 → n. ① (특정한 행동을 하는) **경향**
② **성향**이 되는 거지

- **propensity** to consume **소비 성향** = consumption **propensity**
- syn. tend**ency**(경향), **inclin**ation(성향), **dis**pos**ition**(기질, 경향)

> Genetic findings suggest a **propensity** to diseases.
> 유전에 대한 연구결과가 질병의 성향을 보여준다.

1084. stipend [stáipend]

sti(small coin)+pend(to hang)

'작은 동전에 매달리는 것' 이 → n. ① **봉급** ② **급료 생활**이지

- a **stipendiary** magistrate **유급 치안 판사**

> Grieving families were waiting for their **stipends**.
> 슬픔에 잠긴 가족들이 급여를 기다리고 있다.

1085. suspend [səspénd]

sus(under)+pend(to hang)

'(하지 못하게) 아래에 매달아 놓은' 것이 → v. ① **중단하다** ② **정지하다**
③ **연기하다** ④ **정직시키다** ⑤ **정학시키다**가 된 거지

- **sus**pens**ion**[səspénʃən] n. ① **정학** ② **출장 정지** ③ **연기** ④ **보류**
- **sus**pens**e**[səspéns] n. ① **긴장감** ② **서스펜스** ③ **불안**
- **suspense** account **가(假)계정**
- syn. **post**pone(연기하다), **put off**(연기하다), **de**fer(연기하다), shelve(
  보류하다) ↔ ant. **con**tinue(계속하다)

> He managed to **suspend** his nihilism.
> 그는 자신의 허무주의를 용케도 이겨냈다.
> nihilism[náiəlìzəm] 허무주의

■■■ **우리말 대화로 단어 복습하기**

가. 아주 멋진 인생 2막을 시작한 사람에 대한 기사가 떴는데?

나. 뭔데?

가. **보수적인**(conservative) **성향**(propensity)의 **봉급쟁이**(stipend)가, 퇴직 후 받은 **연금**(pension)으로, 어린 시절 가난 때문에 **중단했던**(suspend), 농대에 재입학해서 졸업이 **임박했다**(impend)는 소식이네.

가. 향후 그는 농촌에 정착하여 **친환경**(environment-friendly) 유기농 **제품**(organic product)을 생산하고, 남은 이익은 **의지**(dependence)할 곳 없는, 불우이웃에게 도움을 **제공하는**(dispense) 일을 하고 싶다는군.

가. 지금까지 사회에서 받은 은혜에 대한 **보상하는**(compensate) 일에 **헌신**(devotion)할 것이라는 **포부**(aspiration)를 밝혔다네.

어근 218

PER : 시도하다(to try) ※ 동의어근(어근297)

1086. experience
[ikspíəriəns]

ex(out)+per+i+ence(명접)

'밖에서 시도하는 것' 이 → n. ① **경험** ② **체험** v. ① **경험하다** ② (감정 · 신체적 느낌을) **느끼다**가 된 거지

- ex**per**i**enced**[ikspíəriənst] a. ① **경험 있는** ② **숙련된** ↔ **in**experienced,

unexperienced 경험이 없는
- experiment[ikspérəmənt] n. ① (과학적인) **실험** ② (행동・생각・방법) **실험**
- experimental[ikspèrəméntl] a. ① (아이디어・방법 등이) **실험적인**
  ② (과학) **실험의**
- broad experience 폭넓은 경험　　　• experimental stage 실험 단계
- syn. undergo(경험하다), go through(겪다)

> The screen curved for improved ergonomics will make users a more immersive **experience**.
> 인체공학적으로 개선된 곡선화면은 이용자들이 더욱 실감나는 경험을 하게할 것이다.
> ① ergonomics[ə̀ːrgənámiks] 인체공학
> ② immersive[imə́ːrsiv] 에워싸는 듯한, 실감나는

1087. empirical [impírikəl]
em(in)+pir(to try)+ical(형접)

'안으로 시도해보는 것' 이 → a. ① **경험에 의거한** ② **실증적인** 것이 된 거지
- empiric[empírik] n. ① **경험주의자** ② **경험주의 과학자** ③ **돌팔이 의사**
- empiricism[impírəsìzm] n. ① **경험주의** ② **경험론** ③ **실증주의**
- syn. practical(실제적인), pragmatic(실용적인), factual(사실에 입각한)
  ↔ ant. hypothetical(가설의), theoretical(이론적인)

> The **empirical** approaches have always been two sides of the same coin for him.
> 실증적인 접근은 그에게 항상 동전의 양면으로 다가왔다.

1088. expert [ékspəːrt]
ex(out)+per+t(사람, 명접)

'밖에서 시도할 수 있는 사람' 이 → n. **전문가** a. ① **전문가의** ② **숙련된**
③ **전문적인** 의미가 된 거지
- expertise[èkspərtíːz] n. ① **전문 지식** ② **전문 기술**
- area of expertise **전문분야**
- syn. specialist(전문가), professional(전문의, 전문가), master(대가),
  skillful(숙련된), experienced(숙련된)

> **Experts** say the mission has much to do with propaganda.
> 전문가들은 그 임무가 선전 선동과 상당한 관련이 있다고 말한다.
> propaganda 선전

1089. imperative
[impérətiv]
im(in)+per+ative(형접)

'(의무적으로) 안으로 시도해야 하는' 것이 → a. ① **반드시 해야 하는** ② **필수의**
③ **긴급한** ④ **위엄 있는** n. ① **긴요한 것** ② **명령법**이 된 거지
- imperative idea **강박관념**
- categorical imperative (윤리) **지상 명령**
- syn. essential(필수의), urgent(긴급한), pressing(긴급한), crucial(중대한)

> Immunization is a community **imperative**.
> 면역 접종은 공동체의 명령이다.

1090. imperil [impérəl]
im(in)+peril(위험)

'위험 안으로 가는 것' 이 → v. ① **위태롭게 하다** ② **위험에 빠뜨리다**가 된 거지
- imperious[impíəriəs] ① **고압적인** ② **오만한**
- imperial[impíəriəl] a. ① **황제의** ② **제국주의의** ③ **제국의**
- imperialism[impíəriəlizəm] n. **제국주의**
- imperator[impərá:tər] n. ① **전제 군주** ② **황제** ③ **최고 사령관**
- emperor[émpərər] n. **황제**　• perish[périʃ] v. ① **죽다** ② **소멸하다**
- syn. endanger(위태롭게 하다)

An arms race is never allowed to **imperil** the world.
세계를 위험에 빠뜨리는 무기경쟁을 결코 허용해서는 안 된다.

■■■ 우리말 대화로 단어 복습하기
가. **긴급한(imperative)** 보수가 필요한 **문화재(cultural assets)**를 전문가 도움이 꼭 필요한가요?
나. 필요하지. **전문적인(expert)** 경험에 **의거한(empirical)** 전문가 도움 없이, **보수공사(repair work)**를 했다가, 소중한 문화유산을 **위태롭게 한(imperil)** 사례를 **경험했어(experience)**.

어근 219
PET : 바라다(to desire), 추구하다(to seek)
※ 동의어근 QUER, QUEST, QUI(어근242)

1091. compete [kəmpíːt]
com(together)+pet(to desire)+e(동접)

'(같은 목적을) 함께 바라는 것' 이 → v. ① **경쟁하다** ② **(시합·경기 등에서) 겨루다** ③ **(시합 등에) 참가하다**가 된 거지
- competition[kàmpətíʃən] n. ① **경쟁** ② **대회** ③ **시합** ④ **경쟁 상대**
- competence[kámpətəns] n. ① **능력** ② **(법률) 권한** ③ **(일에 필요한) 기능**
- competent[kámpətənt] a. ① **유능한** ② **능숙한** ③ **권한이 있는**
- incompetence[inkámpətəns] n. ① **무능** ② **무력**
- **competent** authorities **소관 관청**
- **competency** evaluation **역량 평가**
- non price **competition** **비가격 경쟁**
- cutthroat **competition** **치열한 가격 인하 경쟁**
- syn. contend(경쟁하다), vie(경쟁하다), participate(참가하다), take part (참가하다)

The moves are designed to **compete** with private services.
그러한 움직임은 개인 서비스업체와 경쟁하겠다는 의도이다.

1092. petition [pətíʃən]
pet(to seek)+ition(동작, 명접)

'(일이 이루어지도록) 추구하는 동작' 이 → n. ① **청원** ② **탄원** ③ **진정**
v. ① **진정하다** ② **탄원하다** ③ **청원하다** ④ **(법원에) 신청서를 내다**가 된 거지
- repetition[rèpətíʃən] n. ① **반복** ② **되풀이**
- the **petition** of right ① **권리 청원** ② **청원권**
- **petition** of appeal **공소장**
- syn. entreaty(탄원), appeal(간청, 간청하다), plea(탄원), plead(탄원하다), entreat(간청하다), beseech(간청하다), implore(간청하다), solicit(간청하다)

1093. **appet**ite [ǽpətàit]

ap(to)+pet(to desire)+ite(명접)

'원하는 것' 이 → n. ① (음식이면) **식욕** ② (물건이나 일이면) **욕구**가 된 거지
- **ap**pet**izer**[ǽpitàizər] n. ① **식욕을 돋우는 것** ② **전채** ③ **에피타이저**
- loss of **appetite 식욕 부진**
- syn. **palate**[pǽlit](미각), **taste**(미각, 입맛)

1094. **centripet**al [sentrípətl]

centri(center)+pet(to seek)+al(형접)

'중앙으로 추구하는' 것이 → a. ① **구심성의** ② **중앙 집권적인** 의미가 된 거지
- **centripetal** force **구심력**
- **centrifugal** force **원심력**
- ant. **centrifug**al[sentrífjəgəl](원심의)

1095. **im**pet**uous** [impéʧuəs]

im(in)+pet(to seek)+u+ous(형접)

'(마음) 속에서 추구하는 것' 이 → a. ① (본능이면) **충동적인**
　　　　　　　　　　　　　　　　　② (성미이면) **성급한** 의미가 된 거지
- **im**pet**us**[ímpətəs] n. ① (일의 추진의) **자극**(제) ② **추동력** ③ (물체의)
　　　　　　　　　　　　　　추동력 ④ **추진력**
- syn. **im**puls**ive**(충동적인), **im**pat**ient**(성급한), rash(성급한) ↔ ant.
　　prud**ent**(신중한)

1096. **per**pet**uate** [pərpéʧuèit]

per(through)+pet(to seek)+u+ate(동접)

'계속 추구하는' 것이 → v. ① **영구화하다** ② **영속시키다**가 된 거지
- **per**pet**uity**[pə̀rpətjúːəti] n. ① **영속** ② **영속성** ③ (재산) **영구 구속**
- **per**pet**uation**[pərpètjuéiʃən] n. ① **영속화** ② **영구화** ③ **영구 보존**
- **per**pet**ual**[pərpéʧuəl] a. ① **영구적인** ② **끊임없는** ③ (직장·지위가) **종신의**
- **perpetuation** of testimony/evidence **증거 보전**
- in **perpetuity** ① **영구히** ② **영원히**
- **perpetual** lease **영구조차권**
- syn. **im**mortal**ize**(영원성을 부여하다)

◆ **추가어근** : PET(small) / PETRO, PETR(stone)

- puppet[pʌpit] → pup(doll)+pet(small) → 작은 인형, 꼭두각시 / pet 애완동물 / petty 사소한 / petit 가치 없는, 시시한
- petroleum[pitróuliəm] → petr(stone)+oleum(oil) → 돌 사이에 있는 기름 → 석유 / petrol 휘발유 / petrology 암석학

■■■ 우리말 대화로 단어 복습하기

가. **충동적인(impetuous) 욕구(appetite)**로 **경쟁하는(compete)** 상대를 비방하는 글이, 팀원들의 **구심력(centripetal force)**을 약화시키는 일이 발생했다지?

나. 맞아. 결국 법원에 **탄원(petition)**하는 사태를 초래했고, 팀원 간의 갈등을 **영구화시켜(perpetuate)**, 돌아올 수 없는 다리를 건너게 된 거지.

어근 220	PHA(N), PHEN : 보이다(to show), 나타나다(to appear)
	※ **동의어근** PAR(어근208) / SPEC, SPECT, SPI(어근276) / VID, VIS, VIE(어근332) / WAR, WARD(어근339)

1097. emphasis [émfəsis]
em(in)+pha(to show)+sis(명접)

'(눈에 띄도록) 안에 보여주는 것' 이 → n. ① **강조** ② **역점** ③ **주안점**이 된 거지
- emphasize[émfəsàiz] v. ① **강조하다** ② **힘주어 말하다** ③ **역설하다**
- de-emphasis[diːémfəsis] n. ① **(그전만큼은) 중시되지 않음** ② **(전자 공학) 디엠퍼시스**
- overemphasis[òuvərémfəsis] n. ① **지나친 강조** ② **지나친 중시**
- phantom[fǽntəm] n. ① **유령** ② **혼령** ③ **환영** a. ① **유령 같은** ② **상상의**
- phantasm[fǽntæzəm] n. **환영**
- syn. **stress**(강조), **accent**(강조), **highlight**(하이라이트)

His speech **emphasizes** the importance of modesty.
그의 연설은 겸손함의 중요성을 강조했다.

1098. phase [feiz]
pha+se(명접)

'보여주는 것' 이 → n. ① **(변화・발달 과정이면) 단계** ② **(어떤 일이 되어 가는 형세면) 국면** v. (일의 진행을) **단계적으로 하다**가 된 거지
- phaseout[féizàut] n. ① **단계적 철수** ② **단계적 폐지** ③ **단계적 정지**
- phase in ① **단계적으로 도입하다** ② **단계적으로 실시하다**
- phase out ① **단계적으로 폐지하다** ② **단계적으로 삭감하다**
- phased withdrawal **단계적 철수**

The next **phase** is carrying astronauts.
다음 단계는 우주비행사를 싣고 가는 일이다.

1099. phenomenon [fɪnámənàn]
phenom(to appear)+on(명접)

'나타나 보여주는 것' 이 → n. ① **현상** ② **경이로운 사람[것]**이 된 거지
- epiphenomenon[èpifənámənən] n. **부수 현상**
- epiphany[ipífəni] ① **강림** ② **예수 공현** ③ **예수 공현 축일**
- a meteoric **phenomenon** 대기 현상

That **phenomenon** seems to have ebbed.
그러한 현상은 시들어질 조짐이 보인다.

1100. fantastic [fæntǽstik]

fanta(to show)+stic(형접)

'보여주는' 것이 → 현실에 없는 것 같은 느낌이면 → a. ① **환상적인** ② **멋진**
③ **기상천외한** ④ **현실성이 없는** 의미가 된 거지

- **fantasy**[fǽntəsi] n. ① **공상** ② **상상**
- **fancy**[fǽnsi] a. ① **화려한** ② **복잡한** ③ **고급의** n. ① **공상** ② **상상** ③ **바람**
  v. ① **생각하다** ② **상상하다**
- **fanciful**[fǽnsifəl] a. ① **변덕스러운** ② **기발한** ③ **공상적인**
- syn. **fabulous**(멋진), **terrific**(멋진), **awesome**(멋진), **wonderful**(아주
  멋진), **excellent**(훌륭한), **superb**(훌륭한), **outlandish**(이국적인)

The **fantastic** scene is her perfect acting of a schizophrenic patient.
환상적인 장면은 정신분열증 환자에 대한 그녀의 완벽한 연기이다.
schizophrenic 정신분열증의, 조현병을 앓는

■ **우리말 대화로 단어 복습하기**

가. 이 책은 **역경(adversity)**을 이겨내다 보면, 인생의 정상에 선 자신을 발견할 수 있음을 **강조(emphasis)**하면서
비유적으로 묘사한 것이 뭐지?

나. 힘든 **단계(phase)**를 밟아, 산 **정상(summit)**에 도달하면, **환상적인(fantastic)** 자연 **현상(phenomenon)**을 볼 수
있는 것에 비유했어.

어근 221

PHIL : 사랑하다(to love)   ※ **동의어근 AM, AMOR(어근7)**

1101. philosophy [filάsəfi]

phil+soph(wisdom)+y(명접)

'지혜를 사랑하는 것' 이 → n. ① **(학문으로서의) 철학** ② **(세계관·인생관을**
담은) 철학이 된 거지

- **philosopher**[filάsəfər] n. **철학자**
- **philosophic**[filəsάfik] a. ① **철학의** ② **냉정한**
- **agape**[aːgάːpei] n. ① **아가페적 사랑** ② **형제애** ③ **기독교적 사랑**
- **agape**[əgéip] a. **(놀람·충격으로 입을) 딱 벌린**
- **philosophy** of life ① **인생 철학** ② **인생관**

A single song crystallized his **philosophy** of music.
단 한 곡의 노래로 그의 음악 철학을 구체화시켰다.

◆ **어원 TIP**

- **philanthropist**[filǽnθrəpist] → phil(to love)+anthrop(human)+ist(사람) → 인간을 사랑하는 사람 → 자선가

■■■■ 우리말 대화로 단어 복습하기

가. 그 친구 인생 철학(philosophy)은 뭐라고 하지?

나. 정당하게 돈을 벌어 음악을 통한 치유(healing)를 위해 교향악단(the philharmonic)을 만들고 자선가(philanthropist)
가 되는 거지.

⚜⚜⚜⚜⚜⚜ 생활 속 영단어로 어원 친해지기 ⚜⚜⚜⚜⚜⚜

티케 : 이번에 배운 어근이 뭐였더라?

고양이 : 214. 발, 아이 ped, pedi / 215. 몰아가다 pel, puls / 216. 처벌하다 pen, pun / 217. 매달다,
매달리다 pend, pens / 218. 시도하다 per / 219. 추구하다 pet / 220. 보이다, 나타나다 phan,
phen / 221. 사랑하다 phil이 있어요.

티케 : 일상 속에서 활용한 사례를 말해주겠니?

토끼 : 관련된 생활 속 단어는, 오페라의 유령(the phantom of opera), 펜션(pension)과 에피타이저
(appetizer), 백과사전(encyclopedia), 부양가족(dependent) 등이 있었어요.

티케 : 설명을 덧붙이면,

○ phantom → phan(to appear)+tom → 나타나 보이는 것 → 유령, 혼령, 환영, 유령 같은

○ dependent → de(down)+pend(to hang)+ent(형접) → 아래에 매달려 있는(사람) → 의존하는,
의존적인, 부양가족이 되는 거지요.

티케 : 다음에 배울 어근은 photo / pla, plea / plain / plant이지요.

어근 222

PHOTO : 빛(light)

※ 동의어근 CAND, CENS(어근31) / LUC, LUM(어근154)

1102. photography
[fətάgrəfi]
photo+grap(to write)+y(명접)

'빛으로 쓰는 것' 이 → n. ① 사진[술] ② 사진 촬영 ③ 사진 기법이 된 거지
- photograph[fóutəgræf] n. 사진 v. 사진을 찍다 = take a picture
- photographic[fòutəgræfik] a. ① 사진(술)의 ② 사진의
- photographer[fətάgrəfər] n. ① 사진작가 ② 사진사

The **photography** is terrific and the writing is evocative.
사진은 멋지고, 글은 좋은 기억을 떠오르게 하였다.
evocative 좋은 기억을 떠오르게 하는

1103. photometer
[foutάmətər]
photo+meter(to measure)

'빛의 밝기를 측정하는' 기구를 → n. ① 광도계 ② 노출계라고 하지
- spectrophotometer[spèktroufoutάmitər] n. ① 분광 측광기 ② 분광 광도계

He studied **photometers** and steam-heating systems.
그는 광도계와 증기난방 장치를 연구했다.

1104. photosynthesis
[fòutəsínθisis]
photo+syn(with)+the(to put)+sis(명접)

'(식물이) 빛의 에너지를 함께 놓아두는 것' 이 → n. 광합성이 된 거지
- photosynthesize[fòutousínθəsàiz] v. 광합성을 하다
- chlorophyll[klɔ́:rəfil] n. 엽록소
- chloroplast[klɔ́:rouplæs] n. 엽록체
- undergo photosynthesis 광합성 작용을 하다

Power plants are fueled by artificial **photosynthesis**.
발전소가 인공광합성을 통해 연료를 공급받는다.

◆ 어휘 플러스
telephoto 망원사진, 망원렌즈 / **photo**cell 광전지 / **photo**cop**ier** 복사기 / **photo**voltaic power generation 태양광발전

■■ 우리말 대화로 단어 복습하기
가. 그녀는 최신 **사진 기법**(photography)과 **광도계**(photometer)를 활용하여 무엇을 하죠?
나. 식물의 **광합성**(photosynthesis) 작용을 연구해.

어근 223

PLA(C), PLEA, MOL : 부드럽게 하다(to soften), 달래다(to appease) / plea 의미로 어원이해
→ 상한 기분을 달래려고 하는 것 → 탄원

1105. placate [pléikeit]
pla+c+ate(동접)

'부드럽게 하는' 것이 → v. ① 달래다 ② 진정시키다가 된 거지
- placation[pleikéiʃən] n. ① 진정시킴 ② 회유 ③ 달램

- **appeasement**[əpíːzmənt] n. ① 진정 ② 회유 ③ 달램 ④ 유화 정책
- **conciliation**[kənsìliéiʃən] n. ① 회유 ② 달램 ③ (노동 쟁의 등의) 조정
- **conciliation** committee ① 조정위원회 ② 화해위원회
- **conciliation** of dispute 분쟁조정
- syn. **pacify**(달래다), **mollify**(달래다), **soothe**(달래다), **assuage**(달래다)

> The accord did little to **placate** conservative groups.
> 합의 내용이 보수단체를 진정시키기에는 역부족이었다.

1106. **complacent**
[kəmpléisnt]

com(intens)+pla+c+ent(형접)

'(스스로를) 강하고 부드럽게 하는 것' 이 → a. ① **현실에 안주하는** ② **자기 만족적인** 의미가 된 거지
- **complacency**[kəmpléisnsi] n. ① **안주** ② **안일함**
- **self-complacent**[sèlfkəmpléisnt] a. ① **자기만족의** ② **자아도취의**
- smile a **complacent** smile 회심의 미소를 짓다
- get/grow **complacent** 안주하게 되다
- become **complacent** 무사 안일주의에 빠지다
- syn. **self-satisfied**(자기 만족하는), **lackadaisical**(안일한)

> The **complacent** approach needs to change.
> 그러한 안일한 접근방식은 변화가 필요다.

1107. **mollify** [mάləfài]

moll(to soften)+li+fy(to make)

'부드럽게 만드는 것' 이 → v. ① **진정시키다** ② **달래다** ③ **완화시키다**가 된 거지
- **mollification**[mὰləfikéiʃən] n. ① **누그러지게 하기** ② **가라앉히기** ③ **달래기** ④ **완화**
- syn. **pacify**(진정시키다), **appease**(진정시키다), **soften**(마음을 누그러지게 하다), **assuage**(진정시키다), **soothe**(달래다)

> This attitude is likely to **mollify** American officials.
> 이러한 태도가 미국 관리들을 진정시킬 것 같다.

◆ 어원 TIP
- **unapt** → un+apt(적성이 있는) → 적성에 맞지 않는 → **부적당한**
- **please** → plea(to appease)+se → (남을) 달래는 것 → **제발, 기쁘게 하다, 기분을 맞추다**
- **pleasure** → plea(to appease)+ure(명접) → 달래주는 것 → **기쁨, 즐거움**
- **placebo**[plətʃéibou] → pla(to appease)+cebo → 달래려고 주는 가짜 약 → **위약, 플라세보**

◆ 어휘 플러스
placid 차분한, 잔잔한 / **plead** 애원하다 / **pleasant** 쾌적한, 즐거운 / **pleasantry** 사교적인 인사 / **mollusk**[mάləsk] 연체동물

■ 우리말 대화로 단어 복습하기

가. 그가 도전에 실패했을 때 **달래서(placate)** **진정시키려고(mollify)** 하지 마라.

나. 왜?

가. 그는 **현실에 안주하는(complacent)** 것을 죽음만큼 싫어하지.

어근 224	PLAIN : 치다(to strike), 평평하게 만들다(to make level), 평평한(flat), 넓은(broad) → 쳐서, 평평해지고, 넓어진 것으로 이해할 것
	PLAGI : 비스듬한(oblique, slanting); 그리스 바다 옆이란 의미에서 유래

1108. complain [kəmpléin]
com(intens)+plain(to strike)

'강하게 치는 것' 이 → v. ① (못마땅하게 생각해서 하면) **불평하다** ② (반대의 뜻을 주장하면) **항의하다** ③ (범죄 사실을 수사 기관에 알리면) **고발하다**가 된 거지

- complaint[kəmpléint] n. ① **불평** ② **항의** ③ **고소** ④ **통증** ⑤ **질환**
- complainant[kəmpléinənt] n. ① **원고** ② **고소인** = plaintiff
- complaint department ① **고객 상담실** ② **고객 고충 처리부**
- syn. moan(투덜대다), grumble(투덜거리다), whine(투덜대다)

> The county seems to like to **complain** but not to take advantage of the opportunities.
> 그 자치주는 불평만 했지, 기회를 활용하지 못했다.

1109. explain [ikspléin]
ex(out)+plain(to make level)

'밖으로 평평하게 펼쳐 보이는 것' 이 → 상대가 알기 쉽게 밝힐 목적으로 → v. ① **설명하다** ② **해명하다** ③ **변명하다**가 된 거지

- explanation[èksplənéiʃən] n. ① **설명** ② **해명** ③ **이유** ④ **설명서**
- a lucid explanation 명쾌한 설명
- a full explanation 자세한 설명
- explain oneself 자기입장을 해명하다
- syn. account for(설명하다), explicate(설명하다), elucidate(설명하다)

> Executives **explain** the company's move.
> 경영진들은 회사의 조치를 설명했다.

1110. platitude [plǽtitjùːd]
pla(flat)+ti+tude(상태, 명접)

'(높낮이 변화 없이 말이) 평평한 상태' 가 → n. ① **상투어** ② **진부함**이 된 거지

- platinum[plǽtənəm] n. **백금**
- platinum age **황금시대**
- platinum disc **플래티넘 디스크**: 많은 음반 판매고를 올린 가수에게 주는 백금 음반
- syn. cliche(진부한 표현), commonplace(상투어)

> He is a great man who leaves a **platitude**.
> 그는 진부한 이야기를 벗어나는 데 탁월한 사람이다.

◆ PLAGI : 비스듬한(oblique, slanting)
- plagiarism[pléidʒiərìzəm] → plagi(oblique)+arism → (내용을) **비스듬하게 하는 것** → **표절**
- plagiarize[pléidʒiəràiz] v. **표절하다**
- plage[plɑːʒ] n. ① **바닷가** ② **해변의 행락지**; 불어에서 유래

◆ 어원 TIP
- **ap**plaud[əplɔ́:d] → ap(to)+plaud(to clap hands) → 누구에게 손을 치다 → 박수를 치다, 갈채를 보내다
- **plate**au[plætóu] → plate(flat)+au → 평평한 곳 → 고원, 안정기, 안정 상태를 유지하다
- **pla**gue[pleig] → pla(to strike)+gue → 치고 오는 것 → 전염병, 괴롭히다
- **plain**tiff[pléintif] → plain(to strike)+tiff(말다툼) → (법으로) 치는 말다툼 → 원고, 고소인
- **plain** → plain(flat) → 평평한 → 사방이 트인 → 분명한, 솔직한, 소박한, 평원, 평지

◆ 어휘 플러스

plaus**ible** 타당한 / plausibil**ity** 타당성 / plaud**it** 갈채 / pla**ce** 장소 / pla**ce**ment 취업알선, 현장실습 / plate 접시 / platform 플랫폼, 연단 / plast**ic** 플라스틱 / plan 계획 / plane 비행기, 평면 / counterplan 대안 / plan**et** 행성 / plaza 광장

■■■ **우리말 대화로 단어 복습하기**

가. 교관은 비행기 **평면**(plane)을 **설명하는**(explain)데 왜 **상투어**(platitude)로 세상을 **불평하면서**(complain) 말하는 거지?

나. 한두 번도 아니고 늘 그랬던 것처럼 하는 행동을 받아들여?

어근 225	PLANT : **심다**(to plant) → **식물**은 **심는** 거고, **공장**도 식물을 심어 놓은 것처럼 땅에 심는 것으로 이해할 것

1111. im**plant** [implǽnt]
im(in)+plant

'안에 심는 것' 이 → v. ① (사상·신조 등을) **심다** ② (인공적인 물질을 사람의 몸에) **심다** ③ (난자나 배아가) **착상하다** n. ① **임플란트** ② **주입**이 된 거지
- im**plant**ation[ìmplæntéiʃən] n. ① (사상·신조) **주입** ② (체내) **이식** ③ (수정란의) **착상**
- **plant**ation[plæntéiʃən] n. ① **농장** ② (목재 생산을 위한) **조림지**
- ex**plant**[eksplǽnt] v. **체외 이식하다**
- syn. in**still**(주입하다), in**fuse**(불어넣다)

A free collection of articles about **implants** published in The New York Times.
임플란트에 관한 무료 기사 모음집이 뉴욕타임즈에서 출간되었다.

1112. sup**plant** [səplǽnt]
sup(under)+plant

'아래에 심는' 것이 → 낡거나 구식이 된 것을 바꾸는 → v. ① **대신하다** ② **대체하다**가 된 거지
- syn. re**place**(대신하다), sub**stitute**(대체하다), super**sede**(대신하다)

His renditions don't **supplant** the original recordings.
그의 연출이 원본녹음을 뛰어 넘지 못했다.
rendition[rendíʃən] 연출

1113. trans**plant** [trǽnzplænt]
trans(across)+plant

'가로질러 다른 곳에 심는' 것이 → v. ① (생체의 조직 등을) **이식하다** ② (식물을) **옮겨 심다** ③ **이식하다** ④ (다른 장소·환경으로) **이주시키다** n. ① (생체 조직 등의) **이식** ② **이식된 장기**가 된 거지

- transplantation[trænsplæntéiʃən] n. ① 이식 ② 이주 ③ 이민
- bone marrow transplantation 골수이식
- transplantation surgery 이식 수술
- organ transplant 장기 이식
- syn. implant(이식하다), graft(이식하다)

> Viral load became undetectable after stem cell transplants.
> 줄기세포 이식 후에 바이러스양이 감지되지 않았다.

우리말 대화로 단어 복습하기

가. 손상된(damaged) 신장(kidney)과 치아를 대체하기(supplant) 위한 수술은 어떻게 되었어?

나. 신장을 이식하고(transplant), 치아를 심는(implant) 수술(operation)이 성공적으로 끝났어.

생활 속 영단어로 어원 친해지기

티케 : 이번에 배운 어근이 뭐였더라?

토끼 : 222. 빛 photo / 223. 부드럽게 하다, 달래다 pla, plea / 224. 치다, 평평한, 넓은 plain / 225. 심다 plant가 있어요.

티케 : 일상 속에서 활용한 사례를 말해주겠니?

고양이 : 배운 어근과 관련된 것을 정리해보니, 가짜 약으로 심리적 영향을 미치어 병을 치료하는 '위약 효과' 즉 '플라시보효과' 'placebo effect', 물품의 생산에 쓰이는 모든 설비를 한꺼번에 수출하는 '플랜트 수출' 'export of plant', '표절' 'plagiarism'을 통한 '저작권 위반' 'copyright violation', '사진사' 'photographer'등이 있었어요.

티케 : 좋아요. 설명을 덧붙이면,

○ effect → ef(out)+fect(to make) → 밖으로 만들어 내는 것 → 효과

○ export → ex(out)+port(to carry) → 밖으로 나르는 것 → 수출

○ photographer → photo(light)+graph(to write)+er(사람) → 빛으로 쓰인 영상을 만드는 사람 → 사진작가, 사진사가 되는 거지요.

티케 : 다음에 배울 어근은 ple, pli, ply, ploy / pop, pub / pon, pos, pound, stall / ple, pli, ply, ploy / pop, pub / pon, pos, pound, stall이지요.

U

- uncover — v. ~의 뚜껑을 열다 ↔ cover ~을 덮다
- underdeveloped — a. 저개발의, 후진국의 ↔ developed 개발된, 선진국의
  underdeveloped country 후진국 / developing country 개발도상국 / developed country 선진국
- understand — v. 이해하다 ↔ misunderstand 오해하다
- underworld — n. 저승 세계, 저승, 암흑가 ↔ upperworld 지상 세계, 정직한 사람들의 세계
- undesirable[ʌndizáiərəbəl] — a. 원하지 않는, 바람직하지 않은 ↔ desirable 바람직한
- undisturbed — a. 손대지 않은, 누구의 방해도 받지 않는 ↔ disturbed 방해받는, 심란한
- undoubted — a. 의심할 여지가 없는, 확실한 ↔ doubtful 의심스런
- unease — n. 불안, 걱정 ↔ ease 편안, 쉬움, 안락
- unemployed[ʌnemplɔ́id] — a. 실직한, 실업자의 ↔ employed 고용된
- unequal — a. 같지 않는, 불평등한 ↔ equal 같은, 동등한, 평등한
- uneven — a. 평평하지 않는, 울퉁불퉁한 ↔ even 평평한, 고른
- unexpected[ʌnikspéktid] — a. 예상치 못한, 예기치 못한 ↔ expected 예상되는
- unfavorable[ʌnféivərəbəl] — a. 호의적 이지 않는 ↔ favorable 호의적인
- unfinished — a. 완료되지 않은, 미완성의 ↔ finished 완료된, 끝난
- unfit — a. 부적합한 ↔ fit 적합한
- unfortunately — ad. 불행하게도 ↔ fortunately[fɔ́ːrtʃənətli] 다행히도, 운이 좋게도
- unfriendly — a. 비우호적인, 불친절한 ↔ friendly 친절한, 우호적인
- ungrateful — a. 감사할 줄 모르는, 배은망덕한 ↔ grateful 감사하는
- unhealthy — a. 건강하지 못한 ↔ healthy 건강한
- uniformity[jùːnəfɔ́ːrməti] — n. 한결같음 균일, 획일 ↔ variety 다양성, 변화
- unimportant — a. 중요하지 않는 ↔ important 중요한
- uninteresting — a. 흥미롭지 못한, 재미없는 ↔ interesting 흥미로운, 재미있는
- universal[jùːnəvə́ːrsəl] — a. 일반적인, 보편적인, 전 세계적인 ↔ particular 특정한
- unnatural — a. 부자연스러운, 이상한 ↔ natural 자연스러운
- unnecessary — a. 불필요한, 무용의, 무익한 ↔ necessary 필요한
- unoccupied — a. 비어있는, 점유하지 않은 ↔ occupied 사용 중인
- unofficial — a. 비공식적인, 비공인의 ↔ official 공식적인
- unpleasant — a. 불쾌한, 싫은 ↔ pleasant 유쾌한, 쾌활한
- unreliable — a. 믿을 수 없는 ↔ reliable 믿을 수 있는
- unrest — n. 불안 ↔ rest 휴식, 안정, 평온
- unsatisfactory — a. 만족스럽지 못한 ↔ satisfactory 만족스러운
- unsteady — a. 불안정한, 흔들흔들하는 ↔ steady 안정된, 꾸준한
- unworthy — a. 자격이 없는, 가치 없는 ↔ worthy 자격이 있는, 가치 있는
- uphill — a. 오르막의 ↔ downhill 내리막의
- upstairs — ad. 위층으로 n. 위층 a. 위층의 ↔ downstairs ad. 아래층으로 n. 아래층
- up-to-date — a. 최신의 ↔ out-of-date 시대에 뒤떨어진, 구식의

Exercise 17

1. (A)에 제시된 어근의 의미를 가장 적절하게 표현한 것을 (B)에서 찾아 쓰시오.

(A)	(B)
1) MATER, MATRI _____	ⓐ 원하다(to desire), 추구하다(to seek)
2) PEND, PENS _____	ⓑ 아버지(father), 나라(country)
3) PHOTO _____	ⓒ 모두(all), 전부(complete), 빵(bread)
4) PAC, PEASE _____	ⓓ 옆(beside), 주변(around)
5) PARA _____	ⓔ 처벌하다(to punish)
6) PED, PEDI, FET _____	ⓕ 빛(light)
7) PET _____	ⓖ 심다(to plant)
8) PLAN _____	ⓗ 매달다(hang), 무게를 달다(to weigh)
9) PAN, PANTO, OMNI _____	ⓘ 어머니(mother)
10) PASS _____	ⓙ 같은(equal), 정돈하다(to arrange), 보다(to see)
11) PEL, PULS _____	ⓚ 평화(peace)
12) PER _____	ⓛ 단계, 걷다(to step), 통과
13) PHIL _____	ⓜ 발(foot), 아이(child)
14) PLANT _____	ⓝ 보이다(to show), 나타나다(to appear)
15) PATER, PATRI _____	ⓞ 치다(to strike), 평평한(flat)
16) PAR _____	ⓟ 몰아가다(to drive), 치다(to beat)
17) PATHO, PATH, PASS _____	ⓠ 부분
18) PEN, PUN _____	ⓡ 감정(emotion), 느낌(feeling), 고통 (suffering)
19) PHAN, PHEN, FAN _____	ⓢ 시도하다(to try)
20) PLA _____	ⓣ 사랑하다(to love)
21) PART _____	ⓤ 부드럽게 하다(to soften)

2. 제시된 단어 중 의미가 가장 적절한 것을 찾아 괄호 안에 넣으시오.

> ⓐ impart ⓑ pathetic ⓒ accompany ⓓ repent ⓔ expatriate ⓕ omnicompetent ⓖ fetch ⓗ parasite
> ⓘ metropolis ⓙ pandemic ⓚ dispel ⓛ compensate ⓜ apparatus ⓝ dispense ⓞ appease ⓟ pedestrian
> ⓠ imperative ⓡ compare ⓢ paternal ⓣ platitude ⓤ panoply ⓥ petition ⓦ participate ⓧ impunity
> ⓨ stipend ⓩ prepare

1) ( ) : 면책   2) ( ) : 모음, 집합   3) ( ) : 대도시

4) ( ) : 기구, 장치   5) ( ) : 보행자   6) ( ) : 유화정책을 쓰다

7) ( ) : 분배하다   8) ( ) : 아버지의   9) ( ) : 불쌍한

10) ( ) : 참가하다   11) ( ) : 청원   12) ( ) : 국외로 추방하다

13) ( ) : 봉급   14) ( ) : 준비하다   15) ( ) : 뉘우치다

16) (　　　) : 동반하다　　17) (　　　) : 상투어　　18) (　　　) : (정보를) 전하다
19) (　　　) : 데리고 오다　　20) (　　　) : 기생 동물　　21) (　　　) : 필수의
22) (　　　) : 전국적인 유행병　　23) (　　　) : 보상하다　　24) (　　　) : 비교하다
25) (　　　) : 떨쳐버리다　　26) (　　　) : 전권을 가진

3. 밑줄 친 단어와 전혀 관계없는 것을 고르시오.
1) Negotiators declared their efforts at an **impasse**.
　① deadlock　　② stalemate　　③ standstill　　④ walkout

2) Under the current system, nationalist **partiality** may have actually increased.
　① bias　　② fairness　　③ injustice　　④ one-sidedness

3) The House voted overwhelmingly, 225 to 104, to **repeal** the death penalty.
　① rescind　　② abolish　　③ maintain　　④ nullify

4) Psychology provides some explanation for this Egyptian **passion**.
　① tenacity　　② ardor　　③ fervor　　④ enthusiasm

5) Sales of Samsung's Galaxy S were likely to **surpass** last year's record.
　① exceed　　② outdo　　③ go beyond　　④ outsource

4. 밑줄 친 단어와 가장 유사한 것을 고르시오.
1) The agent's abilities have been broadened by a microchip **implant**ed in his brain.
　① instill　　② inculcate　　③ graft　　④ infuse

2) The reason we don't have a new **paradigm** isn't that economists are dumb.
　① context　　② implication　　③ paragon　　④ parable

3) The columns **explain** how human behavior affects economy.
　① discuss　　② account for　　③ decide　　④ introduce

4) Taking artifacts from archaeological sites without permission is **trespass**ing.
　① obliterate　　② engender　　③ exacerbate　　④ encroach

5) A high marginal **propensity** to consume might create sustained economic growth.
　① predilection　　② disposition　　③ currency　　④ condition

5. 밑줄 친 단어와 반대되는 것을 고르시오.
1) We do not intend to **disparage** a racial or ethnic group.
　① respect　　② belittle　　③ depreciate　　④ underrate

2) Voter **apathy** will lead to a low turnout at the imminent elections.
　① insensibility　　② callosity　　③ impassiveness　　④ regard

454 어원으로 영단어 길들이기(下)

3) Motorola won against Apple in a patent dispute to unfairly **impede** competition.
    ① hinder   ② hamper   ③ espouse   ④ obstruct

4) The sap in the maple flows through the hole into a **pendent** bucket.
    ① suspended   ② riveted   ③ pensile   ④ dangly

5) He shared the Nobel Prize in economics for **empirical** analysis of asset prices.
    ① theoretical   ② abstract   ③ inductive   ④ deductive

6. 아래에 제시된 단어 중 밑줄 친 우리말의 의미에 맞게 빈칸에 적절한 것을 골라 넣으시오.

---

pundit / photosynthesis / centripetal / subpoenas / panacea / parole / patriarchy / dispatch / complacent / paranoia

---

1) 그는 그것을 중력, 전기, **광합성**을 배우는 것만큼 필수적이라고 말했다.
    → He called it as essential as learning about gravity, electricity or (   ).

2) 연방 언론 보호법은 판사들에게 그러한 **소환장** 파기를 허용했다.
    → A federal "media shield" bill allows judges to quash such (   ).

3) 전쟁 후 공포와 **피해망상**이 이 지면에 고스란히 배어나왔다.
    → Postwar fear and (   ) ooze from these pages.

                                                 * ooze 스며나오다

4) 플라스틱을 종이로 바꾸는 법률이 환경에 **만병통치약**은 아니다.
    → Legislation to switch from plastic to paper isn't the environmental (   ).

5) 러시아가 군대를 우크라이나 접경지역으로 **급파하였다**.
    → The Russian Federation (   ) its troops to the Ukraine border.

6) 청소년 피고인들이 **가석방** 취소 청문회에 직면했다.
    → Juvenile defendants face (   ) revocation hearings.

7) 보안전문가들은 사이버 위험에 **안이하게** 대처한다고 미국을 비판해왔다.
    → Security experts have criticized America for being (   ) about cyber risks.

8) 대부분 TV와 라디오 **전문가들**은 이 분야에서는 전문가가 아니다.
    → Most TV and radio (   ) are not experts on this.

9) **구심**력은 회전할 때 원의 중심부로 끄는 힘을 말한다.
    → (   ) force pulls one toward the center of a circle in a turn.

10) 영화 장면이 전통적인 **가부장제**와 한 여성의 욕구에 대한 탐색으로 전환되었다.
    → The scene turns into an exploration of orthodox (   ) and a woman's need.

티케 : 북한이 핵무장을 시도하면서, 한반도는 전쟁의 공포가 늘 함께하지?

고양이 : 저도 알아요. 그런데 갑자기 왜죠?

티케 : 영어로 공포가 뭐지?

토끼 : fear, terror, dread, fright, horror, trepidation, panic이 있죠?

티케 : 좋아. 네가 말한 단어 중에서도 그리스 로마신화 관련된 단어가 있지.

고양이 : 뭔데요?

티케 : 'panic'이야. 그리스신화에서 '전원의 신'을 **판(pan)**이라고 하지.

티케 : **판(pan)**은 머리에 뿔이 나고 수염과 털과 발굽이 있는 산양의 모습이었고, 그런 특이한 **판(pan)**의 모습을 보며 신들은 즐거워했어. 그래서 신들은 '**모두**'를 즐겁게 만들었다고 하여 '**판**'이라는 이름을 붙여주었어.

티케 : 'pan'이 'all'의 의미를 갖는 것은 '**인류 최초의 여자**' **판도라(pandora)**에서 배웠잖아.

티케 : 그렇지만 **판(pan)**은 사람이나 가축을 갑작스런 공포에 사로잡히게 하는 능력이 있었어.

티케 : 그래서 '당황' '**공포**'를 의미하는 **패닉(panic)**이 어원이 된 거야.

티케 : 공포가 계속되면 모든 사람들은 평화를 갈구하지.

토끼 : 갑자기 평화는... 혹시 평화와 관련된 그리스 로마신화를 말하시려고...

티케 : **빙고(bingo)**. 로마신화의 '평화의 여신'이 'pax'야.

티케 : 혹시 'Pax Americana'라는 단어 들어봤니?

티케 : '**미국의 지배에 의한 평화**'라는 의미지.

티케 : 그럼 pan(관련어근 설명: 40회 참고)과 pax와 관련된 단어를 다시 한 번 정리 해볼까?

◆ pan, panto, pax
- panacea 만병통치약 / pan-African 전(全) 아프리카의 / pandect 법전, 법전 전서 / pandemic 전국[전 세계]적인 유행병 / **pandemonium** 복마전 / **pandit** (힌두교의) 성직자, 선생 / **pandora** 판도라 / **panic** 공포 / **panoply** 모음, 갑주 / **panorama** 파노라마, 전경 / **pantomime** 무언극, 팬터마임

※ **Pax** Romana(팍스 로마나)
- 아우구스투스 황제 때(BC 27~AD 14)부터 마르쿠스 아우렐리우스 황제 때(161~180)까지 지중해 세계가 비교적 안정과 평화를 누렸던 시기

출처: 다음백과사전

어근 226

PLE, PLI, PLY, PLOY : 접다, 포개다(to fold), 채우다(to fill up)

1114. accomplish
[əkámpliʃ]

ac(intens)+com(with)
+pli(to fill up)+ish(동접)

'(목적한 바를) 강하게 함께 채워가는 것' 이 → v. ① **성취하다** ② **이루어 내다**
③ **완수하다**가 된 거지

- accompli**shment**[əkámpliʃmənt] n. ① **성취** ② **업적** ③ **공적** ④ **재주**
- accomplishment evaluation **수행평가**
- syn. a**chie**ve(성취하다), ful**fill**(성취하다), com**ple**te(완성하다),
  per**form**(이행하다)

> The peace conference **accomplishes** its main goal.
> 평화회담이 주된 목표를 완수하였다.

1115. plenty [plénti]

ple(to fill up)+n+ty(명접)

'채워놓은 상태' 가 → a. ① **많은** ② **풍부한** ad. ① **많이** ② **충분히**
n. ① **풍요로움** ② **풍성함**이 된 거지

ple**nitude**[plénətjùːd] n. **풍부함**
- ple**nish**[pléniʃ] v. ① **채우다** ② **저장하다** ③ **~에 가축을 넣다** ④ **가구를**
  비치하다 ⑤ **보충하다**
- ple**ntiful**[pléntifəl] a. **풍부한**
- re**ple**nish[ripléniʃ] v. ① (원래처럼) **다시 채우다** ② **보충하다**
- ple**thora**[pléθərə] n. ① **과다** ② **과잉** ③ **다혈증**
- syn. a**bund**ance(풍부), pro**sper**ity(번영), pro**fus**ion(풍부), af**flu**ence
  (풍족), ple**nitude**(풍부) ↔ ant. short**age**(부족), de**fici**ency(결핍),
  scar**city**(부족), want(부족), in**suffici**ency(부족), lack(부족)

> There is **plenty** of debate among Israeli scholars.
> 이스라엘 학자들 사이에 많은 토론이 있었다.

1116. complete [kəmplíːt]

com(intens)+ple(to fill up)+te(형접)

'(임무를) 강하게 채워낸 것' 이 → v. ① **완료하다** ② (빠짐없이) **기입하다** ③
이수하다 ④ **완벽하게 만들다** a. ① **완전한** ② **완벽한** ③ (추가 부품을) **포함하여**
④ **완료된** 거라고 할 수 있지
- comple**tion**[kəmplíːʃən] n. ① **완료** ② **완성** ③ (재산의) **매매 실현** ④ **매매 완료**
- comple**ment**[kámpləmənt] v. **보완하다**
  n. ① **보완물** ② (허용되는) **전체 수[량]** ③ **보어**
- incomple**tion**[ìnkəmplíːʃən] n. ① **불완전** ② **미완성** ③ **불충분**
- complete neglect **완전한 태만**
- complete overhaul ① **완벽한 정비** ② **환골탈태**
- complete reversal ① **완전한 역전** ② **완전한 반전**
- syn. fin**ish**(끝내다), con**clude**(결론을 짓다), wrap up(마무리 하다),
  round off(마무리하다), per**fect**(완벽한), en**tire**(전체의),
  un**abridg**ed(완전한)
  ↔ ant. **partial**(부분적인), in**comple**te(불완전한)

1117. **deplete** [diplíːt]
de(from)+ple(to fill up)+te(동접)

'채워진 것이 빠져나가는' 것이 → v. ① **고갈시키다** ② **감소시키다**가 된 거지
- **deple**tion[diplíːʃən] n. ① **고갈** ② **소모**
- **deple**ted[diplíːtid] a. ① **고갈된** ② **바닥난**
- ozone **deple**tion 오존층 파괴
- syn. **drain**(고갈시키다), **con**sume(소비하다), **use up**(다써버리다),
  exhaust(다써버리다), **re**duce(감소시키다) ↔ **in**crease(늘리다)

False 119 calls **deplete** emergency resources to dangerous levels.
거짓 119 전화가 비상대비자원을 위험한 수준으로 격감시킨다.

1118. **comply** [kəmplái]
com(with)+ply(to fold)

'(지키기 위해) 함께 접는 것' 이 → v. ① (법 · 명령이면) **따르다** ② (규칙·
명령이면) **준수하다**가 된 거지
- **com**pliance[kəmpláiəns] n. ① (법 · 명령 등의) **준수** ② (명령 등에) **따름**
- in**com**pliant[ìnkəmpláiənt] a. ① **고집이 센** ② **순종하지 않는**
- non**com**pliance[nὰnkəmpláiəns] n. ① **부응하지 않음** ② **불승낙**
  ③ **불복종**(= disobedience)
- syn. **ob**ey(따르다), **follow**(따르다), **con**form to(따르다), **a**bide by
  (준수하다), **ob**serve(준수하다) ↔ ant. **de**fy(도전하다)

The company will **comply** with the requirement.
회사는 요구조건을 따를 것이다.

1119. **complicate**
[kάmpləkèit]
com(together)+pli(to fold)+c+ate(동접)

'(뒤섞여서) 함께 포개져 있는 것' 이 → v. ① **복잡하게 하다** ② **꼬이게 하다**가
된 거지
- **com**plicated[kάmpləkèitid] a. ① **복잡한** ② **어려운**
- **com**plication[kὰmpləkéiʃən] n. ① **문제** ② **대립** ③ **합병증**
- syn. **en**tangle(뒤얽히게 하다) ↔ ant. **sim**plify(단순화하다)

Antibiotic-resistant infections **complicate** treatment.
항생제에 저항력이 있는 전염병이 치료를 복잡하게 한다.

1120. **compliment**
[kάmpləmənt]
com(intens)+pli(to fill up)+ment(명접)

'강하게 채우는 것' 이 → 존경이나 정중함을 표현하는 말이면 → n. ① **칭찬** ②
찬사 v. **칭찬하다**가 된 거지
- **com**plimentary[kὰmpləméntəri] a. ① **칭찬하는** ② **무료의**(=gratis)
- a **com**plimentary[free] ticket **무료입장권**
- syn. **praise**(칭찬, 칭찬하다), **cred**it(칭찬), **eu**logy(칭송), **panegyr**ic
  (칭찬), **com**mend(칭찬하다), **ex**tol(칭찬하다), **eu**logize(칭송하다),
  laud(칭찬하다) ↔ ant. **critic**ism(비판), **critic**ize(비판하다)

I would like to **compliment** such struggles.
나는 그러한 투쟁을 칭찬하고 싶다.

1121. **complex** [kəmpléks]
com(with)+ple(to fold)+x

'함께 포개져 있는 것' 이 → a. **복잡한** n. ① **복합 건물** ② **단지** ③ **콤플렉스**
④ (관련 있는 것들의) **덩어리** ⑤ **집합체**가 된 거지
- **complexity**[kəmpléksəti] n. ① **복잡함** ② **복잡성** ③ **복잡한 특징들**
- **complexify**[kəmpléksəfài] v. ① **복잡하게 하다** ② **뒤얽히게 하다**
  ③ **복잡해지다**
- **complexion**[kəmplékʃən] n. ① **안색** ② **양상**
- **complicity**[kəmplísəti] n. (범행) **공모** • sports complex 스포츠 종합단지
- syn. **multiple**(복합의), **tangled**(뒤얽힌), **complicated**(복잡한), **intricate**(복잡한)

The report's aim was to raise awareness of the **complex** issues young Muslims face.
보고서의 목표는 젊은 이슬람교들이 직면하고 있는 복잡한 문제에 대한 인식을 일깨우는 것이다.

1122. **explicate** [ékspləkèit]
ex(out)+pli(to fold)+c+ate(동접)

'포개져 있는 내용을 밖으로 꺼내는' 것이 → v. ① (사상·문학 작품을)
설명하다 ② **해석하다**가 된 거지
- **explication**[èksplikéiʃən] n. ① **설명** ② **해석** ③ **전개**
- **explicit**[iksplísit] a. ① **명백한** ② **명쾌한** ③ **솔직한**
- **inexplicit**[ìniksplísit] a. ① **명확하지 않은** ② **애매한** ③ **막연한**
- **unexplicit**[ʌniksplísit] a. ① **애매한** ② **분명하지 않은**
- syn. **explain**(설명하다), **elucidate**(설명하다), **expound**(자세히 설명하다)

It is organized to help **explicate** legal issues.
그것은 법적인 문제를 설명하는 데 도움을 주려고 정리되었다.

1123. **imply** [implái]
im(in)+ply(to fold)

'안으로 접는' 것이 → 넌지시 깨우쳐 주는 → v. ① **암시하다** ② (감정·생각을)
넌지시 나타내다 ③ **의미하다**가 된 거지
- **implication**[ìmplikéiʃən] n. ① (행동·결정이 초래하는) **영향** ② **결과** ③ **함축** ④ (범죄에) **연루**
- **implicate**[ìmplikéit] v. ① **연루되었음을 보여주다** ② **원인임을 보여주다**
- **implicit**[implísit] a. ① **은연중의** ② **내포되는** ③ **절대적인**
- **implicational**[ìmplikéiʃənəl] a. ① **함축적인** ② **연루의** ③ **얽힌**
- syn. **hint**(암시하다), **suggest**(암시하다), **allude**(암시하다), **intimate**(넌지시 알리다)

He uses language intended to **imply** a form of genocide.
그는 대량 학살을 암시하는 의도된 언어를 사용했다.
genocide 집단 학살, 인종 학살

1124. **multi**ply [mʌltəplài]
multi(many)+ply(to fold)

'많이 포개는' 것이 → v. ① **곱하다** ② **크게 증가시키다** ③ **크게 증대시키다** ④ **증가하다** ⑤ (생물) **번식하다** ⑥ **증식시키다**가 된 거지
- **multi**ple[mʌltəpəl a. ① **많은** ② **복합적인** ③ **다양한** n. **배수**
- **multi**plex[mʌltəplèks] n. ① **복합 상영관** ② **멀티플렉스**
- **multi**plication[mʌltəplikéiʃən] n. ① **곱셈** ② **증식**
- **multi**lateral[mʌltilǽtərəl] a. **다자간의** • multiple agriculture **다각 농업**
- syn. **in**crease(증가하다), **pro**liferate(증식하다) ↔ ant. **sub**tract(빼다), **de**crease(감소하다)

Arrests and internments are **multiplying** fast in France.
체포와 억류가 프랑스에서 빠르게 증가하고 있다.
internment 억류, 수용

1125. **per**plex [pərpléks]
per(through)+plex(to fold)

'두루 포개진 상황' 이 → v. (이해할 수 없어서) **당혹하게 하다**가 된 거지
- **per**plexity[pərpléksəti] n. ① **당혹감** ② **당혹스러운 것** ③ **이해하기 힘든 것**
- **per**plexing[pərpléksiŋ] a. ① **난처하게 하는** ② **복잡한** ③ **착잡한**
- **per**plexed[pərplékst] a. ① **당혹스러운** ② **당혹한**
- syn. **be**wilder(당황하게 하다), **baffle**(당황하게 하다), **con**found(당혹하게 하다), **con**fuse(혼란스럽게 하다), **puzzle**(어리둥절하게 하다)

My excitement will **perplex** some people.
나의 흥분이 몇몇 사람들을 당혹스럽게 할 것이다.

1126. **sup**ply [səplái]
sup(under)+ply(to fill up)

'(필요한 것을) 아래에서부터 채우는 것' 이 → n. ① **공급** ② **비축** ③ **보급품** v. ① (대량으로) **공급하다** ② **제공하다**가 된 거지
- **sup**plement[sʌpləmənt] n. ① **보충** ② **추가** ③ (신문의) **증보판** ④ **추가 요금** ⑤ **부록** v. ① **보충하다** ② **추가하다**
- **sup**plementary[sʌpləméntəri] a. ① **보충의** ② **추가의**
- **sup**ple[sʌpəl a. ① **유연한** ② **탄력 있는** • supply and demand **수요와 공급**
- **supplementary** benefit **최저 생계비 보조금** • syn. **pro**vide(제공하다)

The decision to remove artificial trans fats from the food **supply** was a long time coming.
식품에서 인공 트랜스 지방을 제거하는 결정이 현실화되는데 상당한 시일이 걸렸다.

1127. **de**ploy [diplɔ́i]
de(off)+plo(to fold)

'접힌 것을 분리하는' 것이 → 체계적이고 전략적으로 → v. ① (군대, 무기 등을) **배치하다** ② **배포하다** ③ **효율적으로 사용하다**가 된 거지
- **de**ployment[diplɔ́imənt] n. ① **배치** ② **전개**
- **re**deploy[ridiplɔ́i] v. **재배치하다** • syn. **station**(배치하다, 주둔시키다)

Authorities in London plan to **deploy** 4,000 officers.
런던시 당국은 4,000명의 경찰을 배치할 계획이다.

1128. implement
[ímpləmənt]
im(in)+ple(to fill up)+ment(명접)

'(일을) 안으로 채워가는 것' 이 → v. ① **시행하다** ② **이행하다** n. (옥외 활동용 장비면) ① **도구** ② **기구**가 된 거지
- im**ple**mentation[ìmpləməntéiʃən] n. ① **이행** ② **실행** ③ **완성**
- implement campaign promises **선거 공약을 이행하다**
- syn. carry out(수행하다), per**form**(이행하다), tool(도구), in**strum**ent(도구), ap**parat**us(기구), utensil(기구)

> The department is planning to **implement** reforms.
> 부서는 개혁을 시행할 계획을 세우고 있다.

◆ 어원 TIP
- **re**ply → re(back)+ply(to fold) → (답하려고) **뒤로 접다 → 대답하다**
- **em**ploy → em(in)+ploy(to fold) → (조직 등) **안으로 접다 → 고용하다**
- ap**plic**ation → ap(to)+pli(to fold)+ation(명접) → (조직, 도구 등에) **접어 넣어둔 것 → 지원, 적용, 응용프로그램**
- **re**plen**ish** → re(again)+ple(to fill up)+n+ish(동접) → **다시 채우다 → 보충하다**

◆ 어휘 플러스
pli**able** 유연한, 고분고분한 / plywood 합판 / ap**ply** 신청하다, 적용하다 / ap**plic**ant 지원자 / di**plo**macy 외교(p96) / di**plo**mat 외교관 / di**plo**ma 졸업장, 학위 / dis**play** 전시하다

■ 우리말 대화로 단어 복습하기

가. 정부가 원전으로부터 국민안전을 **달성하기(accomplish)** 위해, 탈원전 정책을 **시행하려는(implement)** 방침을 **시사했는데(imply)** 너는 어떻게 생각해?

나. 원자력 발전을 지지하는 기관이나 국민들은 **당혹스럽게 하겠지(perplex)**.

가. 그러나 **지진(earthquake)**으로 인한 원전 안전이 큰 문제가 될 수 있잖아?

가. 그럼 최근 문제가 되고 있는 미세먼지를 줄이기 위해 신규 **화력발전소(thermoelectric power plant)** 건설 금지하고 **신재생에너지(New & Renewable Energy)**를 이용한 전력공급 확대 방안은 어때?

나. 일단 자원을 **고갈시키지(deplete)** 않고, 오염물질을 줄이는 것은 긍정적인데, 전력 **수급(supply and demand)** 대책을 국민들에게 충분히 **설명하고(explicate)**, 시행하여한다고 생각해.

가. 그래서 **많은(plenty)** 토론과 **복잡한(complex)** 공론화 과정을 거쳐, 에너지를 효율적으로 **사용하는(deploy)** 전력수급대책을 최종 확정하기로 했데.

가. 그리고 최종결과를 만들어내는 공론화 과정이 규칙을 **준수하고(comply)**, 성공적으로 마쳐, 많은 **칭찬(compliment)**을 받았고.

어근 227

POP, PUB : 사람들(people)
※ 동의어근 DEM, DEMO(어근70) / VULG(어근338)

1129. popular [pápjulər]
pop+ular(형접)

'사람들 속에 있는' 것이 → a. ① **인기 있는** ② **대중적인** ③ **통속적인** ④ **대중들의** 의미가 된 거지
- pop**ulous**[pápjuləs] a. ① **인구 밀도가 높은** ② **인구가 많은**
- pop**ularity**[pàpjulǽrəti] n. **인기**
- pop**ulism**[pápjulìzm] n. ① **포퓰리즘** ② **대중 영합주의**
- pop**ularize**[pápjuləràiz] v. **대중화하다**
- pop**ulate**[pápjulèit] v. ① **살다** ② **이주시키다** ③ **이주하다**

- **pop**ulation[pὰpjuléiʃən] n. ① **인구** ② **주민** ③ (범주에 속하는) **집단** ④ **동물들**
- over**pop**ulation[òuvərpɑpjuléiʃən] n. **인구 과잉**
- **pop**ularity rating ① **지지율** ② **인기도** = approval rating
- syn. **com**mon(일반의), **gen**eral(일반의), **uni**versal(보편적인), **preval**ent(유행하는) ↔ ant. **un**popular(인기가 없는)

> Start rates on **popular** loans also were higher.
> 인기 있는 대출은 출발 금리 역시 높았다.

1130. **public** [pʌ́blik]
pub+l+ic(형접, 명접)

'(보통) 사람들' 이 → n. ① **일반인** ② **대중** ③ **팬들** a. ① **대중의** ② (정부 업무와 관련된) **공공의** ③ **공개적인** ④ **공개된** 의미가 된 거지
- **pub**licity[pʌblísəti] n. ① **홍보** ② **광고** ③ **매스컴의 관심** ④ **언론의 주목**
- **pub**lication[pʌ̀bləkéiʃən] n. ① **출판** ② **발행** ③ **발표** ④ **공개**
- **pub**licize[pʌ́bləsàiz] v. ① **공표하다** ② **광고하다** ③ **알리다**
- **pub**licly[pʌ́blikli] ad. ① **공개적으로** ② **공식적으로** ③ **공공연하게** ④ **공적으로**
- **pub**lish[pʌ́bliʃ] v. ① **출판하다** ② **발표하다** ③ **게재하다** ④ **발행하다** ⑤ **공표하다**
- re**pub**lic[ripʌ́blik] n. **공화국** ↔ **mon**archy 군주국
- re**pub**licanism[ripʌ́blikənìzm] n. **공화제**
- **pub**erty[pjúːbərti] n. **사춘기**   • **pub**[pʌb] n. **대중적인 술집**
- **public** relation 홍보
- syn. **com**mon(공통의), **pop**ular(대중적인), **know**n(알려진), **plain**(분명한), **overt**(공공연한) ↔ **covert**(비밀의)

> The country's **public** institutions were corrupt.
> 그 나라의 공공기관들은 부패했다.
>   corrupt 부패한

◆ pop의 다양한 의미
① 팝(대중음악) ② 아빠; 미구어 = papa
   ex) mom-and-pop 가족경영의, 소규모의 / mom-and-pop store 구멍가게 / pope 교황
③ 펑[빵], 펑[빵]하는 소리가 나다, 잠깐 들르다, 불쑥 나타나다 / 의성어 ex) popcorn 팝콘

■ 우리말 대화로 단어 복습하기
가. 정부는 **출산율(birth rate)** 저하로 인한 **인구(population)** 감소 문제를 해결하기 위해 하려는 것이 뭐지?
나. 우선 **대중들의(popular) 공개적인(public)** 토론과 **여론조사(public opinion poll)** 를 거쳐, **근본적인(fundamental)** 해결방안을 찾기로 하였지.

어근 228	POS, PON, POUND, STALL : 놓다(to put, to place)
	※ 동의어근 THESIS, THET(어근305)

1131. **position** [pəzíʃən]
pos+ition(상태, 명접)

'놓아진 상태' 를 → 상황별로 이해하면 → n. ① **위치** ② **자세** ③ (영향력) **위치** ④ (주제에 대한) **입장** ⑤ **태도** ⑥ **직위[신분]** ⑦ (남과 비교) **지위**
v. ① (위치에) **두다** ② **배치하다** 가 되는 거지

- pos**itive**[pázətiv] a. ① 긍정적인 ② 확신하는 ③ 양성의 ④ 플러스의
- pos**ture**[pástʃər] n. ① **자세** ② (상황에 대한) **자세** ③ **태도**
  v. **가식적으로 행동하다**
- pos**tulation**[pàstʃəléiʃən] n. ① **가정** ② **선결 조건**
- im**pos**ture[impástʃər] n. (이름·주소·나이·직업 따위의) **사칭**
- low posture **저자세**
- syn. **sta**tus(지위, 신분), stand**ing**(신분, 지위), rank(계급, 지위), sta**nce**(자세), atti**tude**(자세)

These opinions do not necessarily reflect the **positions** of this newspaper.
이러한 의견이 반드시 우리 신문의 입장을 반영하는 것은 아니다.

1132. a**pose** [əpóuz]
ap(to)+pose

'옆에다 놓는 것' 이 → v. ① **나란히 놓다** ② **덧붙이다**가 된 거지
- a**pposition**[æpəzíʃən] n. **동격**
- a**pposite**[æpəzit] a. **적절한**

They **appose** all forms of hierarchy.
그들은 모든 형태의 계층을 나란히 배열했다.
hierarchy[háiərὰːrki] 계층

1133. com**pose** [kəmpóuz]
com(with)+pose

'(내용을) 함께 놓다' 가 → v. ① **구성하다** ② **작곡하다** ③ (정성 들여) **쓰다**
④ **작성하다** ⑤ (감정·표정이면) **가다듬다**가 된 거지
- com**position**[kὰmpəzíʃən] n. ① **구성** ② **작곡** ③ (음악·미술·시) **작품**
  ④ (그림·사진의) **구도**
- com**posure**[kəmpóuʒər] n. ① **침착** ② (마음의) **평정**
- com**posite**[kəmpázit] a. **합성의** n. **합성물**
- com**poser**[kəmpóuzər] n. **작곡가**
- com**posed**[kəmpóuzd] a. ① **차분한** ② **침착한**
- decom**pose**[dìːkəmpóuz] v. ① (화학 작용에 의해) **분해되다** ② **부패되다**
  ③ (작은 부분들로) **분해하다**
- discom**pose**[dìskəmpóuz] v. (마음의) **평정을 잃게 만들다**
- be composed of ① ~**로 구성되다** ② ~**로 이뤄지다** = consist of
- syn. put together(합하다, 조립하다), con**stitute**(구성하다), com**prise**(구성하다, 이루어져 있다), organ**ize**(조직하다, 구성하다)

He began to improvise and **compose** at the piano.
그는 피아노를 즉흥적으로 연주하며 작곡을 시작했다.
improvise 즉흥적으로 하다

1134. de**pose** [dipóuz]
de(from)+pose(to place)

'놓아진 자리에서 벗어나게 하는' 것이 → v. ① (통치자를) **물러나게 하다**
② **폐위시키다** ③ **해임하다** ④ (사실을 진술하는 거면) **증언하다**가 된 거지
- de**position**[dèpəzíʃən] n. ① **퇴적** ② **폐위** ③ **증언**
- syn. de**throne**(폐위시키다), ou**st**(내쫓다), dis**miss**(해고하다)

It is unfair to **depose** their new democratically elected government.
민주적으로 새롭게 선출된 정부를 물러나게 하는 것은 부당하다.

1135. **deposit** [dipάzit]
de(down)+pos(to put)+it

'아래에 놓다' 가 → n. ① **예금** ② (처음에 내는) **계약금** ③ **보증금** ④ **집세 보증금** ⑤ **선거 공탁금** ⑥ (광물이면) **매장층** ⑦ (물질이면) **침전물**
v. ① **예금하다** ② **놓다** ③ **침전시키다** 같은 표현이 된 거지

- **depository**[dipάzətɔ̀:ri] n. 보관소
- **deposit** account 예금 계좌　　　　　　• **deposit** slip 예금 전표
- **deposit** payment ① 계약금 지불 ② 보증금 지불
- a government **depository** 정부간행물보관도서관
- syn. **down payment**(계약금), **earnest money**(계약금), **sediment**(침전물), **precipitate**(침전물)

Orders must be placed 48 hours in advance and require a **deposit**.
주문은 반드시 48시간 전에 이루어져야 하고 보증금은 필수적이다.

1136. **dispose** [dispóuz]
dis(off)+pose

'분리해서 놓다' 가 → v. ① (물건이나 사람을) **배치하다** ② ~에게 ~의 경향을 **갖게 하다** ③ (일의 결과를 얻기 위해) **처리하다**가 된 거지

- **disposition**[dìspəzíʃən] n. ① **기질** ② **성격** ③ **성향** ④ **배치** ⑤ (재산의) **양도**
- **disposal**[dispóuzəl] n. ① (없애기 위한) **처리** ② (사업체·부동산 등의) **처분**
- **disposability**[dispòuzəbíləti] n. ① **처분 가능성** ② **일회용임**
- **disposed**[dispóuzd] a. ① **(~할) 마음이 있는** ② **~을 (좋게·나쁘게) 생각하는**
- **predispose**[pridispóuz] v. ① **취약하게 하다** ② **성향을 갖게 하다**
- **dispose** of ① **폐기하다** ② **처분하다**
- at somebody's **disposal** ~의 처분대로
- syn. **arrange**(배열하다), **distribute**(배분하다), **array**(배치하다)

They have the advanced technology needed to safely **dispose** of the waste.
그들은 쓰레기를 안전하게 처리하는 데 필수적인 첨단 기술을 확보하고 있다.

1137. **expose** [ikspóuz]
ex(out)+pose

'밖으로 놓다' 가 → v. ① (가려져 있는 것을) **드러내다** ② (비도덕적·불법적인 것을) **폭로하다** ③ (햇볕·바람·비나 유해한 환경 등에) **노출시키다** ④ (물건을) **진열하다**가 된 거지

- **exposition**[èkspəzíʃən] n. ① **전시회** ② **박람회** ③ (상세한) **설명** ④ **해설**
- **exposure**[ikspóuʒər] n. ① **노출** ② **폭로** ③ **드러냄** ④ **체온 저하** ⑤ **피폭**
- **overexpose**[òuvərikspóuz] v. **지나치게 노출하다**
- **exponent**[ikspóunənt] n. ① (사상 등의) **주창자** ② **옹호자** ③ **대표자** ④ (수학) **지수**
- **exponential**[èkspounénʃəl] a. ① **지수의** ② **기하급수적인** ③ **급격한**
- **exponential** growth ① **급격한 증가** ② **기하급수적인 증가**
- an **exponential** function **지수 함수**

- syn. **un**cover(폭로하다), **re**veal(드러내다), **lay** open(드러내다, 폭로하다),
  display(전시하다), **ex**hibit(전시하다) ↔ ant. **hide**(숨기다)

> Banks' high-risk trades **expose** investors to excessive risk.
> 은행의 고위험 거래가 투자가들을 과도한 위험에 노출시켰다.

1138. **im**pose [impóuż]
im(on)+pose

'(사람들) 위에 놓다' 가 → v. ① (법률·세금 등을 끌어들이면) **도입하다**
② (효력을 실제로하면) **시행하다** ③ (의무·세금·벌이면) **부과하다**
④ (의견 등이면) **강요하다**가 된 거지

- **im**position[ìmpəzíʃən] n. ① **시행** ② **도입** ③ **부담** ④ **짐**
- **im**portune[ìmpɔːrtjúːn] v. ① **성가시게 조르다** ② **졸라대다** ③ **들들 볶다**
- **superim**pose[suːpərɪmpouz] v. ① **겹쳐놓다** ② **덧붙이다**
- **impose** on[upon] **주제넘게 나서다** • **impose** upon ~**을 이용하다**
- syn. **levy**(징수하다), **com**pel(강요하다)

> House members **impose** nighttime curfews.
> 하원의원들은 야간 통행금지를 도입했다.
>
> **curfew** 통행금지

1139. **inter**pose [ìntərpóuz]
inter(between)+pose

'사이에 놓다' 가 → v. ① (질문·발언을) **끼어들다** ② **끼워 넣다** ③ **중재하다**가
된 거지

- **inter**position[ìntərpəzíʃən] n. ① **간섭** ② **중재** ③ **개입** ④ **삽입물**
- syn. **in**sert(끼워 놓다), **inter**vene(개입하다, 끼어들다), **inter**cede(중재하다)

> The heart of his project is to **interpose** that inner landscape on
> the outer world.
> 그의 프로젝트의 핵심은 외부 풍경에 내부의 풍경을 끼워 넣는 것이다.

1140. **op**pose [əpóuz]
op(against)+pose

'반대로 놓다' 가 → v. ① (계획·정책 등을) **반대하다** ② (누구와) **겨루다**가 된 거지
- **op**position[àpəzíʃən] n. ① **반대** ② **야당** ③ **대립**
- **op**posite[ápəzit] a. ① **정반대의** ② (명사 뒤에 쓰여) **맞은편의** ③ **건너편의**
  ④ **서로 마주하는** n. **반대** prep. ① **건너편에** ② **맞은편에** ③ (연극·
  영화에서) **상대역으로**
- **op**ponent[əpóunənt] n. ① (게임·대회·논쟁 등의) **상대** ② **반대자**
- political **opponent** ① **정적** ② **정치적 적수**
- the **opposite** sex **이성**
- desperately **oppose** **결사반대하다**
- syn. **be** against(반대하다), **re**sist(저항하다), **ob**ject(반대하다) ↔ ant.
  support(지지하다), **ap**prove(찬성하다)

> Japanese politicians continue to **oppose** the existence of comfort women.
> 일본 정치인들은 위안부 존재를 계속해서 부정했다.

1141. repose [ripóuz]
re(again)+pose

'다시 놓다'가 → n. (재충전을 위한) ① **휴식** ② **수면** v. ① (물건을 맡으면) **보관되다** ② **휴식을 취하다** ③ (믿고 의지하는 거면) **신뢰하다** ④ **희망을 걸다** ⑤ (남에게 책임 지워 맡기면) **위임하다** ⑥ (남에게 사물이나 사람의 책임을 맡기면) **위탁하다** 같은 표현이 된 거지
- re**pos**itory[ripάzətɔ̀:ri] n. ① **창고** ② **저장소** ③ (지식·정보 등의) **보고**
- re**pose**ful[ripóuzfəl] a. ① **평온한** ② **침착한**
- syn. rest(휴식), re**cess**(휴식), take a rest(휴식을 취하다)

> Her choreographic signature is that of stillness and **repose**.
> 그녀 안무의 특징은 고요함과 휴식이다.
> ① **choreographic** 안무의, 무용술의 ② **stillness** 고용함

1142. compound [kάmpaund]
com(together)+pound

'안에 함께 (섞어) 놓은' 것이 → n. ① **화합물** ② **합성물** ③ **화합물** ④ (건물 등의) **구내** ⑤ **수용소** ⑥ **복합 주거** a. ① **합성의** ② **복합의** v. ① **혼합하다** ② **조제하다** ③ **악화시키다** ④ (이자를) **복리로 지불하다** ⑤ **타협하다** 등 다양한 표현으로 발전한 거지
- com**post**[kάmpoust] n. **퇴비** v. **퇴비를 만들다**
- out**post**[άutpòust] n. ① (군대의) **전초 기지** ② **벽지의 소도시**
- compound interest **복리**
- syn. mix(혼합하다), blend(혼합하다), mingle(혼합하다)

> About 20,000 civilians have fled the violence for shelter in **compounds**.
> 약 2만 명의 민간인들이 폭력을 피해 난민수용소로 대피했다.

1143. impound [impάund]
im(in)+pound

'안으로 놓아둔' 것이 → v. ① (강제 처분하면) **압수하다** ② (국가에 귀속시키면) **몰수하다** ③ (동물 등을) **가둬 두다** ④ (특정물의 소유권을 강제하면) **수용하다**가 된 거지
- im**pound**ment[impάundmənt] n. ① **구금** ② **압수** ③ **몰수** ④ **인공호**
- syn. con**fisc**ate(몰수하다)

> The authorities **impounded** my bright yellow motorcycle.
> 당국은 내 밝은 노란색 오토바이를 압수했다.

1144. propound [prəpάund]
pro(forward)+pound

'앞으로 놓다'가 → v. ① (사상·설명 등을) **제기하다** ② (말이나 눈길이면) **던지다** ③ (어떠한 의사나 물품을 드러나게 하면) **제시하다**가 된 거지
- pro**found**[prəfάund] a. ① **심오한** ② **깊은**
- propound[advance] a new theory **새로운 이론을 내세우다**

> The hero is a monologist eager to **propound** his views.
> 주인공은 자신의 견해를 제기하기 좋아하는 독백적인 인물이다.

1145. install [instɔ́:l]
in+stall

'안으로 놓다'가 → v. ① (장비·가구를) **설치하다** ② (새 프로그램을) **설치하다** ③ (맡은 자리에 처음 일을 시작하면) **취임시키다** ④ (직무를 맡기는 거면)

임용하다 ⑤ (기관이나 조직을 만드는 거면) **설립하다**가 된 거지
- installation[ìnstəléiʃən] n. ① (장비·가구의) **설치** ② **설비** ③ (기계) **장치** ④ **시설** ⑤ **임명** ⑥ **미술품**
- installment[instɔ́:lmənt] n. ① **할부금** ② (전집·연재물 등의) **1회분**
- forestall[fɔːrstɔ́:l] v. ① **미연에 방지하다** ② **기선을 제압하다**
- reinstall[riinstɔ́:l] v. **재설치하다**
- stall[stɔ:l] n. ① **가판대** ② **노점** ③ **매점** ④ **마구간** ⑤ **구실** ⑥ **핑계**
- installment selling / finance **할부판매 / 할부 금융**
- syn. **establish**(설립하다), **institute**(설치하다)

> Users can **install** on their devices.
> 이용자들은 각자의 기계장치를 설치할 수 있다.

◆ pound의 다양한 어원
- pound → pound(to weigh) → (돈) 무게를 다는 것 → 파운드
  ex) ponder 깊이 생각하다 / ponderous 육중한, 대단히 무거운
- pound → pound(to shut up, to place) → 가두어 두는 것 → 우리, 울타리, 보관소, 유치장
  ex) compound, impound, expound, propound
- pound → pound(to strike) → 치는 것 → 마구 치다, 두드리다

◆ 어원 TIP
- propose → pro(forward)+pose(to put) → (계획 등을) 앞으로 놓다 → 제안하다
- expound → ex(out)+pound(to put) → (내용을) 밖으로 놓다 → 자세히 설명하다
- composure → com(with)+pos(to place)+ure(상태, 명접) → (정신을) 함께 놓아둔 상태 → 침착, (마음의) 평정.
- installment → in+stall(to place)+ment(상태, 명접) → (돈이나 작품을 정기적으로) 안으로 놓아두는 것 → 할부금, (전집·연재물 등의) 1회분
- transpose[trænspóuz] → trans(across)+pose → 가로질러 (옮겨) 놓다 → v. ① (순서를) 뒤바꾸다 ② (다른 장소·환경으로) 바꾸어 놓다 ③ (음악) 조옮김하다

◆ 어휘 플러스
postpone 연기하다(p23) / pose 포즈, 자세를 취하다 / proposal 제안 / proposition 제안, 명제 / suppose 가정하다(p467) / purpose 목적, 의도(p484) / transposition (수학) 이항, (병리) 전위, 치환

■ 우리말 대화로 단어 복습하기
가. 신문사 **편집부**(editorial department) 기자들이 주요기사 **구성**(composition)과 **위치**(position)를 어떻게 하기로 했지?

나. **사회면**(society page)은
1) 불법으로 유해성 **화합물**(compound)을 처리하는 기업에 대해 세금을 **부과하는**(impose) 정부 시행령,
2) **압수한**(impound) 물건을 불법적으로 빼돌린 공무원을 **폭로하는**(expose) 내용과 관련된 공무원을 **해임하라**(depose)는 여론 동향,
3) 쓰레기 **매립장**(landfill) **설치**(installation)를 **반대하는**(oppose) 지역민들의 **님비현상**(NIMBY(not in my backyard) syndrome)

나. **경제면**(business section)은 **경기침체**(economic recession)로 근로자의 **예금**(deposit)과 **휴식**(repose)은 줄고, **실직**(unemployment)은 증가하고 있다는 **통계청**(Statistics Korea(KOSTAT)) 발표에 대해 **설명**(explanation)을 덧붙이는(appose) 기사를 배치하기(dispose)로 했어요.

어근 229

PORT : 나르다, 운반하다(to carry) → port의미가 '항구'라는 것을 알고 있으면 이해하기 쉬움
※ 동의어근 CAR, CHAR(어근34) / FER(어근95) / GER, GEST(어근115) / LATE(어근138) / VEC, VEH(어근323)

1146. import [impɔ́ːrt]
im(in)+port

'(물품을) 안으로 나르는' 것이 → n. ① 수입 ② 수입품 v. ① 수입하다
② (데이터를) 불러오다가 된 거지
- export[ikspɔ́ːrt] v. ① 수출하다 ② (사상 등을) 전하다 ③ (컴퓨터) 내보내다
n. ① 수출 ② 수출품
- importation[ìmpɔːrtéiʃən] n. ① 수입 ② 수입품
- important[impɔ́ːrtənt] a. ① 중요한 ② 주요한 ↔ unimportant
- importance[impɔ́ːrtəns] n. 중요성
- importune[ìmpərtjúːn] v. 성가시게 조르다
- importunate[impɔ́ːrtʃənit] a. ① 성가시게 조르는 ② 끈질긴
- all important 지극히 중요한
- import quota 수입 할당
- import tariff/duty 수입 관세

> They approved the **import** of Chinese-processed poultry.
> 그들은 중국에서 가공된 가금류 수입을 허용했다.

1147. portable [pɔ́ːrtəbl]
port+able(할 수 있는)

'운반할 수 있는' 것이 → a. ① 휴대용의 ② 휴대가 쉬운 ③ 이동하기 쉬운
n. 휴대용 제품이 된 거지
- porter[pɔ́ːrtər] n. ① 짐꾼 ② (열차) 승무원
- portal[pɔ́ːrtl] n. ① 정문 ② 관문 ③ (컴퓨터) 포털(사이트)

> **Portable** wireless speakers were popular.
> 휴대용 무선스피커가 인기를 끌었다.

1148. comport [kəmpɔ́ːrt]
com(together)+port

'(몸가짐을) 함께 나르는 것' 이 → v. ① 행동하다 ② 처신하다가 된 거지
- comportment[kəmpɔ́ːrtmənt] n. ① 처신 ② 행동거지
- syn. behave(행동하다)

> That **comports** with the style I would expect to see.
> 그것은 내가 기대했던 형태와 들어맞았다.

1149. deport [dipɔ́ːrt]
de(from)+port

'(체류 국가)에서 벗어나게 나르는' 것이 → v. (범법자·불법 체류자를 국외로)
추방하다가 된 거지
- deportation[dìːpɔːrtéiʃən] n. ① 국외 추방 ② 수송 ③ 이송
- deportee[dìːpɔːrtíː] n. ① 국외 추방자 ② 강제 추방자
- deportment[dipɔ́ːrtmənt] n. ① 태도 ② 행동거지 ③ 몸가짐
- depot[díːpou] n. ① (대규모) 창고 ② (작은) 역 ③ 정류장
- syn. exile(추방하다), oust(내쫓다), banish(추방하다), expatriate(추방하다),

extradite(인도하다, 송환하다)

> The law would make it harder to **deport** immigrants.
> 법은 이민자들을 추방하기 어렵게 하였다.

1150. **op**port**unity**
[æ̀pərtjúːnəti]
op(to)+port+un+ity(명접)

'가까이 나르는 것' 이 → n. (알맞은 시기나 경우면) **기회**가 되는 거지
- **op**port**une**[æ̀pərtjúːn] a. ① (행동·일이) **시의적절한** ② (시간상으로) **적절한**
- **op**port**unist**[æ̀pərtjúːnist] n. **기회주의자** a. **기회주의적인**
- **op**port**unism**[æ̀pərtjúːnizəm] n. **기회주의**
- **inop**port**une**[inæ̀pərtjúːn] a. **부적절한**
- **opportunity** cost **기회비용**   • ample **opportunity** 충분한 기회

> Buyers have an **opportunity** to score a big discount.
> 구매자들은 엄청난 할인을 받을 기회를 갖게 된다.

1151. **rap**port [ræpɔ́ːr]
(불어에서 차용)
rap(re, again)+port

'다시 나르는' 것이 → n. ① (친밀한 관련을 맺는) **관계** ② (서로 어울리면) **조화**
③ (어긋나지 않고 꼭 맞으면) **일치**가 된 거지
- **en rapport**[ɑːŋ-ræpɔ́ːr] ad. ① **일치하여** ② **조화하여** ③ **마음이 맞아**
- **rap**port**eur**[ræ̀pɔːrtə́ːr] n. **조사 위원**
- **rap**proche**ment**[ræ̀prouʃmɑ́ːŋ] ① **화해** ② **관계 회복**
- **in rapport** with ① **~와 화합하여** ② **~와 일치하여**

> Scientists are trying to decode the subtle cues that lead to human **rapport**.
> 과학자들은 친밀한 인간관계로 이끄는 미묘한 단서를 풀어내려고 노력하고 있다.
> ① **decode** 해독하다 ② **subtle** 미묘한 ③ **cue** 실마리, 신호

◆ 헷갈리는 어원 TIP(어근210참조)

1152. **port**ion [pɔ́ːrʃən]
port(part)+ion(명접)

'일부를' 똑같이 나누는 것이 → n. ① **부분** ② **일부** ③ (음식의) **1인분** ④ **몫**
v. ① (부분·몫으로) **나누다** ② **분배하다**가 된 거지
- **pro**port**ion**[prəpɔ́ːrʃən] n. ① (차지) **비율** ② (대조) **비[비율]** ③ **균형**
- **dis**pro**port**ion[dìsprəpɔ́ːrʃən] n. **불균형**
- **ap**port**ion**[əpɔ́ːrʃən] v. ① (재산, 책임 등을) **배분하다** ② **할당하다**
- **reap**port**ion**[rìːəpɔ́ːrʃən] v. ① **재배분하다** ② (선거구 의원 수를) **재배분하다**
- **ap**port**ion**ment[əpɔ́ːrʃənmənt] n. ① **할당** ② **분담** ③ **분배** ④ (의원 수의) **할당**
- **reap**port**ion**ment ① **재배당** ② **재분배** ③ (선거구 의원수의) **정수 시정**
- keep something in **proportion** 균형 감각을 갖고 대응하다
- syn. **piece**(조각), **section**(부분), **seg**ment(조각)

> Scientist try to neutralize **portions** of the hazardous substances.
> 과학자들은 유해물질 일부를 중화시키려고 노력하고 있다.
> ① **neutralize** 중화하다, 중립지대로 하다, 무력하게 하다
> ② **hazardous**[hǽzərdəs] 유해한

■■■ 우리말 대화로 단어 복습하기

가. 어렵게 취업 **기회(opportunity)**를 얻어 국내에 체류 중인 **절친한(intimate)** 친구 **관계(rapport)**인 외국인들이 **추방되었다(deport)**지, 이유가 뭐야?

나. **휴대용(portable)** 고가 **수입품(import)**을 **밀수입(smuggling)**하는 등, 잘못된 **처신(comportment)**을 하였다는데.

어근 230	PRAIS(E), PREC : 가치(value)
	※ 동의어근 DIGN(어근76) / VAL, VAIL(어근320)

1153. prais**e** [preiz]
prais+e(명접)

'(상대를 높이 평가하는) 가치'를 말하면 → n. ① **칭찬** ② **찬사** ③ **찬양** ④ (하느님에 대한) **찬송** v. **칭찬하다**가 되는 거지
- prais**e**worth**y**[préizwə̀ːrði] a. **칭찬할 만한**
- syn. ac**claim**(칭찬, 칭송하다), com**pliment**(친찬, 칭찬하다), ex**alt**(칭찬하다), **laud**(칭찬하다), ex**tol**(극찬하다) ↔ ant. critic**ize**(비판하다)

> Such critical **praise** is mostly embarrassing.
> 그러한 비판적인 칭찬은 대개 당혹스럽다.

1154. ap**praise** [əpréiz]
ap(to)+praise

'접근하여 가치'를 판단하는 것이 → v. ① (업무를) **평가하다** ② (참과 거짓, 좋고 나쁨을 감별하여) **감정하다** ③ (자세히 보고 헤아려서) **살피다**가 된 거지
- ap**praisal**[əpréizəl] n. ① (가치 · 업적 · 본질에 대한) **평가** ② **판단**
- reap**praise**[riəpréiz] v. ① **재평가하다** ② **재검토하다**
- syn. e**valu**ate(평가하다), estim**ate**(추산하다), as**sess**(평가하다), **value**(평가하다)

> She learns how to ap**praise** the financial worth of a painting.
> 그녀는 그림의 경제적 가치를 감정하는 방법을 배웠다.

1155. ap**preciate** [əpríːʃièit]
ap(to)+prec+ate(동접)

'접근하여 가치에' 공감하면 → v. ① (진가를) **알아보다** ② (진가를) **인정하다** ③ **고마워하다** ④ **인식하다** ⑤ **감상하다** ⑥ **이해하다**가 되는 거지
- ap**preciation**[əpríːʃiéiʃən] n. ① **감탄** ② **감사** ③ **공감** ④ **가치 상승** ⑤ (예술가나 예술 작품에 대한) **평가**
- ap**preciative**[əpríːʃ ətiv] a. ① **감사하는** ② **호의적인** ③ **안목이 있는**
- ap**preciable**[əpríːʃiəbl] a. ① **주목할 만한** ② **눈에 띄는** ③ **상당한**
- **appreciative** criticism 호평

- syn. **rec**og**nize**(인정하다), ac**knowledge**(인정하다),
  under**stand**(이해하다), **per**ceive(인지하다)

> Her husband fails to **appreciate** his own contribution to the American music.
> 그녀의 남편은 미국음악에 기여한 바를 인정하려들지 않았다.

1156. de**preciate**
[diprí:ʃièit]
de(from)+prec(to value)+i+ate(동접)

'가치가 아래로' 가는 것이 → v. ① **가치가 떨어지다** ② **가치를 떨어뜨리다**
③ **평가 절하하다**가 된 거지

- de**preciation**[diprì:ʃiéiʃən] n. ① **가치 하락** ② **감가상각** ③ **경시**
- **prec**ious[préʃəs] a. ① **소중한** ② **귀중한** ③ **값비싼**
- **prec**ious few/little ad. **정말 거의 없는**
- syn. **be**little(과소평가하다), **under**value(과소평가하다), **de**value(평가절하하다)

> The bare streets will **depreciate** property values.
> 나무가 없는 휑한 거리가 재산 가치를 떨어뜨릴 것이다.

1157. de**precate** [déprikèit]
de(from)+prec+ate(동접)

'가치에서 벗어나게 하는' 것이 → v. ① (나쁘게 말하면) **비난하다** ② (맞서는
거면) **반대하다** ③ (업신여기면) **경시하다**가 되는 거지

- de**precation**[dèprikéiʃən] n. ① **반대** ② **불찬성** ③ **비난** ④ **탄원**
- de**precatory**[déprikətɔ̀:ri] a. ① **변명하는** ② **탄원의** ③ **반대하는**
- de**precate** hasty action **성급한 행동을 타이르다**
- syn. **critic**ize(비판하다), **bla**me(비난하다), **re**proach(비난하다),
  con**demn**(비난하다), **de**nounce(비난하다), **cens**ure(비난하다)

> The government continues to **deprecate** market forces.
> 정부는 계속해서 시장의 힘을 과소평가한다.

1158. **inter**pret [intə́:rprit]
inter(between)+pret

'사이에서 가치를' 이해하는 것이 → v. ① (의미를) **설명하다** ② (사리 분별이나
글이면) **이해하다** ③ (언어면) **통역하다** ④ (악기면) **연주하다** ⑤ (배우가 배역의
인물·성격·행동 따위를 표현하면) **연기하다**가 된 거지

- **inter**pretation[intə̀:rprətéiʃən] n. ① **해석** ② **통역** ③ **설명** ④ **이해**
  ⑤ (작품·배역에 대한) **해석**
- **inter**pretative[intə́:rpritèitiv] a. ① **해석상의** ② **설명이 있는**
- **inter**preter[intə́:rprətər] n. **통역사**
- **re**inter**pret**[rìintə́:rprit] v. **재해석하다**
- syn. ex**plain**(설명하다), under**stand**(이해하다), com**prehend**(이해하다)
  ↔ ant. **mis**interpret(잘못 이해하다)

> We **interpret** their health messages.
> 우리는 그들의 건강 메시지를 이해한다.

■■■ 우리말 대화로 단어 복습하기
가. 업무 **평가(appraisal)** 결과를 직원들에게 **설명(interpretation)**할 때 어떻게 하는 것이 좋을까요?
나. 성과가 좋은 사람은 진가를 **인정하고(appreciate)** **칭찬(praise)**하여 더 발전하도록 **격려하려고(encourage)**...

나. 반면에 성과가 나쁜 사람은 **비난하고(deprecate)**, **평가 절하하는(depreciate)** 말보다는, 문제점을 **보완하여 (complement)**, 향후에 더 좋은 **성과(performance)**를 낼 수 있게 하는 거지.

| 어근 231 | PREHEND, PRIS : 잡다(to take) ※ 동의어근 CAP, CIP(어근33) / CEIVE, CEPT, CUPY (어근37) / EMPT(어근84) / SUM(P)(어근288) |

1159. apprehend
[æprihénd]
ap(to)+prehend

'접근하여 잡는' 것이 → v. ① (죄인을) **체포하다** ② (내용을) **이해하다**가 된 거지
- apprehension[æprihénʃən] n. ① **불안** ② **걱정** ③ **체포**
- apprehensive[æprihénsiv] a. ① **걱정되는** ② **불안한**
- apprentice[əpréntis] n. ① **견습생** ② **도제** ③ **제자**
- misapprehend[mìsæprihénd] v. ① **오해하다** ② **잘못 생각하다**
- go apprentice **도제가 되다**
- syn. arrest(체포하다), grasp(파악하다)

The military police **apprehended** drug traffickers.
헌병대가 마약 밀매업자를 체포했다.
trafficker 상인, 불법 거래상인

1160. comprehend
[kɑ̀mprihénd]
com(with)+prehend

'(내용을) 함께 잡는' 것이 → v. (충분히) **이해하다**가 된 거지
- comprehension[kɑ̀mprihénʃən] n. ① **이해** ② **이해력**
- comprehensive[kɑ̀mprihénsiv] a. ① **포괄적인** ② **종합적인**
- prehensile[prihénsil] a. **잡을 수 있는**
- reprehend[rèprihénd] v. ① **꾸짖다** ② **나무라다** ③ **비난하다**
- syn. grasp(파악하다), conceive(이해하다) ↔ misunderstand(오해하다)

That difference may make children slower to **comprehend** a story.
그러한 차이가 아이들이 이야기를 이해하는 것을 더디게 할 수 있다.

1161. apprise [əpráiz]
ap(to)+prise

'(사람에게) 접근하여 붙잡고 하는' 것이 → v. ① (서면이나 말로) **통고하다** ② (서면이나 말로) **알리다** ③ (진가를) **인정하다** ④ (높이면) **존중하다**가 된 거지
- enterprising[éntərpràiziŋ] a. ① **진취적인** ② **적극적인**

The administration **apprises** Congress on progress toward opening Australia's drug pricing system.
행정부는 호주의 약제비체계 개방 상황을 의회에 통보했다.
drug pricing system 약제비체계

1162. imprison [imprízn]
im(in)+prison(감옥)

'감옥 안에 잡아두는' 것이 → v. ① **수감하다** ② **투옥하다**가 된 거지
- imprisonment[impríznmənt] n. ① **투옥** ② **감금** ③ **구속**
- incarcerate[inkɑ́ːrsərèit] v. ① **감금하다** ② **투옥하다**
- syn. jail(투옥하다) ↔ ant. free(석방하다)

They punish dissent and **imprison** opponents.
그들은 반대의견을 처벌하고 반대자들을 투옥했다.

1163. **reprisal** [ripráizəl]
re(back)+pri+al(명접)

'(앙갚음하려고) 뒤에서 잡는 것' 이 → n. ① **보복** ② **앙갚음**이 된 거지

- **avenge**[əvéndʒ] v. **복수하다**
- **avenger**[əvéndʒər] n. **복수하는 사람**
- **reprise**[ripráiz] n. ① **반복** ② **재현** v. (배역을) **다시 맡다**
- **surprise**[sərpráiz] v. ① **놀라게 하다** ② **기습하다**
  n. ① **뜻밖의 일** ② **놀라운 소식** ③ **놀라움** ④ **기습**
- **surprising**[sərpráiziŋ] a. ① **놀라운** ② **의외의** ③ **뜻밖의**
- in[by way of] **reprisal** for ~에 대한 **보복으로**
- **surprise** attack **기습 공격**
- syn. **revenge**(복수), **retaliation**(복수), **vengeance**(복수)

Tensions are high with fears of **reprisal** killings.
보복 살인에 대한 두려움으로 긴장이 고조되었다.

◆ 어원 TIP
- **comprise**[kəmpráiz] → com(with)+prise(to take) → 함께 잡아두다 → **구성되다, 이뤄지다, 차지하다, 장악하다**
- **enterprise**[éntərpràiz] → enter(between)+prise(to take) → 사이에서 (이익 등을) 잡다 → **기업, 사업, 진취성**
- **reprieve**[ripríːv] → re(back)+prieve(to take) → (해야 될 것을 등) 뒤로 잡아두다 → **형 집행을 유예하다, 보류하다, 형 집행의 유예, (나쁜 일의) 연기**
- **prison** → pris(to take)+on(명접) → 잡아두는 곳 → **교도소, 감옥**

▬▬ 우리말 대화로 단어 복습하기

가. **이해(comprehension)**할 수 없는 **보복(reprisal)** 범죄를 **저지른(commit a crime)** 범인이 어떻게 되었지?

나. **체포되어(apprehend)**, 교도소에 **수감되었고(imprison)**, 교정 당국은 피해자에게 그 소식을 서면으로 **통고했다 (apprise)**는군.

어근 232

PRESS : 때리다(to strike), 누르다(to push) → 'press' 기계를 압축해서 글자를 인쇄하는 것 → 'press' 본래의미를 생각하면서 어원이해 필요
※ 동의어근 BAT(어근23) / CUSS(어근66) / FEND(어근94) / FLICK, FLICT(어근102)

1164. **press** [pres]
press(to strike)

'(기계를) 때려서 누르는 것' 이 → 출판 인쇄와 관련 되면 → n. ① **언론** ② **언론인들** ③ **보도** ④ **인쇄** ⑤ **압축 기계** v. ① **바짝 대다** ② **누르다** ③ **압력을 가하다** ④ **압박을 가하다** ⑤ **강조하다** ⑥ **역설하다** ⑦ **찍어 내다** 같은 표현이 된 거지

- **pressure**[préʃər] n. ① **압력** ② **압박** ③ (설득·강요하기 위한) **압력** ④ (기체·액체의) **압력** ⑤ **기압** ⑥ **스트레스**
- **pressing**[présiŋ] a. ① **긴급한** ② **시급한** n. **압착**
- **pressurize**[préʃəràiz] v. ① **압박감을 주다** ② **압력을 가하다**
- **depressurize**[diːpréʃəràiz] v. ① **감압하다** ② **감압되다**
- **depressurization**[diːprèʃərəzéiʃən] n. **감압**

어근 **473**

- **press** conference **기자회견**
- **press** corps **기자단**
- **press** room ① **신문기자실** ② **인쇄실**
- **press** agency **통신사**
- **pressing** issue **긴급한 문제**

> Whatever happened to freedom of the **press**?
> 언론자유에 무슨 일이 일어났는가?

1165. com**press** [kəmprés]
com(together)+press

'함께 누르는 것' 이 → v. ① **압축하다** ② **요약하다** ③ **압축 파일을 만들다**
n. **압박 붕대**가 된 거지
- com**press**ed[kəmprést] a. ① **압축된** ② **간결한** ③ **굳게 다문**
- com**press**ion[kəmpréʃən] n. ① **압축** ② **요약**
- compressed gas **압축가스**
- syn. con**dense**(압축하다), ab**breviate**(요약하다)

> Few poets know how to **compress** thought so elegantly.
> 시인들은 생각을 세련되게 압축하는 방법을 알지 못했다.

1166. de**press** [diprés]
de(down)+press

'아래로 누르는 것' 이 → v. ① (마음을) **우울하게 하다** ② **경기를 침체시키다**
③ (물가·임금을) **떨어뜨리다** ④ (값이나 등급을) **하락시키다**가 된 거지
- de**press**ion[dipréʃən] n. ① **우울증** ② **침울함** ③ **불황** ④ **불경기**
- de**press**ed[diprést] a. ① **우울한** ② **침체된** ③ **의기소침한** ④ **하락한**
- de**press**ing[diprésiŋ] a. ① **우울한** ② **비관적인** ③ **맥 빠지는**
- de**press**ive[diprésiv] a. **우울증의** n. **우울증 환자**
- manic de**press**ive[mænikdiprésiv] a. **조울병의** n. **조울병 환자**
- manic-**depressive** psychosis **조울병**
- Great **Depression** 대공황
- syn. sadd**en**(슬프게 하다), de**base**(가치를 떨어뜨리다),
  de**value**(평가절하하다), **mark down**(가격을 인하하다)

> Mortgage bonds **depress** rates to stimulate the economy.
> 담보 채권이 경제를 활성화 속도를 저하시켰다.

1167. ex**press** [iksprés]
ex(out)+press

'밖으로 때리는' 것이 → v. ① (감정·의견 등을) **표현하다** ② (상징·부호
등으로) **나타내다** ③ **속달로 보내다** a. ① **급행의** ② **신속한** ③ **속달의**
n. ① **급행열차** ② **급행 버스** ③ **속달** ad. **속달로**가 된 거지
- ex**press**ion[ikspréʃən] n. ① **표현** ② **표정** ③ **표현(어구)**
- ex**press**ive[iksprésiv] a. ① **표현력이 있는** ② **표정이 풍부한** ③ **나타내는**
  ④ **보여주는**
- ex**press**ionism[ikspréʃənìzm] n. **표현주의**
- es**press**o[esprésou] n. **에스프레소**(커피)
- syn. st**ate**(분명히 말하다), **articulate**(분명히 표현하다)

People **express** their dismay and anger.
사람들은 실망과 분노를 표현했다.

1168. **im**press [imprés]
im(in)+press

'안으로 눌러주는' 것이 → v. ① **깊은 인상을 주다** ② **감동시키다** ③ (마음·기억 등에) **강하게 남다** ④ **새겨지다** ⑤ **강제 징집하다** ⑥ (재산 등을) **징발하다** ⑦ **인용하다**가 된 거지
- **im**press**ion**[impréʃən] n. ① **인상** ② **감명** ③ **느낌**
- **im**press**ive**[imprésiv] a. ① **인상적인** ② **감동적인**
- **im**press**ionism**[impréʃənìzm] n. ① **인상주의** ② **인상파**
- syn. **move**(감동시키다), **in**spire(고취시키다), **touch**(감동시키다)

He tries to **impress** people.
그는 사람들에게 깊은 인상을 주려고 한다.

1169. **op**press [əprés]
op(against)+press

'반대로 누르는' 것이 → v. ① (뜻대로 행동하지 못하게 억지로) **억압하다** ② **탄압하다** ③ **우울하게 만들다**가 된 거지
- **op**press**ion**[əpréʃən] n. ① **압박** ② **억압** ③ **탄압**
- **op**press**ive**[əprésiv] a. ① **억압적인** ② **가혹한** ③ **후텁지근한** ④ **답답한**
- syn. **sup**press(억압하다), **re**press(억압하다), **per**secute(박해하다)

The will of the strong **oppresses** the rights of the weak.
강자의 의지가 약자의 권리를 억압한다.

1170. **re**press [riprés]
re(back)+press

'뒤로 눌러주는' 것이 → v. ① (감정을) **참다** ② (감정 등을) **억누르다** ③ (강압적인 힘으로) **진압하다** ④ (무력이나 권력 따위로 억눌러) **탄압하다**가 된 거지
- **re**press**ion**[ripréʃən] n. ① **탄압** ② **진압** ③ (감정·욕구의) **억압** ④ **억누름**
- **re**primand[réprəmænd] v. ① **질책하다** ② **꾸짖다** ③ **견책하다**
  n. ① **질책** ② **견책** ③ **문책**
- syn. **sup**press(억누르다), hold back(억누르다), bottle up(억누르다), curb(억제하다), **re**strain(억제하다), **in**hibit(억제하다), **sub**due (진압하다), quell(진압하다) ↔ ant. liberate(해방하다)

Communist authorities continue to **repress** religious minorities.
공산주의 당국은 소수 종교를 계속해서 탄압했다.

1171. **sup**press [səprés]
sup(under)+press

'아래로 누르는' 것이 → v. ① (통치자가 강압적으로) **진압하다** ② (정보 등을) **숨기다** ③ (감정·감정 표현을) **참다** ④ (감정·감정 표현을) **억누르다** ⑤ (식욕 등을) **억제하다**가 된 거지
- **sup**press**ion**[səpréʃən] n. ① **진압** ② **억제**
- **sup**press**ive**[səprésiv] a. ① **억압하는** ② **은폐하는** ③ **공표를 금지하는** ④ **대증 요법의**
- **sup**press**ant**[səprésənt] n. **억제제**

- syn. **crush**(진압하다), **subdue**(진압하다), **check**(억누르다), **repress**(억압하다), **curb**(억제하다), **restrain**(억제하다), **inhibit**(억제하다), **subdue**(진압하다), **quell**(진압하다) ↔ ant. **encourage**(격려하다)

Talented people **suppress** their own ego for the group.
재능 있는 사람들은 조직을 위하여 자신의 자존심을 참아낸다.

■■■■ **우리말 대화로 단어 복습하기**

가. **권위주의적인 정권(authoritarian regime)**의 일반적인 **특성(trait)**은 무엇인가요?

나. **언론(press)**의 표현의 자유(freedom of expression)를 **억압하고(oppress)**, 국민들이 항거하면 **잔인한(cruel)** 방식으로 **진압하고(suppress) 탄압하는(repress)**, 한마디로 국민 바람과 반대되는 정책을 펼치는 것으로 **압축(compression)**할 수 있지.

어근 233 | PRIV : 분리하다(to separate)

1172. privacy [práivəsi]
priv+acy(명접)

'(다른 사람과) 분리된 것' 을 → n. ① **사생활** ② **프라이버시** 라고 하지
- **priv**ate[práivət] a. ① **민간의** ② **개인의** ③ **사립의** ④ **사적인** ⑤ **비근로소득의** n. **이등병**
- **priv**atize[práivətàiz] v. **민영화하다** n. **priv**atization **민영화** ↔ **nat**ionalize **국유화하다**
- **priv**ation[praivéiʃən] n. ① **궁핍** ② **고난**
- **priv**ate sector **민간 부분** ↔ public sector **공공 부분**
- **privacy** agreement **개인 정보 보호 정책**
- infringement/violation/invasion of **privacy 사생활 침해**

Hospital administrators cite patient **privacy** laws.
병원 관계자들은 환자 사생활보호법을 예로 들었다.
cite 인용하다, 소환하다

1173. privilege [prívəlidʒ]
priv+leg(law)

'(특정) 개인만이 갖는 법' 을 → n. ① **특권** ② **특혜** ③ **면책 특권**
v. ① **특권을 주다** ② **특전을 주다**가 되는 거지
- **priv**ileg**ed**[prívəlidʒd] a. ① **특권을 가진** ② **영광스러운** ③ (정보가) **기밀의**
- **under**priv**ileged**[ʌndərprívəlidʒd] a. (사회·경제적으로) **혜택을 못 받는**
- **un**priv**ileged**[ʌnprívəlidʒd] a. ① **가난한** ② **특권이 없는**
- breach of **privilege 특권 남용**
- **priv**ileg**ed** class **특권층**
- parliamentary **privilege 국회의원의 면책 특권**
- syn. **pre**rog**ative**(특권), **special right**(특권)

The law treats diplomats as special people with special **privileges**.
법은 외교관을 특별한 특권을 가진 특별한 사람으로 대우한다.

1174. deprive [dipráiv]
de(intens)+priv(to separate)+e

'강하게 분리시키는 것' 이 → 일·지위·시간·마음을 → v. ① **빼앗다** ② **박탈하다**
③ **면직하다** ④ **파면하다**가 된 거지
- **de**priv**ed**[dipráivd] a. ① **가난한** ② **곤궁한**
- **de**priv**ation**[dèprəvéiʃən] n. ① **박탈** ② **부족** ③ **궁핍**
- syn. **rob**(빼앗다), **strip**(빼앗다), **di**vest(빼앗다)

It **deprives** them of the chance at a livelihood.
그것은 그들이 생계를 꾸려갈 기회를 박탈한다.
deprive A(사람) of B(사물) A에게서 B를 빼앗다

■■■ **우리말 대화로 단어 복습하기**

가. **특권(privilege)**을 이용하여 부정을 저지른 **공직자(public servant)**의 **사생활(privacy)** 보호에 대해 어떻게 생각해?
나. 존중하는 것도 중요하지만, **파면하는(deprive)** 과정이나 재판과정에서 사생활 **노출 (exposure)**은 **불가피한
(inevitable)** 일이지.

어근 234

PROV, PROB : 증명하다, 시험하다(to test)　　※ 동의어근 TEST(어근302)

1175. prove [pruːv]
prov+e(동접)

'증명하는 것' 이 → v. ① **증명하다** ② **입증하다** ③ **드러나다** ④ **판명되다**
⑤ **(반죽이) 부풀다**가 된 거지
- **prov**en[prúːvən] a. ① **증명된** ② **입증된** ↔ ant. **un**prov**en** 증명되지 않은
- **proof**[pruːf] n. ① **입증** ② **증명** ③ **증거** ④ **교정쇄** a. ① **견딜 수 있는**
② **저항·보호할 수 있는** v. ① **(천에) 방수 처리를 하다** ② **방염 처리를 하다**
- **dis**prove[disprúːv] v. ① **틀렸음을 입증하다** ② **반증하다**
- **prov**able[prúːvəbəl] a. **증명할 수 있는**
- **pro**verb[právəːrb] n. **속담**　　• **water**proof[wɔ́ːtərpruː] a. **방수의**
- syn. **veri**fy(증명하다), **de**monstrate(증명하다), **test**ify(증명하다),
attest(증명하다) ↔ ant. **dis**prove(반증을 들다)

The victim never has to **prove** anything.
희생자는 어떤 것도 입증할 필요도 없다.

1176. probe [proub]
pro(to test)+be

'존재를 증명하는' 것이 → v. ① **조사하다** ② **(기구로) 살피다** ③ **탐사하다**
④ **탐색하다** ⑤ **캐묻다** n. ① **(철저한) 조사** ② **탐사선**이 된 거지
- **prob**able[prábəbl] a. ① **가능성 있는** ② **개연성 있는**
- **prob**ability[pràbəbíləti] n. ① **가능성** ② **개연성** ③ **(수학) 확률**
- **probable** cause ① **상당한 근거** ② **상당한 이유**
- syn. **in**vestigate(조사하다), **ex**amine(조사하다), **in**quire into(조사하다),
look into(조사하다), **go over**(검토하다)

The internal **probe** is complete.
내부조사가 완결되었다.

1177. probate [próubeit]
prob+ate(동접)

'증명하는 것'이 → v. ① **공증하다** ② **검인하다** ③ **검증하다**

n. ① **공증** ② **검인**이 된 거지

- prob**ation**[proubéiʃən] n.①**보호 관찰**②(직장에서의)**수습**(기간)③**근신**(기간)
- a**prob**ate[ǽprəbèit] v. ① **공인하다** ② **승인하다**
- re**prob**ate[réprəbèit] n. **타락한 사람**
- the **probation** system **보호 관찰 제도**

She attended the Friday **probate** court hearing.
그녀는 금요일 유언 검인 법정 심리에 출석했다.
court hearing 법정 심리

1178. approve [əprúːv]
ap(to)+prove

'접근하여 증명하는' 것이 → v. ① (인정하면) **승인하다** ② (동의하면) **찬성하다**
③ (허락하면) **인가하다**가 되는 거지

- a**prov**al[əprúːvəl] n. ① **승인** ② **동의** ③ **허가** ④ **시용 구매** ↔ dis**approval**
- dis**approve**[dìsəprúːv] v. ① **탐탁찮아 하다** ② **찬성하지 않다**
- dis**prove**[disprúːv] v. ① **틀렸음을 입증하다** ② **논박하다** ③ **반증을 하다**
- public **approval** 대중의 지지
- **approval** rating (대통령 등에 대한) **지지율**
- job-**approval** rating **직무 수행 지지율**
- customer **approval** rating **고객 만족도**
- syn. a**gree**(동의하다), per**mit**(허락하다), con**sent**(동의하다),
  a**llow**(허락하다), sanct**ion**(승인하다) ↔ ant. ve**to**(거부하다)

62% of Asian Americans **approve** of Obama's job performance.
아시아계 미국인들의 62%가 오바마의 직무 수행에 지지를 보냈다.

1179. improve [imprúːv]
im(in)+prove

'안을 (좋은 방향으로) 증명하는' 것이 → v. ① **개선하다** ② **나아지다** ③ **향상시키다**
④ **개선되다**가 된 거지

- im**prove**ment[imprúːvmənt] n. ① **개선** ② **향상** ③ **호전**
- syn. ad**vance**(나아가게 하다), pro**gress**(진전을 보이다), **better**(더 잘
  살다), en**hance**(향상시키다), de**velop**(발전시키다), up**grade**(질을
  높이다) ↔ ant. wors**en**(악화되다)
- a considerable **improvement** 눈부신 향상

Electric vehicle will **improve** our air quality.
전기자동차가 공기의 질을 개선시킬 것이다.

1180. reprove [riprúːv]

'(잘못을) 대받아 증명하는' 것이 → v. ① **꾸짖다** ② **나무라다** ③ **책망하다**가 된 거지

- re**proof**[riprúːf] n. ① **책망** ② **질책** ③ **나무람** v. **다시 방수 가공하다**
- re-**prove**[rìːprúːv] v. ① **다시 증명하다** ② **다시 입증하다**
- syn. ad**mon**ish(훈계하다), re**primand**(꾸짖다), re**buke**(비난하다),
  cen**sure**(비난하다), de**nounce**(비난하다), be**rate**(꾸짖다),
  scold(꾸짖다), con**demn**(비난하다)

The E.P.A. **reproves** the existence of the atom.
E.P.A는 원자의 존재를 다시 입증하였다.

◆ 어원 TIP
- prob**ation** → prob(to test)+ate(~화하다)+ion(명접) → (사람을) **증명하는 시간** → **보호 관찰**, (직장에서의) **수습** (기간), **근신** (기간)

우리말 대화로 단어 복습하기

가. **집중력(concentration)**이 부족한 아이들의 공부 방식을 **개선하기(improve)** 위한 좋은 방법은 없을까요?
나. **꾸짖고(reprove) 검증하는(probate)** 테스트보다 그들이 흥미를 느끼는 분야를 **조사하여(probe),** 그들 편이 되어 **찬성하고(approve)** 스스로 가치를 **입증하도록(prove)** 하는 거지.

어근 235

PROLI, FOLI : 가지, 열매, 자손(offspring)

1181. proliferate
[prəlífərèit]
proli(offspring)+fer(to bear)+ate(동접)

'자손을 낳는 것' 이 → v. ① **급증하다** ② **증식하다** ③ **(빠르게) 확산되다**가 된 거지
- proli**fic**[prəlífik] a. ① **다산의** ② **다작의** ③ **풍부한**
- prolifer**ation**[prəlìfəréiʃən] n. ① **확산** ② **증식** ③ **급증**
- prolifer**ous**[proulífərəs] a. ① **번식하는** ② **증식하는**
- prolific**acy**[prəlífikəsi] n. ① **다산** ② **다작**
- Nuclear **Nonproliferation** Treaty(NPT) **핵 확산 금지 조약**
- syn. **diff**use(확산하다), **in**crease(증가하다) ↔ ant. **de**-proliferate(수가 급격히 감소하다)

Smartphones **proliferate** further.
스마트폰이 빠르게 확산되고 있다.

Reining in nuclear **proliferation** is controversial.
핵확산을 억제시키는 것은 논란의 여지가 많다.

rein 억제하다

1182. portfolio [pɔːrtfóuliòu]
port(to carry)+folio(offspring)

'(서류) 가지를 지니는 것' 이 → n. ① **서류가방** ② (구직 때 제출하는 사진 · 그림 등의) **작품집** ③ **포트폴리오** ④ **상품 목록** ⑤ **서비스 범위** 등이 된 거지
- pro**file**[próufail] n. ① **옆모습** ② **개요** ③ **인지도** ④ **윤곽** v. 프로필을 알려주다
- foli**age**[fóuliidʒ] n. **나뭇잎** • investment **portfolio** **투자 자산 구성**

Some investors are lightening their **portfolios**.
일부 투자가들은 투자를 줄이고 있다.

우리말 대화로 단어 복습하기

가. 요즘 **구직자(job seeker)**들은 입사를 위해 무엇을 준비하나요?
나. 다양한 **포트폴리오(portfolio)**를 준비하는 **추세(trend)**가 빠르게 **확산되고 있지(proliferate).**

어근 236

PROPER, PROPR : 자신의 것(one's own)

1183. property [prάpərti]
proper+ty(명접)

'자신의 것' 이 → n. ① **부동산** ② **재산** ③ **건물** ④ (사물의) **속성** ④ **특성**이 된 거지
- proper[prάpər] a. ① **적절한** ② **제대로 된** ③ **올바른** ④ **정당한** ↔ im**proper 부적절한**
- proper**ly**[prάpərli] ad. ① **제대로** ② **적절히**
- prop**riety**[prəprάiəti] n. ① (도덕적 · 사회적) **적절성** ② **예절** ③ **타당성**
- property tax **재산세**　　● intellectual property right **지적 재산권**
- syn. **as**sets(재산), real e**state**(부동산), **at**tribute(속성), trait(특성), characteristi**c**(특질), feat**ure**(특징), charact**er**(특징), peculiar**ity**(특징)

Starring two actors confirmed the healing **properties** of catharsis.
두 명의 주연 배우들이 카타르시스적인 효능을 확인시켜 주었다.
star 주연을 맡다, 별

1184. appropriate [əprόupriət]
ap(to)+propr+ate(동접)

'접근하여 자신의 것' 으로 하는 것이 → v. ① (불법 · 무단으로 하면) **도용하다** ② (불법 · 무단으로 하면) **전용하다** ③ (돈의 사용처를 정하면) **책정하다** a. ① **적합한** ② **적절한** 의미가 된 거지
- ap**propriation**[əpròupriéiʃən] n. ① **도용** ② **전용** ③ (돈의) **책정** ④ **책정액**
- in**appropriate**[inəprόupriət] a. ① **부적절한** ② **부적합한**
- mis**appropriate**[misəprόuprièit] v. ① (남의 돈 · 재산을) **유용하다** ② **횡령하다**
- appropriation bill ① **세출법안** ② **예산 지출 법안**
- syn. proper(적절한), suit**able**(적당한), fitt**ing**(적절한), apt(적절한), per**tin**ent(적절한), al**locate**(할당하다), as**sign**(할당하다), earmark(배당하다), em**bezzle**(횡령하다) ↔ ant. un**suit**able(부적당한)

The administration has sought an **appropriate** balance.
정부는 적절한 균형을 모색하고 있다.

1185. expropriate [eksprόuprièit]
ex(out)+propr+i+ate(동접)

'밖으로 빼내 자신의 것으로 하는' 것이 → v. ① (국가가 행정용도로 사유지를 공적 용도로) **수용하다** ② (남의 재산을 몰래 훔쳐) **도용하다** ③ (미리 승낙을 얻지 않고) **무단 사용하다**가 된 거지
- ex**propriation**[ikspròupriéiʃən] n. ① **몰수** ② **수용** ③ **징발**

Officials **expropriate** land to boost real-estate developments.
관리들은 부동산개발을 촉진하기 위하여 토지를 수용했다.

■■ **우리말 대화로 단어 복습하기**

가. 국가 소유 **재산**(property)을 불법으로 **무단 전용한**(appropriate) 일당을 적발하였다는 군?
나. 그다음 어떻게 되었어?
가. 정부가 강제로 **수용하는**(expropriate) 조치를 취했다지.

PSYCH(O) : 정신(mind)   ※ 동의어근 ANIM(어근9) / MENT(어근166)

1186. psychology
[saikáləd3i]
psycho+logy(학문)

'정신을 연구하는 학문' 을 → n. ① **심리학** ② **심리**라고 하지
- psycho**logical**[sàikəládʒikəl] a. ① **심리학의** ② **정신적인** ③ **심리적인**
- psycho**logist**[sàikəládʒist] n. **심리학자**
- psyche[sáiki] n. ① **정신** ② **마음** ③ **심령**

She would convince him with **psychology**.
그녀는 심리학으로 그를 설득시켰다.

convince 설득시키다

1187. psycho**sis** [saikóusis]
psycho+sis(명접)

'정신 상태' 가 → 이상이 생기면 → n. ① **정신 이상** ② **정신병**이지
- psycho[sáikou] n. (폭력적인) **정신병자**
- psychopath[sáikoupæθ] n. ① **사이코패스** ② **정신병자**
- psychoanaly**sis**[sàikouənǽlisis] n. **정신 분석**
- hypopsycho**sis**[hàipəsaikóusis] n. **사고력 감퇴**

Problems in isolation include disturbed thoughts, paranoia and **psychosis**.
고립으로 인한 문제들은 왜곡된 사고, 편집증, 정신이상이 있다.

paranoia 편집증, 과대망상

1188. psychi**atry** [saɪkáiətri]
psychi+atry(명접)

'정신 관련 치료' 를 하는 분야를 → n. ① **정신 의학** ② **정신과** ③ **정신과학**이라고 하지
- psychi**atrist**[saikáitrist] n. **정신과 의사**
- psych**ic**[sáikik] a. ① **초자연적인** ② **심령의** ③ **초능력이 있는** ④ **신통력이 있는**

Psychiatry's books help detail the relationship.
정신 의학을 다루는 책들은 관계를 세분화하는 데 도움을 준다.

■■■ 우리말 대화로 단어 복습하기
가. **정신 이상(psychosis)**이 있는 환자는 어떻게 해야 하나요?
나. **정신과(psychiatry)**와 **심리(psychology)**치료를 병행할 필요가 있지.

PUNCT : 점(point), 찌르다(to prick, sting)

1189. punct**uate**
[pʌ́ŋktʃuèit]
punct+u+ate(동접)

'점을 찍는 것' 이 → v. ① (글을 마치거나 쉴 때에 찍는) **구두점을 찍다**
② (중도에서 끊는) **중단시키다** ③ (어떤 부분을) **강조하다**가 된 거지
- punct**uation**[pʌ̀ŋktʃuéiʃən] n. ① **구두점** ② **구두법**
- punct**ual**[pʌ́ŋktʃuəl] a. ① **시간을 잘 지키는** ② **시간을 엄수하는**
- punct**uality**[pʌ̀ŋktʃuǽləti] n. ① **시간 엄수** ② **정확함** ③ **꼼꼼함**

- **puncture**[pʌ́ŋktʃər] n. ① (타이어) 펑크 ② 구멍 ③ 상처

  v. ① 펑크를 내다 ② 펑크가 나다
- syn. inter**rupt**(중단시키다), em**phas**ize(강조하다)

> She **punctuates** her remarks with gestures.
> 그녀는 여러 가지 몸짓으로 이야기를 강조했다.

1190. pung**ent** [pʌ́ndʒənt]
pung(to prick)+ent(형접)

'찌르는 듯한' 것이 → a. ① (맛이, 분석, 비평이) **신랄한** ② (맛·냄새가) **톡 쏘는 듯한** ③ (신경이나 감각에) **몹시 자극적인** 의미가 된 거지
- **pun**dit[pʌ́ndit] n. ① **전문가** ② **권위자**
- **pungent** criticism **날카로운 비판**
- syn. pi**qu**ant(탁 쏘는 듯한), **ac**id(신랄한), a**cerb**ic(신랄한)

> Savory, **pungent** sausages stimulate her appetite.
> 맛좋은, 자극적인 소시지가 그녀의 식욕을 돋우었다.

1191. acupunct**ure**
[ǽkjupʌ̀ŋktʃər]
acu(needle)+puncture(to prick)

'침을 찔러' 하는 의술을 → n. **침술(요법)**이라고 하지
- **acupuncture** point **혈**; 침을 놓는 자리

> Physical therapy services such as **acupuncture** are not covered by Medicare.
> 침술 같은 물리치료 서비스는 의료보험 적용대상이 아니다.
> **therapy**[θérəpi] 치료

1192. compunction
[kəmpʌ́ŋkʃən]
com(intens)+punct(to prick)+ion(명접)

'(의식을) 강하게 찌르는 것' 이 → n. ① **양심의 가책** ② **죄책감** ③ **거리낌**이 된 거지
- show **compunction** 가책을 보이다
- with **compunction** 뉘우치며
- syn. **hes**itation(주저), **qualm**(양심의 가책), **scruple**(양심의 가책)

> He has no **compunction** or sense of propriety.
> 그는 양심도 예의도 없었다 **propriety** 예절

1193. expunge [ikspʌ́ndʒ]
ex(out)+punge(to prick)

'찔러서 밖으로' 도려내는 것이 → 이름·정보·기억 등을 → v. ① **지우다** ② **삭제하다** ③ **말소하다**가 된 거지
- ex**punction**[ikspʌ́ŋkʃən] n. ① **말소** ② **삭제** ③ **제거**
- syn. e**rase**(말소하다), de**lete**(삭제하다)

> The court agreed to **expunge** the conviction after he completed two years' probation.
> 법원은 2년간의 보호 관찰을 마친 후 그의 범죄 기록을 삭제하는 데 동의했다.
> **conviction** 신념, 유죄 판결

가. 불법적인 **침술(acupuncture)**을 시술한 **혐의(suspect)**로, 법원에 **소환장(summons)**을 받은 가짜의사가 증거인멸을 시도했다지?

나. 맞아. 범죄 기록을 **삭제하다(expunge)**가 **적발되어(expose)**, 대중들로부터 **신랄한(pungent)** 비판을 받고 지금 **죄책감(compunction)**에 시달리고 있다고 하지.

어근 239 | PUGN : 싸우다(to fight)

1194. impugn [impjúːn]
im(against)+pugn

'대항하여 싸우는' 것이 → v. ① **의문을 제기하다** ② **공격하다**가 된 거지
- **op**pugn[əpjúːn] v. ① **비난하다** ② **반박하다** ③ **이의를 제기하다**

> All he has to do is to **impugn** her motives.
> 그가 고작 일이라고 하는 짓은 그녀의 동기에 의문을 제기하는 것이었다.

1195. repugnant [ripʌ́gnənt]
re(back)+pugn+ant(형접)

'뒤에서 싸우는' 것은 → a. ① **혐오스러운** ② **불쾌한** ③ **재미없는** 일이지
- **re**pugn**ance**[ripʌ́gnəns] n. ① **혐오감** ② **반감**

> The result of obeying the policies would be unjust or morally **repugnant**.
> 정책준수의 결과가 부당하고 도덕적으로 혐오스러운 것이 되었다.

◆ **어원 TIP**
- pugn**acious** → pugn(to fight)+acious(경향의, 형접) → 싸우려는 경향이 있는 → 싸우길 좋아하는, 호전적인
- pugnac**ity** 호전적임

우리말 대화로 단어 복습하기

가. **체포되어(apprehend)** 결국 법의 심판을 받게 된 사람의 혐의가 뭐지?

나. **혐오스러운(repugnant)** 방법으로 무고한 사람을 **비난하고(oppugn)**, **공격한(impugn)** 거야.

어근 240 | PUR(I) : 맑은(clear) / CHAST, CASTI : 순수하게하다(to purify) / PUR : 앞으로(forth)

1196. purify [pjúərəfài]
pur+fy(to make)

'맑게 만드는 것' 이 → v. ① **정화하다** ② **(영혼을) 정화하다** ③ **(어떤 물질을) 정제하다** ④ **(금속을 뽑아내어 정제하면) 제련하다**가 된 거지
- puri**fication**[pjùərəfikéiʃən] n. ① **정화** ② **정제**
- puri**ty**[pjúərəti] n. ① **순수** ② **순결** ③ **순도**
- pur**ism**[pjúərizm] n. ① **순수주의** ② **결벽**
- pur**e**[pjuər] a. ① **(물질·생각·소리·학문) 순수한** ② **순결한** ③ **깨끗한** ④ **순종의**
- **im**pure[impjúər] a. ① **순수하지 않은** ② **불순한** ③ **부도덕한**
- **im**puri**ty**[impjúərəti] n. ① **불결** ② **불순** ③ **불순물**

- **purification** plant 정수장
- a **pure**[total] fabrication 새빨간 거짓말
- syn. **re**fine(정제하다)

> It requires a tremendous amount of energy to **purify** saltwater.
> 염수를 정화시키는 일은 엄청난 양의 에너지를 요구한다.

1197. **ex**purgate
[ékspəːrgèit]
ex(out)+pur+ge(to do)+ate(동접)

'(책의 불필요한 내용을) 빼고 깨끗이 하는' 하는 것이 → v. ① **수정하다**
② **삭제하다**가 된 거지
- **ex**purgation[èkspərgéiʃən] n. ① **수정** ② **삭제**
- syn. **e**liminate(제거하다), **de**lete(삭제하다)

> **Expurgation** is censorship and violates our library bill of rights.
> 수정행위가 검열에 해당되고 도서권리선언을 위반한 것이다.

1198. **pur**ge [pəːrdʒ]
pur+ge(to do)

'깨끗이 하는' 것이 → v. ① (덜어 없애는) **제거하다** ② (조직 내의 반대자들을
없애는) **숙청하다** ③ (나쁜 생각·감정을) **몰아내다** ④ (나쁜 생각·감정)
없애다 n. ① **제거** ② **숙청**이 된 거지
- **de**purge[diːpəːrdʒ] v. **추방을 해제하다**
- blood **purge** 피의 숙청
- syn. **get rid of**(제거하다), **re**move(제거하다, 해고하다)

> **Purges** are factors likely to weaken the regime's viability.
> 숙청은 정권의 생존능력을 약화시킬 수 있는 요인들이다.

1199. **pur**pose [pə́ːrpəs]
pur(forward)+pose(to put)

'앞에 두는 것' 이 → 일을 이루기 위한 나아가는 → n. ① **목적** ② **목표** ③ (삶에)
목적 ④ **목적의식** ⑤ (마음속의 생각이나 계획이면) **의도** ⑥ (딱 잘라 결정하는
거면) **결단력**이 된 거지
- **pur**posely[pə́ːrpəsli] ad. ① **고의로** ② **일부러**
- **pur**port[pərpɔ́ːrt] n. ① **취지** ② **요지** ③ **전반적인 뜻**
  v. ① (사실이 아닐 수도 있는 것을) **주장하다** ② **칭하다**
- on **purpose** ① **고의로** ② **일부러** = **de**liberately
- to little/no **purpose** 거의/전혀 효과가 없이
- syn. **aim**(목적), **object**(목적), **inten**tion(의도), **goal**(목표),
  determination(결심), **re**solve(결심), **re**solution(결심)

> Companies are using **purpose** marketing to persuade potential customers.
> 기업들은 목적마케팅을 이용하여 잠재고객을 설득하려고 한다.

1200. **pur**sue [pərsúː]
pur(forth)+sue(to follow)

'앞으로 따라가는' 것이 → v. ① **추구하다** ② **추진하다** ③ (논의·조사·관여
등을) **계속하다** ④ **추적하다**가 된 거지
- **pur**suit[pərsúːt] n. ① **추구** ② **추적** ③ (시간과 에너지를 들여 하는) **일** ③ **활동**
- **pur**view[pə́ːrvjuː] n. (활동·직권·관리 등의) ① **범위** ② **영역** ③ **권한**

- in hot **pursuit** (of somebody) (~를) **바짝 뒤쫓는**
- syn. **chase**(뒤쫓다), **aim**(겨냥하다), **seek**(추구하다)

> The family would **pursue** a federal wrongful-death suit.
> 가족들은 억울한 죽음에 대해 연방정부에 소송을 추진할 것이다.
> ① **wrongful-death** 억울한 죽음 ② **suit** 소송

1201. chasten [tʃéisn]
chast(to purify)+en(to make)

'순수하게 만드는 것' 이 → v. ① (잘못이 없도록 주의를 주면) **훈계하다**
② **잘못을 깨닫게 하다**가 된 거지
- **chaste**[tʃeist] a. ① **정숙한** ② **순결한** ③ **담백한** ↔ **unchaste** 정숙하지 못한
- **chasteness**[tʃéistnis] n. ① **순결함** ② **우아함** ③ **담백함**

> The 37-year-old Welshman appeared **chastened** by the crowd's reaction.
> 37세 웨일스인은 군중의 반응에 잘못을 깨달은 것으로 보인다.

1202. chastise [tʃæstáiz]
chast(to purify)+ise(동접)

'순수하게 하는 것' 이 → v. ① (잘못을 엄하게 나무라면) **꾸짖다** ② (잘못을
깨우쳐 뉘우치도록 징계하면) **응징하다**가 되는 거지
- **chastisement**[tʃæstaizmənt] n. ① **징벌** ② **단련**

> Obama will use his speech to **chastise** Iran.
> 오바마 대통령은 연설을 활용하여 이란을 비난할 것이다.

1203. castigate [kǽstəgèit]
cast(to purify)+ig(to do)+ate(동접)

'순수하게 하는 것' 이 → v. ① (가혹한 비평이면) **혹평하다** ② (나무라고 제재를
가하면) **징계하다** ③ (허물이나 잘못에 대해 꾸짖거나 나무라면) **크게 책망하다**
가 되는 거지
- **castigation**[kæ̀stəgéiʃən] n. ① **견책** ② **징계**

> The singer used a press conference to **castigate** the rumor mill.
> 가수는 기자회견을 활용하여 소문의 출처를 비난했다.
> **rumor mill** 소문의 출처

◆ **어휘 플러스**
purchase 구입, 구매, 구입하다, 구매하다 / **pur**itan 청교도적인 사람, 청교도 / **pur**vey 공급하다, 조달하다(p642)

■ **우리말 대화로 단어 복습하기**

가. 독재자가 정적을 **숙청하려는**(purge) 목적(purpose)으로 하는 행위가 어떤 것이 있나요?

나. 공개적인 장소에서 상대를 **혹평하고**(castigate), **꾸짖고**(chastise), **훈계해서**(chasten) 사회를 **정화한다**(purify)는 미명 아래 정적 제거를 **추진하는**(pursue) 거지.

1204. **com**pute [kəmpjúːt]
com(with)+pute

'함께 생각한' 결과가 → v. ① **계산하다** ② **산출하다**가 된 거지

- **com**put**ation**[kàmpjutéiʃən] n. **계산**
- **com**put**er**[kəmpjúːtər] n. **컴퓨터**
- **put**ative[pjúːtətiv] a. **추정되는**
- compute **probable** costs **원가를 계산하다**
- syn. **calcul**ate(계산하다), **reck**on(계산하다)

> We are most likely to **compute** the trade-offs that are implicit in our choices.
> 우리 대부분은 자신의 선택에 내재된 적정성을 따져본다.
> **trade-offs** 상충관계, 적정성

1205. **de**pute [dipjúːt]
de(from)+pute

'(직책을) 벗어나 생각하는' 것이 → v. (일의 처리를 남에게 책임 지워 맡기면) **위임하다**가 된 거지

- **de**put**y**[dépjuti] n. ① **부** ② **보** ③ **대행(인)** ④ **대리(인)** ⑤ (의회의) **의원** ⑥ **보안관보**

> The Government shall **depute** one of our officers.
> 정부가 장교 중 한 명을 위임할 것이다.

1206. **dis**pute [dispjúːt]
dis(apart)+pute

'생각이 갈라지는' 것이 → n. ① **분쟁** ② **분규** ③ **논쟁** v. ① (남의 의견이나 비난에 맞서) **반박하다** ② (소유권을 두고) **분쟁을 벌이다** ③ **논란을 벌이다**가 된 거지

- **dis**put**ation**[dìspjuːtéiʃən] n. ① (합의가 어려운) **논쟁** ② **학문적 토론**
- a warm **dispute** 격론
- a labor **dispute** 노동 쟁의
- beyond **dispute** 논란의 여지없이
- in[under] **dispute** ① **논쟁중인** ② **미해결의** ③ **논의 중인** ④ **심의중인**
- syn. **dis**agree**ment**(불일치), **argu**ment(논쟁), **alter**cation(언쟁), **contro**vers**y**(논쟁), **con**tent**ion**(논쟁), **argu**e(논쟁하다), **dis**agree(의견이 다르다), **con**tend(다투다)

> **Disputes** over taxes could still pose hurdles.
> 세금에 관한 논쟁은 여전히 장애물이 자리 잡고 있다.

1207. **im**pute [impjúːt]
im(in)+pute

'(다른 사람) 안으로 생각을 집어넣는 것' 이 → 부당하게 책임을 지게 하는 거면 → v. ① **돌리다** ② **지우다** ③ **전가하다**가 되는 거지

- **im**put**ation**[ìmpjutéiʃən] n. ① **전가** ② **돌리기** ③ **손상** ④ **비난**
- **im**putation system (과세) **귀속 방식**
- syn. **a**scribe(~에 돌리다)

People tend to **impute** their personal values to other people.
사람들은 자신의 가치관을 다른 사람에게 전가시키는 경향이 있다.

1208. re**put**ation
[rèpjutéiʃən]
re(again)+put+ion(명접)

'(사람을) 다시 생각하게 하는 것' 이 → n. ① **평판** ② **명성**이 된 거지
- re**pute**[ripjúːt] n. ① **평판** ② **명성**
- re**put**able[répjutəbl] a. ① **평판이 좋은** ② **훌륭한** ③ **유명한**
- build **reputation** 평판을 쌓다
- an evil **reputation** 악평
- syn. **fame**(명성), re**nown**(명성)

Online **reputation** management is becoming a growing business.
온라인 평판 관리 사업이 날로 번창하고 있다.

■■■ **우리말 대화로 단어 복습하기**

가. 노사 **분쟁(dispute)** 원인을 **평판(reputation)** 좋은 부사장에게 **전가하려는(impute) 계산된(compute)** 계획이 실패로 돌아갔다지?

나. 맞아. 자신이 가장 신뢰하는 부하에게, 자신의 직책을 **위임하고(depute)** 뒤에서 회사를 조정하려고 했지.

V

- **vague** — a. 희미한, 모호한 ↔ clear 명백한, 명확한 distinct 뚜렷한, 명확한
- **valid** — a. 유효한, 타당한 ↔ invalid 효력 없는
- **valuable** — a. 소중한, 가치가 있는 = invaluable, priceless
  ↔ valueless, worthless 가치 없는, useless 쓸모없는
- **variety** — n. 다양성 = diversity ↔ uniformity 획일, 한결같음
- **vein** — n. 정맥 ↔ artery 동맥
- **verse** — n. 운문, 시 ↔ prose 산문
- **victory** — n. 승리 = triumph ↔ defeat 패배
- **vigorous** — a. 활발한, 활기찬 ↔ weak 약한, lethargic 무기력한
- **virtue** — n. 선행, 덕성 ↔ vice 악덕, 부도덕
- **visible** — a. 보이는, 알아볼 수 있는 ↔ invisible 보이지 않는, 볼 수 없는
- **vivid** — a. 생생한, 선명한 ↔ dull 무딘
- **vowel** — n. 모음 ↔ consonant 자음
- **vulgar** — a. 저속한, 천박한, 교양 없는
  ↔ refined 세련된, cultured 교양 있는, polite 공손한, 예의 바른

W

- **wasteful** — a. 낭비하는 ↔ thrifty 검소한, 절약하는
- **wax** — v. (달이) 차츰 커지다, 차오르다 ↔ wane (달이) 이지러지다, 차츰 작아지다
- **weaken** — v. 약화시키다, 약화되다 ↔ strengthen 강화하다
- **well-doing** — n. 선행, 덕행 ↔ evildoing 악행
- **well-known** — a. 유명한, 잘 알려진 ↔ little-known 거의 알려지지 않은
- **wholesale** — n. 도매 ↔ retail 소매
- **widow** — n. 미망인 ↔ widower 홀아비
- **wild** — a. 야생의, 사나운 ↔ tame, domestic 길들여진
- **wisdom** — n. 지혜 ↔ foolishness, folly 어리석음
- **witch** — n. 마녀 ↔ wizard (남자) 마법사
- **womanish** — a. 여자 같은, 여자다운 = womanlike, womanly
  ↔ mannish, manlike, manly 남자 같은, 남자다운

Y

- **yielding** — a. 유연한, 순종적인 ↔ unyielding 유연성이 없는, 고집이 센
- **yoke** — n. 멍에 v. 멍에를 씌우다 ↔ unyoke 멍에를 벗기다, 해방하다

Z

- **zenith** — n. 천정, 정점, 절정 ↔ nadir 최악의 순간, 밑바닥, 천저, 최하점
- **zip** — v. 지퍼를 잠그다 ↔ unzip 지퍼를 열다
- **zoology** — n. 동물학 ↔ botany 식물학
- **zoologist** — n. 동물학자 ↔ botanist 식물학자

Exercise 18

1. (A)에 제시된 어근의 의미를 가장 적절하게 표현한 것을 (B)에서 찾아 쓰시오.

(A)	(B)
1) PORT _____	ⓐ 놓다(put)
2) PRIV _____	ⓑ 누르다(to push)
3) PUNCT _____	ⓒ 자신의 것(one's own)
4) PLE, PLI, PLY, PLOY _____	ⓓ 맑은(clear), 앞으로(forth)
5) PUT _____	ⓔ 나르다(to carry)
6) PROV _____	ⓕ 증명하다(to test)
7) PRAIS, PREC _____	ⓖ 접다(to fold), 채우다(to fill up)
8) POP, PUB _____	ⓗ 잡다(to take)
9) PUR _____	ⓘ 분리하다(to separate)
10) PRESS _____	ⓙ 점(point), 찌르다(to prick, sting)
11) PON, POS, POUND, STALL __	ⓚ 싸우다(to fight)
12) PROPER _____	ⓛ 가치(value)
13) PUGN _____	ⓜ 사람들(people)
14) PREHEND, PRIS _____	ⓝ 생각하다(to think)

2. 제시된 단어 중 의미가 가장 적절한 것을 찾아 괄호 안에 넣으시오.

ⓐ psychiatry	ⓑ proliferate	ⓒ castigate	ⓓ deport	ⓔ impugn	ⓕ pursue	ⓖ appropriate	ⓗ compress
ⓘ impute	ⓙ pungent	ⓚ appreciate	ⓛ purge	ⓜ apprise	ⓝ acupuncture	ⓞ reputation	ⓟ privilege
ⓠ purpose	ⓡ implement	ⓢ chasten	ⓣ repose	ⓤ purify	ⓥ psychosis	ⓦ compunction	ⓧ depute
ⓨ expropriate	ⓩ impose			

1) (　　) : 특권　　　　　2) (　　) : 훈계하다　　　　3) (　　) : (세금 등을) 부과하다

4) (　　) : 목적　　　　　5) (　　) : 압축하다　　　　6) (　　) : 양심의 가책

7) (　　) : 정신의학　　　8) (　　) : 평판　　　　　9) (　　) : 휴식

10) (　　) : 정화하다　　　11) (　　) : 추방하다　　　12) (　　) : 침술

13) (　　) : 정신이상　　　14) (　　) : 전가하다　　　15) (　　) : 급증하다

16) (　　) : 신랄한　　　　17) (　　) : (진가를) 알아보다　18) (　　) : 비난하다

19) (　　) : (국가가) 수용하다　20) (　　) : 위임하다　　　21) (　　) : 시행하다

22) (　　) : 추구하다　　　23) (　　) : 통고하다　　　24) (　　) : 숙청하다

25) (　　) : 전용하다　　　26) (　　) : 혹평하다

3. 제시된 단어와 <u>반대되는</u> 의미로 가장 적절한 것을 찾아 괄호 안에 넣으시오.

ⓐ voluntary ⓑ wholesale ⓒ vague ⓓ witch ⓔ void ⓕ wax ⓖ vein ⓗ wisdom ⓘ virtue ⓙ ward ⓚ variety

ⓛ zenith ⓜ vowel ⓝ vigorous ⓞ zoology ⓟ verse

---

1) (　　) : protector　　　　2) (　　) : uniformity　　　　3) (　　) : nadir

4) (　　) : weak　　　　　　 5) (　　) : consonant　　　　 6) (　　) : valid

7) (　　) : botany　　　　　 8) (　　) : distinct　　　　　 9) (　　) : wizard

10) (　　) : prose　　　　　 11) (　　) : foolishness　　　 12) (　　) : obligatory

13) (　　) : retail　　　　　 14) (　　) : vice　　　　　　 15) (　　) : wane

16) (　　) : artery

---

4. 밑줄 친 단어와 <u>전혀 관계없는</u> 것을 고르시오.

1) The Treasury would **deplete** its remaining cash balance after October 17.

　① consume　　　　　② replenish　　　　　③ use up　　　　　④ exhaust

2) The Bangkok elite are trying to **suppress** the rural majority's political voice.

　① stifle　　　　　　② quell　　　　　　③ oppress　　　　　④ represent

3) Complaints of foreigners continue to **perplex** the government.

　① usurp　　　　　　② bewilder　　　　　③ embarrass　　　　④ confuse

4) The Senate Banking Committee **approved** the bill 13 to 9.

　① consent　　　　　② permit　　　　　　③ veto　　　　　　④ ratify

5) Since then, security officials have been bracing for **reprisal** attacks.

　① revenge　　　　　② retaliation　　　　③ resentment　　　④ vengeance

---

5. 밑줄 친 단어와 <u>가장 유사한</u> 것을 고르시오.

1) The city was wrong to **propound** the project because the analysis were flawed.

　① propose　　　　　② organize　　　　　③ deploy　　　　　④ rectify

2) She has been a **prolific** writer in a variety of styles.

　① paternalistic　　② productive　　　　③ widespread　　　④ prodigal

3) They want to **deprive** assailants of the publicity they may be seeking.

　① derive　　　　　　② exploit　　　　　③ divest　　　　　④ attribute

4) Should a businessman **expunge** a link to his bankruptcy a decade ago ?

　① elude　　　　　　② exhume　　　　　③ eradicate　　　　④ delete

5) The government lets the currency **depreciate** against the dollar and euro.

　① deprecate　　　　② devalue　　　　　③ chastise　　　　④ deplore

---

6. 밑줄 친 단어와 반대되는 것을 고르시오.

1) Swiss socialists **reprove** Austrians; not to seize property of the rich.
    ① reprimand   ② scold   ③ admonish   ④ commend

2) Nigerian women were being recruited as **apprentice** hairdressers or tailors.
    ① trainee   ② intern   ③ master   ④ probationer

3) Corrupt officials are loath to **deposit** their money in banks.
    ① withdraw   ② confine   ③ balance   ④ accumulate

4) You always want to have **composure** in front of your employees.
    ① calmness   ② tranquility   ③ imperturbability   ④ apprehension

5) We are offering **complimentary** access this week to our digital readers.
    ① courtesy   ② free   ③ pro bono   ④ paid

6. 아래에 제시된 단어 중 밑줄 친 우리말의 의미에 맞게 빈칸에 적절한 것을 골라 넣으시오.

> multiplying / probe / deposed / repugnant / punctuate / deployed / probate / rapport / impounded /
> disposed

1) 그는 팀 총감독과 강한 **친밀한 관계**를 발전시켰다.
    → He had developed a strong (   ) with the team's general manager.

2) 줄여서 Maven으로 알려진 우주**탐사**를 통해서 해답을 얻을 수 있다.
    → The answer may come from a space (   ) known as Maven for short.

3) 인용문에 **구두점을 찍는** 네 능력을 테스트하기 위하여 다음 질문을 활용해라.
    → Use the following question to test your ability to (   ) a quotation.

4) 대략적인 평균값을 **곱해서**, 우리는 다른 접근방식을 얻어낼 수 있었다.
    → We can take a different approach, (   ) by a rough average price.

5) 이러한 행동 양식은 모든 기준에서 **불쾌**했다.
    → This pattern of behavior is (   ) by every standard.

6) 국가위원회가 그 사건을 재검토하면서 결과물이 **몰수되었다**.
    → The results are (   ) while the national board reviews the case.

7) 직원들이 홍콩 도매시장에서 죽은 병아리를 **처분했다**.
    → Workers (   ) of dead chickens at a wholesale market in Hong Kong.

8) 러시아는 서부 지역에 단거리 탄도미사일을 **배치하였다**.
    → Russia has (   ) short-range ballistic missiles in the country's west.

9) 그는 **유언 공증** 재판을 혼자서 처리해 나갔다.
　　→ He worked his way to (　　　　) court judge.

10) **축출된** 대통령이 잠시 멈추고서 고개를 숙였다.
　　→ The (　　　　) president paused and dropped his head momentarily.

✿✿✿✿✿ 생활 속 영단어로 어원 친해지기 ✿✿✿✿✿

티케 : 이번에 배운 어근이 뭐였더라?

토끼 : 226. 접다 ple, pli, ply, ploy / 227. 사람들 pop, pub / 228. 놓다 pon, pos, pound, stall / 229. 나르다 port / 230. 가치 prais, prec / 231. 잡다 prehend, pris / 232. 누르다 press / 233. 개인 priv / 234. 증명하다 prov / 235. 가지, 열매, 자손 proli, foli / 236. 자신의 것 proper / 237. 정신 psych / 238. 점, 찌르다 punct / 239. 싸우다 pugn / 240. 맑은, 순수하게하다, 앞으로 pur, chast, casti / 241. 생각하다 put이 있어요.

티케 : 일상 속에서 활용한 사례를 말해주겠니?

고양이 : 상대와 비교하며 느끼는 **콤플렉스(complex), 엑스포(exposition의 줄임말), 예금계좌(deposit account), 폭로, 피폭(exposure), 할부금융(installment finance), 프러포즈(propose), 응용프로그램(application), 공항(airport), 항구(port), 포털(portal), 교도소(prison)**가 있어요.

토끼 : 제가 몸이 안 좋아 최근 한의원에서 **맞은 침(acupuncture), 며칠 전 본 '뷰티플 마인드'에 등장하는 정신이상(psychosis), 조현증, 정신분열증(schizophrenia), 정수장(purification plant), 노동쟁의(labor dispute)** 등이 있어요.

– 뷰티플 마인드 summary –

"After John Nash, a brilliant but **asocial** mathematician, accepts secret work in **cryptography**, his life takes a turn for the **nightmarish**."

티케 : 좋아요. 줄거리 요약을 번역하면 "**뛰어나지만, 반사회적인 수학자 존 내시가 암호해독 관련 비밀 작업을 수락한 후에, 그의 인생이 악몽으로 변했다.**"

○ **a**social → a(not)+social → 사회적이지 않는 → 반사회적인, 비사교적인

○ nightmar**ish** → night+mare(to seize 붙잡다)+ish(~같은, 형접) → (나쁜 정신이) 밤을 붙잡는 → 악몽 같은

○ cryptograph**y**[kriptágrəfi] → crypto(secret)+graph(to write)+y(명접) → 비밀스럽게 쓴 것 → 암호해독, 암호작성

○ purific**ation**[pjùərəfikéiʃən] → pur(to cleanse)+fic(to make)+ation(결과, 명접) → 깨끗하게 만든 결과 → 정화, 정제

○ porter → port(to carry)+er(사람, 명접) → (짐을) 나르는 사람 → 짐꾼

○ **ex**posure → ex(out)+pos(to put)+ure(명접) → '(드러나게) 밖으로 놓아 지는 것'을 → 노출, 폭로, 드러냄, 체온 저하, 피폭

○ **pro**pose → pro(before)+pose(to place) → '(계획 등을) 앞으로 놓다'는 → 제안하다, 제의하다

○ **in**stall**ment** → in+stall(to put)+ment(명접) → '(돈이나, 내용을) 안으로 놓는 것'을 → 할부금, (전집·연재물 등의) 1회분

○ **ap**plication → ap(to)+plic(to fold)+ation(명접) → (조직, 도구 등에) 접어 넣어둔 것 → 지원, 적용, 응용프로그램

○ amen**ity**[əménəti] → amen(to love)+ity(명접) → (사람들이) 사랑하는 것 → '쾌적함, 생활 편의 시설' 일반적으로 '편의시설'은 복수형을 써서 'amenities' 임

○ **con**nect**ion** → con(together)+nect(to bind)+ion(명접) → 함께 묶은 것 → 관련성, 연결, 접속이 되는 거지요.

티케 : 다음에 배울 어근은 quer, quest, qui / radic / range / rap, rav / ras / rat / rect, reg이지요.

어근 242	QUER, QUEST, QUI : 추구하다(to seek), 묻다(to ask), 말하다(to say) ※ 동의어근: PET(어근220)

1209. question [kwéstʃən]
quest(to ask)+ion(명접)

'(답을) 묻는' 것이 → n. ① 질문 ② 문제 ③ 의문 v. ① 질문하다 ② 심문하다 ③ 의문을 갖다 ④ 이의를 제기하다가 된 거지
- questionnaire[kwèstʃənέər] n. 설문지
- quest[kwest] n. ① 탐색 ② 탐구 ③ 원정 v. ① 탐구하다 ② 탐색하다
- query[kwíəri] n. ① 문의 ② 물음표 v. ① 문의하다 ② 질문하다
- request[rikwést] n. ① 요청 ② 요구 ③ 신청
      v. ① (정중히) 요청하다 ② 요구하다 ③ 신청하다
- question-begging[kwéstʃənbègiŋ] n. 논점 회피
- question period 질의응답 시간
- in question ① 문제의 ② 논의가 되고 있는
- out of the question ① 불가능한 ② 의논해 봐야 소용없는
- syn. interrogation(질문, 신문), inquiry(질문) issue(문제), interrogate((심문하다, 질문하다), dispute(이의를 제기하다) ↔ ant. answer(대답, 답하다), accept(인정하다)

It makes you **question** your mortality as a species.
그것은 언젠가는 죽어야할 종으로서 당신에게 질문하게 한다.

1210. bequeath [bikwíːð]
be(intens)+queaty(to say)

'(유언으로) 강하게 말을 해서' 하는 것이 → 재산 등을 → v. ① 물려주다 ② 유증하다 ③ (업적 등을) 유산으로 남기다가 된 거지
- bequest[bikwést] n. ① 유증 ② 유산 ③ 유물
- syn. hand down(물려주다)

Many will **bequeath** a will to their heirs.
많은 이들이 상속인에게 유언장을 남기게 될 것이다.

1211. conquer [káŋkər]
con(intens)+quer(to seek)

'강하게 추구해서' 차지한 것이 → v. ① (나라나 민족을) 정복하다 ② (힘든 것을) 정복하다 ③ (힘든 것을) 극복하다 ④ (시합·경주를) 이기다가 된 거지
- conquest[kánkwest] n. ① 정복 ② 점령
- conqueror[káŋkərər] n. 정복자
- syn. subjugate(정복하다), overcome(극복하다), surmount(극복하다), get over(극복하다)

Angry Birds is out to **conquer** the world.
앵그리 버드가 세계를 정복하기 위해 세상 밖으로 나왔다.

1212. acquire [əkwáiər]
ac(to)+qui(to seek)+re

'(자신의 노력으로) 다가가서 추구하는 것' 이 → v. ① (노력·능력으로) 습득하다 ② (물건이나 권리를 넘겨받아) 인수하다 ③ (손에 넣어) 획득하다 ④ (손에 넣어) 취득하다가 된 거지

- **acquisition**[ӕkwizíʃən] n. ① 획득 ② (기업) 인수 ③ 습득
- **acquirement**[əkwáiərmənt] n. (지식 등의) 습득 ② 획득
- **acquired**[əkwáiərd] a. ① 획득한 ② 후천적인
- merger and **acquisition** 인수 합병(M&A)
- **acquisition** cost 취득원가
- syn. **gain**(얻다), **get**(얻다), **obtain**(획득하다), **secure**(확보하다) ↔ ant. **lose**(잃다)

Other states **acquire** nuclear weapons.
다른 국가들도 핵무기를 획득했다.

1213. inquire [inkwáiər]
in(into)+qui(to seek)+re

'안으로 (정보를) 추구하는 것' 이 → v. ① **묻다** ② **문의하다** ③ **조사하다**가 된 거지
- **inquisition**[inkwəzíʃən] n. ① 심문 ② 취조
- **inquiry**[inkwáiəri] n. ① 조사 ② 문의 ③ 조회
- **inquisitive**[inkwízətiv] a. ① 탐구심이 많은 ② 호기심이 많은
  ③ 꼬치꼬치 캐묻는
- a credit[confidential] **inquiry** 신용조회

We couldn't help but **inquire** about the general health.
우리는 전반적인 건강을 조사할 필요가 있다.

1214. require [rikwáiər]
re(again)+qui(to seek)+re

'다시 추구하는 것' 이 → v. ① **필요하다** ② **요구하다** ③ (법 · 규칙 등에 따라)
  요구하다가 된 거지
- **requirement**[rikwáiərmənt] n. ① 요건 ② 필요(한 것) ③ 요구
- **requisite**[rékwəzit] a. ① 필수의 ② 필요한 n. ① 필수품 ② 필요조건
- **requisition**[rèkwəzíʃən] n. ① 신청 ② 요청 ③ 요구
  v. (건물 · 차량 등을) 징발하다
- **required**[rikwáiərd] a. 필수의 n. ① 필수품 ② 필요조건 ↔ ant. **elective** 선택의
- **prerequisite**[prìːrékwəzit] n. ① 전제 조건 ② 선행 조건 ③ 필수조건
- **prerequisite** learning 선행학습
- **required** subjects 필수과목
- syn. **need**(필요로 하다), **want**(필요로 하다), **demand**(요구하다).

Most hospitals **require** health insurance.
대부분 병원들은 건강보험을 요구한다.

1215. exquisite [ikskwízit]
ex(out, 철저히)+qui(to ask)+s+ite(형접)

'철저히 묻고 만든 것' 이 → a. ① (작품 등이) **정교한** ② (느낌 등이) **강렬한**
  ③ (감각 등이) **예리한** 의미가 된 거지
- **exquisiteness**[ikskwízitnis] n. ① 절묘함 ② 정교함 ③ 예민함 ④ 강렬함
- **perquisite**[pə́ːrkwəzit] n. ① 특전 ② 특권 ③ 부수입
- **perquisition**[pə̀ːrkwizíʃən] n. 철저한 조사
- syn. **elaborate**(정교한), **delicate**(정교한), **subtle**(섬세한),
  detailed(섬세한), **superb**(훌륭한), **intense**(강렬한)

He has described waterboarding as very **exquisite** torture.

그는 물고문을 대단히 정교한 고문에 해당된다고 기술했다.

waterboarding 물고문

◆ 어원 TIP

- quit → qui(to rest)+t → 쉬게 하다 → (학교·직장 등을) 그만두다, (일을) 그만하다
- ac**quit** → ac(to)+quit(그만하다) → (처벌을) 그만하다 → 무죄를 선고하다, 석방하다
- ac**quiesce** → ac(to)+qui(to rest)+esce(~화하다, 동접) → (참견 않고) 쉬기로 하다 → 묵인하다

    ex) quit는 quiet, tranquil(고요한, 평온한)과 어원이 같음

■■■ **우리말 대화로 단어 복습하기**

가. 최근 B사가 D사를 **인수(acquisition)**하기로 결정했다는데 사실이야?

나. B사가 D사에게 자료를 **요구했고(require) 정교한(exquisite) 조사(inquiry)**를 거쳐 주식을 양도하는 **절차 (procedure)**만 남은 것 같은데.

가. 조만간 B사는 주주총회를 열어 주주들과 **질의(question)** 응답시간을 갖고 D사인수와 회사 경영권을 **물려주는 (bequeath)** 승인절차를 밟겠군?

가. 근데 왜 D사를 인수하는 거야?

나. B사가 반도체 분야에서 세계를 **정복하려고(conquer)** 경쟁업체를 인수 한 거래.

어근 243

RADIC : 뿌리(root)

1216. **radical** [rǽdikəl]

radic+al(형접)

'뿌리째' 바꾸려는 것이 → a. ① 근본적인 ② 급진적인 ③ 극단적인

n. ① 급진주의자 ② 과격파가 된 거지

- **radic**alism[rǽdikəlìzəm] n. **급진주의**
- **radical** cure 근본적인 치료
- **radical** left/right 극좌/극우
- **radical**[drastic] reform **근본적인 개혁**
- syn. **ex**treme(극도의), thorough(철저한), drast**ic**(과감한), **re**volution**ary**(혁명적인), fundament**al**(근본적인) ↔ ant. **super**fici**al**(피상적인), **con**serv**ative**(보수적인)

It's not a **radical** change to their business model.

그들의 사업모델에 근본적인 변화는 없었다.

1217. **eradicate** [irǽdəkèit]

e(out)+radic+ate(동접)

'뿌리를 밖으로 뽑아버리는 것' 이 → v. ① 근절하다 ② 뿌리 뽑다

③ 발본색원하다가 된 거지

- **eradic**ation[irædikéiʃən] n. ① 근절 ② 박멸 ③ 소거 ④ 구제
- **eradicate** corruption 부패를 뿌리 뽑다
- syn. **ex**termin**ate**(전멸시키다), sweep away(일소하다), root out(뿌리 뽑다),

The **eradication** of polio has been full of pitfalls.

소아마비 근절은 함정으로 가득하다.

■■■ 우리말 대화로 단어 복습하기

가. **바퀴벌레(cockroach)**를 **근본적(radical)**으로 **근절하는(eradicate)** 방법은 없을까?

나. 00 **제품(product)**을 써봐.

어근 244 | RANGE : 질서(order)　　※ 동의어근 : ORD(IN)(어근203), TIRE(어근307)

1218. **arrange** [əréindʒ]
ar(to)+range

'(미리) 질서를 잡는 것' 이 → v. ① **준비하다** ② **마련하다** ③ **정리하다**
④ **배열하다** ⑤ **편곡하다**가 된 거지

• **ar**range**ment**[əréindʒmənt] n. ① **준비** ② **방식** ③ **합의** ④ **배열** ⑤ **편곡**
• **re**ar**range**[riːəréindʒ] ① **재배열하다** ② (몸의 자세를) **바꾸다** ③ **재조정하다**
• **range**[reindʒ] n. ① **다양성** ② (변화・차이의) **범위** ③ **산맥** ④ (상품)
  세트 ⑤ **거리** ⑥ **사정거리** v. ① (범위가) **A에서 B 사이이다** ② (범위가) ~에
  이르다 ③ (사람・사물을) **배열하다** ④ **배치하다** ⑤ (이리저리) **돌아다니다**
• **rang**er[réindʒər] n. ① **경비대원** ② **공원[삼림/자연] 관리원**
• **range**find**er**[réindʒfaɪndə(r)] n. (총・사진기의) **거리계**
• **arrange** for ① **준비하다** ② **계획을 짜다**
• **arranged** marriage **중매결혼**
• **arrangement** committee **준비 위원회**
• arrive at[come to] an **arrangement** ① **합의가 이루어지다** ② **협정이 성립되다**
• syn. **pre**pare(준비하다), **score**(편곡하다) ↔ ant. **dis**arrange(어지럽히다),
  disorgan**ize**(조직을 파괴하다)

> She sought to **arrange** evacuation of the refugees.
> 그녀는 피난민을 대피시킬 준비를 하였다.

1219. **derange** [diréindʒ]
de(apart)+range

'질서에서 벗어나는 것' 이 → v. ① **흐트러뜨리다** ② **어지럽히다** ③ (정신을)
미치게 하다 ③ (사람을) **발광시키다**가 된 거지

• **de**range**ment**[diréindʒmənt] n. ① **교란** ② **혼란** ③ **발광**
• mental **derangement** **정신 착란**　　• financial **derangement** **재정교란**
• syn. **un**settle(불안하게 하다), **un**balance(불안정하게 만들다), **per**turb(
  동요하게 하다)

> The method still continues to **derange** business.
> 그 방식은 여전히 사업 기조를 지속적으로 교란시키고 있다.

1220. **rank** [ræŋk]
ran+k(명접)

'질서' 대로 배열하는 것이 → n. ① **지위** ② **계급** ③ **사병** ④ **등급** ⑤ (단체・
조직의) **구성원** v. ① (등급・등위・순위를) **매기다** ② **평가하다** ③ (등급・
등위・순위를) **차지하다** a. ① **악취가 나는** ② **순전한** 등 다양한 의미가 된 거지

- rank**ing**[rǽŋkiŋ] n. ① 순위 ② 랭킹 a. ① 고위의 ② 고급의
- high-ranking 고위의
- the **rank** and file ① 하사관과 사병 ② 일반 구성원
- syn. posit**ion**(지위), stat**us**(지위), stand**ing**(지위)

> Many high schools have stopped providing class **ranking** information to colleges.
> 많은 고등학교가 대학에 학급 석차 정보 제공을 중단했다.

■■■ **우리말 대화로 단어 복습하기**

가. 지금까지 **준비한(arrange)** 과제를 완전히 망쳐버렸어.

나. 어쩌다?

가. 동생이 내 과제를 여기저기 **흐트러뜨리고(derange)** 낙서하고 난장판을 만들어 버렸어.

가. 오늘 조별로 과제를 상호**평가하고(rank)** 토론하는 수업이 있는데 미치겠어?

나. 힘내라고? 그래도 동생이잖아.

어근 245	RAP(T), RAV : 잡다, 빼앗다(to take, to seize) ※ 동의어근 CAP, CIP(어근33) / CEIVE, CEPT, CUPY(어근37) / EMPT(어근84) / PREHEND, PRIS(어근231) / SUM(P)(어근288)

1221. **rapture** [rǽptʃər]
rapt+ure(명접)

'(마음을) 빼앗는 것' 이 → n. ① **황홀(감)** ② **무아지경**이 된 거지
- en**rapture**[inrǽptʃər] v. ① **황홀하게 하다** ② **도취시키다**
- rav**ish**[rǽviʃ] v. **황홀하게 하다**
- rav**ishment**[rǽviʃmənt] n. ① **황홀하게 함** ② **뇌쇄** ③ **환희**
- syn. ec**stasy**(황홀경), eu**phoria**(행복감)

> Somebody confessed to a case of research **rapture**.
> 누군가가 황홀감 들었던 연구 사례를 고백했다.

1222. **rapacious** [rəpéiʃəs]
rap+ac+ious(형접)

'(남의 것을) 빼앗으려는 것' 이 → a. ① **탐욕스러운** ② **약탈하는** 것이 된 거지
- rap**acity**[rəpǽsəti] n. ① **강탈** ② **탐욕**
- **rapacious** birds 맹금류
- syn. greed**y**(탐욕스러운), plunder**ing**(약탈하는)

> The association was a band of **rapacious** corporation-controlled lawyers.
> 협회는 탐욕스러운 지배기업 변호인 집단이다.

1223. **ravage** [rǽvidʒ]
rav+age(행위, 명접)

'(잔인하게 남의 것을) 빼앗는 행위' 가 → v. ① **황폐하게 만들다** ② (남의 권리나 인격을 함부로 짓밟아) **유린하다** ③ (폭력을 써서 남의 것을 억지로 빼앗아) **약탈하다** n. ① **침탈** ② **파괴**가 된 거지
- **rave**[reiv] v. ① **격찬하다** ② **소리를 지르다** ③ **횡설수설하다**

- ravel[rǽvəl] v. ① (문제를) **더 복잡하게 만들다** ② **풀다** ③ **풀리다**
- syn. **de**stroy(파괴시키다), **de**molish(파괴하다), **de**vastate(황폐화시키다), wreck(파괴하다)

> The flames **ravage** the whole region.
> 화마가 전 지역을 유린했다.

우리말 대화로 단어 복습하기

가. **탐욕스러운(rapacious)** 일제가 국토를 **유린한(ravage)** 것도 모자라 **황홀감(rapture)**을 주는 우리의 소중한 **문화재 (cultural assets)**를 **강탈(robbery)**해간 사실을 알고 나니, 분노가 치밀어 올라?

나. 역사는 승자의 역사야 다시는 그런 일이 없도록 해야지?

어근 246	RAS : 문지르다(to scrape)

1224. **e**rase [iréis]
e(out)+ras

'문질러서 없애는 것' 이 → v. ① (기억·의심·실수 등을) **지우다** ② (기억·의심·실수 등을) **없애다** ③ (지우개로) **지우다** ④ (컴퓨터 등에서 내용을) **지우다**가 된 거지
- **e**rasion[iréiʒən] n. ① **삭제** ② **말소** ③ **제거**
- **e**rasure[iréiʃər] n. ① **삭제** ② **말소**
- **e**raser[iréisər] n. **지우개**
- syn. **ef**face(지우다), **ob**literate(지우다), **de**lete(지우다, 삭제하다), rub off(지우다), **ex**punge(삭제하다), wipe out(지우다, 몰살하다)

> Fuel expense **erases** 62% of profit for airlines.
> 연료비 지출이 항공사 수익 중 62%를 지워버렸다.

1225. **ab**rasion [əbréiʒən]
ab(off)+ras+ion(명접)

'문질러서 생겨나는 것' 을 → n. ① **찰과상** ② **마모**라고하지
- **ab**rasive[əbréisiv] a. ① (사람이나 태도가) **거친** ② **까칠한** ③ **연마재의**
  n. **연마재**
- dermabras**ion**[dəˌrməbréiʒən] n. **피부 박리술**

> He is now troubled with an **abrasion**.
> 그는 지금 찰과상으로 고통받고 있다.

우리말 대화로 단어 복습하기

가. 자연은 **무수한(innumerable)** 역사의 사연을 담고 있죠?

나. 원래 저 강가 **거대한(colossal)** 바위에 암각화가 있었는데, 지금은 암각화가 없어졌지.

나. 강물이 바위와 **마찰(abrasion)**을 일으켜 바위를 **닳게 하고(corrade)** 암각화를 **지워버린(erase)** 거야.

어근 247	RAT : 합리적, 이성적(reason)

1226. rational [ræʃənl]
rat+ion(명접)+al(형접)

'이성을' 바탕으로 하는 것이 → a. ① (행동·생각 등이) **합리적인** ② (사람이) **이성적인** 의미가 된 거지

- rationalize[ræʃənəlàiz] v. ① **합리화하다** ② **경영을 합리화하다**
- rationalism[ræʃənəlìzm] n. ① **합리주의** ② **이론론**
- rationalization[ræʃənəlizéiʃən] n. ① **합리화** ② **합리적 사고** ③ **이론적 설명**
- rationale[ræʃənǽl] n. (결정·행동 방침·신조 등의) ① **이유** ② **근거**
- irrational[iræʃənl] a. ① **비이성적인** ② **비합리적인**
- ration[ræʃən] n. ① **배급량** ② **할당량** ③ (알맞은) **양** v. ① **배급하다** ② **할당하다**
- syn. **reasonable**(도리에 맞는), **logical**(논리적인), **sensible**(사리에 맞는)

Is the mood of the securities markets **rational** or emotional?
증권 시장 분위기는 합리적인가 감정적인가?

1227. ratify [rǽtəfài]
rat+i+fy(to make)

'합리적인 (절차를 거쳐) 만든 것' 이 → v. ① (어떤 사실을 마땅하다고 인정하면) **승인하다** ② (확인·동의하면) **비준하다**가 된 거지

- ratification[rætəfikéiʃən] n. ① **비준** ② **승인** ③ **인가** ④ **추인**
- the **ratification** of a treaty **조약 비준**
- syn. **approve**(인정하다), **sanction**(인가하다), **endorse**(승인하다) ↔ ant. **annul**(무효로 하다)

The minor leagues **ratify** a new agreement.
마이너리그는 새로운 협정을 승인했다.

1228. rate [reit]
rat+e(명접)

'합리적으로' 측정한 것이 → n. ① **요금** ② **비율** ③ **속도** v. ① **평가하다** ② **평가되다** ③ **등급을 매기다** ④ **~할 가치가 있다** ⑤ **~할 자격이 있다** 같은 표현이 되었지

- rating[réitiŋ] n. ① **순위** ② **평가** ③ **시청률** ④ (영화의) **등급**
- ratio[réiʃou] n. ① **비율** ② **비**(比)
- interest **rate 이자율**
- syn. **charge**(요금), **price**(가격), **fee**(수수료), **proportion**(비율), **tempo**(속도), **velocity**(속도), **evaluate**(평가하다), **value**(평가하다), **estimate**(평가하다)

The central bank reduced its benchmark interest **rate** to 0.25 percent.
중앙은행은 기준금리를 0.25%로 낮추었다.
benchmark interest rate 기준금리

■■■ **우리말 대화로 단어 복습하기**

가. 김과장 일을 집행할 때 개인적인 감정이나 연고를 **배제(exclusion)**했어야지.

나. 왜요?

나. 사업 절차를 **승인하고(ratify) 평가할(rate)** 때 **합리적인(rational)** 판단이 중요한데, 자네 친구와 관련된 회사에 **지나치게(excessively)** 높은 점수를 줬잖아?

1229. rectify [réktəfài]
rect+i+fy(to make)

'올바르게 만드는' 것이 → v. ① **바로잡다** ② **수정하다**가 된 거지
- rectification[rèktəfəkéiʃən] n. ① **개정** ② **수정** ③ (화학·전기) **정류**
- rectitude[réktitjùːd] n. ① **정직** ② **강직** ③ **청렴**
- syn. correct(바로잡다, 수정하다)

He hastened to **rectify** his mistake.
그는 서둘러서 자신의 실수를 바로 잡았다.

1230. correct [kərékt]
cor(together)+rect

'함께하여 올바르게 하는' 것이 → a. ① **정확한** ② **적절한** ③ (태도가) **올바른**
v. ① **바로잡다** ② **정정하다** ③ (남의 실수를) **바로잡다** ④ **지적하다**가 된 거지
- correctional[kərékʃənəl] a. ① (범죄자에 대한) **교정의** ② **처벌의**
- correction[kərékʃən] n. ① **정정** ② **수정** ③ **교정**
- correct proof 교정을 보다 • correctional facility ① 교정시설 ② 교도소
- a correctional institution for juveniles 소년원
- syn. accurate(정확한), exact(정확한), precise(정확한), proper(적절한),
  appropriate(적절한), rectify(바로잡다), remedy(바로잡다),
  redress(바로잡다), amend(고치다) ↔ ant. incorrect(부정확한),
  inappropriate(부적절한), spoil(망치다)

Politically **correct** results are uncritically welcomed.
정치적으로 수정된 결과가 무비판적으로 수용되었다.

1231. direct [dirékt]
di(apart)+rect(to keep straight)

'(중간 단계를) 배제하고 똑바로 하는 것' 이 → a. ① (제삼자 없이) **직접적인**
② **직통의** ③ **단도직입적인** ④ **직계의** v. ① (목표를) **겨냥하다** ② (개별적인
여러 가지를 한데 모아서) **총괄하다** ③ (영화를) **감독하다** ④ (연극을) **연출하다**
⑤ (길을) **안내하다** ⑥ **지시하다** ad. ① **직행으로** ② **직접** 이라는 표현이 된 거지
- direction[dirékʃən] n. ① **방향** ② **지시** ③ **감독**
- directory[diréktəri] n. ① (알파벳순) **안내 책자** ② **명부** ③ (컴퓨터의) **디렉토리**
- syn. first-hand(직접의), immediate(직접의), non-stop(직통의), aim(
  겨냥하다) ↔ ant. indirect(간접의)

Allocations to **direct** private equity now represent 15 percent of the portfolio.
직접적인 비공개 기업투자 할당액이 현재 투자액의 15%를 차지한다.
private equity 비공개 기업투자

1232. erect [irékt]
e(out)+rect(to keep right)

'밖으로 똑바로 하는' 것이 → v. ① (건물·동상·탑·조직을) **건립하다**
② (똑바로) **세우다** ③ **만들다** a. **똑바로 선** 것이 된 거지
- erection[irékʃən] n. ① **직립** ② **건립** ③ **설립**
- syn. build(세우다), put up(세우다), establish(설립하다) upright(똑바로
  선) ↔ ant. demolish(파괴하다), bent(구부러진), crooked(구부러진)

1233. rigid [rídʒid]
rig+id(형접)

'(모든 것을) 올바르게 하려는' 것이 → a. ① **엄격한** ② **융통성이 없는**
③ (물체나 말투가) **뻣뻣한** 의미가 된 거지

- rig**idity**[ridʒídəti] n. ① **강직** ② **엄격** ③ **엄숙**
- rig**orous**[rígərəs] a. ① **엄격한** ② **철저한** ③ (규칙 적용 등이) **엄격한**
- syn. **strict**(엄격한), **se**vere(엄격한), **stern**(엄격한), **rig**orous(엄격한),
stringent(엄격한), in**flex**ible(융통성 없는), **un**compromis**ing**
(타협하지 않는), **stiff**(딱딱한) ↔ ant. **flex**ible(융통성 있는)

A couple's marriage plans are stymied by India's **rigid** caste system.
커플의 결혼계획은 인도의 엄격한 카스트제도로 인해 좌절되었다.
stymie 좌절하다, 방해하다

1234. regal [ríːgəl]
reg(to rule)+al(형접)

'다스리는' 것이 → a. ① **제왕의** ② **제왕적** ③ (웅장하며 위엄 있고 엄숙하면)
장엄한 의미가 된 거지
- syn. **roy**al(왕의), **king**ly(왕의), **majest**ic(위엄 있는), **magnific**ent(장엄한)

She was **regal**, gorgeous.
그녀는 당당하면서, 멋졌다.
gorgeous[gɔ́ːrdʒəs] 멋진, 호화로운

1235. regular [régjulər]
reg+ular(성질, 형접)

'올바른 성질' 로 이어지면 → a. ① **정규의** ② **정기의** ③ **규칙적인** ④ **보통의**
⑤ **정례의** 것이라고 하지
- ir**reg**ular[irégjulər] a. ① **고르지 못한** ② **불규칙의** ③ **비정상적인**
- **regulars** ① **단골 고객** ② **고정 선수** ③ **고정 출연자**
- **regular** customer **단골 고객**
- syn. **norm**al(정규의), **ordin**ary(정규의), **typ**ical(전형적인), **rout**ine(정기적인),
habitual(습관적인), **stead**y(한결같은) ↔ ant. in**frequ**ent(드문)

There is the various playoff scenarios heading into the final week
of the **regular** season.
정규시즌이 마지막 주로 향해가면서 다양한 플레이오프 시나리오가 존재한다.

1236. regulate [régjulèit]
reg+ul+ate(동접)

'(규칙 등을) 올바르게 하는' 것이 → v. ① **규제하다** ② **통제하다** ③ **단속하다**
④ (속도 · 압력 · 온도 등을) **조절하다**가 된 거지
- reg**ulation**[règjuléiʃən] n. ① **규제** ② **규정** ③ **통제** ④ **단속** a. **규정된**
- reg**ulatory**[régjulətɔ̀ːri] a. ① **규제의** ② **조정력을 가진** ③ **단속의**
- **de**regulate[diːrégjulèit] v. (무역 등에 대한) **규제를 철폐하다**
- **thermo**regulation[θə́ːrmərègjuléiʃən] n. ① **체온조절** ② **온도조절**
- syn. **control**(통제하다), **moder**ate(조절하다), **ad**just(조절하다)

They use heat to **regulate** their body temperature.
녀석들은 열을 이용하여 체온을 조절한다.

1237. regime [rəʒíːm]
reg+i+me(명접)

'통치하는' 시스템을 → n. ① **정권** ② **제도** ③ **체제** ④ (음식이면) **요법**이라고 하지
- **regiment**[rédʒəmənt] n. ① (군대의) **연대** ② (사람·사물의) **다수**
- **regimen**[rédʒəmən] n. ① **식이 요법** ② **양생법**
- **regime** change 정권 교체

The paper company is built to evade the regulatory **regime**.
페이퍼 컴퍼니가 규제 제도를 피하기 위해 설립되었다.

1238. region [ríːdʒən]
reg+ion(명접)

'통치하는' 구역이 → n. ① (경계나 국경과 상관없는) **지역** ② (행정적·문화적으로 구분되어 있는) **지방** ③ (인체의) **부위**가 된 거지
- **regionalism**[ríːdʒnəlìzm] n. ① **지방 분권 제도** ② (언어의) **지역적 특징** ③ **지역주의**
- syn. **area**(지역, 지방), **district**(지구, 지역), **quarter**(지방, 지역), **section**(구역, 지구), **zone**(지역, 지구, 지대), **belt**(지대)

A **region** has been a hotbed of ethnic tensions.
한 지역이 민족적 긴장의 온상이 되었다.
hotbed (범죄·폭력의) 온상, 복마전

1239. sovereign [sávərin]
sove(over)+reign(통치)

'(모든 사람) 위에서 통치하는 것' 이 → n. ① **군주** ② **군왕** a. ① **자주적인** ② **독립된** ③ **최고 권력을 지닌** 의미가 된 거지
- **reign**[rein] n. ① **통치 기간** ② **치세**
  v. ① **통치하다** ② **군림하다** ③ (장소·순간을) **지배하다** ④ **가득하다**
- **sovereignty**[sávərənti] n. ① **자주권** ② **통치권** ③ (국가의) **자주** ④ **독립**
- syn. **monarch**(군주), **ruler**(통치자), **supreme**(최고 권력의), **absolute**(절대적인), **imperial**(최고 권력을 갖는)

Qatar's **sovereign** wealth fund has thrown its support behind the chairman
카타르 국부펀드는 회장에게 지지를 보냈다.
sovereign wealth fund 국부펀드

The **reign** of the mob has not yet ceased.
폭도들의 통치가 아직 끝나지 않았다.

1240. royal [rɔ́iəl]
roy+al(형접)

'통치하는' 것이 → a. ① **국왕의** ② **왕립의** ③ **성대한** n. **왕족**이 된 거지
- **royalty**[rɔ́iəlti] n. ① **왕족**(들) ② **저작권 사용료** ③ **수익금** ④ (유정·광산) **사용료** ⑤ **특허권** ⑥ **로열티**
- **loyal**[lɔ́iəl] a. ① **충성스러운** ② **충실한**
- **loyalty**[lɔ́iəlti] n. ① **충성** ② **충실** ③ **충성심**

◆ **어휘 플러스**

rectangle 직사각형 / **es**cort 호위대, 호위하다 / **a**droit 노련한, 능숙한 / **mal**adroit 솜씨 없는

■ **우리말 대화로 단어 복습하기**

가. **제왕적(regal)**인 **군주(sovereign)**가 **성대한(royal)** 퇴임식을 마치고 물러났다는군?

나. 누가 새 왕이 되든 **엄청난(enormous)** 변화가 **불가피하겠군(inevitable)**?

다. 어떤 변화가 있을까?

가. 언론 보도에 따르면, 새로운 왕은 잘못된 관행을 **바로잡고(rectify)**, **엄격한(rigid)** **제도(regime)** 시행을 약속했다는군.

가. 그리고 **지역(region)**별로 **정기적(regular)**이고 **정확한(correct)** 실태조사를 통해, **직접(direct)** **통치(reign)**를 강화한다는군.

🎀🎀🎀 **생활 속 영단어로 어원 친해지기** 🎀🎀🎀

티케 : 이번 회에 배운 어근이 뭐였더라?

토끼 : 242. 추구하다, 묻다, 말하다 quer, quest, qui / 243. 뿌리 radic / 244. 질서 range / 245. 잡다 rap, rav / 246. 문지르다 ras / 247. 합리적 rat / 248. 올바른, 똑 바로하다, 다스리다 rect, reg가 있어요.

티케 : 일상 속에서 활용한 사례를 말해주겠니?

고양이 : 배운 어근과 관련된 것을 정리해 보니, **설문지(questionnaire)**, **인수 합병(merger and acquisition)**, **필수과목(required subject)**, **무(radish)**, **교도소(correctional facility)**가 있었어요.

티케 : 좋아요. 설명을 덧붙이면,

○ merg**er** → merg(to plunge)+er(명접) → (상대 조직을) **거꾸러뜨리는 것** → 합병

○ sub**ject** → sub(under)+ject(to throw) → 아래로 내던져진 문제(대상) → **주제, 신하, ~에 달려있는**

○ facil**ity** → fac(to do)+ile(easy)+ity(명접) → (어떤 것을) **쉽게 하도록** 만들어진 것 → **시설, 기능**이 되는 거지요.

티케 : 다음 회에 배울 어근은 riv / rob / rode, ros / rog / rol, rot / rupt / sal, sul, sult, sil이지요.

어근 249

RIV : 흐르다(to flow) → river(강)를 통해 어원 이해 필요
※ 동의어근: FLU, FLUC, FLUX(어근103) / UND, UNDA(어근316)

1241. arrive [əráiv]
ar(to)+rive

'흘러 도달하는 것' 이 → v. ① (목적지에) **도착하다** ② (물건이) **도착하다**
③ (어떤 시기나 기회가 닥쳐) **도래하다**가 된 거지
- **arrival**[əráivəl] n. ① **도착** ② **도착한 사람[것]** ③ **도입**
- **rivalry**[ráivəlri] n. ① **경쟁** ② **경쟁의식**

> The body of a British surgeon **arrived** in Lebanon on Saturday.
> 영국인 외과 의사의 시신이 토요일 레바논에 도착했다.

1242. derive [diráiv]
de(from)+rive(to flow)

'(어떤 것)에서 흘러나온' 것이 → v. ① **기원하다** ② **얻다** ③ **나오다** ④ **유래하다**
⑤ **파생하다**가 된 거지
- **derivation**[dèrəvéiʃən] ① **기원** ② **파생**
- **derivative**[dirívətiv] ① **파생어** ② **파생물** ③ **금융파생상품**
- **deriver** 유도 장치
- syn. **stem**(유래하다)

> Households of people ages 65 to 74 **derive** 54% of their income
> from Social Security.
> 65세에서 74세까지 세대주들은 소득의 54%가 사회보장제도에서 나온다.

> The trading losses were caused by high-risk bets on
> complex financial **derivatives**.
> 거래 손실은 복잡한 금융파생상품에 대한 고위험투자로 인한 것이다.

◆ 헷갈리는 어원 TIP

1243. contrive [kəntráiv]
con(with)+trive(trope, to turn)

'(무언가를 위해) 함께 도는 것' 이 → v. ① **어떻게든 ~하다** ② **고안해내다** ③ (
일을 꾸미는 것을) **획책하다** ④ (어려운 가운데) **성사시키다**가 된 거지
- **contrivance**[kəntráivəns] n. ① (글이나 행동이) **억지로 짜 맞춘 것**
② **부자연스러움** ③ **고안** ④ **장치** ⑤ **수완**
- **contriver**[kəntráivər] n. ① **고안자** ② **계략자** ③ (가사 등을) **잘 꾸려가는 사람**
- syn. **devise**(고안하다), **scheme**(계획하다), **design**(설계하다), **plot**(음모
를 꾸미다)

> You can **contrive** situations that force this error.
> 너는 이런 실수를 유발하는 상황을 고안해낼 수 있다.

◆ 어원 TIP
- rival → riv(to flow)+al → 라틴어 rivalis에서 온 말로 '같은 강물을 가지고 서로 경쟁한다' → 경쟁자, 경쟁 상대,
필적하다 / river는 라틴어 rivus에서 유래

■■ **우리말 대화로 단어 복습하기**

가. AI발달로 4차 산업시대가 **도래한다(arrive)**는 소식이네.

나. 이것으로 **파생하는(derive)** 변화는 무엇이 있나요?

가. 우선 새로운 **기계장치(contrivance)** 발명으로 노동시장에 **혁명적인(revolutionary)** 변화가 올 것이고...

어근 250	ROB : 깨뜨리다(to break) ※ 동의어근 FRACT, FRAG(어근107) / RUPT(어근253)

1244. rob [rab]
rob(to break)

'(불법적으로) 깨뜨리고' 남의 물건을 가져가는 것이 → v. ① **빼앗다**
② **강도질하다** ③ **강탈하다**가 된 거지

- robb**ery**[rάbəri] n. **강도**
- rob**ust**[roubʌst] a. ① **튼튼한** ② **강건한** ③ **건장한**
- daylight r**obbery** 날강도 짓
- syn. **loot**(약탈하다), **plund**er(약탈하다), **burgle**(강도질 하다), **pill**age(약탈하다), **dispossess**(재산을 빼앗다)

> This guy's trying to **rob** me.
> 이 녀석이 나를 강탈하려 한다.

1245. corroborate
[kərάbərèit]
cor(intens)+rob+or+ate

'진술·이론 등을 뒷받침하는 증거나 정보로(상대를) 강하게 깨뜨리는 것' 이
→ v. ① **입증하다** ② **확증하다** ③ **제공하다**가 된 거지

- corrob**oration**[kərὰbəréiʃən] n. ① **확증** ② **입증**
- corrob**orative**[kərάbərèitiv] a. ① **확증하는** ② **입증하는**

> We're still trying to **corroborate** things.
> 우리는 사물을 입증하려고 여전히 노력 중이다.

■■ **우리말 대화로 단어 복습하기**

가. 최형사. 복면하고 은행에서 돈을 **강탈하고(rob)** 도망친 범인의 **단서(clue)**를 찾았나?

나. 현장 주변 **탐문 수사(legwork)**를 벌여 범행을 **입증(corroboration)**할 단서를 찾았습니다.

어근 251	RODE, ROS : 갉아먹다(to gnaw)

1246. rodent [róudnt]
rod+ent(명접)

'갉아먹는 동물' 을 → n. **설치류**라고 하지
- rod**enti**cide[roudéntəsàid] n. **쥐약**

> The owls' diet of small **rodents** might be in short supply in the Arctic.
> 올빼미의 주식인 작은 설치류가 북극에서 공급 부족 상태다.

1247. **e**rode [iróud]
e(out)+rode

'밖으로 갉아먹어' 발생한 것이 → v. ① (비바람이) **침식시키다** ② (비바람이) **풍화시키다** ③ (서서히) **약화시키다** ④ **무너뜨리다** ⑤ **약화되다** ⑥ **무너지다**가 된 거지
- **e**ros**ion**[iróuʒən] n. ① **침식** ② **부식** ③ (의학) **짓무름**
- syn. **dis**integr**ate**(붕괴시키다), crumb**le**(무너지다), **de**terior**ate**(약화시키다), **ab**rade(침식하다), weak**en**(약화시키다)

The technology companies **erode** privacy.
기술 회사들이 사생활을 침해한다.

◆ 어휘 플러스
abrade 침식하다, 찰과상을 입히다 / **cor**rode 부식하다, 좀먹다 / **cor**ros**ion** 부식, 용식(溶蝕)

■■■ **우리말 대화로 단어 복습하기**
문화재 조사반
가. **설치류(rodent)**가 **갉아먹은(gnaw)** 목재 문화재 **부식(corrosion)**이 심각한데요.
나. 다른 문제는 없나?
가. 지난번 홍수로 주변 지반이 약화되어, 건물을 **침식시킬(erode)** 위험이 있습니다.
나. 빨리 대책을 서둘러야겠군.

어근 252

ROG : 요구하다, 질문하다(to ask)

1248. **ar**rog**ant** [ǽrəgənt]
ar(to)+rog+ant(형접)

'접근하여 요구하는' 것이 → 일방적이면 → a. **오만한** 거지
- **ar**rog**ance**[ǽrəgəns] n. **오만**
- rogue[roug] n. ① **악당** ② **불한당** a. ① **독자적으로 행동하는** ② **변이**
- syn. **im**pudent(건방진), **over**bearing(건방진), haught**y**(오만한), cock**y**(잘나 척하는), **pre**sumptuous(건방진), **in**solent(거만한), cheek**y**(건방진), **con**ceit**ed**(자부심이 강한), **im**mod**est**(자만하는) ↔ ant. humb**le**(겸손한), mod**est**(겸손한)

His admirers find him **arrogant**, racist.
추종자도 그가 오만하고, 인종차별주의자라는 것을 인정한다.

1249. **ab**rog**ate** [ǽbrəgèit]
ab(away)+rog+ate(동접)

'없애도록 요구하는' 것이 → v. ① **폐지하다** ② **파기하다** ③ **무효화하다**가 된 거지
- **ab**rog**ation**[æbrəgéiʃən] n. ① **폐기** ② **철폐**
- syn. **an**nul(폐지하다), nullif**y**(무효로 하다), **ab**ol**ish**(폐지하다) **re**peal(폐지하다), **re**voke(폐지하다), **re**scind(폐지하다), do away with(폐지하다)

The changes will **abrogate** the mission.
그러한 변화는 임무를 저버리는 일이 될 것이다.

1250. interrogate
[intérəgèit]
inter(between)+rog+ate(동접)

'사이에서 질문하는' 것이 → v. ① **심문하다** ② **추궁하다** ③ (컴퓨터 등에서) **정보를 얻다**가 된 거지
- inter**rog**ation[intèrəgéiʃən] n. ① **심문** ② **취조**
- inter**rog**ative[intərǽgətiv] a.① **질문하는** ② **물어보는** ③ **질문 형태의** n. **의문사**
- inter**rog**atory[intərǽgətɔ:ri] a. ① **질문하는 듯한** ② **의문을 나타내는**
  n. **질문서**
- in an **interrogatory** tone **질문조로**
- the **interrogatory** method of teaching **문답식 교수법**

> Police detain, **interrogate** and prosecute terrorists.
> 경찰이 테러리스트를 억류해서, 심문하고, 기소했다.

1251. prerogative
[prirǽgətiv]
pre(before)+rog+ative(명접)

'미리 요구하는 것' 이 → n. ① **특권** ② **특혜**가 된 거지
- the **prerogative** of mercy **사면권**
- **prerogative** of supreme command (군사) **통수권**
- syn. **privi**lege(특권), **per**quis**ite**(특전, 특권, 부수입)

> She exercises her royal "**prerogative** of mercy."
> 그녀는 자신의 여왕 사면권을 행사했다.

1252. surrogate [sə́:rəgèit]
sur(under)+rog+ate(형접)

'아래에서 요구하는 것' 이 → a. ① (남의 일을 대신 처리하는) **대리의** ② (대신 쓰기 위한) **대용의** n. (남의 일을 대신 처리하는) **대리인**이 된 거지
- sur**rog**acy[sə́:rəgəsi] n. ① **대리 출산** ② **대리모 행위** ③ **대리모업**
- **surrogate** mother **대리모**
- syn. **de**puty(대리인), **sub**stit**ute**(대리인)

> That all changed with the advent of artificial insemination and **surrogate** pregnancy.
> 모든 것은 인공 수정, 대리모 임신 등장과 함께 변했다.
> **artificial insemination** 인공 수정

■■■ **우리말 대화로 단어 복습하기**

가. 아직도 **대리인(surrogate)**이 **심문(interrogation)**에 전혀 협조하지 않는데요.

나. **오만한(arrogant)** 대리인의 **특혜(prerogative)**를 **폐지해야(abrogate)**겠군?

가. 우선 **법적인(legal)** 절차를 진행하여 법원이 **판단(judgement)**이 나와야 됩니다.

나. 알겠네. 계속 수고해주게.

어근 253

ROL, ROT : 구르다, 말다(to roll)
※ 동의어근 BALL(어근19) / VOLVE(어근336)

1253. rotate [róuteit]
rot+ate(동접)

'구르게 하는' 것이 → v. ① **회전하다** ② **회전시키다** ③ (여럿이 나누어 차례로 하면) **교대로 하다** ④ (주기적으로 되풀이하는 돌면) **순환 근무를 하다**가 된 거지

- **rotation**[routéiʃən] n. ① **회전** ② (지구 · 천체의) **자전** ③ **순환** ④ **교대**
- **rotary**[róutəri] a. ① **회전식의** ② **회전하는** ③ **로터리**
- in[by] **rotation** ① **차례로** ② **윤번제로**
- syn. **rev**olve(회전하다), take turns(교대하다)

> Foam ear pads **rotate** easily.
> 발포 고무 이어 패드는 쉽게 회전된다.

1254. enroll [inróul]
en(in)+roll

'(조직) 안으로 마는' 것이 → v. ① **등록하다** ② **명부에 올리다**가 된 거지
- **en**roll**ment**[inróulmənt] n. ① **등록** ② **입학** ③ **등록자 수**
- **bankroll**[bǽŋkròul] v. ① **재정을 지원하다** ② **자금을 대다** n. **재정 지원**
- **roll call**[róulkɔ̀ːl] n. ① **점호** ② **출결 조사**
- **rollback**[róulbæk] n. ① **인하** ③ **삭감**
- **rollick**ing[rɑ́likiŋ] a. ① **신나는** ② **흥겨운** n. ① **나무람** ② **꾸지람**
- syn. **re**gist**er**(등록하다)

> Enrollment counselors help folks **enroll**.
> 등록 상담원이 사람들이 등록하는 것을 돕고 있다.

◆ 어휘 플러스
role 역할 / **rollback** 인하, 역행 / **rollover** (부채 상환) 연장, (차량의) 전복 사고 / **roly-poly** 오동통한, 땅딸막한

■■■ 우리말 대화로 단어 복습하기
가. 지금 **교통체증(traffic jam)**이 왜 이렇게 심한 거야?
나. 좌**회전하던(rotate)** 자동차가 교차로에서 사고를 냈습니다.
가. 사상자는 없는가?
나. 다행이 없는데요. 운전자가 면허 **등록(enrollment)**이 취소된 상태에서 운전했습니다.

어근 254

RUPT : 깨뜨리다(to break)
※ 동의어근 : FRACT, FRAG(어근107) / ROB(어근250)

1255. bankrupt [bǽŋkrʌpt]
bank(둑)+rupt

'둑이 깨지는' 것이 → a. ① **파산한** ② **결핍된** n. **파산자**가 된 거지
- go **bankrupt** 파산하다
- syn. **in**solv**ent**(파산한), **de**stit**ute**(결핍된) ↔ ant. **sol**vent(지불 능력이 있는)

> A slew of companies didn't go **bankrupt**.
> 많은 기업들이 파산하지 않았다.
> **a slew of** 많은

1256. abrupt [əbrʌ́pt]
ab(off)+rupt

'(예기치 않게) 깨뜨리고 떨어져 나온' 것이 → a. ① **갑작스러운** ② **돌연한**
③ (말과 행동이 무뚝뚝하면) **통명스러운** 의미가 된 거지

- abruption[əbrʌpʃən] n. ① 분리 ② 분열
- abruptness[əbrʌptnis] n. ① 갑작스러움 ② 퉁명스러움
- abruptly[əbrʌptli] ad. ① 갑자기 ② 퉁명스럽게
- syn. sudden(갑작스러운), unexpected(뜻밖의)

> Abrupt change could lead to more costs.
> 갑작스런 변화는 더 많은 대가를 치르게 할 수 있다.

1257. corrupt [kərʌpt]
cor(together)+rupt

'(정신·정치·사상·의식 등을) 함께 부러뜨린' 것이 → a. ① 부패한 ② 부정직한
③ 타락한 ④ (컴퓨터에) 오류가 생긴 v. ① 부패하게 만들다 ② 타락시키다 ③
변질시키다 ④ (컴퓨터 파일에) 오류를 일으키다가 된 거지
- corruption[kərʌpʃən] n. ① 부패 ② 타락 ③ 오염
- syn. fraudulent(부정의), depraved(타락한), vicious(부도덕한),
  dissolute(타락한), deprave(타락시키다), debauch(타락시키다) ↔
  ant. incorrupt(타락하지 않은), reform(개혁하다)

> They protest against his corrupt and authoritarian rule.
> 그들은 그의 부패하고 권위주의적인 통치에 대항하여 시위를 벌였다.

1258. disrupt [disrʌpt]
dis(apart)+rupt

'깨뜨리고 떨어져' 나간 것이 → v. ① (남의 일에 훼살을 놓으면) 방해하다
② (손해를 입히면) 피해를 주다가 된 거지
- disruption[disrʌpʃən] n. ① 붕괴 ② 파열 ③ 분열
- disruptive[disrʌptiv] a. ① 지장을 주는 ② 방해하는 ③ 파괴적인
- syn. interrupt(가로막다), upset(망쳐놓다), interfere with(방해하다),
  obstruct(방해하다), disturb(방해하다), hinder(방해하다)

> Other anti-government groups have vowed to disrupt the vote.
> 다른 반정부 단체들은 투표를 좌절시키겠다고 맹세했다.
> vow 맹세하다, 맹세

1259. erupt [irʌpt]
e(out)+rupt

'깨뜨리고 밖으로 나온' 것이 → v. ① (화산이) 분출하다 ② (폭력적으로)
분출되다 ③ (감정이) 폭발하다가 된 거지
- eruption[irʌpʃən] n. ① 분출 ② 폭발 ③ 분화 ④ (의학) 발진
- syn. explode(폭발하다), spout(분출하다), gush(솟구치다)

> Water geysers erupt on Europa!
> 물이 있는 간헐천이 유러파에서 분출하다니!
> ① geyser 간헐천 ② Europa 목성의 위성 중 하나

1260. interrupt [ìntərʌpt]
inter(between)+rupt

'사이에서 깨뜨리는 것' 이 → v. ① (특히 말과 행동으로) 방해하다 ② 중단시키다
③ (자기와 관계없는 일에 참견하여) 끼어들다가 된 거지
- interruption[ìntərʌpʃən] n. ① 중단 ② 방해
- interruptive[ìntərʌptiv] a. ① 중단하는 ② 훼방 놓는 ③ 중단하는

- **interruption** of electric service 정전
- **interruption** of business 영업정지
- syn. **in**trude(끼어들다), **dis**turb(방해하다), **post**pone(연기하다), **put off**(연기하다), **shelve**(보류하다)

> Blood clots block an artery and **interrupt** blood flow.
> 혈전이 동맥을 차단하고 혈류를 방해한다.

1261. rupture [rʌ́ptʃər]
rupt+ure(상태, 명접)

'깨져버린 상태' 를 → n. ① (장기의) **파열** ② (수도관 등의) **파열** ③ **탈장** ④ **결렬** ⑤ **불화** v. ① (장기를) **파열시키다** ② 장기가 **파열되다** ③ (배관·용기 등을) **터지게 하다** ④ (관계를) **결렬시키다**가 된 거지
- **dis**rupt**ure**[disrʌ́ptʃər] n. ① **중단** ② **분열**
- syn. **crack**(틈, 금이 가다), **burst**(파열, 파열하다), **fiss**ure(균열)

> Hydrogen gas accumulated inside a pipe would not cause a **rupture**.
> 파이프 안에 축적된 수소가스는 파열을 일으키지 않을 것이다.

■ 우리말 대화로 단어 복습하기

가. J공장 직원들의 감정이 **폭발한(erupt)** 이유가 뭐래요?

나. 회사 자금을 빼돌려 회사를 **파산(bankruptcy)** 위기로 내몬 **부패한(corrupt)** 경영자가 도망쳤다는 소식이 있네요?

나. 그리고 **갑작스러운(abrupt)** 파산으로 졸지에 상당수 직원들이 **실업자(the unemployed)**가 될 처지에 놓였다고 하네요?

가. (혀를 차며) 회사에 **피해를 주고(disrupt)** 운영을 **중단시킨(interrupt)** 행위는 반드시 책임을 물어야해.

어근 255

SAL, SUL, SULT, SIL : 뛰어오르다, 날뛰다, 도약하다(to leap) / ILE : 돌아다니다(to wander)

1262. consult [kənsʌ́lt]
con(with)+sult

'함께해서 도약하게 하는 것' 이 → v. ① **상담하다** ② **상의하다** ③ (정보를 얻기 위해) **찾아보다**가 된 거지
- **con**sult**ation**[kὰnsəltéiʃən] n. ① **협의** ② (정식) **회담** ③ (의사와의) **상담** ④ **참고**
- **con**sult**ant**[kənsʌ́ltənt] n. ① **컨설턴트** ② **상담사** ③ **자문 위원**
- **con**sult**ancy**[kənsʌ́ltənsi] n. ① **자문회사** ② (전문가의) **조언**
- **consulting** firm **컨설턴트 회사**   • **consulting** room **진찰실**
- syn. **ad**vise(조언하다), **coun**sel(상담을 하다)

> Ukraine's leaders **consult** with Moscow about post-Soviet economic reintegration.
> 우크라이나 지도자들은 소련 붕괴 후 경제 재통합문제를 러시아정부와 논의했다.

1263. assault [əsɔ́ːlt]
as(to)+sault

'접근하여 날뛰는 것' 이 → n. ① **폭행**(죄) ② (점거를 위한) **공격** ③ (힘들거나 위험한 일에 대한) **도전** ④ **맹비난** v. ① (범죄가 되는 난폭하게) **폭행하다** ② (

청각 · 후각 등을) **괴롭히다**가 된 거지
- syn. **at**t**ack**(공격, 공격하다), **ag**gress**ion**(공격) **raid**(급습), **in**vas**ion**(침입), **on**slaught(맹공격), **off**ense(공격) ↔ ant. **de**f**ense**(방어)

> He was charged with **assault** with a deadly weapon.
> 그는 치명적인 무기로 공격한 혐의를 받고 있다.

1264. **salient** [séiliənt]
sal+ient(형접)

'(어떤 사람이나 사물이) 도약한' 것이 → 뚜렷이 드러나 분명하면 → a. ① **현저한** ② **두드러진** ③ **가장 중요한** 의미가 되는 거지
- **as**sail[əséil] v. ① (신체적 · 언어적) **공격을 가하다** ② (감정) **괴롭히다**
- sul**try**[sʌ́ltri] a. ① **무더운** ② **후텁지근한** ③ **관능적인**
- **salient** point ① **두드러진 점** ② **두드러진 특징**
- syn. **not**able(눈에 띄는), **notice**able(현저한), **con**spic**uous**(눈에 띄는), **re**mark**able**(현저한), **mark**ed(두드러진), **di**stinguish**ed**(두드러진), strik**ing**(인상적인), **pro**min**ent**(두드러진), **out**stand**ing**(현저한)

> A lot of corporations have realized that giving can be a very **salient** factor.
> 많은 기업들은 기부가 매우 중요한 요소임을 깨달았다.

1265. **exult** [igzʌ́lt]
ex(out)+ult

'(뜻한 바를 이루어) 밖으로 날뛰는 것' 이 → v. ① **기뻐 날뛰다** ② **의기양양하다**가 된 거지
- **ex**ult**ant**[igzʌ́ltənt] a. ① **기뻐 날뛰는** ② **의기양양한**
- **ex**ult**ation**[ègzʌltéiʃən] n. ① **환희** ② **기뻐 날뜀** ③ **의기양양함**
- syn. **e**late(우쭐대게 하다)

> He **exults** over the sudden change of events.
> 그는 갑작스런 경기 양상의 변화를 기뻐 날뛰었다.

1266. **insult** [ínsʌlt]
in(in)+sult

'(깔보고 욕되게 하려고) 안으로 날뛰는 것' 이 → v. **모욕하다** n. **모욕**(적인 말 · 행동)이 된 거지
- **in**sult**ing**[ínsʌltɪŋ] a. ① **모욕적인** ② **무례한**
- syn. **af**front(모욕하다), **ma**lign(헐뜯다) ↔ ant. **praise**(칭찬하다)

> Subway rate increase is unfair and an **insult** to minimum-wage earners.
> 지하철요금 인상은 불공정하고 최저임금을 받는 사람에 대한 모욕이다.

1267. **exile** [égzail]
ex(out)+ile(to wander)

'(자신의 나라) 밖으로 돌아다니는 것' 이 → n. ① **망명** ② **추방** ③ **유배** ④ **망명자** v. ① **망명하다** ② **추방하다** ③ **유배하다**가 된 거지
- government-in-**exile**[gʌ́vərnməntinégzail] n. ① **망명 정권** ② **망명 정부**
- syn. **banish**ment(추방), **ex**puls**ion**((축출), **de**port**ation**(국외 추방), **ex**patri**ation**(국외 추방)

1268. resilience [rizíljəns]

re(back)+sil+ence(명접)

'본래대로 도약하는 것' 이 → n. ① (충격·부상 등에) **회복력** ② **탄성** ③ **탄력**
이 된 거지

- **re**sile[rizáil] v. ① **원래의 형태로 돌아가다** ② **회복하다**
  ③ (계약 등에서) **손을 떼다**
- **re**sil**ent**[rizíljənt] a. ① (충격·부상 등에) **회복력 있는** ② (물질이) **탄력 있는**
- **resilient** economy 회복세의 경제
- syn. **elastic**ity(탄력)

Economic indicators are pointing to **resilience** and expansion in
the U.S. economy.
경제지표들은 미국경제 회복세와 신장을 암시해주고 있다.

◆ 어원 TIP

- **sal**ute[səlúːt] → sal(to leap)+ute → (손을) 뛰어오르게 하다 → 거수경례를 하다, 경의를 표하다, 거수경례, 경의의
  표시
- **re**sult → re(back)+sult(to leap) → 뒤로 도약해 나오는 것 → 결과, 성과, (결과로) 발생하다, 생기다

◆ 어휘 플러스

salutation 인사, 인사말 / **coun**sel 상담을 하다

■■■ 우리말 대화로 단어 복습하기

가. 상대를 **모욕**(insult)하고 **폭행**(assault)한 범인이 잡혔다며, 그나저나 피해자는 어떻게 됐어?

나. 전문의와 **상담을 하고**(consult) 난후 **두드러진**(salient) **회복력**(resilience)을 보여주고 있어.

나. 그리고 범인은 조만간 정부가 **추방**(exile)을 한다는군.

🎀🎀🎀 **생활 속 영단어로 어원 친해지기** 🎀🎀🎀

티케 : 이번에 배운 어근이 뭐였더라?

토끼 : 249. 흐르다 riv / 250. 깨뜨리다 rob / 251. 갚아먹다 rode, ros / 252. 질문하다, 요구하다 rog /
253. 구르다, 말다 rol, rot / 254. 부러뜨리다 rupt / 255. 뛰어오르다, 날뛰다, 도약하다 sal, sul,
sult, sil이 있어요.

티케 : 일상 속에서 활용한 사례를 말해주겠니?

고양이 : 배운 어근과 관련된 것을 생각해 보니, **강도**(robbery), **대리모**(surrogate mother)를 이용한 **출산**
(delivery), **교대**(rotation), **파산하다**(go bankrupt), 권력 **부패**(corruption), **화산 폭발**(volcano
eruption)이 있었어요.

티케 : 좋아요. 설명을 덧붙이면,

○ **de**livery → de(intens)+liver(to liberate)+y(명접) → 강하게 해방시키는 것 → 배달, 출산, 분만이 되는
거지요.

티케 : 다음에 배울 어근은 **sacr, sanct, secr** / **satis** / **scal** / **scend**이지요.

| 어근 256 | SACR, SANCT(I), SECR : 신성한(holy) |

1269. sacred [séikrid]
sacr+ed

'신성한 것' 은 → a. ① **성스러운** ② **종교적인** ③ **신성시되는** 거지
● sacr**edness**[séikridnis] n. ① **성스러움** ② **신성함** ③ **신성불가침**
● syn. **hol**y(신성한), **div**ine(신성의), **hallow**ed(신성한) ↔ ant. **secul**ar(세속적인)

> The places are **sacred** to all three major religions.
> 그 장소는 세 개의 주요 종교가 신성하게 여긴다.

1270. sacrifice [sǽkrəfàis]
sacr+fi(to make)+ce(명접)

'신성한 목적을 위해 만들어진 것' 이 → n. ① **희생** ② **제물** v. ① **희생하다** ② **희생시키다** ③ **제물로 바치다**가 된 거지
● sacrific**ial**[sækrəfíʃəl] a. ① **제물로 바쳐진** ② **투매의** ③ **희생의**
● **sacrifice** bunt 희생 번트
● **sacrificial** prices 투매 가격
● syn. **offer**ing(봉납), **oblat**ion(헌납), **scapegoat**(희생양)

> The Maya were known for their human **sacrifices**.
> 마야인은 인간 제물로 유명했다.

1271. massacre [mǽsəkər]
mass(people)+sacr+e(명접)

'사람들을 신성한 제물' 이 되게 하는 것이 → n. ① **대량 학살** ② (시합에서) **완패** v. ① **대학살하다** ② (경기에서) **대패시키다**가 된 거지
● syn. **holocaust**(나치의 유대인 대학살), **carn**age(대학살), **blood bath**(대량 학살)

> A fact-finding commission investigates the **massacre**.
> 진상 조사 위원회는 대학살을 조사하고 있다.

1272. sanctify [sǽŋktəfài]
sancti+fy(to make)

'신성하게 만드는' 것이 → v. ① **신성하게 하다** ② (신의 이름을 빌려) **정당화하다** ③ **인가하다**가 된 거지
● sanct**uary**[sǽŋktʃuèri] n. ① (조수) **보호구역** ② **피난처** ③ **안식**
● sanctific**ation**[sæŋktəfəkéiʃən] n. ① **신성화** ② **청정화** ③ **축성**
● sanct**um**[sǽŋktəm] n. ① **성소** ② **신성한 장소** ③ **내실**
● sanct**ity**[sǽŋktəti] n. ① **신성함** ② **존엄성** ③ **성스러움**
● **saint**[seint] n. ① **성인** ② **성인군자 같은 사람**

> The language of national identity can just as **sanctify** something wretched as exalted.
> 국가 정체성이라는 언어는 형편없는 어떤 것을 고귀한 것처럼 신성시할 수 있다.
> **wretched** 끔찍한, 형편없는

1273. sanction [sǽŋkʃən]

sanct+ion(명접)

'신성하게 해야하는' 것이 → n. ① 제재 ② 승인 ③ 허가 ④ 처벌
v. ① 제재를 가하다 ② 허가하다 ③ 승인하다 ④ 인가하다가 된 거지

- economic **sanctions** 경제제재
- **sanction** busting 제재 불복
- syn. **ban**(금지), **boycott**(보이콧), **em**bargo(금지), per**mission**(허가), ap**proval**(승인), per**mit**(허가하다), ap**prove**(찬성하다)

The new **sanctions** are unnecessary.
새로운 제재는 불필요하다.

◆ 어휘 플러스

sacrosanct 신성불가침의 / **con**secrate[kánsəkrèit] 축성하다, (사제 등으로) 임명하다, (물건을 바쳐) 봉헌하다 / **con**secration[kànsəkréiʃən] 신성화, 헌신, 봉헌(식)

■■■ **우리말 대화로 단어 복습하기**

가. 과거에는 **종교적인(sacred)** 제물(sacrifice)로 사람을 **봉헌하는(consecrate)** 일이 있었지?

나. 2차 세계 대전 당시에도 나치가 유태인 **대량 학살(massacre)**을 **정당화하는(sanctify)** 일이 있었지?

다. 다시 그러한 일이 발생하면 강력한 **제재(sanction)**와 처벌이 필요해.

어근 257

SATIS : 충분한(enough)

1274. satisfy [sǽtisfài]

satis+fy(to make)

'충분하게 만든' 것이 → v. ① **만족시키다** ② (필요·욕구 등을) **충족시키다**
③ (남의 말이나 행동을 잘 알아차려) **납득시키다**가 된 거지

- **satisfaction**[sætisfǽkʃən] n. ① **만족** ② **충족** ③ (부채 등을) **배상** ④ **보상**
- **dis**satisfaction[dìssætisfǽkʃən] n. ① **불만** ② **불평**
- **satisfactory**[sætisfǽktəri] a. ① **만족스러운** ② **충분한**
- syn. grati**fy**(만족시키다), fulfill(만족시키다), con**vince**(납득시키다), per**suade**(납득시키다) ↔ ant. **dis**satis**fy**(불만족하다), **dis**suade(단념시키다)

Employees force unwanted products on customers to **satisfy** sales targets.
종업원들은 영업목표를 충족시키기 위해 고객들에게 원치 않는 제품을 강요한다.

1275. satire [sǽtaiər]

sati+re(명접)

'(빗대는 재치가) 충분한 것' 을 → n. ① **풍자** ② **해학**이라고 하지

- **satirical**[sətírikəl] a. **풍자적인**
- **satirize**[sǽtəràiz] v. **풍자하다**
- **allegory**[ǽligɔ̀:ri] n. ① **풍자** ② **우화**
- syn. **sarcasm**(풍자), par**ody**(패러디)

Is this movie **satire** or propaganda?
이 영화는 풍자 영화인가 선전 선동 영화인가?

1276. saturate [sǽtʃərèit]
satu+r+ate(동접)

'충분하게 하는' 것이 → v. ① **흠뻑 적시다** ② (가득 차게 하면) **포화시키다**
③ (가득 차게 하면) **포화 상태를 만들다**가 된 거지
- saturation[sæʃərèiʃən] n. ① **포화** (상태) ② **포화도** ③ **침윤**
- saturated fat **포화 지방**　　　　　● market saturation **시장 포화**
- saturation point **포화 단계**
- syn. drench(흠뻑 물에 적시다), souse(흠뻑 적시다)

> Heavy rains sometimes **saturate** the hillsides, causing destructive landslides.
> 집중호우는 가끔 산비탈을 포화시켜, 파괴적인 산사태를 유발한다.
> **landslide** 산사태

■■■ **우리말 대화로 단어 복습하기**

가. 현대인들의 욕심을 **만족시키는(satisfy)** 일은 쉽지 않지?
나. 욕심으로 **포화(saturation)** 상태가 되어 숨쉬기 힘든 인간 모습을 **풍자(satire)**한 재미있는 삽화가 있어.

어근 258

SCAL : 사다리(ladder) → 사다리 역할을 생각하면서 어근 이해 필요

1277. escalate [éskəlèit]
e(out)+scal+ate(동접)

'밖으로 사다리를 타고' 올라가듯이 → 모양이나 규모가 더 커지면 →
v. ① **확대하다[시키다]** ② **증가하다[시키다]** ③ **악화되다[시키다]**가 되는 거지
- escalation[èskəléiʃən] n. (임금·물가·전쟁 등의) **단계적 확대**
- escalator[éskəlèitər] n. **에스컬레이터**
- de-escalate[diːéskəlèit] v. ① **점감시키다** ② **점감되다** ③ **단계적으로 줄이다**
　　　　　　　　　　　　　 ④ **단계적으로 줄다**
- escalator clause **신축 조항**; 경제 사정 변화에 따라 임금의 증감을 인정하는 규정
- syn. increase(증가하다), expand(확대하다), intensify(확대하다) ↔
  ant. decrease(감소하다), diminish(줄어들다), lessen(줄어들다),
  shrink(줄어들다), dwindle(줄어들다)

> The violence could **escalate** into civil war.
> 폭력이 내전으로 악화될 수 있다.

1278. scale [skeil]
scal+e(명접)

'사다리' 처럼 단계를 밟아가는 것이 → n. ① **규모** ② **등급** ③ **비늘** ④ **저울** ⑤ **축척**
⑥ **비율** ⑦ **치석** v. ① (가파른 곳을) **오르다** ② **치석을 제거하다** ③ **크기를
조정하다** 등 다양한 표현이 된 거지
- full-scale a. ① **총력을 기울인** ② **전면적인**
- scale economics/economics of scale **규모 경제**
- on a large scale **대규모로**
- syn. scope(범위), range(범위), extent(범위), ratio(비율), proportion(비율)

> He now runs the full-**scale** wholesale bakery.
> 그는 지금 대규모 도매 제과점을 운영하고 있다.

가. OO기업이 대**규모(scale)**의 인원 감축을 한다는군?
나. 고용을 **확대하는(escalate)** 것도 모자라 감축이라니.

어근 259	SCEND : 오르다(to climb) ※ 동의어근 MONT, MOUNT(어근178)

1279. ascend [əsénd]
a(to)+scend

'~로 오르는 것' 이 → v. ① **오르다** ② **올라가다**가 된 거지
- ascent[əsént] n. ① **올라감** ② **오르막** ③ **상승** ④ **진보**
- ascendancy[əséndənsi] n. ① **영향력을 행사할 수 있는 위치** ② **지배력**
- ascendant[əséndənt] n. ① **우세** ② **우월** ③ **지배** a. ① **우세한** ② **상승하는**
- gain[have] (an) ascendancy over ~보다 우세해지다
- lose its ascendancy 지배력을 잃다

> The paper airplane **ascend** and descend.
> 종이비행기가 오르락 내리락 하고 있다.

1280. descend [disénd]
de(down)+scend

'아래로 오르는 것' 이 → v. ① **내려오다** ② **(아래로) 경사지다** ③ **(밤·어둠·분위기 등이) 내려앉다**가 된 거지
- descent[disént] n. ① **내려오기** ② **하강** ③ **내리막** ④ **혈통**
- descendant[diséndənt] n. ① **자손** ② **후손** ③ **후예** ④ **유래**
- descendent[diséndənt] a. ① **강하하는** ② **낙하하는** ③ **파생한** ④ **세습의**
- direct descendant 직계 자손

> A 1-ton satellite began to **descend** to Earth.
> 1톤이나 되는 인공위성이 지구로 하강을 시작했다.

1281. transcend [trænsénd]
tran(over)+scend

'넘어서 올라가는' 것이 → v. ① **(경험·이성·이해 등의 한계를) 초월하다**
② **~을 능가하다**가 된 거지
- transcendence[trænséndənsi] n. ① **초월** ② **탁월** ③ **초월성**
- transcendental[trænsendéntl] a. ① **선험적인** ② **초월적인**
- transcendentalism[trænsendéntəlìzm] n. ① **선험론** ② **초월주의** ③ **초월론**
- syn. exceed(넘다), surpass(능가하다), outdo(능가하다)

> The partnerships will **transcend** geographical boundaries.
> 동반자 관계는 지리적인 경계를 뛰어넘을 것이다.

가. 요즘 물가가 상상을 **초월하게(transcend)** **오르고(ascend)** 있지?
나. 그러게 말이야. **내려오는(descend)** 것은 찔끔찔끔...장난도 아니고.

Exercise 19

1. (A)에 제시된 어근의 의미를 가장 적절하게 표현한 것을 (B)에서 찾아 쓰시오.

(A)	(B)
1) SATIS _____	ⓐ 잡다 (to take)
2) RUR _____	ⓑ 추구하다(to seek), 말하다(to say)
3) RADIC _____	ⓒ 흐르다(to flow))
4) RECT, REG _____	ⓓ 요구하다(to ask)
5) RODE, ROS _____	ⓔ 날뛰다(to leap)
6) SCEND _____	ⓕ 사다리(ladder)
7) QUER, QUEST, QUI _____	ⓖ 충분한(enough)
8) RIV _____	ⓗ 갉아먹다(to gnaw)
9) RANGE _____	ⓘ 올바른(right), 똑 바로하다(to keep straight)
10) SCAL _____	ⓙ 뿌리(root)
11) ROB, RUPT _____	ⓚ 질서(order)
12) RAP, RAV _____	ⓛ 깨뜨리다(to break)
13) SAL, SUL, SULT, SIL _____	ⓜ 시골(country)
14) ROG _____	ⓝ 오르다(to climb)
15) SANCT _____	ⓞ 신성한(holy)

2. 제시된 단어 중 의미가 가장 적절한 것을 찾아 괄호 안에 넣으시오.

ⓐ conquer ⓑ exile ⓒ prerogative ⓓ disrupt ⓔ saturate ⓕ corrode ⓖ exult ⓗ ravage ⓘ scale ⓙ erode ⓚ erupt ⓛ sanctify ⓜ rodent ⓝ corrupt ⓞ ascend ⓟ derange ⓠ assault ⓡ rapture ⓢ satire ⓣ erect ⓤ insult ⓥ abrasion ⓦ sacrifice ⓧ inquire ⓨ enroll ⓩ rupture

1) ( ) : 등록하다	2) ( ) : 풍자	3) ( ) : 설치류
4) ( ) : 분출하다	5) ( ) : 묻다	6) ( ) : 오르다
7) ( ) : 침식시키다	8) ( ) : 파열	9) ( ) : 어지럽히다
10) ( ) : 폭행	11) ( ) : 부패한	12) ( ) : 희생
13) ( ) : 정복하다	14) ( ) : 포화시키다	15) ( ) : 황홀
16) ( ) : 모욕하다	17) ( ) : 건립하다	18) ( ) : 비늘
19) ( ) : 부식하다	20) ( ) : 방해하다	21) ( ) : 찰과상
22) ( ) : 정당화하다	23) ( ) : 황폐하게 만들다	24) ( ) : 기뻐 날뛰다
25) ( ) : 특권	26) ( ) : 망명	

3. 밑줄 친 단어와 전혀 관계없는 것을 고르시오.

1) Advocating bankruptcy might **abrogate** agreements with organized labor.
   ① plead   ② repeal   ③ annul   ④ nullify

2) We constantly **interrupt** our experiences to make a record of them.
   ① hinder   ② disturb   ③ obstruct   ④ interpret

3) The E.P.A. can **regulate** drifting smog from coal-fired plants.
   ① reprove   ② control   ③ restrict   ④ restrain

4) You are **correct** that modernizing the system will make it more climate friendly.
   ① right   ② accurate   ③ revised   ④ proper

5) I was blind to how **arrogant** and self-centered I had become.
   ① haughty   ② conceited   ③ overbearing   ④ modest

4. 밑줄 친 단어와 가장 유사한 것을 고르시오.

1) The rehabilitation hospital has to **arrange** financing that would avert bankruptcy.
   ① assemble   ② prepare   ③ tidy   ④ straighten

2) The director tracks the awakening of her consciousness with **exquisite** empathy.
   ① delicate   ② clumsy   ③ bumbling   ④ awkward

3) A way is to reconcile the interests of conservationists and **rapacious** developers.
   ① recondite   ② querulous   ③ greedy   ④ conscientious

4) The bill would **require** acceleration of the program if new sanctions are imposed.
   ① inquire   ② determine   ③ encourage   ④ request

5) I also urged Turkey to swiftly **ratify** a trade pact with China.
   ① rectify   ② approve   ③ veto   ④ amend

5. 밑줄 친 단어와 반대되는 것을 고르시오.

1) Poverty was the only heirloom many parents could **bequeath** their children.
   ① bestow   ② atone   ③ inherit   ④ hand down

2) These physical appearances were **acquired** traits through effort and sweat.
   ① obtained   ② innate   ③ remarkable   ④ established

3) I am proud to be called a **radical** Buddhist.
   ① extreme   ② militant   ③ avant-garde   ④ moderate

4) There's a **rigid** link between growth and pollution.
   ① flexible   ② strict   ③ stern   ④ austere

5) The so-called culture wars may be becoming increasingly **salient** across Europe.
    ① striking   ② prominent   ③ indistinct   ④ outstanding

6. 아래에 제시된 단어 중 밑줄 친 우리말의 의미에 맞게 빈칸에 적절한 것을 골라 넣으시오.

---

massacre / corroborate / eradicate / reign / transcend / interrogate / escalate / sanction / resilience /
surrogate

---

1) 러시아는 우크라이나에게 미국이 공급한 무기가 갈등을 **악화시킬** 수 있다고 말했**다**.
    → Russia says U.S.-supplied weapons to Ukraine could (   ) conflict.

2) 그는 민간인을 **신문할** 군의 권리를 인정하지 않았다.
    → He didn't recognize the military's right to (   ) a civilian.

3) 어떤 위험한 음모도 자의식을 완전히 **초월하**지 못한**다**.
    → A risky ploy doesn't quite (   ) self-consciousness.

4) 어린 아이가 **대리모**를 통해서 태어났다.
    → The little boy was born via (   ).

5) 사진들은 공격이 어디에서 발생했고 누가 책임이 있는지를 **입증해준다**.
    → Photographs (   ) where attacks took place and who was responsible.

6) 소아마미의 귀환은 소아마비를 **근절하려는** 수십 년 간의 노력을 헛되게 할 위협이 있다.
    → Polio's return threatens to undo decades of efforts to (   ) polio.

7) 천안문 **대학살**은 오늘의 중국을 이해하는데 중요하다.
    → The Tiananmen (   ) was crucial to understanding today's China.

8) 정부당국은 북한에 대한 **제재**를 가할 것인지를 고민하고 있다.
    → The administration is weighing whether to impose (   ) on Pyongyang.

9) 이 도시는 항상 **생기**가 넘쳐난다.
    → This city has always brimmed with (   ).

                                                             brim with 가득 채우다

10) 지도자들은 자신의 **통치**를 연장하기 위하여 종교와 민족의 차이를 이용한다.
    → Leaders have used religious and ethnic differences to extend their (   ).

어근 260

SCRIB(E), SCRIPT : 쓰다(to write)

1282. describe [diskráib]
de(down)+scribe

'아래로 써 내려 가는' 것이 → v. ① **서술하다** ② **묘사하다** ③ **설명하다** ④ **기술하다** ⑤ (특정한 형태를) **만들다** ⑥ (특정한 형태를) **형성하다**가 된 거지
- description[diskrípʃən] n. ① 서술 ② 묘사 ③ 기술 ④ 온갖 종류
- descriptive[diskríptiv] a. ① 묘사하는 ② 서술적인 ③ 기술적인
- beyond description 이루 말할 수 없는
- defy description 이루 다 말할 수 없다
- a job description 직무해설서
- syn. explain(설명하다), portray(묘사하다), depict(묘사하다)

I can't even **describe** to you the feelings.
나는 그 느낌을 당신에게 표현을 방법이 없다.

1283. scribble [skríbl]
scrib+b+le(동접)

'(제멋대로) 쓰는' 것이 → v. ① **휘갈겨 쓰다** ② **낙서하다** ③ (양털을) **얼레빗질하다** n. ① **난필** ② **낙서**라고 하지
- scribe[skraib] n. ① (인쇄술이 발명되기 전의) 필경사 ② 서기
- script[skript] n. ① 대본 ② 원고 ③ 글씨(체) ④ 문자 ⑤ 스크립터(컴퓨터 명령 체계)
- scribe of a will 유서 대필
- syn. scrawl(갈겨쓰다), dash off(급히 휘갈겨 쓰다), doodle(낙서하다), graffiti(낙서)

Large sheets of drawing paper is filled with random **scribbles**.
여러 장의 대형 백지도화지가 제멋대로 쓴 낙서로 가득했다.

1284. ascribe [əskráib]
a(to)+scribe

'(원인·동기·기원을) (누군가)에게 (돌리는) 글을 쓰는' 것이 → v. ① **탓으로 돌리다** ② **~에 돌리다** ③ (성질·특징을) **~에 속하는 것으로 생각하다**가 된 거지
- ascription[əskrípʃən] n. ① 탓으로 함 ② 속성 ③ (설교 끝의) 찬미
- circumscribe[sə̀ːrkəmskráib] v. ① (권리·자유 등을) 제한하다 ② 억제하다 ③ ~주위에 선을 긋다
- ascribed status 생득 지위
- achieved status 성취 직위
- syn. attribute(~에 돌리다)

Relatives would **ascribe** to my birth name.
친척들은 태어날 때 붙여진 내 이름 탓으로 돌렸다.

1285. conscript [kənskrípt]
con(with)+script

'(단체로) 함께 쓰는' 것이 → 현역에 복무할 의무를 부과하기 위해 → v. ① **징집하다** ② **징병하다** n. **징집병**이 된 거지
- conscription[kənskrípʃən] n. ① 징병 ② 징병제
- syn. draft(징집하다)

The nation has a right to **conscript** me.
국가는 나를 징집할 권한을 갖고 있다.

1286. **inscribe** [inskráib]
in(on)+scribe

'(어떤 것) 위에 쓰는' 것이 → v. ① (이름 등을) **쓰다** ② (나무나 돌 등을 파서) **새기다**가 된 거지
- **inscription**[inskrípʃən] n. ① 비문 ② 새겨진 글
- an **inscribed** stock **기명 주식**
- in **manuscript** 원고의 형태로
- a corrupt **manuscript** 원형이 손상된 사본
- syn. **engrave**(새기다), **carve**(새기다)

The system is used to **inscribe** sounds onto film.
그 시스템은 필름에 소리를 새기는 데 이용된다.

1287. **prescribe** [priskráib]
pre(before)+scribe

'미리 쓰는' 것이 → v. ① (병원이면) **처방하다** ② (규칙이면) **규정하다**
③ (일러서 시키면) **지시하다**가 된 거지
- **prescription**[priskrípʃən] n. ① **처방** ② (비유적으로) **처방**
- **prescriptive**[priskríptiv] a. ① **권위적인** ② **규범적인** ③ **관행으로 인정되는**
- **prescriptive** powers 관행으로 인정되는 권위

Veterinarians will **prescribe** antibiotics.
수의사들은 항생제를 처방할 것이다.

1288. **subscribe**
[səbskráib]
(sub(under)+scribe

'아래 (서명란)에 쓰는' 것이 → v. ① **구독하다** ② **가입하다** ③ **기부하다**
④ (주식이면) **청약하다** ⑤ (활동 참가ㆍ서비스 이용을 위해) **신청하다**가 된 거지
- **subscription**[səbskrípʃən] n. ① **구독** ② **기부** ③ (어떤 일을 위한) **모금**
- **subscriber**[səbskráibər] n. ① **기부자** ② **가입자** ③ **구독자**
- syn. **contribute**(기부하다), **donate**(기부하다)

I **subscribe** to the old cliché.
나도 상투적인 글을 써서 가입했다.
an old cliché 틀에 박힌 문자

◆ 어원 TIP
- manuscript → manu(hand)+script(to write) → 손으로 쓴 것 → (책ㆍ악보 등의) **원고, 필사본**

◆ 어휘 플러스
transcribe 기록하다, 옮기다, 편곡하다 / **tran**script 글로 옮긴 것, 성적 증명서 / **post**script 추신(p23) / **circum**scribe 제한하다(p23)

가. 이렇게 **휘갈겨 써서(scribble)** 서술하는(describe) 자료를 어떻게 읽을 수 있어요?

나. 미안. 친구 **탓으로 돌리고(ascribe)** 싶지 않지만 어제 친구 꼬임에 빠져 밤샘하는 라고...

다. 아니 다른 문서도 아니고, 군대를 **징집하고(conscript)** 규정하는(prescribe) 것과 관련 있는 데요.

나. 알았어. **신청하는(subscribe)** 사람을 **고려하여(consider)** 천천히 다시 작성할게...

어근 261

SECT, SEV : 자르다(to cut)

※ 동의어근 : CISE(어근44) / TAIL(어근292) / TOM(어근308)

1289. section [sékʃən]
sect+ion(명접)

'자르고' 나눈 것이 → n. ① **부분** ② (조립식) **부품** ③ (신문의) **난** ④ **집단**
⑤ **부서** ⑥ **구역**이 된 거지
- **inter**section[ìntərsékʃən] n. ① **교차로** ② **교차 지점**
- **sub**section[sʌ́bsèkʃən] ① **세부 항목** ② **분과**
- sect[sekt] n. ① **종파** ② **교파**   • sect**arian**[sektéəriən] a. **종파의**
- sect**or**[séktər] n. ① **부문** ② **분야** ③ **지구**
- public sector 공공 부분
- third sector 제3 섹터
- syn. **port**ion(부분), **divis**ion(분할), **seg**ment(조각, 부분), **di**strict(지구)

A third **section** is under construction.
세 번째 구역이 건설 중에 있다.

1290. bisect [baisékt]
bi(two)+sect

'두 개로 자르는' 것이 → v. ① **양분하다** ② **2등분하다**가 된 거지
- **bi**section[baisékʃən] n. ① **양분** ② **양단** ③ (기하) **이등분** ④ (길 따위의) **분기**
- **dis**sect[disékt] v. ① (인체·동식물을) **해부하다** ② **절개하다** ③ (무엇의 상태를) **해부하다** ④ **분석하다**
- **dis**section[disékʃən] n. ① **해부** ② **해체** ③ **절개** ④ **정밀한 분석**
- syn. **halve**(이등분하다)

The judge ordered the man to **bisect** the property.
판사는 재산을 양분하도록 그 남자에게 명령했다.

1291. sever [sévər]
sev+er(동접)

'자르는' 것이 → v. ① **절단하다** ② **분리하다** ③ (관계·연락을 완전히) **끊다**
④ **단절하다**가 된 거지
- sev**eral**[sévərəl] a. ① (몇)몇의 ② **각각의** ③ **각자의**
- sev**ere**[siviər] a. ① **심각한** ② **극심한** ③ **가혹한** ④ **엄격한** ⑤ **수수한** ⑥ **평범한**
- sev**erance**[sévərəns] n. ① **분리** ② **단절** ③ **고용 계약 해지**
- sev**erity**[sivérəti] n. ① **엄격** ② **가혹** ③ **심각성**
- **perso**na[pərsóunə] n. **페르소나**; 다른 사람들 눈에 비치는 한 개인의 모습
- **severe** pain 심한 통증
- **several** estate 개별 재산
- **severance** pay/benefits ① **퇴직금** ② **퇴직수당**
- **severe** acute respiratory syndrome 중증 급성 호흡곤란 증후군

- syn. split(쪼개다), divide(나누다), detach(분리하다), separate(분리하다)
disconnect(~와 연락을 끊다)

> Our company **severed** its relationship with Toyota.
> 우리 회사는 도요타와 관계를 단절하였다.

1292. persevere
[pə̀ːrsəvíər]
per(intens)+sever+e

'(괴로움이나 어려움을) 강하게 잘라내는' 것이 → v. ① **인내하다** ② **인내하며 계속하다**가 된 거지
- **perseverance**[pə̀ːrsəvíərəns] n. ① **인내** ② **끈기** ③ **불굴의 의지**
- syn. **en**dure(인내하다), **per**sist(고집스럽게 계속하다)

> You have to do sometimes to **persevere**.
> 당신이 때론 인내해야한다.

◆ 어원 TIP
- **in**sect → in+sect(to cut) → 안이 잘라진(형태) → 곤충
- **seg**ment → seg(to cut)+ment(상태, 명접) → 잘려진 상태 → 부분, 조각, 나누다, 분할하다

■ 우리말 대화로 단어 복습하기
가. 한때 스포츠계를 **양분하던**(bisect) 선수의 재기 스토리가 감동적인데?
나. 맞아. 다리 **일부분**(section)을 **절단하는**(sever) 수술을 받은 후 엄청난 고통을 **인내하며**(persevere) 연습한 결과래.

어근 262

SED(I), SID, SESS : 앉다(to sit)

1293. preside [prizáid]
pre(before)+sid(to sit)+e

'앞에 앉아 있는' 사람이 → 회의·의식을 주관하는 → v. ① **주재하다** ② **사회를 보다** ③ **의장을 맡다** ④ **관장하다**가 된 거지
- **pre**sid**ent**[prézidənt] ① **대통령** ② **회장**
- **pre**sid**ency**[prézədənsi] n. ① **대통령직** ② **회장직**
- president-elect **대통령 당선자**   • presidential suite **특별실**

> He **presided** over the dissolution.
> 그는 해체를 주도했다.

1294. sediment [sédəmənt]
sed+i+ment(명접)

'아래에 앉아 있는' 물질을 → n. ① **침전물** ② **앙금** ③ **퇴적물**이라고 하지
- **sedi**mentation[sèdəməntéiʃən] n. **퇴적** (작용)
- **sedi**mentology[sèdəmentάlədʒi] n. **퇴적학**
- syn. **re**sidue(잔류물), **dre**gs(앙금), **lee**s(찌꺼기), **de**posit(퇴적물)

> Scientists measure the amount of oxygen between **sediment** particles.
> 과학자들은 퇴적물 입자 사이에 산소함유량을 측정했다.

1295. supersede
[sùːpərsíːd]
super(over)+sed+e(동접)

'(누군가) 위에 앉는' 것이 → v. ① **대신하다** ② **대체하다**가 된 거지
- **supersedeas**[sjùːpərsíːdiəs] n. **소송 정지 영장**
- **supersedure**[sjùːpərsíːdʒər] n. ① **대체** ② **경질**
- syn. **supplant**(대신하다, 대처하다), **replace**(대신하다, 대처하다)

> The policy **supersedes** the state's impound laws.
> 그 정책이 주의 압류법을 대체하였다.
> **impound** 압류

1296. assess [əsés]
as(to)+sess

'가까이 앉아서' 하는 것이 → v. ① (가치·양을) **평가하다** ② (가치·양을) **사정하다** ③ (특성·자질 등을) **재다** ④ (특성·자질 등을) **가늠하다** ⑤ (세금이나 책임, 일 따위를) **부과하다**가 된 거지
- **assessment**[əsésmənt] n. ① **평가**(한 의견) ② **평가**(행위) ③ **평가액** ④ **사정 액**
- **reassess**[rìːəsés] v. **재평가하다**
- syn. **estimate**(평가하다), **evaluate**(평가하다), **impose**(부과하다), **levy**(부과하다)

> Analysts **assess** the economic impact.
> 분석가들이 경제적 영향을 평가했다.

1297. consider [kənsídər]
con(with)+sid(to sit)+er

'함께 앉아서' 헤아리는 것이 → v. ① **고려하다** ② (~을 ~로) **여기다** ③ (~을 ~로) **간주하다** ④ **생각하다** ⑤ **음미하다**가 된 거지
- **considerable**[kənsídərəbl] a. ① **상당한** ② **많은**
- **considerate**[kənsídərət] a. ① **사려 깊은** ② (남을) **배려하는**
- **consideration**[kənsìdəréiʃən] n. ① **고려** ② **생각** ③ **배려** ④ (서비스의) **보답** ⑤ **보수**
- **reconsider**[rìːkənsídər] v. **재고하다**
- take…into **consideration** ① ~을 고려하다 ② 참작하다
- syn. **ponder**(숙고하다), **deliberate**(숙고하다), **contemplate**(심사숙고하다), **deem**(간주하다)

> Lawmakers **consider** extending dozens of other tax provisions.
> 국회의원들은 수 십 여개의 다른 조세 규정 확대를 고려하고 있다.
> **provision** 공급, 대비, 규정

1298. dissident [dísidnt]
dis(apart)+sid+ent(형접)

'떨어져 앉아 있는' 것이 → a. **의견을 달리하는** n. **반체제 인사**라는 의미가 되었지

- **dissidence**[dísədəns] n. ① (의견·성격 등의) **차이** ② **불일치** ③ **반체제**
- syn. **dissenting**(의견을 달리하는), **antiestablishmentarian**(반체제주의자)

> **Dissident** investors mounted a corporate coup.
> 의견을 달리하는 투자가들이 공동 쿠데타를 착수했다.　**coup** 쿠데타

1299. reside [rizáid]
re(back)+sid+e(동접)

'(오랜 시간) 뒤에 앉아 있는' 것이 → v. ① **거주하다** ② **살다**가 된 거지

- re**sid**ence[rézədəns] n. ① **주택** ② (특정한 곳에) **거주** ③ **상주**
   ④ (외국에서의) **체류**
- re**sid**ency[rézədənsi] n. ① **전속** ② **전속 기간**
- re**sid**ential[rèzədénʃəl] a. ① **주택의** ② **주거의** ③ **거주 시설을 제공하는**
- re**sid**ual[rizídʒuəl] a. ① **남은** ② **잔여의** ③ **잔류의**
- re**sid**uary[rizídʒuèri] a. ① **잔여 유산의** ② **잔여의** ③ **남은**
- re**sid**ue[rézədjùː] n. ① **잔류물** ② **찌꺼기** ③ **잔여 유산**
- residual income (세금을 제한) **실수입**   • residual products **부산물**
- syn. dwell(살다, 거주하다)

Some of the poorest **reside** and eke out a living by picking through garbage.
일부 극빈층들은 쓰레기 더미를 뒤져 근근이 생계를 이어나간다.
eke out a living 근근이 먹고 살다

1300. subsidy [sʌ́bsidi]
sub(under)+sid(to sit)+y(명접)

'아래에 앉혀 두는' 것이 → 특정 사업이나 특정 시책 목적의 돈이면 → n. ①
보조금 ② **장려금**이 되는 거지

- sub**sid**iary[səbsídièri] n. **자회사** a. ① **부수적인** ② **보조의**
- sub**sid**ize[sʌ́bsidàiz] v. ① **보조하다** ② **원조하다**
- sub**sid**e[səbsáid] v. ① **가라앉다** ② (물이) **빠지다** ③ (지반·건물이) **내려앉다**
- government subsidy 정부 보조금   • subsidiary issues 부수적인 문제들
- syn. grant(보조금)

Millions of consumers qualify for federal **subsidies**.
수백만 명의 소비자들이 연방보조금 자격을 얻었다.

1301. possess [pəzés]
pos(able)+sess(to sit)

'앉아서 할 수 있는' 것이 → v. ① **보유하다** ② (자질·특징을) **지니다** ③ (자질
·특징을) **갖추고 있다** ④ (감정을) **사로잡다** ⑤ **홀리다** 같은 표현이 된 거지

- **possess**ion[pəzéʃən] n. ① **소유** ② **소지품** ③ (마약·무기의) **불법 소지**
- dis**possess**[dìspəzés] v. ① (재산을) **빼앗다** ② **몰수하다** ③ **박탈하다**
- dis**possess**ion[dìspəzéʃən] n. ① **쫓아냄** ② **강탈** ③ **탈취** ④ **부동산 불법 점유**
- **sess**ion[séʃən] n. ① **회의** ② **회기** ③ (활동) **시간** ④ **기간** ⑤ **개회**
- adverse **possession** 불법 점유
- buzz **session** 소(小)그룹의 비공식 회합

The government wouldn't **possess** the data.
정부가 자료를 보유할 수 없게 될 것이다.

◆ 어원 TIP
- situation → sit(to throw)+u+ate(~하다)+ion(명접) → (어떤 곳에) 던지는 행위가 → 위치하게 하는 것 → 상황,
 환경, 위치
   ex) 같은 어원: situate 위치시키다 / sideline 부업 / side effect 부작용
- banquet → 자리(seat)를 뜻하는 프랑스어 banc에서 유래 → (공식적인) 연회, 만찬

■■■ 우리말 대화로 단어 복습하기

가. 보조금(subsidy) 문제 대해 의견을 달리하는(dissident) 관리들이 아직도 앙금(sediment)이 남아있는 건가?

나. 왜?

가. 오늘 부서별 업무 실적을 평가하기(assess) 위해 장관이 회의를 주재하는(preside) 데 아직도 서로 눈도 안 맞췄었어.

나. 그래도 그 일을 대신할(supersede) 만한 자질을 갖추고 있는(possess) 사람을 찾기 힘든데...거주하는(reside) 곳도 서로 가깝고.

어근 263	SEMBLE : 함께(together), 같은(same)
	※ 동의어근 : EQU(어근85) / IDEN(어근129) / PAR(어근208) / SIMIL(어근270)

1302 assemble [əsémbl]
as(to)+semble(together)

'(사람, 물품을) 함께 하는 것' 이 → v. ① 모이다 ② 소집하다 ③ 모으다 ④ (부품을 하나의 구조물로 짜 맞추어) 조립하다가 된 거지
- assembly[əsémbli] n. ① 국회 ② 입법부 ③ 집회 ④ 조립 ⑤ (학교에서의) 조례 syn. gathering
- assemblage[əsémblidʒ] n. ① 모임 ② 집합 ③ 조립
- disassemble[dìsəsémbl] v. ① (기계·구조물을) 분해하다 ② 해체하다 ③ 흩어지다
- reassemble[riːəsémbl] v. ① 재조립하다 ② 다시 모이다
- syn. gather(모으다), muster(소집하다), congregate(모이다)

The ban violates the constitutional right of freedom of **assembly**.
금지 조치는 집회자유에 대한 헌법상 권리를 침해한다.

1303. ensemble [aːnsɑ́ːmbl]
en(in)+semble(same)

'(조직) 안으로 같은' 목적으로 소규모로 모인 것이 → n. ① 합주단 ② 무용단 ③ 극단 ④ 앙상블이 된 거지
- tout ensemble[túːt-aːnsɑ́ːmbl] ad. 전부
- ensemble acting ① 앙상블 연기 ② 앙상블 연출

The **ensemble** has commissioned 800 works.
합주단은 800개 작품을 의뢰했다.

1304. resemble [rizémbl]
re(again)+semble(same)

'(세대를 거쳐) 다시 같아지는' 것이 → v. ① 닮다 ② 유사하다가 된 거지
- resemblance[rizémbləns] n. ① 유사함 ② 닮음 ③ 비슷함
- semblance[sémbləns] n. ① 겉모습 ② 외관
- general resemblance 대동소이

The panels on the roof **resemble** snake scales.
지붕 덮개는 뱀의 비늘을 닮았다.

어근 264	SEMIN, SPOR(O) : 뿌리다, 심다(to sow) – SEMIN 어원이 seed(씨앗)임

1305. disseminate
[disémənèit]
dis(apart)+semin(to sow)+ate(동접)

'(정보·지식 등을) 여기저기 뿌리는' 것이 → v. ① **퍼뜨리다** ② **전파하다**
③ **유포하다**가 된 거지
● **dissemination**[disèmənéiʃən] n. ① **파종** ② **보급** ③ **전파** ④ **유포**
● syn. **circul**ate(유포하다), **spread**(퍼뜨리다), **dif**fuse(확산시키다), **dis**perse(,
확산시키다)

> A paralegal **disseminates** information.
> 법률 보조원이 정보를 유포했다.
> **paralegal** 법률 보조원

1306. inseminate
[insémənèit]
in+semin(to sow)+ate(동접)

'안으로 씨를 뿌리는' 것이 → v. **수정시키다**가 된 거지
● **insemination**[insèmənéiʃən] n. **수정**
● artificial **insemination** 인공 수정

> We artificially **inseminate** the females.
> 우리는 암컷을 인공 수정시켰다.

1307. sporadic [spərǽdik]
spor(to sow)+ad+ic(형접)

'씨를 뿌리듯' 일어나는 일이 → a. ① **산발적인** ② **이따금 발생하는** 의미가 된 거지
● **spore**[spɔːr] n. ① **포자** ② **홀씨**
● **soporific**[sàpərífik] a. ① **최면성의** ② **지루한** ③ **졸리는**
● **spoil**[spɔil] v. ① **망치다** ② **버릇없게 키우다** ③ **상하다**
　　　　　　　　 n. ① **약탈품** ② **전리품** ③ **폐석**
● **spoils** system ① **엽관제도** ② **매관매직**
● syn. **inter**mittent(간헐적인)

> Drinking raw milk is responsible for uncounted **sporadic** illnesses.
> 생우유를 마시는 것은 무수한 돌발성 질병의 원인이다.

◆ **어원 TIP**
● **semin**ar[sémənàːr] → semin(to seed)+ar → 씨앗을 뿌리는 것이 → 특정한 주제에 대해 학생들이 모여서 연구
　발표나 토론 등을 통해서 하는 공동 연구이면 → 세미나

◆ **어휘 플러스**
seed money 종자돈 / **seed bank** 종자 은행 / **seed**ed 시드 배정을 받은, 씨를 제거한 / **seed**y 지저분한

가. 그러한 **종자(seed)**를 **수정시키는(inseminate)** 일은 외부로 유출하면 안 되는 것 알지?

나. 중요한 정보를 **퍼뜨리는(disseminate)** 일이 **이따금씩 발생한(sporadic)**다고 들었어요. 조심할게요.

어근 265	SENS, SENT : 느끼다(to feel), 감정(emotion) (A)ESTHET : 느낌(feeling), 감지하다(to sense) ※ 동의어근 : PATHO, PATH, PASS(어근213)

1308. sense [sens]
sens+e(명접)

'느끼는 것' 이 → n. ① (오감의) **감각** ② (중요한 것에 대한) **~감** ③ (이해·판단) **감각** ④ (어구의) **의미** v. ① (사람이) **감지하다** ② (기계가) **감지하다**가 된 거지
- **sense**less[sénslis] a. ① **무의미한** ② **의식을 잃은** ③ **분별없는**
- **non**sense[nάnsens] n. ① **허튼소리** ② **허튼수작** ③ **말도 안 되는 생각**[말]
- **sense** of community **공동체 의식**
- **sense** of belonging/achievement **소속감/성취감**
- syn. **per**ceive(감지하다)

> Eighty-five percent of what is in this book is common **sense**.
> 이 책에 담긴 내용의 85%는 상식이다.

1309. sensation [senséiʃən]
sens(to feel)+ation(명접)

'느끼게 하는 것' 이 → n. ① (자극에 의한) **느낌** ② (감각 기관의) **감각** ③ (설명하기 힘든) **느낌** ④ (많은 관심과 커다란 영향을 미치는) **센세이션** ⑤ (많은 관심과 커다란 영향을 미치는) **돌풍**이 된 거지
- **sens**ational[senséiʃənl] a. ① **선풍적인** ② **세상을 놀라게 하는** ③ **선정적인**
- **sens**ationalism[senséiʃənəlìzm] n. (언론·정치 등에서의) **선정주의**
- syn. **rever**beration(반향)

> Numbness and tingling are abnormal **sensations**.
> 무감각과 얼얼함은 비정상적인 감각이다.
> ① numbness 무감각 ② tingling 얼얼함

1310. sensible [sénsəbl]
sens(to feel)+ible(할 수 있는)

'느낌으로 할 수 있는' 것이 → a. ① **분별 있는** ② **합리적인** ③ **실용적인** 의미가 된 거지
- **sens**itive[sénsətiv] a. ① (사람·정보·자연) **민감한** ② **섬세한** ③ **감성 있는**
- **sent**imental[sèntəméntl] a. **감상적인**
- **sent**iment[séntəmənt] n. ① **감상** ② **정서** ③ **감정**
- **sens**itivity[sènsətívəti] n. ① **세심함** ② **감성** ③ **예민함** ④ **민감성**
- **sens**itize[sénsətàiz] v. ① (문제 등에) **예민하게 만들다** ② (물리적, 화학적 변화에) **민감하게 만들다**
- **de**sensitize[diːsénsitàiz] v. **둔감하게 하다**
- **pre**sentiment[prizéntəmənt] n. (불길한) **예감**
- **hyper**sensitive[háipərsénsətiv] a. ① **과민한** ② **과민증의**
- syn. **prac**tical(실용적인), **shrewd**(상황 판단이 빠른, 예리한), **judic**ious(분별력 있는), **rat**ional(이성적인), **sound**(건전한) ↔ ant. **fool**ish(어리석은), **sense**less(무감각의)

Officials should codify **sensible** limitations.
관리들은 합리적인 제약을 법문화해야 한다.　**codify** 법문화하다

1311. **sensory** [sénsəri]
sen(to feel)+ory(~의 성질을 가진, 형접)

'느끼는 성질을 가진' 것이 → a. ① **감각의** ② **지각의** 가 된 거지
- **sensor**[sénser] n. ① **감지 장치** ② **센서** ③ **감지기**
- **sensorium**[sensɔ́ːriəm] n. ① **감각 중추** ② **지각 기관**
- **sensual**[sénʃuəl] a. ① **감각적인** ② **관능적인**
- **sensuous**[sénʃuəs] a. ① **오감을 만족시키는** ② (심미적) **감각적인** ③ **예민한**
- **sensory** organs 감각 기관

He suffered from a form of **sensory** deprivation.
그는 일종의 감각 상실증을 앓고 있다.

1312. **sentence** [séntəns]
sent(to feel)+ence(명접)

'(사람의) 느낌이 들어간 것' 이 → n. ① (글자로 기록해 나타내면) **문장**
② (형의 판결이면) **선고** ③ (형벌에 처하면) **처벌** v. (형을) **선고하다**가 된 거지
- **sententious**[senténʃəs] a. ① **무게를 잡는** ② **설교 투의**
- life/death **sentence** 종신형/사형선고
- **sentencing** session 선고 공판
- syn. **punishment**(처벌), **condemnation**(유죄 판결, 유죄 판결을 내리다),
  verdict(평결), **judgement**(판결), **penalize**(벌주다)

An inmate faces a long prison **sentence**.
재소자가 장기 징역형에 직면해있다.

1313. **assent** [əsént]
as(to)+sent(to feel)

'느낌이 가까워진' 것이 → n. ① **찬성** ② **승인** v. **동의하다**가 된 거지
- **consent**[kənsént] n. ① **동의** ② **승낙** ③ **합의** v. ① **동의하다** ② **허락하다**
- **consensus**[kənsénsəs] n. ① **합의** ② **의견일치**
- **consensual**[kənsénʃuəl] a. ① **합의한** ② **대체로 동감하는** ③ **합의에 의한**
- **dissent**[disént] n. ① **반대** ② **반대의견** v. **반대하다**
- syn. **agree**(동의하다), **concur**(동의하다), **approve**(찬성하다)

She **assents** without resistance.
그녀는 순순히 동의했다.

1314. **resent** [rizént]
re(again)+sent(to feel)

'(불쾌한) 느낌을 다시' 보내는 것이 → v. ① **분개하다** ② **불쾌하게 여기다**
　　　　　　　　　　　　　　　　　③ **원망하다**가 된 거지
- **resentment**[rizéntmənt] n. ① **분함** ② **억울함** ③ **분개**
- **resentful**[rizéntfəl] a. ① **분개한** ② **분해하는** ③ **억울해하는** ④ **원망하고 있는**

Many working-class Thais **resent** that they haven't shared in
the nation's prosperity.
많은 태국 노동자 계층은 국가 번영을 공유하지 못한 것에 분노했다.

1315. aesthetic [esθétik]
aesthet(to sense)+ic(형접)

'(아름다움을) 지각하는 것' 이 → a. ① **심미적** ② **미학적** ③ **미적인**
n. **미적특질**이 된 거지
- aesthet**ics**[esθétiks] n. ① **미학** ② **미적 감각** ③ **미적 정서의 연구**
- aesthet**icism**[esθétisìzm] n. **탐미주의**

> There was a fair amount of critical backlash against his visual **aesthetic**.
> 그의 시각적 미학에 대한 엄청난 비판적인 반발이 있었다.
>
> **backlash** 반발

1316. anesthesia
[æ̀nəsθí:ʒə]
an(without)+esthes(feeling)+ia(명접)

'느낌이 없는 것' 을 → n. ① **마취** ② **무감각증**이라고 하지
- an**esthetize**[ənésθətàiz] v. ① **마취시키다** ② **마비시키다**
- general[local] anesthesia 전신[국부] 마취
- syn. stupefact**ion**(마취), narcot**ism**(마취)

> The general **anesthesia** was unnecessary for such procedures.
> 전신 마취는 그러한 절차에는 불필요하다.

우리말 대화로 단어 복습하기
가. **선풍(sensation)**적인 인기에 **마취(anesthesia)**되듯 **충동구매(impulse buying)**를 하면 안 되는 것 알지?
나. 저도 **분별 있는(sensible)** 소비가 뭔지 **감지하고(sense)** 있어요?
가. 다시 말하는데 **불쾌하게 여기(resent)**지 말고 상품 명세서 쓰인 **문장(sentence)**을 천천히 읽고 최종 결제 **승인 (assent)**을 하는 거야?
나. 알았어요. 저는 **미적인(aesthetic)** 제품보다는 **실용적인(practical)** 제품을 선호해요.

어근 266
SEQU, SECUT : 뒤따르다(to follow)   ※ 동의어근 SUE(어근286)

1317. sequence [sí:kwəns]
sequ+ence(명접)

'(차례대로) 뒤따르는' 것이 → n. ① (사건 · 행동 등의) **순서** ② (사건 · 행동 등의) **차례** ③ (일련의) **연속적인 사건들** ④ (영화의) **장면** ⑤ (영화의) **시퀀스**
v. ① **차례로 배열하다** ② (유전자 · 분자의) **배열 순서를 밝히다**가 된 거지
- sequ**el**[sí:kwəl] n. ① (책 · 영화 · 연극 등의) **속편** ② **이어서 일어나는 것**
- pre**quel**[prí:kwəl] n. ① **전편** ② (전편에 해당하는 부분을 취급한) **속편**
- sequ**ential**[sikwénʃəl] a. ① **순차적인** ② **연속되는**
- sequ**ela**[sikwí:lə] n. ① **후유증** ② **결과**
- sub**sequent**[sʌ́bsikwənt] a. ① **그 후의** ② **다음의** ③ **차후의**
- sequest**er**[sikwéstər] v. **격리하다** n. (미국 연방정부의) **예산 자동 삭감 조치**
- syn. succ**ession**(연속), ser**ies**(일련, 연속)

> Some 22 businesses focus on genetic **sequencing**.
> 약 22개 업체가 유전자 배열 분야에 집중하고 있다.

1318. consequent
[kánsəkwènt]
con(with)+sequ+ent(형접)

'(어떤 일을 하면서) 함께 뒤따르는 것' 이 → a. ① **결과로 일어나는** ② **결과에 따른** 의미가 된 거지
- con**sequ**ence[kánsəkwèns] n. ① **결과** ② **중요성**
- con**sequ**ential[kànsəkwénʃəl] a. ① **결과로서 일어나는** ② **중대한**
- **consequent** loss 간접손실
- **consequence** management **사후대응관리**
- **consequential** damage **간접손해**

The **consequent** illegitimacy will plunge this country into a serious crisis.
결과에 따른 위법성이 이 나라를 심각한 위기로 몰아넣을 것이다.

1319. execute [éksikjùːt]
ex(out)+ecu+te(동접)

'(결과에) 뒤따라 밖에서 하는' 행위가 → v. ① (형벌이나 사형이면) **처형하다** ② **실행하다** ③ (법적으로) **집행하다** ④ (기술적인 동작을) **해내다**가 된 거지
- **ex**ecut**ion**[èksikjúːʃən] n. ① **사형 집행** ② **처형** ③ **실행** ④ (연주 · 그림의) **솜씨**
- **ex**ecut**ive**[igzékjutiv] n. ① **임원** ② **경영진** ③ **행정부**
  a. ① **경영의** ② **행정의** ③ **고급의**
- chief **executive** officer **최고 경영자** (CEO)
- syn. **hang**(교수형에 처하다), **be**head(참수형에 처하다), **per**form(수행하다), **carry out**(수행하다)

He was **executed** for plotting a military coup.
그는 군사쿠데타를 모의한 혐의로 처형되었다.

1320. prosecute [prásikjùːt]
pro(forward)+secu+te(동접)

'(재판에) 앞서 뒤따르는' 것이 → v. ① (형사 사건에서, 검사가) **기소하다** ② (형사 사건에서, 검사가) **공소를 제기하다** ③ (물체나 목표를 향해 밀고 나아가면) **추진하다**가 된 거지
- **pro**secut**ion**[prásikjúːʃən] n. ① **검찰** ② **기소** ③ **소추** ④ **추진**
- **pro**secut**or**[prásikjùːtər] n. ① **검찰관** ② **검사**
- syn. in**dict**(기소하다)

Officials **prosecute** humanitarian aid workers.
관리들이 인도주의 원조 종사자를 기소하였다.

◆ 어휘 플러스
persecute 박해하다 / **ob**sequ**ious** 아부하는 / **sec**ondary 이차적인, 부차적인

■ 우리말 대화로 단어 복습하기
가. **검찰(prosecutor)**이 공소를 제기한**(prosecute)** 결과에 따른**(consequent)** 다음 순서**(sequence)**는 뭐지?
나. 법을 집행하는**(execute)** 것이지.

어근 267 | SERV(E) : 지키다(to keep), 제공(접대)하다(to serve)

1321. conserve [kənsə́ːrv]
con(intens)+serve(to keep)

'강하게 지켜하는' 것이 → v. ① **보존하다** ② **보호하다** ③ **아껴하다**가 된 거지
- **con**serv**ation**[kὰnsərvéiʃən] n. ① **보존** ② **보호** ③ (자원 등을 보호하기 위한) **관리**
- **con**serv**ative**[kənsə́ːrvətiv] a. ① **보수적인** ② (실제 수나 양보다) **적게 잡은** n. **보수주의자**
- **con**serv**ancy**[kənsə́ːrvənsi] n. ① (국토 등을 관리하는) **관리단** ② (자연환경) **보호**
- syn. **take care of**(돌보다), **pro**tect(보호하다), **pre**serve(보호하다)

A 2-to-4-inch-thick layer of organic matter on top of the soil **conserves** moisture.
토양 위 2내지 4인치 두께의 유기물층이 습기를 보존한다.

1322. deserve [dizə́ːrv]
de(intens)+serve

'강하게 접대해야 할' 대상은 → v. ① **~을 받을 만하다** ② **누릴 자격이 있다** ③ **~을 해야 마땅하다**가 된 거지
- **de**serv**ing**[dizə́ːrviŋ] a. ① **받을 만한** ② **자격이 있는**
- syn. **be entitled to**(~할 자격이 있다), **be worthy of**(~을 받을 만하다)

You will get what you **deserve**.
자업자득이다.

These workers **deserve** recognition too.
이들 노동자 역시 인정받을 자격이 있다.

1323. preserve [prizə́ːrv]
pre(before)+serve(to keep)

'미리 지키는' 것이 → v. ① (자질·특색 등을) **지키다** ② (위험이나 곤란에서) **보호하다** ③ (식품·건물·동물 등을) **보존하다** n. ① **전유물** ② **설탕 절임** 같은 의미가 된 거지
- **pre**serv**ation**[prèzərvéiʃən] n. ① **보존** ② **보호** ③ **유지**
- **pre**serv**ative**[prizə́ːrvətiv] n. **방부제**
- syn. **con**serve(보존하다), **pro**tect(보호하다) ↔ ant. **at**tack(공격하다)

The purposes of marriage are to **preserve** and strengthen family values.
결혼의 목적은 가족의 가치를 보존하고 강화시키는 것이다.

1324. reserve [rizə́ːrv]
re(back)+serve(to keep)

'뒤에 보관하는' 것이 → v. ① (좌석, 식당, 객실 등을) **예약하다** ② (판단 등을) **보류하다** ③ (어떤 권한 등을) **갖다** ④ (어떤 권한 등을) **보유하다** n. ① **비축**(물) ② **예비 선수** ③ **예비군** ④ **보호지역** ⑤ **매장량**이 된 거지
- **re**serv**ation**[rèzərvéiʃən] n. ① **예약** ② (계획·생각에 대한) **의구심** ③ **인디언 보호구역**

- **re**serv**oir**[rézərvwɑ̀ːr] n. ① **저수지** ② **저장소** ③ **비축**
- Federal **Reserve** Board **연방 준비은행(약어 FRB)**
- a **reserved** boy **내성적인 소년**
- syn. **book**(예약하다), **make a reservation**(예약하다), **en**gage(예약하다), **re**tain(보유하다)

> The world's largest marine **reserve** ended in failure.
> 세계최대의 해양보존지역은 실패로 끝났다.

◆ 어휘 플러스
dessert 디저트 / **ob**serve 목격하다, 관찰하다, 준수하다, 기념하다(p77) / **ob**serv**ation** 관찰, 관측 / **ob**serv**ance** 준수 / **ob**serv**atory** 관측소 / **ob**serv**er** 관찰자, 옵서버 / **ob**serv**ant** 관찰력이 있는, 잘 준수하는 / **serve** 제공하다, 시중을 들다, 서브 / **serv**ant 하인 / **serv**ice 서비스 / **serv**ile 굽실거리는, 노예근성의 / **serv**itude 예속, 노예 상태, 징역 / **serf**dom 농노 제도 / civil **servant** 공무원

■ 우리말 대화로 단어 복습하기

가. 새로운 공익요원들이 맡은 업무는 뭐죠?

나. 국립공원을 **관찰하고(observe), 보존하면서(conserve) 복무하는(serve)** 거지.

가. 실효성이 있을까요?

나. 섣부른 판단은 **보류하겠지(reserve)**만, 국립공원은 보호를 **받을 만한(deserve)** 자격이 있지.

어근 268	SERT : 결합하다(to join) ※ 동의어근 : JOIN, JUNCT(어근133) / LEG(어근142) / NECT, NEX(어근186) / SOC(어근272)

1325. assert [əsə́ːrt]
as(to)+sert

'(어떤 것)에 결합하는' 것이 → v. ① (자기의 의견이나 주장을 굳게) **주장하다** ② (자신의 권리·권위 등을) **확고히 하다** ③ (권리의 내용을 실현을) **행사하다**가 된 거지
- **as**sert**ion**[əsə́ːrʃən] n. ① **주장** ② **단언** ③ (권리 등의) **행사**
- **as**sert**ive**[əsə́ːrtiv] a. ① **적극적인** ② **자기주장이 강한** ③ **확신에 찬**
- **as**sert**ible**[əsə́ːrtəbl] a. **단언할만한**
- **as**sert**ively**[əsə́ːrtivli] ad. **단호히**
- syn. **af**firm(단언하다), **pro**fess(공언하다), **con**tend(주장하다), **in**sist(주장하다), **ex**ert(행사하다) ↔ ant. **de**ny(부인하다)

> Governors **assert** key to prosperity is a global outlook.
> 주지사들은 번영으로 가는 열쇠는 세계관이라고 주장했다.

1326. desert [dézərt]
de(from)+sert

'(세상과) 결합에서 벗어나는' 것이 → n. **사막** v. ① (도와주거나 부양하지 않고) **버리다** ② (장소를) **버리다** ③ **탈영하다** ④ (사용·지지하던 것을) **버리다**가 된 거지
- **de**sert**ed**[dizə́ːrtid] a. ① **사람이 없는** ② **버려진** ③ **버림받은** ④ **황폐한**

- **desertific**ation[dizə̀:rtəfikéiʃən] n. **사막화**
- a **deserted** street **인적이 끊긴 거리**
- **desert** island **무인도**
- syn. **wilder**ness(황무지), **waste**land(불모지), **aban**don(버리다), **for**sake(버리다)

Nomads are driven from the **desert** into city slums.
유목민들이 사막에서 도시 빈민가로 내몰렸다.

1327. **exert** [igzə́:rt]
ex(out)+ert

'밖에서 결합하려는' 행위가 → v. ① (권력·영향력을) **행사하다** ② (힘·지력 따위를) **발휘하다** ③ **노력하다**는 의미가 된 거지
- **exert**ion[igzə́:rʃən] n. ① (권력·영향력의) **행사** ② **노력** ③ **분투**
- **overex**ert[òuvərigzə́:rt] v. (정신력 등을) **지나치게 쓰다**
- undue **exert**ion **과로**
- the **exert**ion of force/authority **물리력/권한의 행사**
- syn. **ex**ercise(발휘하다)

The strategy will **exert** greater influence.
그 전략은 엄청난 영향력을 발휘할 것이다.

1328. **insert** [insə́:rt]
in+sert

'안으로 결합하는' 것이 → v. ① (다른 것 속에·틀에) **끼우다** ② (다른 것 속에·틀에) **삽입하다** ③ (글 속에) **삽입하다** n. ① **삽입 광고** ② **부속품** ③ **삽입물**이 된 거지
- **insert**ion[insə́:rʃən] n. ① **삽입** ② **끼워 넣기** ③ (책·글 등에) **첨가**(물)

Scientists **insert** genes of hepatitis virus into mice.
과학자들은 간염 바이러스 유전자를 쥐에 삽입시켰다.
hepatitis 간염

◆ 어휘 플러스
series 연속, 연쇄, 시리즈 / **ser**ial 연속극, 연재물, 순차적인 / **ser**ial killer 연쇄 살인범

■■■ **우리말 대화로 단어 복습하기**

가. 막강한 영향력을 **행사한(exert) 독재자(dictator)**가 조국을 **버리고(desert)** 망명했다는데?

나. 독재자의 쓸쓸한 말로를 보는 거지.

나. 그래서 이런 일이 **재발하는(recur)** 것을 막기 위해 의회는 새로운 **법조항(article)**을 **삽입하고(insert)**, 민주정치를 **확고히 하려(assert)**고 한다고 들었어.

어근 269

SIGN(I) : 표시(mark), 상징(token)　　※ **동의어근 MARC, MARK(어근161)**

1329. signal [sígnəl]
sign+al(명접)

'상징'을 보내는 것이 → n. ① (부호·표지·소리·몸짓으로 하는) **신호** ② (어떤 일의 징후나 신호방송 전파 등의) **신호** ③ **신호**(등 · 기) v. ① (부호·표지·소리· 몸짓으로) **신호를 보내다** ② (어떤 일의 징후를) **시사하다** ③ (감정 · 의견을 간접적으로) **표시하다**가 된 거지

- sign[sain] n. ① **징후** ② **조짐** ③ **표지판** ④ **몸짓** ⑤ (수학에서의) **부호**
  v. ① **서명하다** ② **사인하다**
- signature[sígnətʃər] n. ① **서명** ② **사인** ③ **특징**
- signalment[sígnəlmənt] n. (경찰용) **인상착의**
- signpost (도로) **표지판**
- the undersigned **서명자**
- sign a treaty **조약을 체결하다**
- syn. gesture(몸짓, 몸짓으로 나타내다), cue(신호, 신호를 주다), beacon(표지, 비콘, 신호등), indication(조짐), beckon(손짓으로 부르다), gesticulate(몸짓으로 이야기하다)

> Baby's gaze may **signal** autism.
> 아이의 응시는 자폐증 신호로 볼 수 있다.
>
> autism 자폐증

1330. signify [sígnəfài]
sign+i+fy(to make)

'상징을 만드는' 것이 → v. ① **의미하다** ② **뜻하다** ③ (감정 · 의도 등을) **나타내다** ④ (감정 · 의도 등을) **보여주다** ⑤ (의문문 · 부정문에서) **중요하다**로 표현이 발전한 거지

- significant[signífikənt] a. ① **중요한** ② **의미 있는** ③ (은밀하게) **의미심장한**
- significance[signífikəns] n. ① **중요성** ② **의의** ③ **의미**
- insignificant[ìnsignífikənt] a. ① **대수롭지 않은** ② **중요하지 않은** ③ **미미한**
- syn. indicate(나타내다), suggest(시사하다), intimate(넌지시 알리다), connote(암시하다)

> The term has become distorted to **signify** benefits.
> 그 용어는 혜택을 의미하는 말로 왜곡되고 있다.

1331. assign [əsáin]
as(to)+sign

'(구체적 목적을 위해 누군가 몫)으로 표시해 둔' 것이 → v. ① (일 · 책임 등을) **맡기다** ② (일 · 책임 등을) **할당하다** ③ (일 · 책임 등을) **부과하다** ④ (임무나 직무를 맡기면) **선임하다** ⑤ (가치 · 기능 등을) **부여하다** ⑥ (법률로 지위를) **양도하다** ⑦ (사람을) **배치하다**가 된 거지

- assignment[əsáinmənt] n. ① **숙제** ② **임무** ③ **배치**
- assignation[æsignéiʃən] n. ① **할당** ② **양도**
- assignment[transfer] of an obligation **채권 양도**
- an assignation house **대합실**
- syn. allot(할당하다), allocate(할당하다), apportion(배분하다)

> They **assign** copyright to a commercial publisher.
> 그들은 저작권을 상업적 출판사에게 양도했다.

1332. consign [kənsáin]
con(together)+sign

'함께 표시해둔' 것이 → v. ① (사물이나 사람의 책임을 맡기면) **위탁하다**
② (어떤 일이나 물건을) **맡기다** ③ (좋지 않은 상황에) **처하게 만들다**가 된 거지
- consignation[kὰnsignéiʃən] n. ① **위탁** ② **탁송** ③ **교부**
- consignment[kənsáinmənt] n. ① **위탁** ② **탁송** ③ **탁송물** ④ **배송물**
- consignee[kὰnsainíː] n. ① **수탁인** ② **하물 인수자**
- consignment sale **위탁 판매**
- syn. entrust(맡기다)

> The new guidelines **consign** patients to chronic pain.
> 새로운 지침은 환자를 만성적인 통증에 처하게 하였다.

1333. designate [dézignèit]
de(from)+sign+ate(동접)

'(누군가로)부터 사인으로 하는' 것이 → v. ① (국가·학교·회사가 특정한
자격을) **지정하다** ② (특정한 자리나 직책에) **지명하다** ③ (기호로 언어를)
표기하다 a. (직책에) **지명된** 의미가 된 거지
- designation[dèzignéiʃən] n. ① **지명** ② **지정** ③ **직함**
- design[dizáin] v. ① **디자인** ② **설계** ③ **무늬** ④ **의도** ⑤ **계획** v. ① **디자인하다**
  ② (체제·방법 등을) **설계하다** ③ (목적·용도를 위해) **만들다** ④ **고안하다**
- syn. appoint(임명하다). nominate(지명하다)

> The Navy has promised to **designate** a humpback whale cautionary area.
> 해군은 흑등고래 경계구역을 지정할 것을 약속했다.

1334. resign [rizáin]
re(back)+sign

'사인하고 뒤로' 가는 것이 → v. ① **사임하다** ② **사직하다** ③ **물러나다**가 된 거지
- resignation[rèzignéiʃən] n. ① **사직** ② **사임** ③ **사직서** ④ **체념**
- syn. step down(사임하다), retire(퇴직하다), vacate(사퇴하다), abdicate(
  퇴위하다)

> He has no plans to **resign** from his position.
> 그는 직책을 사임할 계획이 없다.

■■■ 우리말 대화로 단어 복습하기
가. 00 업무를 맡은 김부장이 **사임했다(resign)**지? 이유가 뭐지?
나. 일종의 조직 개편의 **신호(signal)**를 **의미하는(signify)** 거지.
나. 김부장에게 **부과한(assign)** 업무를 외부에 **위탁하고(consign)** 그것을 맡을 사람도 이미 **지정하였다(designate)**
   는군.

어근 270
SIMIL, SIMUL : 유사한, 같은(similar, like, same) / SIM : 하나(one)
※ 동의어근 EQU(어근85) / IDEN(어근129) / PAR(어근208) / SEMBLE(어근263)

1335. similar [símələr]
simil+ar(형접)

'유사한' 것은 → a. ① **비슷한** ② **유사한** ③ **닮은** 거지
- similarity[sìməlǽrəti] n. ① **유사점** ② **유사성** ③ **닮은 점**
- similitude[simílətjùːd] n. **유사함**

- **dis**simil**ar**[dissímələr] a. ① 다른 ② 같지 않은
- **fac**simile[fæksíməli] n. ① 복제 ② 복사
- syn. **com**par**able**(~에 필적하는), **ana**log**ous**(비슷한) ↔ ant. **dif**fer**ent**(다른)

> An unprecedented ruling could permit others in **similar** circumstances to become lawyers.
> 전례 없는 판결이 비슷한 상황에 처한 다른 사람이 변호사가 되는 길을 열어줄 수 있다.
> ① **unprecedented** 전례가 없는 ② **permit** 허락하다

1336. sim**ile** [símǝli]
simil+e(명접)

'비슷한 성질' 을 직접 비유하는 수사법을 → n. **직유**라고 하지
- **sim**i**an**[símiən] a. ① 유인원의 ② 원숭이 같은 ③ 원숭이의
- ant. **meta**phor(은유)

> This leaden **simile** contradicts the notion.
> 이런 무거운 직유가 그러한 관념과 대조된다.
> **leaden** 납빛의, 무거운, 탁한

1337. sim**ulate** [símjulèit]
simul+ate(동접)

'비슷하게 하는 것' 이 → v. ① 가장하다 ② ~인 체하다 ③ 모의 실험하다 ④ 모방하다가 된 거지
- **simul**ation[sìmjuléiʃən] n. ① 모의실험 ② 시뮬레이션 ③ 가장하기 ④ 흉내 내기
- **simul**ator[símjulèitər] n. ① 시뮬레이터 ② 모의실험 장치
- **dis**simul**ate**[disímjulèit] v. ① (실제 감정이나 의도를) 감추다 ② 위장하다
- syn. **pre**tend(~인 체하다, 가장하다), feign(~인 체하다, 가장하다), sham(~인 체하다, 가장하다)

> It's always hard to **simulate** a game situation.
> 게임 상황을 실험해보는 것은 항상 어려운 일이다.

1338. sim**ultane**ous [sàiməltéiniəs]
simul+tane(time)+ous(형접)

'같은 시간대' 는 → a. **동시의**가 되는 거지
- **simultane**ously[sàiməltéiniəsli] ad. ① 동시에 ② 일제히
- **simultaneous** election 동시 선거
- syn. **con**cur**rent**(동시의), **con**temporane**ous**(동시성의, 동시대의), **syn**chron**ous**(동시의)

> The nine **simultaneous** views spread out.
> 9개의 동시다발적인 경관이 펼쳐졌다.

◆ 헷갈리는 어원 TIP
- **sim**plify[símpləfài] → sim(one)+pli(to fold)+fy(to make) → 하나만 겹치게 만드는 것 → v. ① 단순화하다 ② 간소화하다 ③ 간단하게 하다 ④ 평이하게 하다(p95)

assimilate 소화하다, 동화하다, 흡수하다(p17) / assimilation 동화, 흡수, 동화 작용 / assimilationism (이민족·이문화에 대한) 동화 정책

우리말 대화로 단어 복습하기

가. 다음 단계는 무엇을 해야 되죠?

나. 파악한 정보를 **이해하고**(assimilate), **유사한**(similar) 정보를 **단순화하여**(simplify) **모의 실험하는**(simulate) 거지.

나. **동시에**(simultaneously) **직유**(simile)적인 내용을 **은유**(metaphor)적인 비유로 바꾸는 작업이 필요하지.

어근 271   SIST, STA, STAT, STIT, STIC : 서 있다(to stand)

1339. assist [əsíst]
as(to)+sist

'(누군가) 옆에 서 있는' 것이 → v. ① **돕다** ② **거들다** ③ **지원하다**
         n. (스포츠) **어시스트**가 된 거지
- assistance[əsístəns] n. ① **지원** ② **도움** ③ **원조** ④ **조력**
- assistant[əsístənt] n. ① **보조원** ② **조수** a. (직함에 쓰여) **부(副)-, 조(助)-**
- syn. aid(돕다) ↔ ant. hinder(방해하다)

Team members **assist** the complex's residents.
팀원들은 단지 거주민들을 도왔다.

1340. consist [kənsíst]
con(together)+sist

'함께 서 있는' 것이 → v. ① **구성되다** (of) ② **존재하다** (in) ③ **양립하다** (with, together) ④ **일치하다** (with)가 된 거지
- consistent[kənsístənt] a. ① **한결같은** ② **변함없는** ③ **일치하는** ④ **일관성 있는**
- inconsistent[ìnkənsístənt] a. ① **모순된** ② (규범 등에) **부합하지 않는** ③ **일관성 없는**
- consistency[kənsístənsi] n. ① **일관성** ② **한결같음** ③ **농도** ④ **밀도**
- syn. be composed of(구성되다), be made up of(구성되다), be comprised of(구성되다)

Political language has to **consist** largely of euphemism and question-begging.
정치적인 언어는 대체적으로 완곡한 표현과 논점을 회피하는 말로 구성된다.
① euphemism 완곡어법 ② question-begging 논점 회피

1341. desist [dizíst]
de(from)+sist

(업무, 생각 등에서)'벗어나 서 있는' 것이 → v. ① (하던 일이나 하려던 일을) **그만두다** ② (품었던 생각이나 미련을) **단념하다**가 된 거지
- desistance[dizístəns] n. ① **중지** ② **단념**   syn. cease(중단하다)

Another day is another cease-and-**desist** order.
다음날 다른 정지 명령이 있었다.
cease-and-desist order 정지 명령

1342. **coexist** [kòuigzíst]
co(together)+exist(존재하다)

'함께 존재하는' 것이 → v. ① **공존하다** ② **동시에 존재하다**가 된 거지
- **coexistence**[kouigzístəns] n. **공존**
- **exist**[igzíst] v. ① **존재하다** ② (힘들게 근근이) **살아가다**
- **existence**[igzístəns] n. ① **존재** ② **실재** ③ **현존** ④ **생계**

> Brick-and-mortar businesses can **coexist**.
> 재래식 소매업은 공존할 수 있다.
> **brick-and-mortar** (재래식의) 소매

1343. **insist** [insíst]
in(on)+sist

'붙어 서 있는' 것이 → v. ① (자기 의견을 굳게 내세워 버티면) **고집하다** ② (자기의 의견이나 주장을 굳게 내세우면) **주장하다** ③ (사실이라고) **주장하다**가 된 거지
- **insistent**[insístənt] a. ① **고집하는** ② **주장하는** ③ (오래 동안) **계속되는**
- **persist**[pərsíst] v. ① **집요하게 계속하다** ② **끈질기게 계속하다**
  ③ (없어지지 않고) **계속되다**
- **persistent**[pərsístənt] a. ① **끈질긴** ② **집요한** ③ **끊임없이 지속되는**
- **constant**[kάnstənt] a. ① **지속적인** ② **계속되는** ③ **변함없는**
  n. ① **정수** ② **항수**
- syn. **assert**(주장하다), **vow**(~이라고 단언하다), **stick to**(고집하다), **adhere to**(고집하다), **cling to**(고집하다)

> Those officials **insist** that it is unlikely his successor will agree to do so.
> 관리들은 그의 후계자가 그렇게 하는데 동의할 것 같지 않다고 주장한다.

1344. **stable** [stéibl]
sta+ble(할 수 있는)

'서 있을 수 있는' 것이 → a. ① **안정적인** ② (사람이) **차분한** ③ (물질의 상태가) **안정된** ④ **견실한** n. **마구간** v. (말을 마구간에) **두다**가 된 거지
- **stability**[stəbíləti] n. ① **안정** ② **안정성** ③ **안정감**
- **instability**[ìnstəbíləti] n. ① (정치·경제) **불안정** ② (심리적) **불안정**
- **ecstasy**[ékstəsi] n. ① **황홀감** ② **황홀경** ③ **엑스터시**(마약)
- syn. **secure**(안전한), **fast**(고정된), **firm**(확고한), **immovable**(냉정한)↔ ant. **insecure**(불안전한), **unstable**(불안정한)

> The move is merely close the **stable** door after the horse has bolted
> 그러한 조치는 소 잃고 외양간 고치는 격이다.
> **bolt** 달아나다

1345. **establish** [istǽbliʃ]
e(out)+sta+bl+ish(동접)

'밖에 세우는 것' 이 → v. ① (기관이나 조직체 따위를 만들면) **설립하다** ② (제도·계획·관계를) **수립하다** ③ (지위·명성을) **확고히 하다** ④ (사상·관습 등을) **확립하다** ⑤ (사실을 캐고 따져서 밝히면) **규명하다** 의미가 된 거지
- **establishment**[istǽbliʃmənt] n. ① **설립** ② **수립** ③ **확립**
  ④ (사회) **기득권층** ⑤ **기관**
- **antiestablishment**[æ̀ntiistǽbliʃmənt] a. **반체제의**
- syn. **set up**(세우다), **found**(설립하다), **prove**(입증하다), **demonstrate**(증명하다)

1346. **stagnant** [stǽgnənt]
sta+gn+ant(형접)

'(움직임 없이) 서 있는' 것이 → a. ① (물·공기가) **고여 있는** ② (발전하거나
나아가지 못하면) **정체된** 의미가 된 거지
- **stagnate**[stǽgneit] v. ① **침체되다** ② **정체되어 있다** ③ **고이다**
  ④ (고여서) **썩다**
- **stagflation**[stægfléiʃən] n. **스태그플레이션**
- **stagnancy**[stǽgnənsi] n. ① **불황** ② **침체** ③ **불경기**
- **stagnant** market **침체된 시장**

Opening the state-run company could boost a **stagnant** economy.
국영 회사를 개방하는 것이 침체된 경제를 활성화시킬 수 있다.

1347. **destine** [déstin]
de(intens)+sti+ne(동접)

'강하게 세워둔 것' 이 → v. ① (미리 정하거나 예상한 거면) **예정해 두다**
  ② (운명으로) **정해지다**가 된 거지
- **destined**[déstind] a. ① ~**할 운명인** ② **행(行)의**
- **predestined**[pridéstind] a. ① **운명 지워진** ② **숙명적인**
- **destiny**[déstəni] n. ① **운명** ② **숙명**
- **destination**[dèstənéiʃən] n. ① **목적지** ② **도착지**
- **distant**[dístənt] a. ① **먼** ② **동떨어진** ③ **서먹서먹한**

His name would seem to **destine** him for the job.
그의 이름은 그의 직업을 정해놓은 듯 보였다.

1348. **obstinate** [ɑ́bstənət]
ob(against)+sti+n+ate(형접)

'반대로 서 있는' 것이 → a. ① (융통성이 없으면) **완고한** ② (자기 의견을 굳게
내세우는 성질이면) **고집 센** ③ **고치기 힘든** 의미가 된 거지
- **obstinacy**[ɑ́bstənəsi] n. ① **완고함** ② **집요한 끈기** ③ (병의) **난치**
- syn. **stubborn**(완고한, 고집 센), **headstrong**(고집 센), **pigheaded**(완고한),
  stiff-necked(고집 센)

His skill set was outdated and his attitude **obstinate**.
그의 기술은 시대에 뒤떨어지고 태도는 완고했다.

1349. **state** [steit]
sta+te(명접)

'(변함없이) 서 있는 것' 이 → n. ① **상태** ② **국가** ③ **주(州)**
a. ① **국가의** ② **공식적인** ③ **주(州)의** v. ① **말하다** ② **명시하다**가 된 거지
- **statement**[stéitmənt] n. ① **성명** ② **진술** ③ **진술서** ④ **입출금 내역서**
  ⑤ **표현**
- **statesman**[stéitsmən] n. ① **정치인** ② **정치가** = politician
- **static**[stǽtik] a. ① **고정된** ② **정적인** ③ **정지 상태의**
  n. ① (수신기의) **잡음** ② **정전기**
- **statistics**[stətístiks] n. ① **통계** ② **통계학**

- estate[istéit] n. ① 사유지 ② 재산 ③ 토지
- real estate agent 부동산 중개인
- syn. nation(국가), land(나라)

The governors declared states of emergency.
주지사들은 비상사태를 선포했다.

1350. station [stéiʃən]
sta+tion(명접)

'(사람이) 서 있는 곳' 이 → n. ① 역 ② 정류장 ③ 방송국 ④ 기지
v. ① (군인을) 배치하다 ② (군대를) 주둔시키다가 된 거지
- stationary[stéiʃənèri] a. ① 정지된 ② 고정된 ③ 변하지 않는 ④ 비유동적인
- stationery[stéiʃənèri] n. ① 문구류 ② 문방구
- statue[stǽtʃuː] n. 조각상
- stature[stǽtʃər] n. ① 지명도 ② 위상 ③ 키
- status[stéitəs] n. ① 지위 ② 신분 ③ 상황
- statute[stǽtʃuːt] n. ① 법규 ② 법령 ③ 규정 ④ 학칙
- status quo[stéitəskwóu] n. 현상 유지
- remain stationary 제자리 걸음을 하다

They spent hours vomiting at Disneyland's first aid station.
그들은 디즈니랜드 응급구호소에서 많은 시간 구토를 하였다.

1351. constitute
[kánstətjùːt]
con(together)+stit+ute(동접)

'함께 세워둔 것' 이 → v. ① 구성하다 ② (단체를) 설립하다 ③ (제도나 법률을)
제정하다 ④ (지위나 임무를 맡기는 거면) 임명하다는 표현이 된 거지
- constitution[kànstətjúːʃən] n. ① 헌법 ② 체질 ③ 구조 ④ 설립
- constitutional[kànstətjúːʃənl] a. ① 헌법의 ② 헌법상의 ③ 합헌의
  ④ 체질의
- constituent[kənstítʃuənt] n. ① 주민 ② 유권자 ③ 구성 요소 a. 구성하는
- constituency[kənstítʃuənsi] n. ① 선거구 ② 유권자 ③ 지지층
- syn. establish(설립하다), compose(구성하다), comprise(구성하다)

Immigrants constitute 25% of U.S. scientists.
미국 과학자중 이민자들이 25%를 차지한다.

1352. destitute [déstətjùːt]
de(down)+stit+ute(형접)

'(평균) 아래에 서 있는' 것이 → a. ① 빈곤한 ② 궁핍한 ③ ~이 없는 ④ (일이
떳떳하지 못한 거면) 군색한 것이 된 거지
- destitution[dèstətjúːʃən] n. ① 극빈 ② 빈곤 ③ 결핍 ④ 궁핍
- the destitute 극빈자들
- destitute of ~이 결여된
- syn. indigent(궁핍한), needy(궁핍한)

My father's death leaves us fairly destitute.
아버지의 죽음이 우리를 극심한 가난에 처하게 했다.

1353. institute [ínstətjùːt]
in+stit+ute(명접)

'(연구 등을 위해) 안에 세우는' 조직을 → n. ① **연구소** ② **기관** ③ **협회**
v. ① (제도 · 정책 등을) **도입하다** ② (과정 · 절차를) **시작하다**가 된 거지

- **institution**[ìnstətjúːʃən] n. ① **기관** ② **단체** ③ **협회** ④ **보호 시설**
  ⑤ **제도** ⑥ **관습**
- **intuition**[ìntjuːíʃən] n. ① **직관력** ② **직감** ③ **직관**
- syn. **association**(협회)

The **Institute** wavers between documentary and exploratory simulation.
연구소는 다큐멘터리와 탐구적인 모의실험 사이에서 망설였다.
waver 흔들리다, 망설이다

1354. restitution [rèstətjúːʃən]
re(again)+stit+ut+ion(명접)

'다시 세우는 것' 이 → n. ① (분실물 · 절도 물품 · 요금의) **반환** ② (남에게 입힌 손해를 물어주는) **배상** ③ (남에게 끼친 손해를 갚는) **보상**이라는 표현이 된 거지

- **restitute**[réstitjùːt] v. ① **원상으로 되돌리다** ② **반환하다** ③ **배상하다**
  ④ **회복하다**
- force[power] of **restitution** 복원력
- syn. **compensation**(보상)

They requires **restitution** of a damage.
그들은 손해 보상을 요구했다.

1355. substitute [sʌ́bstitjùːt]
sub(under)+sti(to stand)+tute(동접)

'(다른 것으로 바꾸려고) 아래에 세우는 것' 이 → v. ① **대체하다** ② **대신하다**
③ **교체하다** n. **대체**(인물, 상품)가 된 거지

- **substitution**[sʌ̀bstətjúːʃən] n. ① **대리** ② **대용** ③ **대리인** ④ **대용품**
- **substitute** for ~을 대신하게 되다
- syn. **replace**(대신하다), **replacement**(대체), **proxy**(대리), **surrogate**(
  대리), **deputy**(대리인)

There's no **substitute** for aggressive enforcement of the rules.
규칙을 공격적으로 집행할 대체인물이 없었다.

1356. apostate [əpǽsteit]
apo(away)+state(국가)

'국가를 벗어난' 사람을 → n. ① **변절자** ② **배교자**라고 하지

- **apostasy**[əpǽstəsi] n. ① **변절** ② **배교** ③ **탈당**
- **apotheosis**[əpæ̀θióusis] n. ① **절정** ② **극치** ③ **절정기** ④ **신격화**
- **apostle**[əpǽsl] n. ① **사도** ② (정책 · 사상 등의) **주창자**
- syn. **renegade**(배교자)

Some Sunni extremists consider Shiites to be **apostates**.
일부 수니파 극단주의자들은 시아파를 배교자라고 생각한다.

◆ 어원 TIP

- resist → re(back)+sist(to stand) → 뒤로 서 있다 → 저항하다, 반대하다(p24)
- persist → per(to the end)+sist(to stand) → 끝까지 서있다 → 고집하다(p63)
- cost → co(together)+st(to stand) → 함께 서서 치르는 것 → 값, 비용, 희생, 희생시키다
- testimony → te(three)+st(to stand)+mony(state) → 제3자로 서 있는 상태 → 증언, 증거
- oust → ou(against)+st(to stand) → 반대하여 (조직 밖에) 서 있는 것 → 몰아내다, 축출하다
- substance → sub(under)+sta(to stand)+nce(명접) → 아래 서 있는 것 → 물질, 실체, 본질(p39)
- constant → con(together)+sta(to stand)+ant(형접) → (늘) 함께 서있는 → 지속적인, 끊임없는
- distance → di(apart)+sta(to stand)+ance(상태, 명접) → 떨어져 서있는 상태 → 거리, 간격
- instance → in(on)+sta(to stand)+ance(상태, 명접) → (관련되어) 붙어 서있는 상태 → 사례
- subsist → sub(under)+sist(to stand) → (생활 수준 등이) 평균이하로 서있다 → 근근히 살아가다

◆ 어휘 플러스

resistance 저항 / irresistible 저항할 수 없는 / instant 즉각적인(p49) / subsist 근근이 살아가다, 존속하다, 유효하다 / subsistence 최저 생활 / stadium 경기장, 스타디움 / stapler 스테이플러 / staple 주된 / standard 기준, 표준 / standardize 표준화하다 / stale 신선하지 않은 / stall 가판대, 마구간 / stance 입장, 자세 / standing 고정적인, 상설의 / standstill 정지, 멈춤 / staunch 확고한, 충실한 / substantial 상당한, 크고 튼튼한 / substantive 실질적인 / circumstance 환경(p168)

우리말 대화로 단어 복습하기

가. 자네는 **국가(state)**가 **존재하는(consist)** 이유가 뭐라고 생각하는가?

나. 대외적으로 국가 간 관계를 **수립하고(establish)**, 대내적으로 국민의 **안정적인(stable)** 삶을 **지원하는(assist)** 거요.

가. 자네는 어떻게 생각하는가?

다. 국민들의 **주장하는(insist)** 바를 살펴 서로 **공존하게 하는(coexist)** 것이라고 생각합니다.

가. **고여 있는(stagnant)** 물은 썩듯이 국가는 새로운 혁신을 위해 무엇을 해야한다고 생각하는가?

나. 운명으로 **정해진(destine) 고치기 힘든(obstinate)** 정책은 없으며, 새로운 **대체(substitute)** 정책을 끊임없이 제시하여야 합니다.

다. 사회적 **불평등(inequality)**을 해소와 **가난한(destitute)** 사람을 위해 정부 **기관(institute)**들이 변화하는 상황에 맞게 적극 대응해야 합니다.

나. 취업을 **단념하는(desist)** 사람들의 문제를 개인적인 능력으로 치부하지 않고 국가의 적극적인 **개입(intervention)**이 필요합니다.

어근 272	SOC(I) : 결합하다(to unite, to join), 동료.친구(companion)
	※ 동의어근: JOIN, JUNCT(어근133) / LEG(어근142) / NECT, NEX(어근186) / SERT(어근268)

1357. sociable [sóuʃəbl]
soc+i+able(할 수 있는)

'(다른 사람과) 결합할 수 있는' 것이 → a. ① **사교적인** ② **붙임성 있는** 사람이 된 거지

- sociability[sòuʃəbíləti] n. ① **사교성** ② **사교적 행사**
- socialize[sóuʃəlàiz] v. ① **사귀다** ② **어울리다** ③ **사회화시키다**
- socialization[sòuʃəlizéiʃən] n. **사회화**
- socialism[sóuʃəlìzəm] n. **사회주의** ↔ capitalism **자본주의**
- antisocial[æ̀ntisóuʃəl] a. ① **반사회적인** ② **비사교적인**
- unsocial[ʌnsóuʃl] a. **정규 근무 시간 외의**
- syn. gregarious(사교적인)

They are **sociable** musicians.
그들은 사교적인 음악인들 이다.

1358. society [səsáiəti]
soc+i+e+ty(명접)

'결합되어 있는' 조직을 → n. ① **사회** ② (특정한) **집단** ③ **협회** ④ **단체** ⑤ **소사이어티**라고 하지

- societal[səsáiətl] a. **사회의** (전문용어)
- sociology[sòusiáládʒi] n. **사회학**
- sociologist[sóusiɑːlədʒɪst] n. **사회학자**
- cross-societal 사회 전체에 미치는
- syn. community(공동체, 지역사회), association(협회)

He no longer posed a threat to **society**.
그는 더 이상 사회에 위협이 되지 않았다.

1359. associate [əsóuʃièit]
as(to)+soc+i+ate(동접)

'(어떤 것)에 결합하는 것' 이 → v. ① (관련된 다른 사물을) **연상하다** ② (관련된 다른 사물을) **결부 짓다** ③ **어울리다** ④ **지지를 표하다** a. ① (직함에 쓰여) **준[부/조]** - ② **제휴한** n. ① (사업 · 직장) **동료** ② **2년제 대학 학위 소지자** 등으로 의미가 발전한 거지

- association[əsòusiéiʃən] n. ① **협회** ② **유대** ③ **제휴** ④ **연관성**
- free association (정신분석) **자유 연상**
- syn. consort(사귀다), hobnob(친하게 지내다), colleague(동료), companion(동료)

He works as a sales **associate** at the jewelry store.
그는 보석가게에서 판매보조원으로 일한다.

1360. dissociate [disóuʃièit]
dis(apart)+soc+i+ate(동접)

'결합에서 떨어져 나가는' 것이 → v. ① **분리하다** ② **관계를 끊다** ③ **관련이 없음을 분명히 하다** ④ **분리해서 생각하다**가 된 거지

- **dis**soci**ation**[disòusiéiʃən] n. ① (의식·인격의) **분열** ② **분리** ③ (화학) **해리**
- syn. **dis**connect(관계를 끊다)

> They succeed in **dissociating** the recently discovered deuteron.
> 그들은 최근에 발견된 중양성자를 분리하는 데 성공했다.
>
> **deuteron** 중양성자

◆ 어휘 플러스
social overhead capital 사회 간접 자본(SOC) / **soc**cer 축구 / **social security** 사회 보장

■■■ 우리말 대화로 단어 복습하기
가. 사람의 유형에 따라 우리가 대응하는 방식도 달라져야 하는 거죠?

나. 맞아. **사교적인(sociable)** 사람은 **사회(society)**에서 **어울리는(associate)** 것을 좋아하지만 그와 반대인 사람은 아니지.

나. 그래서 **분리해서 생각해야(dissociate)** 하는 거지.

어근 273

SOL, SOLI : 홀로(alone), 단 하나의(single), 전체의(whole)
STEREO : 단단한, 고체의(solid)

1361. solid [sɑ́lid]
sol+id(형접)

'하나로 된' 것이 → a. ① **단단한** ② **고체의** ③ **견고한** ④ **탄탄한** ⑤ **알찬** ⑥ **만장일치의** ⑦ **중단 없는** n. **고체** 같은 표현이 된 거지
- **sol**idary[sɑ́lədèri] a. ① **공동 이익의** ② **연대 책임의**
- **sol**idarity[sɑ̀lədǽrəti] n. ① **연대** ② **결속** ③ **단결**
- **sol**idify[səlídəfài] v. ① **굳어지다** ② **확고해지다** ③ **굳히다** ④ **확고히 하다**
- **solidarity** guarantee 연대보증　　• organic **solidarity** 유기적 연대
- syn. **firm**(단단한), **hard**(견고한), **sturd**y(튼튼한), **sta**ble(안정된), **un**shak**able**(흔들리지 않는) ↔ ant. **un**substan**tial**(허울뿐인, 견고하지 않는), **un**s**tab**le(불안정한)

> 20% down payments make him **solid** and reliable.
> 20%의 계약금 지불은 그를 확실하고, 믿을 만하게 하였다.
>
> **down payment** 계약금

1362. consolidate
[kənsɑ́lədèit]
con(together)+solid+ate(동접)

'함께 단단하게 하는' 것이 → v. ① (수준이나 정도·위치·성공의 가능성 등을) **굳히다** ② (수준이나 정도·위치·성공의 가능성 등을) **강화하다** ③ **통합하다** ④ **통합되다**가 된 거지
- **con**sol**idation**[kənsɑ̀lidéiʃən] n. ① **합병** ② **통합** ③ (부채 등의) **정리**
- **sol**der[sɑ́dər] n. ① **납땜** ② **납과 주석의 합금** v. **납땜질하다**
- **sol**dier[sóuldʒər] n. ① **군인** ② **병사**
- full **consolidation** 연결 대차대조표
- syn. **streng**then(강하게 하다), **re**inforce(강화하다), **com**bine(결합시키다), **merge**(합병하다)

The new research centers will **consolidate** development of various technologies.

새로운 연구센터는 다양한 기술발전을 통합해나갈 것이다.

1363. insolate [ínsoulèit]
in+sol(sun)+ate(동접)

'태양에서 하는' 것이 → v. **햇빛에 쬐다**가 된 거지
- **insolation**[ìnsouléiʃən] n. **일사량**
- **parasol**[pǽrəsɔ̀:l] n. ① **양산** ② **파라솔** • sunstroke/heatstroke 일사병

The room will **insolate** well.

방이 햇빛을 잘 들이게 될 것이다.

1364. stereotype [stériətàip]
stero(solid)+type

'(변화지 않는) 단단한 형태' 의 생각이 → n. ① **고정 관념** ② **정형화된 생각**
v. ① **고정 관념을 형성하다** ② **정형화하다**가 된 거지
- **stereotypy**[stériətàipi] n. **연판 제조법**
- syn. **fixed idea**(고정 관념), **prejudice**(선입관), **preconception**(선입관)

He illustrates the most useless **stereotypes**.

그는 가장 쓸모없는 고정 관념을 도해를 통해 설명했다.

1365. soliloquy [səlíləkwi]
soli(alone)+loqu(to speak)+y(명접)

'혼자서 말하는 것' 은 → n. ① **독백** ② **혼잣말**이지
- **solitary**[sάlətèri] a. ① **혼자 하는** ② **외딴** n. **혼자 사는 사람**
- **solitude**[sάlətjù:d] n. **고독**
- **sole**[soul] a. ① **유일한** ② **단 하나의** ③ **혼자의** n. ① **발바닥** ② **밑창**

It's Hamlet's greatest **soliloquy**.

그것은 햄릿의 가장 위대한 독백이다.

◆ 어원 TIP
- sul**len** → sul(alone)+len(형접) → 혼자가 되어버린 → 뚱한, 시무룩한, (날씨가) 음침한, 침울한

◆ 어휘 플러스
solicit 간청하다 / solar 태양의, 태양열을 이용한 / solarize (사진) 지나치게 노출시키다, (건물을) 태양 에너지를 이용하도록 개조하다, 햇볕에 쬐다 / solar cell 태양광 전지 / solar system 태양계 / solar eclipse 일식(日蝕)

■■■ 우리말 대화로 단어 복습하기

가. 여름철 건강을 위해 당부하고 싶은 말씀은?

나. 아무리 **탄탄한(solid)** 피부라도 지나치게 **햇빛을 쬐고(insolate)**, 지나치게 **노출시키면(solarize)** 피부암 **위험(peril)**이 높아지는 거죠.

나. 나는 괜찮겠지 하는 **고정 관념(stereotype)**을 버리고 평소에 근육을 **강화하는(consolidate)** 운동을 꾸준히 하는 것도 중요해요.

<table>
<tr><td>**어근 274**</td><td>SOLV(E), SOLU, SOLUT : 풀다, 놓아주다(to loosen)
※ 동의어근: LYSIS(어근156)</td></tr>
</table>

1366. soluble [sáljubl]
solu+ble(할 수 있는)

'느슨하게 할 수 있는' 것이 → a. ① **녹는** ② **용해성이 있는** ③ **해결 가능한** 의미가 된 거지
- **in**soluble[insáljubl] a. ① **해결할 수 없는** ② **용해되지 않는** ③ **녹지 않는**
- **solu**tion[səlúːʃən] n. ① **해결책** ② **방안** ③ **해법** ④ **솔루션** ⑤ **용액**

> Capsaicin is more **soluble** in alcohol and oil than it is in water.
> 캡사이신이 물보다는 알코올과 기름 속에서 잘 녹는다.

1367. solvent [sálvənt]
solv+ent(형접)

'느슨하게 하는' 물질을 → n. ① **용액** ② **용제**
a. ① (경제) **지불 능력이 있는** ② **용해하는** ③ **용해되는** 의미가 된 거지
- **solu**te[sáljuːt] n. **용질** • **in**solvent[insálvənt] a. ① **파산한** ② **지급 불능의**
- **in**solvent bond **지불불능채권**

> TCE, a **solvent** widely used, is associated with an increased risk
> of Parkinson's disease.
> 널리 사용되고 있는 용액, TCE는 파킨슨병의 증가된 위험과 관련이 있다.

1368. absolute [ǽbsəlùːt]
ab(from)+solut+e(형접)

'~에서 풀어진' 것이 → 조건이나 제약, 비교하는 상대가 없는 → a. ① **절대적인**
② **완전한** ③ **확실한** ④ **완전** n. **절대적인 것**이 된 거지
- **ab**solve[æbzálv] v. ① **용서하다** ② **면제하다** ③ **사면하다**
- **ab**solution[æbsəlúːʃən] n. ① **면죄** ② **죄를 사함** ③ **사면**
- **ab**solutism[ǽbsəluːtìzm] n. ① **절대주의** ② **절대론** ③ **절대주의 체제**
- **ab**solute majority **절대 다수** / **absolute** power **절대 권력**
- syn. **per**fect(완전한), **comple**te(완전한), **pure**(순전한), **ut**ter(순전한),
  tyrannical(전제 군주적인) ↔ ant. **rel**at**ive**(상대적인)

> She wins over an **absolute** majority of voters.
> 그녀는 절대다수의 유권자 마음을 사로잡았다.

1369. dissolve [dizálv]
dis(apart)+solve

'떨어져 풀어지는 것' 이 → v. ① (고체가) **용해되다** ② (고체를) **녹이다**
③ (결혼 생활 · 사업상 합의 · 의회를) **끝내다** ④ (울음, 웃음을) **터뜨리다**
⑤ **분해해서 없애다** 같은 표현이 된 거지
- **dis**solution[disəlúːʃən] n. ① **해산** ② (결혼 생활의) **파경** ③ **해체** ④ **소멸**
- **dis**soluble[disáljubl] a. ① **분해할 수 있는** ② **용해성의** ③ **해산할 수 있는**
- **dis**solute[dísəlùːt] a. ① **방종한** ② **타락한** ③ **방탕한**
- syn. **lique**fy(녹다), **melt**(녹다), **termin**ate(끝내다), **dis**band(해산하다)

> The monarch **dissolves** parliament.
> 군주는 의회를 해산했다.

1370. **re**solve [rizάlv]

re(again)+solve

'다시 풀어주는' 것이 → v. ① (얽힌 일이나 문제를) **해결하다** ② (마음이나 뜻을 굳게) **다짐하다** ③ (마음을 굳게) **결심하다** n. ① (단호한) **결심** ② **결의**가 된 거지

- **re**solu**tion**[rèzəlú:ʃən] n. ① **결의** ② **결심** ③ **해결** ④ (화면) **해상도**
- **re**solu**te**[rézəlù:t] a. ① **단호한** ② **확고한**
- **re**solv**ent**[rizάlvənt] a. ① **분해하는** ② **용해하는** ③ (종기를) **가라앉히는**
  n. ① **분해물** ② **용제**
- syn. **de**cide(결심하다), **de**termine(결심하다), **in**tend(작정하다),
  determin**ation**(결심), **de**cis**ion**(결정)

> She made a **resolution** to lose weight and get in shape.
> 그녀는 살을 빼고 몸매를 가꾸겠다고 결심했다.

■ 우리말 대화로 단어 복습하기

가. **가계부채(household debt)**가 최근 엄청나게 증가하고 있다는 군?

나. **해결가능하고(soluble) 지불능력이 있으면(solvent)** 괜찮지만 그렇지 않다는 게 문제죠.

가. 빨리 문제를 **해결하고(resolve)** 이러한 상황을 **끝내는(dissolve) 완전한(absolute)** 방안을 찾아야지. 큰일 나겠어요.

생활 속 영단어로 어원 친해지기

티케 : 이번에 배운 어근이 뭐였지?

고양이 : 256. 신성한 sacr, sanct, secr / 257. 충분한 satis / 258. 사다리 scal / 259. 오르다 scend / 260. 쓰다 scrib, script / 261. 자르다 sect, sev / 262. 앉다 sed, sid, sess / 263. 함께, 같은 semble / 264. 씨앗, 뿌리다 semin, spor / 265. 감정, 느끼다 sens, sent / 266. 뒤따르다 sequ, secut / 267. 하인, 노예, 봉사하다 serv / 268. 결합하다 sert / 269. 표시, 상징 sign / 270. 유사한, 같은 simil, simul / 271. 서있다 sist, sta, stat, stit, stic / 272. 결합하다 soc / 273. 홀로, 외로운, 단 하나의, 전체의 sol, soli 단단한, 고체의 stereo / 274. 풀다, 놓아주다 solv, solu, solut가 있어요.

토끼 : 일상에서 접할 수 있는 단어로, 야구의 **희생 번트(sacrifice bunt)**, UN '**안전 보장 이사회(Security Council)**, **경제제재(economic sanctions)**, **컨설턴트(consultant)**, **풍자(satire)**, **에스컬레이터 (escalator)**, **자손(descendant)**'이 있어요.

고양이 : **징병제(conscription)**, **모병제(volunteer military system)**, **원고(manuscript)**, **처방(prescription)**, **구독(subscription)**, **교차점(intersection)**, **퇴직금(severance pay)**, **허튼소리(nonsense)**, 한류의 **선풍적인 인기(sensational popularity)**, **공동체 의식(sense of community)**, **사형선고(death sentence)**, **전신 마취(general anesthesia)**, **최고 경영자((chief executive officer(CEO))**, **기소 (prosecution)**, **속편(sequel)**이 있어요.

토끼 : **관측소(observatory)**, **방부제(preservative)**, **저수지(reservoir)**, **무인도(desert island)**, **팩시밀리 (facsimile)**, **시뮬레이션(simulation)**, **스태그플레이션(stagflation)**, **목적지(destination)**, **통계 (statistics)**, **헌법(constitution)**이 있어요.

고양이 : **반사회적인(antisocial)**, **연대보증(solidarity guarantee)**, **해결책, 솔루션(solution)**, **지급 불능의 (insolvent)**, **사면(absolution)**, **결심(resolution)**이 있어요.

티케 : 다음에 배울 어근은 soph / spec, spect, spi, ops / spir, sper, hale / sort / sphere / spond, spons / stell, satell / stick, sting, stin / store, cumul이지요.

Exercise 20

1. (A)에 제시된 어근의 의미를 가장 적절하게 표현한 것을 (B)에서 찾아 쓰시오.

(A)	(B)
1) SECT, SEV _____	ⓐ 감정(emotion), 느끼다(to feel)
2) SOL, SOLI _____	ⓑ 풀다, 놓아주다(loosen)
3) SERV _____	ⓒ 앉다(to sit)
4) SEMIN, SPOR _____	ⓓ 쓰다(to write)
5) SEQU, SECUT _____	ⓔ 따르다(to follow)
6) SIST, STA, STAT, STIT _____	ⓕ 지키다(to keep)
7) SCRIB, SCRIPT _____	ⓖ 서있다(to stand)
8) SEMBLE _____	ⓗ 함께(together), 같은(same)
9) SIMIL, SIMUL _____	ⓘ 결합하다(to join)
10) SOLV, SOLU, SOLUT _____	ⓙ 유사한, 같은(similar, like, same)
11) SERT _____	ⓚ 단 하나의(single), 전체의(whole)
12) SENS, SENT _____	ⓛ 자르다(to cut)
13) SED, SID, SESS _____	ⓜ 뿌리다, 심다(to sow)
14) SIGN _____	ⓝ 표시(mark), 상징(token)

2. 제시된 단어 중 의미가 가장 적절한 것을 찾아 괄호 안에 넣으시오.

ⓐ associate ⓑ station ⓒ desist ⓓ absolute ⓔ insist ⓕ dissociate ⓖ simultaneous ⓗ institute ⓘ resolve
ⓙ stagnant ⓚ constitute ⓛ consolidate ⓜ designate ⓝ restitution ⓞ establish ⓟ solvent ⓠ anesthesia
ⓡ substitute ⓢ coexist ⓣ dissolve ⓤ conserve ⓥ stereotype ⓦ exert ⓧ apostate ⓨ consign ⓩ destine

1) (　　) : 설립하다   2) (　　) : 고정관념   3) (　　) : 지정하다

4) (　　) : 변절자   5) (　　) : 위탁하다   6) (　　) : 용해되다

7) (　　) : 예정해 두다   8) (　　) : 반환   9) (　　) : 공존하다

10) (　　) : 해결하다   11) (　　) : 행사하다   12) (　　) : 기관

13) (　　) : 그만두다   14) (　　) : 분리하다   15) (　　) : 주둔시키다

16) (　　) : 구성하다   17) (　　) : 고집하다   18) (　　) : 통합하다

19) (　　) : 동시의   20) (　　) : 절대적인   21) (　　) : 보존하다

22) (　　) : 연상하다   23) (　　) : 고여 있는   24) (　　) : 지불능력이 있는

25) (　　) : 마취   26) (　　) : 대체하다

3. 밑줄 친 단어 의미와 전혀 관계없는 것을 고르시오.

1) Taiwan, Malaysia and Brunei also **assert** sovereignty over some islets.
　① claim　　　　　② attempt　　　　　③ insist　　　　　④ argue

2) The institute encourages researchers to use and **disseminate** their material.
　① spread　　　　　② propagate　　　　　③ dissipate　　　　　④ diffuse

3) An agreement calls for the Authority to **preserve** agricultural land.
　① protect　　　　　② uphold　　　　　③ conserve　　　　　④ devour

4) Politicians should **persevere** despite hostile opposition.
　① hassle　　　　　② endure　　　　　③ bear　　　　　④ put up with

5) Such information is used to **assess** a member state's contribution.
　① evaluate　　　　　② estimate　　　　　③ approximate　　　　　④ measure

4. 밑줄 친 단어와 가장 유사한 것을 고르시오.

1) Such racial **resentment**s had strong effects on candidate choice.
　① sentiment　　　　　② grudge　　　　　③ egotism　　　　　④ compromise

2) Their supporters **ascribe** the death to an underlying eating disorder.
　① attribute　　　　　② inscribe　　　　　③ unearth　　　　　④ safeguard

3) The proposal would **supersede** roughly 70 local plastic bag ordinances.
　① constitute　　　　　② represent　　　　　③ deem　　　　　④ replace

4) Many Ukrainians were **conscripted** to prepare for war.
　① drafted　　　　　② consecrated　　　　　③ confiscated　　　　　④ dispatched

5) Every **scribble** means something.
　① conceit　　　　　② graffiti　　　　　③ exploration　　　　　④ incorporation

5. 밑줄 친 단어와 반대되는 것을 고르시오.

1) The political **dissident** was one of the most famous prisoners in recent history.
　① rebel　　　　　② traitor　　　　　③ dissenter　　　　　④ adherent

2) His attendance in school grew increasingly **sporadic**.
　① intermittent　　　　　② incessant　　　　　③ transient　　　　　④ sparse

3) Google is attempting to **simplify** the problem as well as mitigate any damage.
　① demonstrate　　　　　② facilitate　　　　　③ complicate　　　　　④ coordinate

4) That **obstinate** approach worked well through the first 12 years of his career.
　① capricious　　　　　② stubborn　　　　　③ headstrong　　　　　④ stiff-necked

5) A **sensible** man would not act like that.
    ① prudent   ② shrewd   ③ foolish   ④ judicious

6. 아래에 제시된 단어 중 밑줄 친 우리말의 의미에 맞게 빈칸에 적절한 것을 골라 넣으시오.

> observe / assignment / inseminate / prescribe / simulate / prosecute / sever / destitute / reservoir / subsidy

1) 선생님들은 **숙제**를 제대로 해오는 학생을 찾기가 대단히 어려웠다.
    → Teachers have enough trouble getting students to fulfill their (   ).

2) 데이터베이스 구축이 **처방**전을 남발한 의사를 확인할 수 있게 **한다**.
    → A database system could identify physicians who recklessly (   ) drugs.

3) 십대 청소년이 주의산만을 대처하는 방법을 **관찰하는** 것은 연례적인 의식이다.
    → It's a yearly rite to (   ) how a teenager handles distractions.

4) 의사들은 태아가 출생한 후에 관례대로 탯줄을 **잘라준다**.
    → Doctors routinely (   ) the umbilical cord after an infant's birth.

                                                                  *umbilical cord 탯줄

5) 아이들은 핵미사일 발사를 **모의 실험하는** 기계에 앉아있다.
    → Children sit at machines that (   ) the launch of a nuclear missile.

6) 핵발전소에 근무 중인 청소작업자들은 **극빈자**이고 특별한 기술이 없었다.
    → At the nuclear plant many cleanup workers are (   ) and unskilled.

7) 경제학자들은 해고에 대한 **보조금** 성격을 지닌 이러한 보험료 지원을 이해한다.
    → Economists understand this premium assistance to be a (   ) to layoffs.

8) **저수지**가 포유동물 멸종의 속도를 측정할 기회를 제공한다.
    → A (   ) gives the opportunity to measure the speed of mammal extinctions.

9) 과거에는 정부가 저명인사를 **박해하는** 일이 흔했다.
    → It used to be common for the government to (   ) prominent people.

10) 농부들은 플라스틱 파이프를 활용하여 씨앗을 **수정시킨다**.
    → Farmers use plastic pipes to (   ) sows.

| 어근 275 | SOPH(I) : 현명한(wise) |

1371. sophistic [səfístik]
soph+st(to stand)+ic(형접)

'현명하다고 서 있는' 것이 → 이치에 맞지 않으면 → a. ① 궤변을 일삼는 ② 억지를 부리는 ③ 견강부회의 의미가 되는 거지
- sophist[sáfist] n. ① 소피스트 ② 궤변론자
- soporific[sàpərífik] a. ① 최면성의 ② 지루한 ③ 졸리는

> I protest his vicious and **sophistic** attack.
> 나는 그의 사악하고 궤변을 일삼는 공격에 항의했다.
> vicious 사악한

1372. sophisticated
[səfístəkèitid]
soph+st(to stand)+ic+atied(형접)

'현명하게 세워진' 것이 → a. ① 세련된 ② 정교한 ③ 복잡한 ④ 지적인 의미가 된 거지
- sophisticate[səfístəkèit] v. ① 세련되게 하다 ② 정교하게 하다
  n. ① 세련된 사람 ② 교양 있는 사람
- sophistication[səfìstəkéiʃən] n. ① 교양 ② 세련
- philosophy[filásəfi] n. ① (학문으로서의) 철학 ② (인생) 철학
- syn. elaborate(정교한), complex(복잡한)

> The audience is **sophisticated**.
> 청중들은 세련되었다.

◆ 어원 TIP
- sophomore → soph(wise)+more → (대학 1학년 때 보다) 좀 더 현명해진 → 2학년생

■■ 우리말 대화로 단어 복습하기
가. 너는 그의 주장을 믿니?
나. 아니. **세련된(sophisticated)** 말로 궤변을 일삼는(sophistic) 거지.

| 어근 276 | SPEC(I), SPECT, SPI, OPS : 보다(to watch) ※ 동의어근 : PHAN, PHEN, FAN(어근220) / VID, VIS(어근332) / WAR, WARD(어근339)
- OPS는 커다란 얼굴에 거대한 눈이 하나인 무시무시한 신 '키클롭스(Cyclops) 3형제'에서 기원
- 키클롭스(Cyclops) 3형제는 천둥, 번개, 벼락 3형제를 말함
- cyclops는 '둥근 눈'라는 의미 cycl은 cycle(순환)의 어원이고, ops는 optic(눈의, 시각의) 기원 |

1373. special [spéʃəl]
spec+ial(형접)

'볼만한' 것이 → a. ① 특별한 ② 특수한 ③ 특정한 n. ① 특집방송 ② (상점·식당의) 특별가가 된 거지
- specialize[spéʃəlàiz] v. ① 전공하다 ② 전문적으로 다루다
- speciality[spèʃiǽləti] n. ① 전공 ② 특성 ③ 특산품 ④ 신제품 ⑤ 날인증서

- **special** account 특별 회계
- syn. **particul**ar(특별한), **uni**que(유일한), **ex**ceptional(예외적인)

Farmers have always bred crops for **special** traits such as drought tolerance.
농부들은 가뭄에 내성이 있는 특별한 특성이 있는 곡물을 항상 재배해왔다.

1374. **speci**es [spíːʃiːz]
spec+ies(명접)

'보이는 것' 으로 구별하는 것이 → 생물 분류의 기초 단위를 말하면 →
n. **종**(種)이라고 하지
- **speci**fy[spésəfài] v. ① **구체화하다** ② (구체적으로) **명시하다** ③ **상술하다**
- **speci**fic[spisífik] a. ① **명확한** ② **구체적인** ③ **독특한** ④ **특정한** ⑤ **분명한**
- **speci**ous[spíːʃəs] a ① **그럴듯한** ② **허울 좋은** ③ **겉만 번드르르한**
- **speci**fication[spèsəfikéiʃən] n. ① (자세한) **설명서** ② **사양** ③ **내역서**
  ④ **명세서**
- **speci**men[spésəmən] n. ① **표본** ② **견본** ③ (의학 검사용) **시료**
- non-**speci**fic[nɑ̀nspəsífik] a. ① **불특정의** ② **일반적인** ③ **비**(非)**특이성의**

Habitats of rare **species** were severely altered.
희귀종 서식지가 심하게 달라졌다.

1375. **spect**acle [spéktəkl]
spec+ac+le(명접)

'볼만한 것' 이 → n. ① **장관** ② **광경** ③ (기이한·놀라운) **모습** ④ (대단한)
구경거리가 된 거지
- **spect**acular[spektækjulər] a. ① **장관을 이루는** ② **극적인** ③ **환상적인**
  n. **화려한 쇼**
- **spect**ator[spékteitər] n. ① (스포츠 행사의) **관중** ② **구경꾼** ③ **방관자**
  ④ **관객**
- **spect**er[spéktər] n. ① **유령** ② **귀신** ③ **요괴**

The **spectacle** of being on the field was breathtaking.
경기장 광경이 숨이 멎을 듯 멋졌다.

1376. **spec**ulate [spékjulèit]
spec+ul+ate(동접)

'보이는 것으로 (어림잡는)' 것이 → v. ① **추측하다** ② **짐작하다** ③ (큰 이익을
위해) **투기하다**가 된 거지
- **spec**ulation[spèkjuléiʃən] n. ① **짐작** ② **추측** ③ **투기** ④ **억측**
- **spec**ulative[spékjulèitiv] a. ① **추측에 근거한** ② **투기적인** ③ **사색적인**
- **spec**ulum[spékjuləm] n. (인체 내부 검사용) **검경**
- an eye **spec**ulum **검안경**
- syn. **sur**mise(짐작하다), **g**uess(짐작하다), **sup**pose(추측하다), **as**sume(
  추정하다), **pre**sume(추정하다), **con**jecture(추측하다)

Stocks declined amid **speculation** that the Federal Reserve
might increase interest rates.
연방 준비은행이 금리를 올릴지 모른다는 추측이 있는 가운데
주가가 하락했다.

1377. **aspect** [ǽspekt]
a(to)+spect

'(누군가)에게 보이는' 것이 → 사물이나 현상의 → n. ① **측면** ② **양상** ③ **국면**
④ **모습**이 된 거지

- **in**spect[inspékt] v. ① **점검하다** ② **검사하다** ③ **사찰하다** ④ **순시하다**
- **intro**spect[ìntrəspékt] v. ① **내성하다** ② **자기 반성하다**
- **retro**spect[rétrəspèkt] n. ① **회상** ② **회고** ③ **추억** ④ **소급**
  v. ① **회상하다** ② **소급하여 대조해 보다**
- dual-**aspect** 양면성을 갖는
- syn. **face**t(국면, 양상)

The book deals with various **aspects** of the fractured society.
책은 분열된 사회의 다양한 측면을 다루고 있다.

1378. **perspective** [pərspéktiv]
per(through)+spect+ive(명접)

'(보는 것이나 생각을) 두루 보는' 것이 → n. ① **시각** ② **관점** ③ **견해** ④ **균형감**
⑤ (거리감을) **원근법**이 된 거지

- **pro**spect[práspekt] n. ① **전망** ② **예상** ③ **가망** ④ **예상 후보**
  v. ① **탐사하다** ② **탐광하다**
- **pro**spect**ive**[prəspéktiv] a. ① **장래의** ② **유망한** ③ **곧 있을** ④ **다가오는**
- syn. **viewpoint**(관점)

It's easy to lose **perspective** on the size of the problem.
문제의 크기에 대한 관점을 잃어버리기 쉽다.

1379. **respect** [rispékt]
re(back)+spect

'(높이여 귀중하게 여겨) 뒤에서 보는 것' 이 → n. ① **존중** ② **존경** ③ **경의**
④ **측면** v. ① **존경하다** ② **존중하다**가 된 거지

- **re**spect**able**[rispéktəbl] a. ① **존경할 만한** ② **훌륭한** ③ **부끄럽지 않은**
- **re**spect**ful**[rispéktfəl] a. ① **존경심을 보이는** ② **예의 바른** ③ **공손한**
- **re**spect**ive**[rispéktiv] a. ① **각각의** ② **각자의**
- syn. **esteem**(존중, 존경하다), **de**fer**ence**(존경), **rever**ence(존경), **look up to**(~을 존경하다) ↔ ant. **con**tempt(경멸), **dis**regard(무시)

You will have the courage to **respect** all women.
당신들은 모든 여성을 존중할 용기를 가져야 될 것이다.

1380. **suspect** [səspékt]
sus(under)+spect

'아래에서 (위로) 보는 것' 이 → v. **의심하다** n. ① **용의자** ② **피의자**
a. ① **의심스러운** ② **수상쩍은** 상황에서 일어나지

- **su**spic**ion**[səspíʃən] n. ① **의심** ② **혐의** ③ (의심스러운) **느낌**
- **su**spic**ious**[səspíʃəs] a. ① **의심스러운** ② **수상쩍은** ③ **의심을 갖고 있는**
- syn. **dis**trust(믿지 않다), **mis**trust(불신하다), **dubi**ous(의심스러운), **dou**btful(수상쩍은) ↔ ant. **innoc**ent(아무 죄가 없는)

Police did not identify any **suspects**.
경찰은 어떤 피의자도 확인해주지 않았다.

1381. conspicuous
[kənspíkjuəs]

con(intens)+spic+u+ous(형접)

'강하게 보이는 것'이 → a. ① 눈에 띄는 ② 뚜렷한 의미가 된 거지
- conspicuity[kὰnspikjúːəti] n. ① 눈에 잘 띔 ② 이채로움 ③ 현저함
- transpicuous[trænspíkjuəs] a. 투명한
- transparent[trænspέərənt] a. ① 투명한 ② 속 보이는 ③ 명백한 ④ 알기 쉬운
- perspicuous[pərspíkjuəs] a. ① 명료한 ② 명쾌한 ③ 분명한
- perspicacious[pə̀ːrspəkéiʃəs] a. ① 총기 있는 ② 총명한 ③ 명민한
- conspicious consumption 과시적 소비
- syn. evident(분명한), salient(두드러진), noticeable(눈에 띄는), prominent(두르러진), striking(두드러진), marked(뚜렷한), obvious(분명한) ↔ ant. inconspicuous(눈에 띄지 않는)

This devotion is his **conspicuous** strength.
이러한 헌신은 그의 눈에 띄는 강점이다.

1382. despise [dispáiz]

de(down)+spi+se(동접)

'(누군가를) 아래로 보는 것'이 → v. ① 경멸하다 ② 멸시하다가 된 거지
- despicable[déspikəbl] a. ① 비열한 ② 야비한
- syn. scorn(경멸하다), look down on(~을 경멸하다), detest(몹시 싫어하다)

Freedom of speech means freedom to express the most **despicable** views.
언론의 자유는 가장 비열한 관점을 표현할 자유를 의미한다.

1383. autopsy [ɔ́ːtapsi]

auto(self)+ops(to see)+y(명접)

'자신을 보는 것'이 → n. ① 부검 ② 검시라고 하지
- optical[áptikəl] a. ① 시각의 ② 광학의 ③ 시력을 보완하는
- optic[áptik] a. ① 눈의 ② 시력의
- optician[aptíʃən] n. ① 안경사 ② 안경 제작자
- optics[áptiks] n. 광학   • optic nerve 시신경
- syn. postmortem(부검)

Coroners released **autopsy** reports.
검시관들이 부검 보고서를 발표했다.

◆ 어원 TIP
- expect → ex(out)+spect(to look) → 밖을 보다 → 기대하다
- synopsis[sinápsis] → syn(together)+ops(to watch)+sis((과정(활동), 명접)) → (전체를) 함께 보는 활동 → (글, 희곡 등의) 개요(p91)

◆ 어휘 플러스
spectrum 스펙트럼 / spectrometer 분광계 / spy 스파이, 정보원 / circumspect 신중한, 용의주도한(p67)

■■■ 우리말 대화로 단어 복습하기

가. 관찰자 측면(aspect)에서 특별한(special) 광경(spectacle)을 본 기분이 어때?

나. 시각(perspective)에 따라 사람을 존경(respect)할 수도 용의자(suspect)로 경멸하면서(despise) 추측하는 (speculate) 것이 달랐어요.

가. 바로 그거야. 부검(autopsy)도 관점에 따라 뚜렷한(conspicuous) 차이가 있을 수 있지.

1384. aspire [əspáiər]
a(to)+spire

'(목표를) 향하여 숨 쉬는' 것이 → v. ① **열망하다** ② **갈망하다**가 된 거지
* aspiration[æspəréiʃən] n. ① **열망** ② **염원** ③ **포부**
* aspirate[æspərèit] v. ① (기구로) **흡입하다** ② **대기음으로서 발음하다**
  n. **대기음**; hour의 h음 같은 음
* aspirator[æspərèitər] n. ① **흡인기** ② **흡입 장치** ③ **흡출기**
* aspirational[æspəréiʃənl] a. ① **출세지향적인** ② **열망적인**

Women are still less likely than men to **aspire** to becoming the boss.
여성들은 여전히 남성에 비해 사장이 되려는 열망이 덜한 것 같다.

1385. conspire [kənspáiər]
con(together)+spire

'(불법적인 행위를 위해) 함께 숨을 쉬는 것' 이 → v. ① **공모하다** ② **음모를 꾸미다**가 된 거지
* conspiracy[kənspírəsi] n. ① **음모** ② **공모** ③ **모의**
* conspiration[kànspiréiʃən] n. ① **모의** ② **협력**
* conspirator[kənspírətər] n. ① **공모자** ② **음모 가담자**
* syn. intrigue(음모를 꾸미다)

A cartel **conspires** to hold down wages.
한 기업연합이 임금을 낮추기 위해 공모하였다.
cartel 카르텔, 기업연합

1386. despair [dispéər]
de(without)+spair(hope)

'희망이 없는 상황' 이 → n. **절망** v. ① **절망하다** ② **체념하다**가 된 거지
* despairing[dispéəriŋ] a. ① **절망적인** ② **절망한** ③ **자포자기의**
* desperation[dèspəréiʃən] n. ① **자포자기** ② **필사적임**
* desperate[déspərət] a. ① **필사적인** ② **절망적인** ③ **간절히 필요로 하는**
  ④ **자포자기의**
* desperado[dèspərάːdou] n. ① **무법자** ② **악당**
* a counsel of **despair** ① **절망적인 태도** ② **최후의 수단**
* desperate poverty **극빈**
* syn. despondency(낙담), misery(비참), gloom(침울)

The **despair** in callers' voices were clear.
전화를 건 사람의 절망에서 나오는 목소리는 명확했다.

1387. expire [ikspáiər]
ex(out)+spire

'숨이 끊어지는 것' 이 → v. ① (한도나 기한이) **만료되다** ② (맡는 기간이)
끝나다 ③ **숨을 거두다**가 된 거지
* expiration[èkspəréiʃən] n. ① **만기** ② **만료** ③ **종결** ④ **숨을 내쉼**
* expiratory[ikspáiərətɔ̀ːri] a. **숨을 내쉬는**
* expiry[ikspáiəri] n. ① **만료** ② **만기**   • expiation[èkspiéiʃən] n. **속죄**
* expiate[ékspièit] v. ① **속죄하다** ② **죄값을 치르다**

- **expiration** date ① **유효기간** ② **유통기간**
- **expiry** date (계약서 등의) **만기 날짜**
- syn. **perish**(죽다), **pass away**(사망하다)

> Unemployment benefits are due to **expire** Saturday.
> 실업 수당이 토요일에 만료될 예정이다.

1388. **inspire** [inspáiər]
in+spire

'안으로 숨을 불어넣는 것' 이 → v. ① (욕구·자신감·열의를 갖도록 격려하는 거면) **고무하다** ② **영감을 주다** ③ (감정 등을) **불어넣다** ④ (감정 등을) **고취시키다** 가 된 거지
- **inspiration**[ìnspəréiʃən] n. ① **영감** ② **자극** ③ **감화**
- **inspirational**[ìnspəréiʃənl] a. ① **영감을 주는** ② **고무적인** ③ **감화를 주는**
- **inspiratory**[inspáiərətɔ̀ːri] a. ① **흡기의** ② **들이마시는**
- syn. **motivate**(동기를 부여하다), **stimulate**(자극하다), **encourage**(격려하다)
  ↔ ant. **discourage**(낙담시키다)

> The album **inspired** a new generation of musicians.
> 그 앨범은 새로운 세대의 음악인들에게 영감을 주었다.

1389. **perspire** [pərspáiər]
per(through)+spire

'두루 숨 쉬는' 상황이 → v. ① **땀을 흘리다** ② **땀이 나다**가 된 거지
- **perspiration**[pə̀ːrspəréiʃən] n. ① **땀** ② **노력**

> You will **perspire** more if the air is humid.
> 공기가 습하면 땀이 더 많이 날 것이다.

1390. **prosperity**
[praspérəti]
pro(forward)+sper(hope)+ity(명접)

'희망적으로 앞으로 나가는 것' 이 → ① **번영** ② **번창**이 된 거지
- **prosper**[práspər] v. ① **번영하다** ② **번창하다** ③ **번성하다**
- **prosperous**[práspərəs] a. ① **번영하는** ② **번창한**

> Neither peace nor **prosperity** are possible without security.
> 평화와 번영도 안보 없이는 불가능하다.

1391. **respire** [rispáiər]
re(back)+spire

'반복하여 숨을 쉬는 것' 이 → v. **호흡하다**가 된 거지
- **respiration**[rèspəréiʃən] n. **호흡**
- **respiratory**[réspərətɔ̀ːri] a. ① **호흡의** ② **호흡 기관의**
- **respirator**[réspərèitər] n. ① **인공호흡기** ② (연기·가스 등을 차단) **마스크**
- artificial **respiration** 인공호흡
- the **respiratory** organs 호흡기

> When temperatures drop at night, it gives the trees more opportunity to **respire**.
> 밤에 기온이 떨어지면, 나무에게 더 많이 호흡할 기회를 준다.

◆ 어휘 플러스

spirit 정신 / spiritual 정신의 / exhale 숨을 내쉬다 / inhaler 흡입기

■ 우리말 대화로 단어 복습하기

가. 취업을 **열망하다(aspire)** 거듭된 실패로 **절망(despair)**한 취준생이 범죄를 **공모하다(conspire)** 발각되었다는데?

나. 그래도 범죄는 안 되는 거지.

다. **숨을 거둔(expire)** 것처럼 **호흡하는(respire)** 것조차 힘든 청년들의 절망이 끝나도록 그들을 **고무하는(inspire)** 방법은 없을까?

가. **번영(prosperity)** 이면에 숨겨진 **불공정한(unfair)** 면을 도려내고, 실패가 인생의 **낙오자(derelict)**가 되지 않고, **노력 (perspiration)**의 대가를 받을 수 있는 사회를 만드는 것이 중요하지.

어근 278 | SORT : 분류하다(to classify)

1392. assort [əsɔ́:rt]
as(to)+sort

'(목적에) 맞게 분류하는 것' 이 → v. ① **분류하다** ② (물건을 고루 갖추는 거면) **구색을 맞추다** ③ (한데 섞이어 조화가) **어울리다**가 된 거지

• assortment[əsɔ́:rtmənt] n. ① **모음** ② **종합** ③ **구색** ④ **분류**
• assortative[əsɔ́:rtéitiv] a. ① **종류별로 나누는** ② **분류하는**
• sort[sɔ:rt] n. ① **유형** ② **종류** ③ **부류** ④ (데이터) **분류** ⑤ **정렬**
  　　　　　　　　v. ① **분류하다** ② **구분하다**
• the law of independent assortment 독립 유전의 법칙
• sort code 은행식별 기호　　　　• syn. classify(분류하다)

> The facilities for **assortment** were obtained.
> 분류 시설이 확보되었다.

1393. consortium [kənsɔ́:rʃiəm]
con(with)+sort+ium(명접)

'(일시적으로 사업 수행 목적에 맞게) 분류하여 함께하는 집단' 이 →
　　　　　　　　　　n. ① **협력단** ② **컨소시엄**이 된 거지

• consort[kánsɔ:rt] n. ① (통치자의) **배우자** ② **연주단**
  　　　　　　　　　v. ① (나쁜 사람과) **어울리다** ② **일치하다**

> The company sold an 80% stake to a **consortium** of investors.
> 회사는 투자가 컨소시엄에 80% 지분을 팔았다.

1394. resort [rizɔ́:rt]
re(again)+sort

'다시 분류한 것'이 → n. ① **리조트** ② **의존** ③ **휴양지** ④ **최후의 수단**으로 파생된 의미를 갖게 된 거지

• re-sort[ri:sɔ́:rt] v. **재분류하다**
• resort to ① **기대다** ② **의지하다**

◆ 어휘 플러스
sort 종류, 부류 / sort**ing** 구분, 분류 / sort out 선별하다, 분류하다

우리말 대화로 단어 복습하기
가. 지금 기획부서는 무슨 일을 하고 있는 거죠?
나. **리조트(resort) 건설(construction)**을 위해 **협력단(consortium)**에 들어갈 기업을 **분류하는(assort)** 작업 중이지.

어근 279

SPHERE : 둥근(round), 볼(ball) ※ 동의어근 : CIRC(어근45)

1395. sphere [sfiər]
sphere(round)

'둥근 것'을 → n. ① **구** ② **구체** ③ (활동·영향·관심) **영역[-권]** ④ (지구를 둘러싸고 있는) **층[-권]**이라고 하지
- **hemi**sphere[hémisfiər] n. **반구**
- **realm**[relm] n. ① (활동·관심·지식 등의) **영역** ② **범주** ③ **왕국**
- the **sphere** of influence **세력 범위**
- the **sphere** of business ① **영업 범위** ② **업무 범위**
- the **sphere** of living **생활권**

I reach the center of a hollow, darkened 15-foot **sphere**.
나는 속이 비고, 어두운 15피트 구 중심에 도달했다.

1396. atmosphere
[ǽtməsfiər]
atom(vapor)+sphere

'증기가 있는 영역'이 → n. ① **대기** ② **공기** ③ (주위의) **분위기**가 된 거지
- atmospher**ic**[ætməsférik] a. ① **대기의** ② **분위기 있는**
- **bio**sphere[báiəsfiər] n. **생물권**
- **strato**sphere[strǽtəsfiər] n. **성층권**
- atmospheric music **무드음악**
- atmospheric pressure **기압**
- syn. **amb**ience(분위기)

The spacecraft will study the Martian **atmosphere**.
우주선은 화성의 대기를 조사할 것이다.

우리말 대화로 단어 복습하기
가. 자네. 관할 **영역(sphere)**의 **분위기(atmosphere)**는 어떤가?
나. 너무 좋아서 탈이네.

1397. sponsor [spάnsər]
spons+or(사람)

'(후원을) 약속한 사람' 이 → n. ① (방송 프로그램 · 스포츠 행사) **스폰서**
② (자선) **후원자** ③ (법안 등의) **발기인** v. ① **후원하다** ② (행사를) **주최하다**
③ (법안 등을) **발의하다**가 된 거지
- **sponsorship**[spάnsərʃip] n. ① **후원** ② **협찬** ③ **주최** ④ **발의**
- **cosponsor**[kòuspάnsər] n. **공동 스폰서** v. **공동 스폰서가 되다**
- syn. **backer**(후원자), **booster**(후원자), **patron**(후원자)

> Many of these **sponsors** offer ideas and feedback.
> 많은 후원자들이 아이디어와 피드백을 제공했다.

1398. despond [dispάnd]
de(from)+spond

'약속이 어긋나는' 것이 → v. ① **낙심하다** ② **낙담하다** n. **낙담**이 된 거지
- **despondent**[dispάndənt] a. ① **낙담한** ② **실의에 빠진**
- **despondency**[dispάndənsi] n. ① **낙담** ② **실망** ③ **의기소침**
- the slough of **despond** 절망의 구렁텅이

> Mothers had the guts to dig themselves out of the sloughs of **despond**.
> 어머니들은 스스로 절망의 구렁텅이에서 벗어날 용기를 가졌다.
> **have the guts** 용기를 갖다

1399. respond [rispάnd]
re(back)+spond

'약속한 것에 돌아오는' 반응이 → v. ① (알맞은 조치를 취하여) **대응하다**
② (작용이나 자극에) **반응하다** ③ **대답하다** ④ (남의 말 · 행동에)
반응을 보이다 ⑤ (치료에) **차도를 보이다**가 된 거지
- **respondent**[rispάndənt] n. ① **응답자** ② **피고**
- **response**[rispάns] n. ① **반응** ② **대응** ③ **조치** ④ **응답**
- **responsibility**[rispὰnsəbíləti] n. ① **책임** ② **의무**
- **responsible**[rispάnsəbl] a. ① **책임이 있는** ② **의무가 있는**
  ant. **irresponsible** 무책임한
- conditioned **response** 조건반사
- syn. **answer**(대답하다), **reply**(대답하다), **react**(반응하다)

> Officials **responded** to finger-pointing.
> 관료들은 비난에 대응했다.
> **finger-pointing** 고발, 비난

1400. correspondent
[kɔ̀:rəspάndənt]
cor(together)+respond+ent(사람)

'(신문이나 텔레비전에서) 함께 대응하는 사람' 이 → n. ① **특파원** ② **기자**
③ **통신원** ④ **편지를 쓰는 사람**들이 된 거지
- **correspond**[kɔ̀:rəspάnd] v. ① **부합하다** ② **일치하다** ③ **해당하다**
  ④ **상응하다**
- **correspondence**[kɔ̀:rəspάndəns] n. ① **서신 교환** ② **편지** ③ **관련성**
  ④ **유사함** ⑤ **일치**

- **correspondence** college 통신 대학
- **correspondence** column (신문의) **독자 투고란**
- **correspondence** theory (철학) (진리의) **대응설**
- syn. **report**er(기자), **journal**ist(저널리스트), **con**tribut**or**(기고자)

> The current heroes of Americans, young and old, are the foreign **correspondents**.
> 미국인 남녀노소를 통틀어 현재의 영웅은 해외 특파원들이다.

우리말 대화로 단어 복습하기

가. 오늘 해외 **특파원(correspondence)**이 보내온 소식은 뭐죠?
나. **후원자(sponsor)**가 후원을 **그만두어(abandon) 낙심한(despond)** 아프리카 소년의 **반응(response)**입니다.

어근 281

STELL : 별(star) / SATELL : 수행원(attendant), 추종자(follower)
※ 동의어근 ATER, ASTR, ASTRO(어근14)

1401. constellation
[kὰnstəléiʃən]
con(with)+stell+ion(명접)

'별이 함께 모여 있는 곳' 이 → n. ① **성좌** ② **별자리** ③ (생각·사물·사람들의) **무리** ④ (밤하늘에 반짝이는 무수한 별처럼 빛나는) **기라 성** 이 된 거지
- **con**stell**ate**[kὰnstəlèit] v. ① **성좌를 형성하다** ② **떼를 짓다**
- **stell**ar[stélər] a. ① **별의** ② **뛰어난**
- **stell**ate[stélə] a. **별 모양의**

> He pointed out significant stars and **constellations**.
> 그는 중요한 별들과 별자리를 가리켰다.

1402. satellite [sǽtəlàit]
satell(attendant)+ite(명접)

'(주된 것의 근처에서) 수행하는 것' 이 → n. ① **위성** ② **인공위성** ③ **위성 도시** ④ **위성 국가** ⑤ **위성 조직**이 된 거지
- **anti**satell**ite**[æntisǽtəlàit] a. **위성 공격용의** n. **공격 위성**
- **satell**ite city/broadcasting **위성 도시/위성방송**

> **Satellite** operations of various types are usually down during solar storms.
> 다양한 형태의 인공위성 작동이 태양 폭풍이 발생하면 으레 다운된다.

우리말 대화로 단어 복습하기

가. **천문학(astronomy)**계가 들떠있다는군?
나. 왜?
가. **인공위성(satellite)** 망원경으로 **별자리(constellation) 관측(observation)**이 가능해진 거지.

어근 282

STICK, STIG, STIN : 찌르다(to prick), 막대(rod); '막대'는 '찌르는'도구 이며, 막대모양과
비슷한 '스티커(sticker, 달라붙다)'를 생각하면서 어근 이해 필요
※ 동의어근: TRUD, TRUS(어근314)

1403. stick [stik]
stick(rod)

'막대나 막대 모양과 비슷한 물건' 이 → n. ① **나뭇가지** ② **스틱** ③ **막대**
④ (항공기의) **조종간** v. ① **찌르다** ② **달라붙다** ③ (아무렇게나 급히) **집어넣다**
④ (~에 끼여) **꼼짝하지 않다** 같은 표현이 된 거지
- sticky[stíki] a. ① 끈적거리는 ② 무더운 ③ 까다로운 ④ 달라붙는
- stiff[stif] a. ① 뻣뻣한 ② (근육이) 결리는 ③ 심한 ④ 경직된 ⑤ 터무니없이 비싼
- stifle[stáifl] v. ① 억누르다 ② 질식시키다 ③ 숨이 막히게 하다
- stick around ① 가지 않고 있다 ② 머무르다
- stick at ~을 열심히 계속하다
- stick to 고수하다

> Contemporary film **sticks** to the tried-and-true series.
> 시사 영화는 유효성이 입증된 시리즈를 고수한다.
> **tried-and-true** 유효성이 증명된, 신뢰할 수 있는

1404. stigma [stígmə]
stig(to prick)+ma(명접)

'찌르는 것' 이 → 이름 또는 명예를 더럽히는 → n. ① **치욕** ② **오명**이 된 거지
- stigmatize[stígmətàiz] v. ① 낙인을 찍다 ② 오명을 씌우다
- stigmatization[stìgmətəzéiʃən] n. ① 오명을 씌우기 ② 낙인찍기
- syn. disgrace(불명예), shame(수치), dishonour(불명예), stain(오점)

> Job seekers encounter mounting **stigma**.
> 구직자들은 치밀어 오르는 치욕과 마주하게 된다.

1405. instigate [ínstəgèit]
in+stig(to prick)+ate(동접)

'(남을 이리저리 들쑤셔) 안으로 찌르는 것' 이 → v. ① **부추기다** ② **선동하다**
③ **시작하다**가 된 거지
- instigation[ìnstəgéiʃən] n. ① 선동 ② 부추김 ③ 시작
- instigator[ìnstəgéitə(r)] n. 선동자
- the crime of instigation 교사죄
- syn. incite(선동하다)

> Extremist groups intend to **instigate** violence and anarchy.
> 과격 단체들은 폭력과 무정부 상태를 의도적으로 부추긴다.
> **anarchy** 무정부 상태

1406. distinct [distíŋkt]
di(apart)+stin+ct(형접)

'찔러 분리한 것' 이 → a. ① **뚜렷한** ② **분명한** ③ **별개의** ④ **확실한** 것이 된 거지
- distinction[distíŋkʃən] n. ① 구별 ② 차이 ③ 뛰어남 ④ 우등
- distinguish[distíŋgwiʃ] v. ① 구별하다 ② 식별하다 ③ 차이를 보이다
  ④ 감별하다
- sting[stiŋ] v. ① 쏘다 ② 찌르다 ③ 화나게 하다 ④ 바가지를 씌우다
  n. ① 침 ② 쏘인 상처 ③ 따가움 ④ 함정 수사

• syn. **diff**er**ent**(다른), **de**fin**ite**(명확한), **mark**ed(두드러진),
obvious(분명한), **e**vid**ent**(분명한)

> People are divided into **distinct** factions based on their personalities.
> 사람들은 각자의 개성에 따라 뚜렷이 다른 파벌로 나누어졌다.

1407. in**stin**ct [ínstiŋkt]
in+stin(to prick)+ct(명접)

'안으로 찌르는 것' 이 → n. ① (선천적인) **본능** ② **타고난 소질** ③ (느낌을)
직감이 된 거지
• in**stin**ctive[instíŋktiv] a. ① **본능적인** ② **직감에 따른**
• in**tuit**ion[ìntjuíʃən] n. ① **직관력** ② **직감** ③ **직관**
• homing **instinct 귀소 본능**
• **instinct** of survival **생존 본능**

> He is prone to dangerous bouts of pure **instinct**.
> 그는 위험한 일전을 치르고 싶은 순수한 본능이 있다.
> ① **be prone to** ~ 하기 쉬운, 경향이 있는 ② **bout** 한바탕, 병치레, 시합

1408. ex**tin**ct [ikstíŋkt]
ex(out)+(s)tin(to prick)+ct(형접)

'찔러서 아웃 된' 것이 → a. ① **멸종한** ② **사라진** ③ **사화산의** 의미가 된 거지
• ex**tin**ction[ikstíŋkʃən] n. ① **소멸** ② **멸종** ③ **전멸**
• ex**tin**guish[ikstíŋgwiʃ] v. ① (불을) **끄다** ② **진화하다** ③ **없애다**
• ex**tin**guisher[ikstíŋgwiʃər] n. ① **소화기** ② **불을 끄는 사람**

> Many species could go **extinct**.
> 많은 종들이 멸종될 수 있다.

▬▬▬ 우리말 대화로 단어 복습하기

가. **막대(stick)**를 이용한 인간이 **멸종한(extinct)** 이유에 대해 학자들이 설전을 하고 있다지?
나. **분명한(distinct)** 근거 없이 **직감(instinct)**으로 **선동하고(instigate)** 장난이 아니야.
가. 정말 **치욕(stigma)**적인 일이군.

어근 283	STORE, CUMUL : 쌓아 올리다(to pile up)

1409. **stor**age [stɔ́ːridʒ]
stor+age(명접)

'쌓아 올리는 곳' 을 → n. ① **저장** ② **창고** ③ **보관소** ④ (정보의) **저장**이라고 하지
• store[stɔːr] n. ① **가게** ② **상점** ③ **저장고** v. ① **저장하다** ② **보관하다**
• cold **storage** ① **냉장실** ② **냉장 보관** ③ **축냉**
• **storage** battery **축전지**(storage cell)
• **storage** capacity ① **기억 용량** ② **저장능력**

> A carbon-based battery can double **storage** capacity.
> 탄소에 기초한 배터리는 저장 용량을 두 배로 할 수 있다.

1410. history [hístəri]
hi(high)+story

'이야기를 높이 쌓아 올린 것'을 → n. ① **역사** ② **이력** ③ **연혁**이라고 하지
- historic[histɔ́:rik] a. ① **역사적으로 중요한** ② **역사적인**
- historical[histɔ́:rikəl] a. ① **역사의** ② **역사학의**
- be history ① **죽었다** ② **끝장이다**

> They didn't suffer their worst defeat in franchise **history**.
> 그들은 팀 역사상 최악의 패배는 당하지 않았다.

1411. restore [ristɔ́:r]
re(again)+store

'다시 쌓아 올리는 것'이 → v. ① (이전의 상황·감정으로) **회복시키다** ② (문화재 등을) **복원하다** ③ (건강·지위 등을) **회복하게 하다** ④ (제도·법률 등을) **부활시키다**가 된 거지
- restoration[rèstəréiʃən] n. ① **복원** ② **회복** ③ **복구** ④ **반환**
- restorative[ristɔ́:rətiv] a. ① **회복시키는** ② (신체 부위를) **복원하는** n. **강장제**
- restore order **질서를 회복하다**
- syn. recover(회복되다)

> School districts will determine which programs to **restore**.
> 여러 학군들은 어떤 프로그램을 부활시킬지를 결정할 것이다.

1412. accumulate [əkjú:mjulèit]
ac(to)+cumul+ate(동접)

'쌓아 올리는 것'이 → v. ① **축적하다** ② **모으다** ③ (서서히) **늘어나다** ④ **모이다**가 된 거지
- accumulation[əkjù:mjuléiʃən] n. ① **축적** ② **누적** ③ **원금 증가**
- accumulative[əkjú:mjəlèitiv] ① **누적되는** ② **늘어나는**
- accumulated dividend **누적 배당**
- accumulated profit ① **이익잉여금** ② **유보이익**
- syn. accrue(누적되다), amass(모으다), hoard(축적하다), pile up(쌓이다)

> Beta-amyloid proteins may **accumulate** in those living with higher cholesterol.
> 베타 아밀로이드 단백질은 콜레스테롤 수치가 높은 사람들에게 축적될 수 있다.

◆ 어휘 플러스
storehouse 창고 / storekeeper 가게 주인 / storewide 전매장의 / cumulus 적운

■ 우리말 대화로 단어 복습하기
가. 우리의 **역사(history)**를 축적한(accumulate) 창고(storage)에서 불이 났다면서?
나. 초기에 진화되어(extinguish) 곧 복원하는(restore) 작업을 할 것이라고 하네.

생활 속 영단어로 어원 친해지기

티케 : 이번 회에 관련된 생활 속 영단어는 **2학년생(sophomore)**, **인생 철학(philosophy)**, **표본(specimen)**, 제품의 사용 **설명서(specification)**, **부동산 투기(real estate speculation)**, 지난날의 **회상(retrospect)**, **투명유리(transparent glass)**, 범죄 **공모(conspiracy)**, **유효(유통)기간(expiration date)**, **인공호흡 (artificial respiration)**, 소화기 (extinguisher) 등이 있지요.

티케 : 다음에 배울 어근은 stri, stra, cinct / stru / sue / sum / sum(p) / sur, sour / sure이지요.

어근 284 | STRI, STRA, CINCT : (끈, 줄로) 묶다(to string), 묶어두다(to bind) → 실과 끈의 역할을 이해하면서 어휘 의미 이해필요

1413. string [striŋ]
stri+ng(명접)

'끈으로 묶은 것' 이 → n. ① 끈 ② (함께 엮어 놓은) 줄 ③ (하나로 이어지는) 일련 ④ (결정하기 전 요구나 견해는) 조건 ⑤ (결정하기 전 요구나 견해는) 단서 ⑥ (악기의) 현 v. ① 묶다 ② 매달다 ③ (실 등에) 꿰다 a. 현악의 등 끈과 관련된 의미 확장

- strain[strein] n. ① 긴장 ② 부담 ③ (근육 등의) 염좌 ④ 종류 ⑤ 선율
  v. ① (근육 등을) 혹사하다 ② 안간힘을 쓰다 ③ 한계에 이르게 하다
- strait[streit] n. ① 해협 ② 궁핍 ③ 곤경
- strict[strikt] a. ① 엄격한 ② 엄밀한
- strip[strip] v. ① (막·껍질 따위를) 벗기다 ② 옷을 벗다 ③ (물건을) 다 뜯어내다 ④ (기계 등을) 분해하다 ⑤ (재산·명예를) 박탈하다
- outstrip[àutstríp] v. ① 앞지르다 ② 능가하다
- stripe[straip] n. ① 줄무늬 ② 수장; 계급을 나타내는 것
- string-pulling ① 배후 조종 ② 배후 공작
- in strict secrecy 극비로

> Job growth was incongruous with the latest **string** of positive economic data.
> 고용성장은 최근 일련의 긍정적인 경제지표와 엇박자를 내고 있다.
> **incongruous** 어울리지 않는

1415. strive [straiv]
stri+ve(동접)

'(목표를 위해) 끈을 묶는' 것이 → v. ① 분투하다 ② 노력하다가 된 거지
- strife[straif] n. ① 갈등 ② 불화 ③ 다툼
- stride[straid] v. 성큼성큼 걷다
  n. ① (성큼성큼) 걸음 ② 걸음걸이 ③ 진전 ④ 활보
- syn. try(노력하다), struggle(분투하다), toil(수고하다)

> Staff members **strive** for objectivity.
> 직원들은 객관성을 유지하려고 노력했다.

1416. strangle [strǽŋgl]
stra(to bind)+n+gle(동접)

'(목을) 끈으로 묶은 것' 이 → v. ① 목 졸라 죽이다 ② 교살하다 ③ 목을 조이다 ④ 옭죄다가 된 거지
- strangulation[stræŋgjuléiʃən] n. ① 교살 ② (성장 등을 막으며) 옭죄기
- syn. throttle(목을 조르다), stifle(질식시키다), suffocate(질식사하다, 질식사하게 하다)

> Dictators try to **strangle** innovation and distribution.
> 독재자들은 혁신과 분배를 말살하려 든다.

1417. constrain [kənstréin]
con(together)+stra(to bind)+in

'(억지로) 함께 묶은 것' 이 → v. ① 강요하다 ② (억누르면) 억제하다 ③ (제한하면) 속박하다가 된 거지

- **con**stra**in**t[kənstréint] n. ① 통제 ② 제약 ③ 속박
- **con**stri**ct**[kənstríkt] v. ① **수축되다** ② **조이다** ③ **위축시키다**
- syn. **re**strict(제한하다), **con**fine(한정하다), curb(억제하다),
  restrain(억제하다), **ob**lige(강요하다), **co**erce(강요하다)

> Current height limits **constrain** the city's ability.
> 현재의 고도제한은 도시의 능력을 억제한다.

1418. **di**st**r**ess [distrés]
dis(apart)+str(to bind)+ess(명접)

'묶인 것을 분리하는 것' 이 → n. ① (마음의) **고통** ② (경제적) **곤경** ③ 조난 (위험) v. ① **괴롭히다** ② **고통스럽게 하다**가 된 거지
- **di**st**r**essful[distrésfəl] a. ① **고민이 많은** ② **괴로운** ③ **비참한**
- **di**st**r**ict[dístrikt] n. ① **지역** ② **구역** ③ **지구**
- a **distress** signal **조난 신호**
- **distress**ful news **비보**
- **distress** goods **투매 상품**
- syn. **suffer**ing(고통), **miser**y(비참), **tor**ment(고통), **angu**ish(괴로움),
  agony(고통) **pover**ty(가난), **hard**ship(고생)

> Signs of economic **distress** aren't hard to find.
> 경제적 고통의 징후는 찾기 어렵지 않다.

1419. **re**st**r**ain [ristréin]
re(back)+stra(to bind)+in

'뒤로 묶어놓은 것' 이 → v. ① (행동을) **저지하다** ② (억눌러) **억제하다**
③ (감정 등을) **억누르다** ④ (감정 등을) **참다**가 된 거지
- **re**st**r**aint[ristréint] n. ① **규제** ② **제한** ③ **억제** ④ **자제**
- **re**st**r**ict[ristríkt] v. ① **제한하다** ② **방해하다** ③ (규칙 등으로) **제한하다**
- syn. **con**trol(통제하다, 억누르다), check(저지하다), **re**strict(제한하다),
  suppress(억누르다), curb(억제하다), **in**hibit(억제하다), hold back(
  저지하다)

> Manufacturers are trying to trigger behaviors to **restrain**.
> 제조업자들은 억누른 행동을 촉발시키려고 노력하고 있다.

◆ 어원 TIP
- **pre**cinct[prí:siŋkt] → pre(before)+cinct(to string) → (구역을) 미리 묶어 놓은 것 → 상업 지구, 선거구, 관할구역, **구내**
- **suc**cinct[səksíŋkt] →suc(under)+cinct(to string) → (내용을) 아래로 묶어 놓은 → 간결한, 간명한 syn. **con**cise, **com**pendious, **com**pact, **sum**mary
- **pre**stige[prestí:dʒ] → pre(before)+stige(to bind) → 앞에 묶어두는 것 → 명성, 위신

◆ 어휘 플러스
stringent 엄중한 / **air**strip (간이) 활주로, 작은 비행장

가. 00 **상업 지구(precinct)**에서 **끈(string)**으로 **교살한(strangle)** 살인사건 범인은 잡혔어?

나. 경찰이 **분투하여(strive)**, 유력한 용의자를 체포했어.

가. 유력한 **용의자(suspect)**가 누구지?

나. 부인이래. 사연을 들어보니 그럴 수도 있겠구나. 생각이 들어.

가. 뭔데. 남편의 가정 폭력으로 그동안 **고통(distress)**을 **억누르고(restrain)** 참아왔는데 일순간 폭발한 거지.

나. 폭력으로 **속박하려는(constrain)** 것은 있을 수 없는 일이지.

어근 285	STRU(CT) : 세우다(to build)

1420. structure [strʌ́ktʃər]
struct+ure(동작, 명접)

'세워서 만든' 것이 → n. ① **구조** ② **구조물** ③ **체계**
　　　　　　　　　　v. ① **조직하다** ② **구조화하다**가 된 거지

- structural[strʌ́ktʃərəl] a. ① **구조적인** ② **구조상의**
- structuralism[strʌ́ktʃərəlìzm] n. (문학·언어·사회과학에서) **구조주의**
- infrastructure[ínfrəstrʌ̀ktʃər] n. **사회 기반 시설**
- a structural defect **구조적 결함**
- syn. construction(구조), organize(조직하다)

> Subtle abnormalities in brain **structure** are associated with schizophrenia.
> 뇌구조에 미묘한 이상은 정신분열증과 관련이 있다.
> **schizophrenia**[skìzəfríːniə] 정신분열증

1421. construct [kənstrʌ́kt]
con(together)+struct

'(체계적으로) 함께 세우는 것' 이 → v. ① **건설하다** ② (글을) **구성하다** ③ (도형을)
그리다 n. (구성한) **생각**이 된 거지

- construction[kənstrʌ́kʃən] n. ① **건설** ② **건축물** ③ **구조** ④ **해석**
- constructive[kənstrʌ́ktiv] a. **건설적인**
- reconstruct[rìːkənstrʌ́kt] v. ① **재건하다** ② **복원하다** ③ **재구성하다**
　　　　　　　　　　　　　④ **재현하다**
- substruction[sʌbstrʌ́kʃən] n. ① **기초** ② **토대** ③ **교각**
- constructive criticism **건설적인 비판**　　• under construction **공사 중**
- syn. compose(구성하다) ↔ ant. demolish(헐다)

> Hyundai agrees on union workers to **construct** a plant in kentucky.
> 현대는 켄터키에 공장을 건설하기로 노조원들과 합의했다.

1422. construe [kənstrúː]
con(with)+stru+e(동접)

'함께 세우는 것' 이 → v. ① (이해를 통한 설명이면) **해석하다** ② (뜻이면)
이해하다가 된 거지

- syn. interpret(이해하다, 해석하다)

> The Adminstration have no authority to **construe** or interpret his order.
> 당국이 그의 주문을 해석하거나 설명할 권한은 없다.

1423. destroy [distrɔ́i]
de(down)+stroy

'세운 것이 아래로' 가는 것이 → v. ① (건물·조직·질서·관계를) **파괴하다** ② (뭉개어 없애 버리면) **말살하다** ③ (동물을) **살 처분하다**가 된 거지
- destruction[distrʌ́kʃən] n. ① 파괴 ② **파멸** ③ **말살**
- destructive[distrʌ́ktiv] a. **파괴적인**
- syn. demolish(파괴하다), ruin(파멸시키다), devastate(파괴하다), slaughter(도살하다)

> Chinese authorities **destroyed** confiscated ivory ornaments and tusks.
> 중국 당국은 압수된 상아 장식품과 상아를 파괴했다.
> confiscate 압수하다

1424. instruct [instrʌ́kt]
in+struct

'(지식 등으로) 안을 세우는 것' 이 → v. ① (공식적으로 일러서) **지시하다** ② (지식·기능 따위를) **가르치다** ③ (정보를) **알려주다**가 된 거지
- instruction[instrʌ́kʃən] n. ① **지시** ② **설명** ③ **명령** ④ **가르침**
- instructive[instrʌ́ktiv] a. ① **교훈적인** ② **유익한**
- instructor[instrʌ́ktər] n. ① **강사** ② (대학의) **전임강사**
- an instruction manual ① **사용 설명서** ② **취급 설명서**
- syn. order(지시하다), direct(지도하다), command(명령하다), teach(가르치다), coach(지도하다), educate(교육하다)

> Gardening books are meant to **instruct** and explain.
> 정원 가꾸기 책들은 가르치고 설명할 의도로 만들어졌다.

1425. instrument
[ínstrəmənt]
in+stru+ment(수단, 명접)

'안을 세우는 수단' 이 → n. ① (섬세한 작업에 쓰는 연장·기계의) **기구** ② (차량·기계에서 속도·거리·온도 측정용) **계기** ③ (관계의) **수단** ④ (관계의) **매개체** 같은 의미가 된 거지
- instrumental[ìnstrəméntl] a. ① **중요한** ② **악기의** n. **기악곡**
- instrument board **계기판**
- musical instrument **악기**
- syn. tool(도구), implement(도구, 기구), apparatus(기구), medium(매개체)

> Dummies' heads struck hard structures such as **instrument** panel.
> 인체모형으로 된 머리가 계기판 같은 단단한 구조물과 부딪쳤다.
> dummy 인체 모형

1426. obstruct [əbstrʌ́kt]
ob(against)+struct

'반대로 세워진' 것이 → v. ① (진로·시야 등을) **방해하다** ② (일의 진행 등을) **방해하다**가 된 거지
- obstruction[əbstrʌ́kʃən] n. ① **방해** ② **차단**
- obstructionism[əbstrʌ́kkʃənìzm] n. **의사 방해**
- obstructive[əbstrʌ́ktiv] a. ① **방해하는** ② (인체 내의 기도 등이) **폐쇄되는**
- syn. bar(방해하다), impede(방해하다), hinder(방해하다), hamper(방해하다)

■■■ 우리말 대화로 단어 복습하기

가. 내 차 **구조(structure)**에 문제가 있는 것 같아, **계기(instrument)**판을 **방해하는(obstruct)** 현상이 계속 발생해?
나. 내가 **가르치고(instruct) 해석할(construe)** 것이 아니야. 먼저 자동차 **정비(maintenance)**소에서 문의해보지?
가. 그렇다고 차를 **파괴(destruction)**할 수도 없고. 알았어. 그런데 구조적 **결함(defect)**이 발견되면 어떻게 하지?
나. **본사(headquarters)**에 알아보고 대응해야지. **건설적인(constructive)** 비판은 좋은 거야.

어근 286 | SUE, SUA : 뒤따르다(to follow)
※ 동의어근 SEQU, SECUT(어근266)

1427. suit [suːt]
sui(to follow)+t(명접)

'(목적별로) 뒤따르는' 것이 → n. ① (행사) **정장** ② (활동) **옷** ③ (놀이용 카드) **한 세트** ④ (법률) **소송** v. ① **편리하다** ② **맞다** ③ **어울리다**가 된 거지
• sui**table**[súːtəbl] a. ① **적합한** ② **적절한** ③ **알맞은**
• suit**case**[súːtkèis] n. **여행 가방**
• sui**te**[swiːt] n. ① **스위트룸** ② (가구·용품) **세트** ③ **모음곡** ④ (관련 프로그램들의) **묶음**
• law**suit**[lɔ́ːsúːt] n. ① **소송** ② **고소** • pur**suit**[pərsúːt] n. ① **추구** ② **추적**
• **sue**[suː] ① **고소하다** ② **소송을 제기하다**
• syn. **out**fit(옷 한 벌), **co**stume(복장), pro**secut**ion(고발, 기소)

The league agreed to settle the **suit** with the retired players.
연맹은 은퇴 선수들과 소송을 해결하는 데 동의했다.

1428. dissuade [diswéid]
dis(away)+sua(to follow)+de(동접)

'(설득하여) 뒤따르지 못하게 하는' 것이 → v. ① **단념시키다** ② **만류하다**가 된 거지
• **dis**sua**sion**[diswéiʒən] n. ① **단념시킴** ② **만류**
• **dis**sua**sive**[diswéisiv] a. ① **만류하는** ② **말리는**
• force de **dissuasion** ① **핵억지력** ② **핵전력**

Liability concerns could **dissuade** anyone from helping a person in distress.
불이익 걱정이 사람들이 곤경에 처한 사람을 돕는 것을 단념시킨다.
liability 책임, 불이익

1429. ensue [insúː]
en(in)+sue(to follow)

'안으로 뒤따르는' 것이 → v. (일·결과가) **뒤따르다**가 된 거지
• **en**su**ing**[insúːiŋ] a. ① **뒤이은** ② **뒤이어 일어나는** ③ **결과로서 따르는**
• syn. re**sult** in(초래하다)

The public disorder would almost certainly **ensue**.
공공 무질서가 확실히 뒤따를 것이다.

1430. persuade [pərswéid]
per(intens)+sua(to follow)+de(동접)

'강하게 뒤따르게 하는' 것이 → v. ① (하도록) **설득하다** ② (사실임을)
납득시키다 ③ (사실임을) **설득시키다**가 된 거지
- **per**sua**sion**[pərswéiʒən] n. ① **설득** ② (종교적 · 정치적) **신념** ③ **신조**
- **per**sua**sive**[pərswéisiv] a. **설득력 있는**
- **pur**sua**nce**[pərsúːəns] n. ① **추구** ② **추적**
- syn. **con**vince(납득시키다) ↔ ant. **dis**suade(단념시키다)

> She hopes to **persuade** prosecutors.
> 그녀는 검사를 설득하기를 희망했다.

◆ 어원 TIP
- **pur**sue → pur(forth)+sue(to follow) → 앞으로 뒤따르는 것 → **추구하다, 계속하다, 뒤쫓다**

■■ 우리말 대화로 단어 복습하기
가. 그가 막무가내로 **소송(suit)**을 한다는데 네가 **설득(persuasion)**해 주겠니?
나. 그 녀석 **고집(obstinacy)**이 보통이 아니지. **만류한다(dissuade)**고 해서 내 말을 **뒤따를(ensue)** 친구도 아니고.

어근 287
SUM : 최고(super)　　※ 동의어근 OPTIM(어근201)

1431. summary [sʌ́məri]
sum+m+ary(형접)

'(말이나 글의 핵심을) 최고로 하는' 것이 → a. ① **간략한** ② **약식의** ③ **즉결의**
　　　　　　　　　　　　　　　　　n. ① **요약** ② **개요**라고 하지
- **sum**[sʌm] n. ① **액수** ② **합계** ③ **전부**
- **sum**ma**tion**[səméiʃən] n. ① **요약** ② **총체** ③ (변호사의) **최종 변론**
- **sum**ma**rize**[sʌ́məràiz] v. **요약하다**
- **sum**mit[sʌ́mit] n. ① **정상** ② **정상 회담**
- **sum**mit talk **정상 회담**　　　　　• **sum** up **요약하다**
- **sum**mary justice **즉결 심판**
- syn. **con**cise(간결한), **cond**ensed(요약한), **syn**ops**is**(개요), **out**line(개요)

> The British position is described in a draft **summary** of a report.
> 영국의 입장이 요약된 보고서 초안에 기술되어 있다.

◆ 어휘 플러스
summa**tion** 요약 / **con**sum**mate**[kɑ́nsəmèit] 완벽하게 하다, 완전하게 하다, 완벽한, 능숙한 / **con**sum**mation** 완성, 달성, 성취

■■ 우리말 대화로 단어 복습하기
가. 단번에 글의 **개요(summary)**를 파악할 수 있는 **완벽한(consummate)** 방법은 없을까?
나. 없어. 끊임없는 **노력(effort)**의 결과로 얻어진다고...

SUM(PT) : 잡다, 취하다(to take)

※ 동의어근: CAP, CIP(어근33) / CEIVE, CEPT, CUPY(어근37) / EMPT(어근 84) / PREHEND, PRIS(어근231) / RAP, RAV(어근245)

1432. assume [əsúːm]
as(to)+sume

'접근하여 취한' 것이 → v. ① (추측해서 판정하면) **추정하다** ② (권력·책임을) **맡다** ③ (특질·양상을) **띠다**가 된 거지
- **as**sumpt**ion**[əsʌ́mpʃən] n. ① **추정** ② **가정** ③ (권력·책임의) **인수**
- assume office **취임하다**
- syn. **pre**sume(가정하다), **sup**pose(가정하다), take on(떠맡다), **under**take(떠맡다)

A technocratic administration will **assume** stewardship.
기술관료 정부가 국정을 맡게 될 것이다.
stewardship 관리

1433. consume [kənsúːm]
con(together)+sume

'함께 취해서' 없애버리면 → v. ① (돈·물건·시간·노력을) **소비하다** ② (연료·에너지·시간을) **소모하다** ③ (강렬한 감정이) **사로잡다** ④ (불이) **전소시키다**가 된 거지
- **con**sumpt**ion**[kənsʌ́mpʃən] n. ① (상품) **소비** ② (에너지·식품·물질) **소비** ③ **소모**
- **con**sum**erism**[kənsjúːmərìzm] n. ① **컨슈머리즘** ② **소비자 문화**
- syn. use up(다 써버리다), spend(소비하다), squander(낭비하다), ex**pend**(에너지 등을 소비하다)

These bulbs **consume** less energy compared with traditional incandescent ones.
이 전구들은 전통적인 백열전구와 비교하면 에너지를 덜 소비한다.
incandescent[ìnkəndésənt] 백열성의

1434. presume [prizúːm]
pre(before)+sume(to take)

'(증거 없이) 미리 취하는' 것이 → v. ① (추측해서 판정하여) **추정하다** ② (반대 증거가 제시될 때까지 진실한 것으로) **간주하다** ③ (가정적으로 생각하여) **상정하다** ④ **주제넘게 굴다**가 된 거지
- **pre**sumpt**ion**[prizʌ́mpʃən] n. ① **추정** ② **주제넘음**
- **pre**sumpt**ive**[prizʌ́mptiv] a. **추정상의**
- **pre**sumpt**uous**[prizʌ́mptʃuəs] a. ① **주제넘은** ② **뻔뻔스러운** ③ **건방진**
- **presumption of innocence 무죄 추정**
- syn. **sup**pose(가정하다), **as**sume(추정하다), guess(추측하다)

We cannot **presume** to dictate the course of change.
우리는 변화의 과정에 이래라저래라 주제넘게 굴 수 없다.

1435. resume [rizúːm]
re(again)+sume

'다시 취하는' 것이 → v. ① (활동이나 회의 따위를) **재개하다** ② (활동이나 회의 따위를) **다시 시작하다** ③ (자기위치로) **돌아가다**가 된 거지
- **re**sumpt**ion**[rizʌ́mpʃən] n. ① **회복** ② **재개**

- **ré**sumé 이력서 = curriculum vitae
- **re**sume listing (증권) **재상장**
- **re**sumption of trading ① (증권) **거래회복** ② **매매회복**
- syn. **re**start(재개하다), **re**open(다시 시작하다)

> Iran **resumes** the dialogue over its nuclear program.
> 이란은 핵 프로그램에 대한 대화를 재개했다.

> An effective **résumé** is clear and concise.
> 효과적인 이력서는 명확하고, 간결하다.

1436. sumptuous
[sʌ́mptʃuəs]

'(다) 취하려 하는' 것이 → 분수에 어긋나면 → a. ① **사치스러운** ② **호화로운** 것이 되는 거지
- **sumpt**uary[sʌ́mptʃuèri] a. ① **사치 규제의** ② **출비를 규제하는** ③ **비용 절감의** ④ (도덕적·종교적) **윤리 규제의**
- syn. **luxur**ious(사치스러운), **gorge**ous(화려한), **opul**ent(호화로운) ↔ **plain**(평범한)

> Several Las Vegas spas are offering **sumptuous** services.
> 몇몇 라스베이거스 온천들은 호화로운 서비스를 제공하고 있다.

◆ 어원 TIP
- **sub**sume[səbsúːm] → sub(under)+sume → (틀) 아래로 취하는 것이 → 어떤 범위나 한계이면 → **포괄하다, 포함하다**
- **sub**sumption[səbsʌ́mpʃən] n. ① **소전제** ② **포섭** ③ **포용** ④ **포함**
- **sumpt**ion[sʌ́mpʃən] n. ① **가정** ② **억측** ③ **대전제**

▬ 우리말 대화로 단어 복습하기

가. 지난해 **사치스러운(sumptuous)** 소비(consumption)가 급증하였다는군?
나. 통계가 발표된 거야?
가. 그래. 고급 소비재 수입을 **재개하면서(resume)** 정부가 **추정한(assume)** 것보다 훨씬 증가한 거지.
나. **주제넘게 구는(presume)** 것인지 모르지만 분수에 맞게 살아야지.

어근 289

SUR, SOUR : (물, 감정, 문제 등이) 솟아오르다(to rise, spring up)
※ 동의어근 : ORI, ORT(어근204)

1437. re**sur**rect [rèzərékt]
re(back)+sur+ect(동접)

'원상태로 솟아오르게 하는' 것이 → v. ① (사상·관례 등을) **부활시키다** ② (사람을) **되살리다**가 된거지.
- **re**surrection[rèzərékʃən] n. ① (사상·관례 등의) **부활** ② **그리스도의 부활**
- **re**suscitate[risʌ́sətèit] v. ① **소생시키다** ② **되살아나게 하다**

She made a magic drug to **resurrect** the dead
그녀는 죽은 자를 되살리는 마법의 약을 만들었다.

1438. sur**ge** [səːrdʒ]
sur+ge(명접)

'(움직임이) 솟아오르는 것' 이 → v. ① (감정 · 사람 · 물이) **밀려들다** ② (강한 감정이) **휘감다** ③ (물가 · 수익 등이) **급등하다** ④ (전류 · 전압이) **갑자기 높아지다** n. ① (감정이) **치밀어 오름** ② (가격 · 수요 · 관심 등이) **급증** ③ (가격 등이) **급등** ④ (물이) **밀려듦**이 된 거지

- sur**gy**[səːrdʒi] a. 파도가 밀려드는
- **re**surge[risəːrdʒ] v. ① **소생하다** ② **재기하다** ③ **다시 나타나다** ④ **일진일퇴하다**

Mandatory contributions are triggered by **surges** in revenue.
의무적인 기부는 수입의 급증이 계기가 되었다.
① trigger 일으키다, 유발하다 ② revenue[révənjùː] 수입, 소득

1439. in**surrect**ion
[ìnsərékʃən]
in+sur+rect(right)+ion(명접)

'(기존체제를) 바로잡고자 안으로 솟아오르는 것' 을 → n. ① **반란** ② **폭동** ③ **내란**이라고 하지

- in**surrect**ionary[ìnsərékʃənèri] a. ① **반란의** ② **폭동의** n. ① **반란자** ② **폭도**
- in**surrect**ionize[ìnsərékʃənàiz] v. ① **폭동을 일으키다** ② **반란을 일으키다**
- in**surg**ent[insəːrdʒənt] n. ① **반란자** ② **반란을 일으킨 사람**
- in**surg**ency[insəːrdʒənsi] n. ① **반란** ② **내란** ③ **모반**
- in**surg**ence[insəːrdʒəns] n. ① **폭동** ② **반란** ③ **모반**
- syn. **re**bell**ion**(반란), **re**volt(반란)

He denied affiliation with the **insurrection** movement.
그는 반군단체와 제휴를 부인했다.
affiliation 동맹, 제휴

◆ **어원 TIP**
- **re**source[ríːsɔːrs] → re(again)+source(to spring up) → 다시 뛰어오르는 것 → **자원, 재원, 자산, 지략, 자원을 제공하다, 재원을 제공하다**
- **sour**ce n. **원천, 근원, (뉴스의) 소식통, 출처**
- surf[səːrf] n. **파도** v. **파도타기를 하다, 인터넷을 서핑하다**
- surface[səːrfis] → sur(over)+face(모습) → 위로 나온 모습 → (사물 · 땅 · 물의) **표면**, (물의) **수면**, (감정 등의 겉으로 드러나는) **표면, 수면으로 올라오다**, (잠복한 문제 등이) **표면화되다**
- surface water **지표수**
- surface-to-surface missile **지대지 미사일**
- surface tension **표면 장력**

■■■ **우리말 대화로 단어 복습하기**
가. 물가가 **급등하는**(surge) 것으로 사회 **분위기**(atmosphere)가 심상치 않아?
나. 왜?
가. 일부 지역에서 **폭동**(insurrection)의 조짐이 **표면화되고 있어**(surface).
가. **출처**(source)는 확실해?

1440. assure [əʃúər]
as(to)+sure

'(누군가)에게 확실하게 하는' 것이 → v. ① (말이면) **장담하다** ② **확인하다**
③ **보장하다**가 된 거지

- **as**sur**ance**[əʃúərəns] n. ① 확언 ② 장담 ③ 확신 ④ 보장
- **as**sur**er**[əʃúərər] n. ① 보증인 ② 보험업자
- reas**sure**[rìːəʃúər] v. 안심시키다
- sure**ty**[ʃúərti] n. ① 보증금 ② 보석금 ③ 보증인
- syn. guarant**ee**(보증하다)

> The changes does not **assure** that sensitive habitats will be protected.
> 그러한 변화가 환경에 민감한 서식지를 보호해준다는 보장을 하지 못한다.

1441. ensure [inʃúər]
en(make)+sure

'확실하게 만드는' 것이 → v. ① **반드시 ~하게 하다** ② **보장하다**가 된 거지
- **en**sue[insúː] v. ① (어떤 일·결과가) **뒤따르다** ② **발생하다**
- syn. make certain(확실히 하다), guarant**ee**(보증하다)

> Standard operating procedure will **ensure** that funds are distributed fairly.
> 표준 운영 절차가 기금을 공평하게 분배하는 것을 보장하게 될 것이다.

1442. insure [inʃúər]
in+sure

'(생명·재산 등) 안을 확실하게 하기' 위한 것이 → v. ① **보험에 가입하다**
② **보험을 팔다**가 된 거지

- **in**sur**ance**[inʃúərəns] n. ① 보험 ② 보험금 ③ 보험료
- **in**sur**er**[inʃúərər] n. ① 보험업자 ② 보험회사
- insurance clauses **보험 약관**

> The FHA has raised the fees it charges to **insure** loans.
> 연방 주택 관리국은 대출 보험가입 시 징수하는 수수료를 올렸다.
> **FHA: Federal Housing Administration** 연방 주택 관리국

■■■■ **우리말 대화로 단어 복습하기**

가. 불확실한 미래를 **보장하기(ensure)** 위해 **보험에 가입하는(insure)** 것이 필요할까요?
나. **장담하기는(assure)** 그렇지만 도움이 될 거야.

🌸🌸🌸 **생활 속 영단어로 어원 친해지기** 🌸🌸🌸

토끼 : 이번에 배운 어근은 284. 묶다 stri, stra, cinct / 285. 세우다, 서다 stru / 286. 뒤따르다, 맛보다 sue / 287. 최고 sum / 288. 잡다 sum(p) / 289. 솟아오르다 sur, sour / 290. 확실한 sure가 있어요.

티케 : 일상 속에서 배운 어근과 관련된 것을 정리하면, 대한 **해협(strait)**, 상업지구, **선거구(precinct)**, 건설적인 **비판(constructive criticism)**, 공사 중(under construction), 호텔 **스위트룸(suite)**, 정상 **회담(summit talk)**, 에너지 **소비(consumption)** 등이 있지요.

티케 : 다음에 배울 어근은 tact, tach, tag, tack, tang / tail / tect, teg / techn, techno / tempo / ten, tin, tain / tend, tens, temp이지요.

Exercise 21

1. (A)에 제시된 어근의 의미를 가장 적절하게 표현한 것을 (B)에서 찾아 쓰시오.

(A)	(B)
1) SUM(P) _____	ⓐ 약속하다(to promise)
2) STICK, STIG, STIN _____	ⓑ 솟아오르다(to rise)
3) SORT _____	ⓒ 묶다(to bind)
4) STRU _____	ⓓ 보다(to watch)
5) STORE, CUMUL _____	ⓔ 수행원(attendant), 추종자(follower)
6) SOPH _____	ⓕ 뒤따르다(to follow)
7) SATELL _____	ⓖ 잡다(to take)
8) SURE _____	ⓗ 확실한(certain)
9) SPOND, SPONS _____	ⓘ 숨 쉬다(to breathe), 희망(hope)
10) SPEC, SPECT, OPS _____	ⓙ 현명한(wise)
11) STRI _____	ⓚ 둥근(round), 볼
12) SUM _____	ⓛ 별(star)
13) SUR, SOUR _____	ⓜ 찌르다(to prick), 막대(rod)
14) SPHERE _____	ⓝ 최고(super)
15) STELL _____	ⓞ 세우다(to build)
16) SUE _____	ⓟ 분류하다(to classify)
17) SPIR, SPER _____	ⓠ 쌓아 올리다(to pile up)

2. 제시된 단어 중 의미가 가장 적절한 것을 찾아 괄호 안에 넣으시오.

ⓐ instinct ⓑ consume ⓒ expire ⓓ distress ⓔ surface ⓕ conspicuous ⓖ summary ⓗ satellite ⓘ assure
ⓙ extinct ⓚ persuade ⓛ instrument ⓜ restore ⓝ insurrection ⓞ strive ⓟ precinct ⓠ presume
ⓡ construe ⓢ instruct ⓣ perspire ⓤ insure ⓥ respire ⓦ destroy ⓧ obstruct ⓨ restrain ⓩ atmosphere

1) (　　) : 분투하다	2) (　　) : 추정하다	3) (　　) : 땀을 흘리다
4) (　　) : 기구	5) (　　) : 대기	6) (　　) : 반란
7) (　　) : 선거구	8) (　　) : 지시하다	9) (　　) : 위성
10) (　　) : 보험에 가입하다	11) (　　) : 호흡하다	12) (　　) : 설득하다
13) (　　) : 멸종한	14) (　　) : 요약	15) (　　) : 저지하다
16) (　　) : 파괴하다	17) (　　) : 만료되다	18) (　　) : 장담하다
19) (　　) : 본능	20) (　　) : 방해하다	21) (　　) : 눈에 띄는
22) (　　) : 소비하다	23) (　　) : 고통	24) (　　) : 이해하다
25) (　　) : 회복시키다	26) (　　) : 표면화되다	

3. 밑줄 친 단어 의미와 전혀 관계없는 것을 고르시오.

1) They have their own **distinct** language and belief system.
   ① plain　　　　② evident　　　　③ equivocal　　　　④ definite

2) She declined to **speculate** on when the final shipment would be exported.
   ① assume　　　　② presume　　　　③ aver　　　　④ surmise

3) The 10-day period gives investors an unfair advantage to **accumulate** shares.
   ① deduct　　　　② amass　　　　③ increase　　　　④ accrue

4) Officials have been **circumspect** in describing the roots of the financial crisis.
   ① cautious　　　　② prudent　　　　③ discreet　　　　④ frivolous

5) These traders **despised** anything or anyone that threatened their bonuses.
   ① scorned　　　　② disdained　　　　③ looked down on　　　　④ admired

4. 밑줄 친 단어와 가장 유사한 것을 고르시오.

1) The government has yet to **respond** to the lawsuit.
   ① reply　　　　② comment　　　　③ recognize　　　　④ recast

2) He hopes to **resume** production within a few months.
   ① revise　　　　② withdraw　　　　③ restart　　　　④ presume

3) The outline of how to stage a **resurrection** is clear.
   ① easter　　　　② redemption　　　　③ apostle　　　　④ revival

4) Some bankers give traders an incentive to **collude** and manipulate.
   ① delude　　　　② conspire　　　　③ connive　　　　④ construe

5) An **autopsy** was performed, but the full results might not be released.
   ① forensic　　　　② postmortem　　　　③ defendant　　　　④ plaintiff

5. 밑줄 친 단어와 반대되는 것을 고르시오.

1) He is not easy to **dissuade**.
   ① deter　　　　② persuade　　　　③ disperse　　　　④ discern

2) This is no time to despair or **despond**.
   ① delude　　　　② exhilarate　　　　③ extort　　　　④ exculpate

3) Tens of thousands of Swiss reveled in the pleasures of **prosperity**.
   ① flourish　　　　② thriving　　　　③ boom　　　　④ deterioration

4) They are not appropriate for the luxurious and **sophisticated** brand.
   ① elegant　　　　② refined　　　　③ highbrow　　　　④ clumsy

5) This is an example of the kind of **constructive**, cooperative relationship.

    ① irrelevant   ② contemporary   ③ destructive   ④ trifling

6. 아래에 제시된 단어 중 밑줄 친 우리말의 의미에 맞게 빈칸에 적절한 것을 골라 넣으시오.

---

surge / ensue / stigma / constellation / perspective / constrain / correspondent / strangle / sumptuous / instigate

---

1) 우리는 잠재력을 활성화시키고 종종 새로운 가능성을 **부추기**는 법을 배우고 있**다**.

    → We are learning to activate potential and often to (   ) new possibilities.

2) 한 **특파원**이 베트남과 중동에서 갈등을 취재했다.

    → A (   ) covered conflicts in Vietnam and the Middle East.

3) 로비에서 무료식사는 **호화로웠**다.

    → The free breakfast in the lobby was (   ).

4) 중국 정부는 부의 축적을 **제한했다**.

    → The Chinese government (   ) the accumulation of wealth.

5) 유럽은 목숨을 건 망명 신청자의 **쇄도**에 직면하고 있다.

    → Europe is facing a (   ) of asylum seekers risking their lives.

6) 그별은 오리온 **별자리**에서 가장 밝은 별이다.

    → It's also the brightest star in the Orion (   ).

7) **잇따른** 치명적인 사건들은 티베트의 불가사의한 왕국과 관련이 있다.

    → The deadly events that (   ) involve a mysterious kingdom in Tibet.

8) 그 연구는 여성에 대한 우리의 **관점**을 경고한다.

    → The research warns our (   ) of women

9) 그들의 목표는 정신 분열증을 겪고 있는 사람들의 **오명**을 줄이는 것이다.

    → Their goal is to reduce (   ) for people with schizophrenia.

10) 그는 철사로 수 백 명의 사람들을 **목 졸라 죽였다**.

    → He (   ) hundreds of people with wire.

| 어근 291 | TACT, TACH, TAG, TACK, TANG : 접촉하다(to touch), 붙이다(to stick) → 접촉하여 오염되거나 복잡해진 것으로 이해 |

1443. attach [ətǽtʃ]
at(to)+tach(to stick)

'~에 붙이는' 것이 → v. ① 첨부하다 ② 중요성, 의미, 가치, 무게를 두다 ③ (달가워하지 않는 사람에게) 들러붙다 ④ 연관되다 ⑤ 부속시키다가 된 거지
- attachment[ətǽtʃmənt] n. ① 애착 ② (사상·가치관에 대한) 믿음 ③ 첨부 ④ 부착
- attache[ætæʃéi] n. (대사관의 특정 분야) 담당관
- syn. affix(붙이다), connect(연결하다), associate(연상하다) ↔ detach(떼다)

Microbes could **attach** themselves to plastic particles adrift at sea.
미생물이 바다에 표류하는 플라스틱 입자에 들러붙을 수 있다.

1444. detach [ditǽtʃ]
de(off)+tach(to stick)

'붙어 있는 것을 분리하는' 것이 → v. ① 분리하다 ② 떼어내다 ③ 벗어나다 ④ (군인 등을) 파견하다가 된 거지
- detachment[ditǽtʃmənt] n. ① 분리 ② 객관성 ③ 무관심 ④ 파견대
- semidetached[sèmiditǽtʃt] a. 반쯤 떨어진 n. 두 채 연립 주택
- syn. separate(분리하다), remove(제거하다), tear off(떼어내다) ↔ attach(붙이다)

People make it harder to **detach** logistically and emotionally.
사람들이 논리적으로 감정적으로 분리하기가 더욱 어렵다.

1445. contact [kάntækt]
con(with)+tact(to touch)

'함께 접촉하는' 것이 → n. ① 연락 ② (사람과 물체에) 접촉 ③ 관계 ④ 연줄 v. (전화·편지 등으로) 연락하다가 된 거지
- tact[tækt] n. ① 재치 ② 요령 ③ 전략
- tactful[tǽktfəl] a. ① 재치 있는 ② 요령 있는 ↔ tactless 요령 없는
- tactics[tǽktiks] n. ① 전술 ② 전략 ③ 작전
- intact[intǽkt] a. ① 손상되지 않은 ② 온전한 ③ 원래대로의
- with tact 빈틈없이
- syn. contiguity(접촉), liaison(연락)

Jails end face-to-face **contact**.
교도소들이 대면 접촉을 끝냈다.

1446. contagion [kəntéidʒən]
con(together)+tag+ion(명접)

'(병균 등에) 함께 접촉한 것' 이 → n. ① 감염 ② 전염 ③ (감정이나 태도) 전염이 된 거지
- contagious[kəntéidʒəs] a. ① 전염성의 ② 전염병에 걸린
- tag[tæg] n. ① 꼬리표 ② 태그 ③ (사람·사물을 묘사하는) 꼬리표 ④ 전자 추적 장치 v. ① 꼬리표를 붙이다 ② (컴퓨터) 태그를 붙이다 ③ 전자 추적 장치를 부착하다
- a contagion ward 전염 병동

- **contagion** effect ① (경제) **연쇄 파급 효과** ② **전염 효과**
- syn. **infect**ion(전염)

Europe fears financial **contagion** in Spain.
유럽은 스페인까지 금융 위기가 전염될까 두려워한다.

1447. **contaminate**
[kəntǽmənèit]
con(together)+tamin+ate(동접)

'(나쁜 것에) 함께 접촉하는' 것이 → v. ① **오염시키다** ② (생각이나 태도를)
오염시키다 ③ (생각이나 태도에) **악영향을 주다**가 된 거지
- con**tamin**ation[kəntǽmənéiʃən] n. ① **오염** ② **타락**
- de**contamin**ate[diːkəntǽmənèit] v. **오염 물질을 제거하다**
- syn. **poll**ute(오염시키다), **in**fect(오염시키다), **corr**upt(타락시키다),
  taint(더럽히다) ↔ ant. **puri**fy(정화하다)

Broken-off fragments could **contaminate** the electronic equipment.
파손된 파편이 전자 장비를 오염시킬 수 있다.

1448. **tangible** [tǽndʒəbl]
tang+ible(할 수 있는)

'접촉할 수 있는' 것은 → a. ① **유형의** ② **분명히 실재하는** ③ **만질 수 있는** 거지
- **tang**o[tǽŋgou] n. **탱고** v. **탱고를 추다**
- in**tang**ible[intǽndʒəbl] a. ① **무형의** ② **만질 수 없는**
  ③ **뭐라고 말할 수 없는**
- **tangible** evidence **물증**
- **tangible** asset **유형 자산**
- **intangible** asset **무형자산**
- syn. **con**crete(구체적인), **palp**able(손으로 만질 수 있는)

A photograph can make a **tangible** difference.
한 장의 사진이 분명한 차이를 만들 수 있다.

1449. **entangle** [intǽŋgl]
en(in)+tang+le(동접)

'안으로 접촉하는 것' 이 → v. ① (관계에 걸려서) **얽히게 하다** ② (행동할 수
없게) **얽어매다** ③ (걸어서) **꼼짝 못하게 하다**가 된 거지
- en**tang**lement[intǽŋglmənt] n. ① **말려듦** ② **얽히고설킨 관계**
  ③ **가시철조망**
- **tang**le[tǽŋgl] n. ① **엉킨 것** ② **꼬인 상태** v. ① **헝클어지다** ② **휘말리다**
  ③ **싸우다**
- dis**entang**le[disentǽŋgl] v. ① **해소하다** ② **풀어주다** ③ (매듭 등을) **풀다**

That action could further **entangle** the two issues.
그러한 움직임은 두 문제를 더욱 꼬이게 할 수 있다.

◆ 어원 TIP
- **in**tact → in(not)+tact(to touch) → (사람이) **접촉하지 않은** → **손상되지 않은, 온전한, 원래대로의 / 접촉이 많은**
  춤 'tango' '탱고'

attack 공격 / tackle (힘든 문제 · 상황과) 씨름하다

■■■ **우리말 대화로 단어 복습하기**

가. 오염 물질 **접촉(contact)**으로 전염병에 **감염(contagion)**된 **부족(tribe)**민들이 유**무형의(intangible) 미신(superstition)**
을 믿고 격리 수용 조치를 따르지 않으려 하고 있어. 좋은 방법이 없을까?

나. 다른 부족민들과 빨리 **분리하여야(detach)** 하는데 상황을 **얽히게 하는(entangle)** 거군?

나. 서류를 **첨부해서(attach)** 지역 보건 담당자에게 연락하여 협조를 구하는 게 좋을 듯하네.

가. 알겠네. 자네는 우선 오염 물질이 더 이상 **오염시키는(contaminate)** 것을 막아주게.

어근 292

TAIL : 자르다(to cut)
※ 동의어근 CISE(어근44) / SECT, SEV(어근261) / TOM(어근308)

1450. tailor [téilər]
tail+or(사람)

'(옷감을) 자르는 사람' 이 → n. **재단사** v. ① (목적 · 사람 등에) **맞추다**
② (목적 · 사람 등에 맞춰) **조정하다**가 된 거지
- **tailor-made**[téilərméid] a. ① (개인 · 목적을 위한) **맞춤의** ② **안성맞춤의**
③ (옷을) **맞춘**
- **tailgate**[téilgèit] n. **뒷문** v. **바짝 붙어 주행하다**
- **tail**[teil] n. ① **꼬리** ② **연미복** ③ (동전의) **뒷면** ④ **끄나풀** v. **미행하다**
- syn. **dressmak**er(재단사), **costum**er(의상업자), **ad**just(조정하다)

> One of the educational potentials is the ability to **tailor** learning experiences.
> 교육적인 잠재력 중 하나는 학습경험을 조정하는 능력이다.

1451. curtail [kəːrtéil]
cur(to run)+tail

'달리며 자르는' 것이 → v. ① **단축하다** ② **삭감하다** ③ **축소시키다**가 된 거지
- **curtail**ment[kəːrtéilmənt] n. ① **단축** ② **축소** ③ **삭감**
- **curtailment** of expenditure **경비 삭감**
- syn. **re**duce(줄이다), **di**minish(줄이다), short**en**(짧게 하다), less**en**(줄이다)

> The income tax code would **curtail** deductions.
> 소득세법은 공제를 축소하게 될 것이다.　　**deduction** 공제

1452. detail [ditéil]
de(intens)+tail

'(내용을) 강하게 자르는' 것이 → n. ① **세부 사항** ② **세부 양식** ③ (세부) **정보**
v. ① **상세히 알리다** ② **상세히 열거하다** ③ (군인에게) **특별 임무를 부여하다**
④ (구석구석) **세차하다**가 된 거지
- **de**tail**ing**[ditéiliŋ] n. (건물 · 의류 등을) **세부 장식**
- **re**tail[ríːteil] n. **소매** v. (특정 가격에) **팔리다** ↔ wholesale 도매, 도매의
- **cocktail**[káktèil] n. ① **칵테일** ② **혼합물** ③ **벼락출세자**
- in **detail** 상세하게
- **long tail 법칙**: 소량 생산된 비주류 상품이 대중적인 주류 상품을 밀어내고
시장점유율을 높여가는 현상
- syn. **re**cite(나열하다), **e**numerate(열거하다)

The lurid **details** have spilled out in court hearings.
충격적인 세부 사항이 법정 청문회에서 쏟아져 나왔다.

lurid 충격적인, 끔찍한

1453. entail [intéil]
en(in)+tail

'(상황) 안으로 자르고 들어간' 것이 → v. (결과를) **수반하다**가 된 거지

- **entail** a risk **위험을 수반하다**
- syn. in**volve**(수반하다), pro**duce**(초래하다), **bring about**(초래하다)

This may **entail** temporary family separation.
이것은 가족과 일시적인 이별을 수반한다.

우리말 대화로 단어 복습하기

가. 불경기에 **수반하여(entail)** 재단사(tailor) 일부를 해고해야 할지 모르겠어?

나. 상황이 그렇게 **심각한(serious)**가요?

가. 그래. 경비를 **삭감하고(curtail)** 긴축하지 않으면 안 되는 거지.

가. **세부 정보(detail)**가 외부로 알려지면 절대 안 되네.

어근 293

TECT : 덮다(to cover)   ※ 동의어근 CEAL, CULT(어근40) / COVER(어근56)

1454. detect [ditékt]
de(from)+tect

'덮은 것을 제거하는' 것이 → v. ① **발견하다** ② **탐지하다** ③ **알아내다**가 된 거지

- de**tective**[ditéktiv] n. ① **탐정** ② **형사** ③ **수사관**
- de**tection**[ditékʃən] n. ① **발견** ② **간파** ③ **탐지**
- de**tector**[ditéktər] n. **탐지기**
- de**tectaphone**[ditéktəfòun] n. **전화 도청기**
- lie **detector** **거짓말 탐지기**
- syn. dis**cover**(발견하다)

We test early warning systems to **detect** nuclear attacks.
우리는 핵 공격을 탐지해낼 조기 경보 시스템을 실험 중에 있다.

1455. protect [prətékt]
pro(before)+tect

'미리 덮는' 것이 → v. ① (경제적 · 사회적 · 신체적 위험이나 곤란으로부터) **보호하다** ② (동물 · 지역 · 건물 등을) **보호하다** ③ (보험으로) **보장하다**가 된 거지

- pro**tection**[prətékʃən] n. ① **보호** ② **방지** ③ (보험) **보장**
- pro**tective**[prətéktiv] a. ① **보호하는** ② **방어적인**
- pro**tectionism**[prətékʃənìzm] n. ① **보호 무역주의** ② **보호주의**
- pro**tectionist**[prətékʃənist] n. **보호 무역론자** a. **보호 무역 주의의**
- pro**tectorate**[prətéktərət] n. ① (피) **보호국** ② (피)**보호국 상태**
- pro**tector**[prətéktər] n. **보호자**
- syn. de**fend**(방어하다), **guard**(지키다), **shelter**(보호하다)
    ↔ ant. en**danger**(위태롭게 하다)

■■■ 우리말 대화로 단어 복습하기

가. 문화재조사단이 엄청난 **유물(artifact)**을 **발견하였다(detect)**는군?

나. 그래요?

가. 그리고 도난당하지 않도록 **보호(protection)**조치를 취했다는군.

어근 294

TECHN, TECHNO : 기술(skill); 원래 짓다(to build), 짜다(to weave)가 → 기술(skill)이 되었고, 그러한 건물을 짓는 기술을 가진 사람이 목수(carpenter)임 → 참고로 고대 그리스어로 기술자, 목수가 **tektōn**이며 Iliad에서 등장하는 **Tecton**(테크톤)은 목수임

1456. technical [téknikəl]
techn+ical(형접)

'기술에 관한' 것이 → a. ① **기술적인** ② (스케이트 같은 도구를 사용하는 스포츠의) **기술의** ③ (주제가) **전문적인** ④ (법률·규칙이) **구체적인** 의미가 된 거지

- technique[tekníːk] n. ① **기술** ② **기법**
- technician[tekníʃən] n. **기술자**
- hightech **첨단기술의**
- technical term **전문 용어**
- syn. specialized(전문의)

The film's setting overcame plenty of **technical** challenges.
그 영화 무대 장치는 많은 기술적인 도전을 이겨냈다.

1457. technology
[teknálədʒi]
techno+logy(학문)

'기술을 가르치는 학문' 이 → n. ① **기술** ② **기계** ③ **장비**가 된 거지

- technological[tèknəládʒikəl] a. **기술적인**
- technocracy[teknákrəsi] n. ① **기술자 지배** ② **테크노크라시**
- technocrat[teknəkræt] n. **테크노크라트**: 많은 권력을 행사하는 과학 기술 분야 전문가

The new car delivers levels of performance, **technology** and design.
신차는 차원이 다른 성능, 기술 그리고 디자인을 뽐낸다.

1458. architect [άːrkətèkt]
arch(chief)+tect(carpenter)

'중요한 목수' 가 → n. ① **건축가** ② (사상·행사 등의) **설계자**가 된 거지

- architecture[άːrkətèktʃər] n. ① **건축** ② **건축 양식** ③ **건축학** ④ **건축술**
- architectural[άːrkətéktʃərəl] a. ① **건축술의** ② **건축의**
- syn. building(건축)

They work as registered **architects** in New York.
그들은 뉴욕에서 등록된 건축가로 일하고 있다.

어근 295	TEMPO : 시간(time)　　※ 동의어근: CHRON, CHRONO(어근43)

1459. tempo**rary**
[témpərèri]
tempo+r+ary(형접)

'시간과 관련 있는' 것이 → 일시적인 고용이나 증세를 말하면 → a. ① **임시의**
② **일시적인** 것이 된 거지
● tempo**ral**[témpərəl] a. ① **시간의** ② **세속적인**
● tempo**rize**[témpəràiz] v. ① **우물쭈물하다** ② **미루다** ③ **시간을 끌다**
● tempo**rization**[tèmpərəzéiʃən] n. ① **타협** ② **미봉** ③ **형세 관망**
● **ex**tempo**rize**[ikstémpəràiz] v. **즉흥적으로 하다** syn. **im**provise
● syn. **moment**ary(순간적인), **trans**itory(일시적인), **trans**ient(일시적인),
　　interim(잠정의), **tent**ative(잠정적인), pro**vis**ional(임시의, 일시적인)
　　↔ ant. **perman**ent(영구적인)

Several public artworks are **temporary**.
몇몇 공공 예술작품은 임시적이다.

1460. con**tempo**rary
[kəntémpərèri]
con(with)+tempo+r+ary(형접)

'같은 시간대'를 살아가 것이 → a. ① **동시대의** ② **당대의** ③ **현대의**
　　　　　　　　　　　　　n. ① **동년배** ② **동시대인**이라고 하지
● con**tempo**raneous[kəntèmpəréiniəs] a. ① **동시대의** ② **동시에 발생한**
● **contemporary** opinion **시론(時論)**
● **contemporary** art **현대 미술**

Philanthropist Han Sol is constructing a new **contemporary** art museum.
자선사업가인 한솔은 새로운 현대미술관을 건설 중이다.
philanthropist 자선사업가

어근 296	TEN, TIN, TAIN : 잡다, 유지하다(to hold)

1461. at**tain** [ətéin]
at(to)+tain

'(목표)로 잡은' 것을 → 노력을 통해 → v. ① **이루다** ② **달성하다** ③ (나이 ·
수준 · 조건에) **이르다** ④ (나이 · 수준 · 조건에) **도달하다**가 된 거지
● at**tain**ment[ətéinmənt] n. ① **달성** ② **성과** ③ **성취**
● syn. a**chie**ve(달성하다), ac**compl**ish(성취하다)

1462. **tenacious** [tənéiʃəs]
ten+acious(~한 경향이 있는, 형접)

'잡고 있는 경향이 있는' 것이 → a. ① **집요한** ② **끈질긴** ③ **완강한** ④ (예상보다 더) **오래 계속되는** 것이 된 거지

- **tenacity**[tənǽsəti] n. ① **고집** ② **끈기** ③ **불굴**
- **tenancy**[ténənsi] n. ① **차용** ② **임차** ③ **차용권** ④ **임차권** ⑤ **소작권**
- **tenant**[ténənt] n. ① **세입자** ② **소작인** ③ **임차인**
- **tenure**[ténjər] n. ① **재임** ② **종신 재직권** ③ (주택·토지의) **거주권** ④ **사용권**
- syn. **persistent**(집요한), **persevering**(끈기 있는), **importunate**(끈질긴), **dogged**(고집 센), **obstinate**(고집 센)

He is a **tenacious** advocate for social justice.
그는 사회 정의를 위한 끈질긴 옹호자이다.

1463. **abstain** [æbstéin]
abs(from)+tain

'붙잡고 있는 것에서 벗어난' 것이 → v. ① (좋아하는 감정이나 욕망을) **삼가다** ② (좋아하는 감정이나 욕망을) **자제하다** ③ (투표에서) **기권하다**가 된 거지

- **abstention**[æbsténʃən] n. ① **기권** ② **자제** ③ **절제**
- **abstinence**[ǽbstənəns] n. ① **금욕** ② **자제**
- **abstemious**[æbstíːmiəs] a. **금욕적인**   • syn. **refrain**(삼가다)

The firm **abstains** from developing product.
회사는 제품개발을 중단했다.

1464. **content** [kántent]
con(together)+tent

'함께 잡고 있는' 것이 → n. ① (글이나 말의) **내용** ② (사물의) **내용물** ③ (책의) **목차** ④ **함유량** ⑤ **콘텐츠** a. **만족하는** v. ① **만족하다** ② **만족시키다** 등 상황별로 의미가 발전했지

- **contented**[kənténtid] a. ① (가진 것에) **만족하는** ② **만족해하는**
- **contentment**[kənténtmənt] n. ① **만족**(감) ② **자족**(감)
- **discontent**[dìskəntént] n. **불만**
- **discontented**[dìskənténtid] a. **불만족한**

Most of its **contents** had been previously released.
그것의 내용 대부분은 이전에 발표된 것이다.

1465. **continue** [kəntínjuː]
con(together)+tin+ue(동접)

'함께 유지하고 있는' 것이 → v. ① (끊이지 않고, 끊어졌던 일을 다시 이어) **계속하다** ② **이어지다** ③ **지속하다**가 된 거지

- **continual**[kəntínjuəl] a. ① **거듭되는** ② **끊임없는**
- **continuous**[kəntínjuəs] a. ① **계속되는** ② **지속적인**
- **continuity**[kὰntənjúːəti] n. ① **연속** ② (논리적) **연속성** ③ **연관성** ④ **콘티**(촬영용 대본)

- **contingency**[kəntínʤənsi] n. ① 만일의 사태 ② 우발 사건 ③ 비상사태
- **contingent**[kəntínʤənt] n. ① 대표단 ② 파견대
  a. ① 우발적인 ② (~의) 조건으로
- a **contingency** plan (불의의 사태에 대비한) **사전 대책**
- **contingent** upon ~**여하에 달린**
- **contingency** fee ① **성사 사례금** ② **수임료**
- syn. **maintain**(지속하다), **resume**(다시 시작하다), **last**(지속되다), **endure**(지속되다)

> We'll **continue** to work with federal government agencies.
> 우리는 연방 정부 산하기관들과 계속해서 협력해 나갈 것이다.

1466. **continent** [kántənənt]
con(together)+tin+ent(명접)

'(땅이) 함께 유지하고 있는' 것을 → n. **대륙**이라고 하지
- **continental**[kàntənéntl] a. ① **대륙의** ② **유럽 대륙의**
- **subcontinent**[sʌbkàntənéntl] n. **아(亞)대륙**
- **continental** climate **대륙성 기후**

> Economic interests are catalysts for the **continent's** bloodshed.
> 경제적인 이해관계가 대륙 유혈 사태의 기폭제 역할을 했다.
> ① **catalyst** 촉매, 기폭제 ② **bloodshed** 유혈 사태

1467. **detain** [ditéin]
de(off)+tain

'(사회와) 분리해서 잡고 있는' 것이 → v. ① (교도소·구치소에) **구금하다**
② (사람이나 물건·선박 따위를) **억류하다** ③ (가지 못하게) **붙들다**가 된 거지
- **detainee**[ditéiniː] n. (정치적 이유에 의한) **억류자**
- **detention**[diténʃən] n. ① **구금** ② **억류** ③ **지체**
- syn. **imprison**(수감하다), **intern**(억류하다)

> It is common practice to **detain** people while a search warrant
> is being served.
> 수색 영장이 집행되는 동안 사람을 구금하는 것은 흔한 일이다.
> **warrant** 영장, 근거

1468. **maintain** [meintéin]
main(hand)+tain

'손으로 잡고 있는' 것이 → v. ① (상태나 현상을) **유지하다** ② (사실임을 계속)
주장하다 ③ (가족 등을) **부양하다**가 된 거지
- **maintenance**[méintənəns] n. ① **유지** ② **지속** ③ **생활비** ④ **양육비**
- syn. **retain**(유지하다), **assert**(주장하다), **claim**(주장하다), **insist**(주장하다), **contend**(주장하다)

> Forest Service **maintains** a system of hiring seasonal fire crews.
> 산림청은 계절에 따라 소방대원을 고용하는 제도를 유지한다.

1469. **obtain** [əbtéin]
ob(to)+tain

'도달해서 잡은' 것이 → v. ① **얻다** ② **입수하다** ③ **구하다**가 된 거지
- **contain**[kəntéin] v. ① **포함하다** ② **억누르다** ③ **방지하다**

- syn. **gain**(얻다), **acquire**(획득하다), **procure**(입수하다, 구하다)

> Identification numbers are needed to **obtain** medical care.
> 식별 번호가 의료 혜택을 얻기 위해 필요하다.

1470. **retain** [ritéin]
re(back)+tain

'뒤로 잡고 있는' 것이 → v. ① (상태나 현상을 그대로) **유지하다** ② (상태나 현상을 그대로) **보유하다** ③ (성분을) **함유하다** ④ (지속적인 관계를) **유지하다**가 된 거지
- **re**tent**ion**[riténʃən] n. ① 보유 ② 유지 ③ 잔류 ④ 기억(력)
- **re**tain**er**[ritéinər] n. ① 의뢰비용 ② 상담료 ③ 치아 교정 장치
- retained earnings ① 유보이익 ② 이익잉여금

> Our team **retains** considerable momentum.
> 우리 팀은 상당한 탄력을 갖게 되었다.
> **momentum** 탄력

◆ 어원 TIP
- **per**tin**acious**[pə̀ːrtənéiʃəs] → per(intens)+tin(to hold)+acious(형접) → 강하게 잡고 있는 것 → 끈질긴, 완강한
- **per**tin**acity**[pə̀ːrtənǽsəti] n. ① 끈덕짐 ② 끈질김 ③ 불굴
- **per**tain (to) 관련되다 / **con**tain 포함하다

■■ 우리말 대화로 단어 복습하기
가. 집요하고 끈질긴(tenacious) 노력으로 신대륙(continent)을 발견한 사람들을 통해서 얻은(obtain) 교훈은 무엇인가?
나. 이어지는(continue) 현상을 유지하며(retain) 만족하는(content) 삶보다 새로운 도전의 필요성을 느꼈어요.
다. 억류한(detain) 원주민을 적절하게 설득하고(persuade) 목표를 달성하려고(attain) 욕망을 자제하는(abstain) 자세를 배웠어요.

어근 297

TEND, TENS, TEMP : 뻗다, 늘이다(to stretch)
TEMPT : 시도하다(to try) ※ 동의어근 TON(어근309) / PER(어근218)

1471. **tendency** [téndənsi]
tend(to stretch)+ency(상태, 명접)

'뻗어 있는 상태' 가 → n. ① (현상·사상·형세 등의) **경향** ② (개인의) **기질** ③ (일이 되어 가는) **추세** ④ (움직여 가는) **동향**이 된 거지
- **tend**[tend] v. ① ~하는 경향이 있다 ② 돌보다 ③ (손님의) 시중을 들다
- **tend**er[téndər] a. ① 상냥한 ② 다정한 ③ (음식이) 연한 ④ 연약한
  n. 입찰 v. ① 응찰하다 ② 제공하다
- **tense**[tens] a. ① 긴장한 ② 긴박한 ③ (근육·신체 부위가) 긴장된
  n. 시제 v. ① 긴장시키다 ② 긴장하다
- **tens**ion[ténʃən] n. ① 긴장 상태 ② 긴장 ③ 불안
- syn. **in**clin**ation**(경향), **dis**posit**ion**(기질), **pro**pens**ity**(경향), **pro**cliv**ity**(성향)

> He has a **tendency** to embellish anecdotes about his roles.
> 그는 자신의 역할에 대한 일화를 꾸며내는 기질을 가지고 있다.

1472. **tentative** [téntətiv]
tent(to stretch)+ative(형접)

'(임시로) 뻗고 있는' 것이 → a. ① **잠정적인** ② **머뭇거리는** ③ **자신 없는** 것이 된 거지
- **tentacle**[téntəkl] n. ① (어류・곤충 따위의) **촉수** ② (거대 기관・시스템 등의) **촉수**
- **tentative** agreement **잠정적인 합의**
- syn. **pro**visi**on**al(잠정적인), hesit**ant**(주저하는), **un**sure(자신 없는)

We reached a **tentative** agreement.
우리는 잠정적인 합의에 도달했다.

1473. **attend** [əténd]
at(to)+tend(to stretch)

'(목적에 맞춰) 뻗쳐 있는' 것이 → v. ① **참석하다** ② **다니다** ③ **주의하다**
④ **수반되다** ⑤ **수행하다**가 된 거지
- **attend**ance[əténdəns] n. ① **출석** ② **참석** ③ **참석자 수** ④ **참석률**
- **attent**ion[əténʃən] n. ① **주의** ② **주목** ③ **관심** ④ **보살핌** ⑤ **차려** (자세)
- **attend**ant[əténdənt] n. ① **종업원** ② **안내원** ③ **간병인** ④ **수행원**
- syn. pay **attention** to(~에 주의를 기울이다)

We haven't been able to decide yet whether to **attend** the peace conference.
우리는 평화 회의 참석 여부를 아직 결정할 수 없다.

1474. **contend** [kənténd]
con(together)+tend(to stretch)

'함께 뻗쳐 있는' 것이 → v. ① (언쟁 중에) **주장하다** ② (얻으려고) **다투다**
③ (얻으려고) **겨루다**가 된 거지
- **content**ion[kənténʃən] n. ① **논쟁** ② **언쟁** ③ (논쟁에서 표현하는) **주장**
③ **견해**
- **content**ious[kənténʃəs] a. ① **논쟁이 될** ② **논쟁을 좋아하는**
③ **이론의 여지가 있는**
- **uncont**entious[ʌnkənténʃəs] a. **논란의 여지가 적은**
- out of /in **contention** 기회가 없는/기회가 있는
- a bone of **contention** 논란거리
- syn. **argue**(주장하다), **all**ege(주장하다), **as**sert(주장하다), **com**pete(겨루다),
clash(격돌하다, 충돌하다), **con**test(경쟁하다), vie(겨루다)

We would **contend** that they are still fair.
우리는 그들이 여전히 타당했음을 주장할 것이다.

1475. **extend** [iksténd]
ex(out)+tend(to stretch)

'밖으로 늘이는' 것이 → v. ① (시간・길이를) **연장하다** ② (도로・계획・사업・영향력 등을) **확장하다** ③ **늘리다** ④ **펼치다** ⑤ **환대하다** 같은 의미가 된 거지
- **ex**tens**ive**[iksténsiv] a. ① **광범위한** ② **대규모의** ③ **아주 넓은** ④ **아주 많은**
- **ex**tens**ion**[iksténʃən] n. ① **연장** ② **확대** ③ **확장** ④ **내선 번호**
- **ex**tent[ikstént] n. ① (크기・중요성・심각성) **정도** ② **규모** ③ (지역) **크기**
- an **extension** lead **연결선**

A businessman affects legislation to **extend** film-industry tax credits.
한 사업가가 영화산업 세금공제를 연장하는 법률에 영향력을 행사하고 있다.

1476. **intend** [inténd]
in+tend(to stretch)

'안으로 뻗치는' 것이 → v. ① (무엇을 하고자 하는 마음이면) **의도하다**
② **의미하다**가 된 거지
- **intense**[inténs] a. ① **강렬한** ② **격렬한** ③ **열정적인**
- **intensive**[inténsiv] a. ① **집중적인** ② **철두철미한** ③ **집약적인**
- **intentional**[inténʃənl] a. ① **의도적인** ② **고의적인**
- **intent**[intént] n. ① **의지** ② **목적** ③ **의미** ④ **취지**
- **intention**[inténʃən] n. ① **의도** ② **의사** ③ **목적**
- **intensity**[inténsəti] n. ① **강렬함** ② (빛 등의) **강도** ③ **집중**
- **intensify**[inténsəfài] v. ① (정도·강도가) **심해지다** ② **강화하다**
- **intense** heat / cold 혹서/혹한   • **intensive** agriculture 집약 농업
- **intensive** care unit 중환자실(ICU)

I don't **intend** to proceed with another trial.
나는 또 다른 재판을 진행할 마음이 없다.

1477. **superintend**
[sùːpərinténd]
super(over)+intend(의도하다)

'(일·사람 따위) 위에서 의도하는' 것이 → v. ① **감독하다** ② **관리하다**
③ **지휘하다**가 된 거지
- **superintendence**[sjùːpərinténdəns] n. ① **감독** ② **관리**
- **superintendent**[sùːpərinténdənt] n. ① **관리자** ② **경찰서장**
- syn. **supervise**(관리하다), **manage**(관리하다)

He **superintends** the construction of two large steel cruisers.
그는 두 척의 대형 강철 순양함 건조를 감독하고 있다.

1478. **pretend** [priténd]
pre(before)+tend(to stretch)

'미리 뻗치는' 것이 → v. ① (가식적으로) **~인척하다** ② (거짓으로) **가장하다** ③
(사실이 아닌 것을) **주장하다** a. ① **가짜의** ② **상상의** 라는 표현이 된 거지
- **pretension**[priténʃən] n. ① **가식** ② **허세** ③ **자처**
- **pretense**[priténs] n. ① **구실** ② **핑계** ③ **주장**
- under[on] (the) **pretense** of ~을 핑계 삼아
- syn. **feign**(~인체하다), **fake**(날조하다), **simulate**(가장하다), **shame**(~인
체하다), **suppose**(가정하다), **profess**(공언하다)

I had to **pretend** to be sick.
나는 아픈 척해야 했다.

1479. **tempt** [tempt]
tempt(to try)

'(누군가에게) 시도하는' 것이 → v. ① (그릇된 마음을 품거나 그릇된 행동을)
유혹하다 ② (일정한 방향으로) **유도하다** ③ (설명해서) **설득하다**가 된 거지
- **temptation**[temptéiʃən] n. ① **유혹** ② **유혹하는 것** ③ **유혹적인 것**
- **tempting**[témptiŋ] a. ① **솔깃한** ② **구미가 당기는** ③ **매력적인**
- syn. **allure**(유혹하다), **entice**(꼬드기다), **lure**(유혹하다)

The chain will **tempt** customers with price-matching programs.
체인점은 가격 맞춤식 프로그램으로 고객들을 유혹할 것이다.

1480. attempt [ətémpt]
at(to)+tempt(to try)

'접근하여 시도하는' 것이 → n. ① (이루어 보려고) **시도** ② **살해기도** ③ (기록 경신에) **도전** v. ① **시도하다** ② **기도하다**가 된 거지
- re**attempt**[rìːətémpt] v. ① **다시 시도하다** ② **재차 해보다**
- con**tempt**[kəntémpt] n. ① **경멸** ② **모욕** ③ (법규·위험 등을) **무시**
- bureaucratic **attempt** 관료주의적 발상
- criminal **contempt** of court 법정모욕죄
- abortive **attempt** 실패로 끝난 시도
- syn. **venture**(위험을 무릅쓰고 ~하다), **strive**(노력하다), **endeavor**(노력하다)

> The bombing was the second **attempt**.
> 그 폭탄테러는 두 번째 시도였다.

1481. temper [témpər]
temp(to stretch)+er(동접)

'(마음이) 뻗쳐 하려는' 것이 → n. ① **성질** ② **성미** ③ **화** ④ **기분** v. ① **누그러뜨리다** ② **완화시키다** ③ (쇠를) **담금질하다**가 된 거지
- **temper**ament[témpərəmənt] n. ① **기질** ② **신경질적임**
- **temper**ance[témpərəns] n. ① **절제** ② **자제** ③ **금주**
  ant. in**temper**ance 무절제
- **temp**est[témpist] n. ① (거센) **폭풍** ② **대소동**
- **temper**ature[témpərətʃər] n. ① **온도** ② **체온**
- **temper**ate[témpərit] a. **온화한**
- syn. **moderate**(조절하다), **tone down**(부드럽게 하다), **soothe**(진정시키다)

> A reporter asked her to address her short **temper**.
> 기자가 그녀에게 짧막하게 기분을 말해줄 것을 요청했다.

1482. contemplate [kántəmplèit]
con(intens)+temp(to stretch)+l+ate(동접)

'강하게 (생각을) 뻗치는' 것이 → v. ① **고려하다** ② **예상하다** ③ **생각하다** ④ **심사숙고하다** ⑤ **바라보다**가 된 거지
- con**temp**lation[kàntəmpléiʃən] n. ① **사색** ② **명상** ③ **응시**
- con**temp**lative[kəntémplətiv] a. ① **사색하는** ② **명상을 하는** ③ **심사숙고하는**
- syn. con**sider**(고려하다), **ponder**(숙고하다)

> It's dismal to **contemplate** a life of frugality.
> 검소한 삶을 생각하는 것만으로도 우울하다.

◆ 어원 TIP
- **ostentation**[àstentéiʃən] → os(against)+tent(to stretch)+ation(명접) → '반대로 (손을) 뻗치는 것'이 → n. ① **과시** ② **허식** ③ **겉치레**
- **ostentatious**[àstentéiʃəs] a. ① **호사스러운** ② (재산·세력 등을) **과시하는** ③ **허세 부리는**
- **ostensible**[asténsəbl] a. (실제로는 그렇지 않겠지만) **표면적으로는**
- **ostensive**[asténsiv] a. ① **명시하는** ② **지시적인** ③ **구체적으로 나타내는**

가. 상대의 **성질(temper)**을 누그러뜨리며 대화를 잘 하는 방법은 없을까요?

나. 우선 상대의 마음을 **고려하고(contemplate)** 올바른 방향으로 대화를 **유도하는(tempt)** 것이지.

가. **가짜(pretend)** 뉴스를 진짜라고 **주장하는(contend)** 사람들을 설득하는 방법은요?

나. 상대가 **의도하는(intend)** 바를 정확히 판단하여 **정정(correction)**을 **시도하는(attempt)** 노력이지.

가. 어떻게요?

나. 가짜뉴스를 **감독하는(superintend)** 기관에 **문의하여(inquire)** 정확한 출처를 확인하는 거지.

나. 무엇보다 가짜뉴스로 영향력을 **확장하려는(extend)** 의도에 말려들지 않고 **머뭇거리지(tentative)** 말고 신고하는 자세가 중요해.

✿✿✿✿✿✿ 생활 속 영단어로 어원 친해지기 ✿✿✿✿✿✿

티케 : 이번 회에 배운 어근이 뭐였더라?

토끼 : 291. 접촉하다, 붙이다 tact, tach, tag, tack, tang / 292. 자르다 tail / 293. 덮다 tect, teg / 294. 기술 techn, techno / 295. 시간 tempo / 296. 잡다, 유지하다 ten, tin, tain / 297. 뻗다 tend, tens, temp가 있어요.

티케 : 일상 속에서 활용한 사례를 말해주겠니?

고양이 : 배운 어근과 관련된 것을 정리하면, **전염 병동(contagion ward)**, **탐정(detective)**, **무역마찰(trade conflict)**, **보호무역주의(protectionism)**, **건축(architecture)**, 어류나 곤충의 **촉수(tentacle)**, **소매 (retail)**가 있어요.

티케 : 좋아요. 설명을 덧붙이면,

○ de**tect**ive → de(from)+tect(to covser)+ive(사람) → 덮은 것을 제거하는 사람 → 탐정, 형사, 수사관

○ con**flict** → con(together)+flict(to strike) → 함께 치는 것 → 갈등, 충돌

○ pro**tect**ionism → pro(before)+tect(to cover)+ion+ism(주의) → (자국의 시장을) 미리 덮어버리는 주의 → 보호무역주의

○ tent**acle** → tent(to touch)+acle → 접촉하려고 시도하는 것 → 촉수

○ pre**vail** →pre(before)+vail(to be strong) → 앞에서 강해지다 → 만연하다, 팽배하다, 승리하다

○ re**tail** → re(again)+tail(to cut) → (도매를) 다시 자르는 것 → '소매'가 되는 거지요.

티케 : 다음에 배울 어근은 tenu / ter / termin, lim(i) / terr, tim, trem, trep, phob / test이지요.

| 어근 298 | TENU : 가느다란, 얇은(thin) |

1483. attenuate [əténjuèit]
at(to)+tenu+ate

'점점 가늘어지게 하는' 것이 → v. ① (힘이나 세력이) **약화시키다** ② (묽게) **희석시키다**가 된 거지
- **attenuation**[ətènjuéiʃən] n. ① **쇠약** ② **희석** ③ (전류·전압의) **감쇠**

> The drug **attenuates** the blood pressure.
> 그 약은 혈압을 약화시킨다.

1484. extenuate [iksténjuèit]
ex(out)+tenu+ate(동접)

'제거하여 가늘게 하는' 것이 → v. ① (죄 등을) **경감하다** ② **정상을 참작하다**가 된 거지
- **extenuation**[ikstènjuéiʃən] n. ① **경감** ② **정상 참작** ③ **참작해 줄 만한 사정**
- in **extenuation** of ~의 정상을 참작하여

> She is seeking to **extenuate** the scandal.
> 그녀는 그 추문에 대해 정상을 참작하려 노력하고 있다.

◆ 어원 TIP
- tenu**ous**[ténjuəs] → tenu+ous(형접) → 가늘어지는 특징을 지닌 → ① **미약한** ② **보잘것없는** ③ **극도로 허약한**
- tenu**ity**[tənjúːəti] n. ① **얇음** ② **가늚** ③ (기체 등의) **희박** ④ **빈약**

■■■ **우리말 대화로 단어 복습하기**

가. 법원이 **정상을 참작하여**(extenuate) 반란군을 **석방하였다**(acquit)지?
나. 맞아. 그를 이용하여 반란 세력을 **약화시키려는**(attenuate) 의도지?
나. 일종의 **사법거래**(plea bargaining) 이지.

[참고사항]
사법 거래(plea bargaining); 양형(量刑) 거래(가벼운 구형 따위 검찰 측의 양보와 교환 조건으로 피고가 유죄를 인정하거나 증언을 하는 거래)

| 어근 299 | TER(RA) : 땅(land, earth) → 우리말로도 '터'를 땅이라고 함
※ 동의어근: AGRO(어근5) / GEO(어근114) / HUM(어근126) |

1485. terrace [térəs]
terra+ce(명접)

'(경사면을 가진) 땅' 을 → n. ① (주택·식당의) **테라스** ② **계단식 논[밭]** ③ **다랑이**라고 하지
- **terra**[térə] n. ① **땅** ② **대지**
- **terrace**d[térəst] a. ① **테라스식의** ② **계단식의**
- **terra**in[təréin] n. ① **지형** ② **지역**
- river **terrace** 하안단구

1486. **territ**ory [térətɔ̀:ri]
ter+it(to go)+ory(명접)

'(관할권이 미쳐) 갈 수 있는 땅' 이 → n. ① (주권을 행사할 수 있는) **영토** ② (주권이 미치는) **영역** ③ (업무 · 활동) **구역** ④ (나라에 딸린) **속령**이 되는 거지
- **ter**restrial[təréstriəl] a. ① **육생의** ② **지구의** ③ (위성이 아닌) **지상파를 이용하는**
- **extrater**restrial[èkstrətəréstriəl] a. ① **지구 밖 생물체의** ② **외계의** n. ① **외계인** ② **우주인**
- **ex**ternal[ikstə́:rnəl] a. ① **외부의** ② **대외적인**
- **ex**treme[ikstrí:m] a. ① **극도의** ② **극심한** ③ **심각한** ④ **극단적인**
- Medi**ter**ranean[mèdətəréiniən] a. **지중해의**
- a mandated **territory** **위임 통치령**
- syn. **domain**(영토), **pre**cinct(구역)

1487. de**ter**iorate
[ditíəriərèit]
de(from)+ter+ior+ate(동접)

'(상태나 관계 등이) 땅(영역)에서 벗어나게 하는' 것이 → v. ① **악화되다** ② **더 나빠지다**가 된 거지
- de**ter**ioration[ditìəriəréiʃən] n. ① **악화** ② **하락** ③ **퇴보**
- de**ter**iorative[ditíəriərèitiv] a. ① **악화되는 경향이 있는** ② **타락적인** ③ **퇴화적인**
- syn. de**cline**(쇠퇴하다), wors**en**(악화되다), **go downhill**(내리막길로 접어들다) ↔ ant. im**prove**(개선되다)

1488. **in**ter [intə́:r]
in+ter

'땅 안에' 두는 것이 → v. (죽은 사람을) **매장하다**가 된 거지
- **in**ter**ment**[intə́:rmənt] n. **매장**
- syn. **bury**(매장하다), **en**tomb(파묻다)

■■■ 우리말 대화로 단어 복습하기

가. 이 사진 좀 봐봐. **지중해의(Mediterranean) 계단식 밭(terrace)**이 멋진 풍광을 자랑하지.

나. 아! 그곳은 한때 OO국가의 **속령(territory)**이었지.

나. **척박한(infertile)** 지역으로 먹고 살기 힘들어 삶이 날로 **악화되었는데(deteriorate)**, 지금은 관광업으로 활기를 찾고 있지.

나. 그리고 망자를 **매장하는(inter)** 풍습이 독특하다지.

TERMIN : 끝(end) ※ 동의어근 FIN(어근96)

1489. terminal [tə́ːrmənl]
termin+al(형접)

'끝에 도달한' 것이 → n. ① (교통노선의 종점) 터미널 ② (컴퓨터) 단말기
③ 전극 a. ① (질병이) 말기의 ② (더 이상 할 수 없는) 구제불능의 라고 하지
- terminate[tə́ːrmənèit] v. ① 끝내다 ② 해지하다 ③ 철회하다
- termination[tə̀ːrmənéiʃən] n. ① 종료 ② 임신 중절 수술
- terminus[tə́ːrmənəs] n. ① 종점 ② 종착역
- terminal cancer 말기 암
- syn. fatal(치명적인), incurable(불치의), depot(역, 정류장, 창고)

The vegan chain has opened an outlet in **Terminal**.
채식주의자 체인점이 터미널에 매장을 열었다.
vegan 엄격한 채식주의자

1490. terminology
[tə̀ːrmənálədʒi]
termin+o+logy(to say)

'끝에 말하는' 것이 → n. ① (상당한 지식의) 전문용어 ② (전문 분야에서 주로
사용하는) 용어들이 된 거지
- term[təːrm] n. ① 용어 ② 학기 ③ (지속되는 · 정해진) 기간 ④ 기한
⑤ 조건(복수형) v. (이름 · 용어로) 칭하다
- terminological[tə̀ːrmənəládʒikəl] a. ① 술어상의 ② 용어상의
- term of office 임기 · syn. jargon(전문용어), technical term(전문용어)

The **terminology** avoids the potential problematical connotations.
전문용어는 잠재적으로 문제의 소지가 있는 함축을 피한다.
connotation 함축

1491. determine [ditə́rmin]
de(from)+termin+e(동접)

'끝내서 벗어나려는' 것이 → v. ① (방식 · 유형을) 결정하다 ② (원인을) 밝히다
③ 확정하다가 된 거지
- determinate[ditə́ːrmənət] a. ① 확정적인 ② 확실한
- determination[ditə̀ːrmənéiʃən] n. ① 투지 ② 결정 ③ 확인
- determinant[ditə́ːrmənənt] n. ① 결정 인자 ② 결정 요인
- determinacy[ditə́ːrmənəsi] n. ① 결정성 ② 확성성 ③ 결정된 상태
- syn. decide(결정하다), settle(결정하다), resolve(결심하다), conclude(
결정하다), define(분명히 밝히다)

Gene flow made it difficult to **determine** when exactly they split.
유전자 흐름은 그들이 정확히 분리된 시기를 결정하기 어렵게 했다.

1492. exterminate
[ikstə́ːrmənèit]
ex(out)+termin+ate(동접)

'끝장내어 아웃시키는 것' 이 → v. ① 몰살하다 ② 전멸시키다 ③ 근절하다가 된 거지
- extermination[ikstə̀ːrmənéiʃən] n. ① 근절 ② 전멸 ③ 박멸
- syn. wipe out(몰살하다), extirpate(근절시키다), annihilate(전멸시키다),
eradicate(근절하다)

◆ 어원 TIP
● sublime → sub(under)+lime(border) → 경계 아래까지 도달한 → 장엄한, 절묘한, 숭고한, 최고의

우리말 대화로 단어 복습하기

가. 우리 지역에 **말기(terminal)** 암 센터를 짓기로 **결정했다(determine)**는군?
나. 이것을 계기로 암을 **정복하고(conquer) 근절하는(exterminate)** 날이 빨리 왔으면 좋겠어.
가. 그곳에서는 의학 **전문용어(terminology)**가 많이 쓰이겠지
나. 싱겁게 웬 아재개그야.

어근 301 | TERR, TREM, TREP, TIM, PHOB : 공포 · 두려움(fear), 놀라게 하다(to frighten)

1493. terrify [térəfài]
terr+i+fy(to make)

'두렵게 만드는' 것이 → v. ① **무섭게 하다** ② **겁나게 하다**가 된 거지
● terrible[térəbl] a. ① **끔찍한** ② **심한** ③ **형편없는** ④ (나쁜 정도가) **극심한**
● terrific[tərífik] a. ① **멋진** ② (양 · 정도 등이) **엄청난**
● terror[térər] n. ① **테러** ② **공포** ③ **공포의 대상**
● enfant terrible 앙팡 테리블, 무서운 아이(긍정 의미)
● syn. frighten(놀라게 만들다), scare(놀라게 하다), terrorize(공포에 떨게 하다)

They attempt to **terrify**, intimidate or harass others.
그들은 다른 사람을 겁에 질리게 하고, 위협하고, 괴롭혔다.

1494. deter [ditə́:r]
de(from)+ter(to frighten)

'놀라게 해서 물러나게 하는' 것이 → v. ① **좌절시키다** ② **단념시키다**
③ **저지하다**가 된 거지
● deterrent[ditə́:rənt] n. **제지하는 것**
● detergent[ditə́:rdʒənt] n. **세제**
● deterrent force[power] 전쟁 **억지력**
● the nuclear deterrent 핵 **억지력**
● syn. discourage(낙담시키다), dissuade(단념시키다), inhibit(못하게 하다), prevent(방지하다)

Rising insurance premiums will **deter** individuals.
상승하는 보험료가 개인들을 좌절시킬 것이다.

1495. tremble [trémbl]
trem+ble(동접)

'두렵게 하는' 것이 → v. ① (추위, 두려움, 흥분해서 몸이) **떨리다** ② (바람에, 마음이) **흔들리다** n. ① **떨림** ② **전율**이 된 거지

- **tremendous**[triméndəs] a. ① **엄청난** ② **대단한** ③ **굉장한**
- **trembling poplar 사시나무**
- **tremble** at the thought of ~을 생각만 해도 떨리다
- syn. **shake**(흔들리다), **shiver**(떨다), **quake**(몸을 떨다, 흔들리다), **shudder**(몸을 떨다)

Post-operative **trembling** results from the use of anesthetics.
수술 후 떨림은 마취제 사용에 따른 것이다.
anesthetic[æ̀nəsθétik] 마취제

1496. trep**id**ation
[trèpədéiʃən]
trep+id+ation(명접)

'두려워하는 것' 이 → n. ① **두려움** ② **공포**가 된 거지
- **trep**id[trépid] a. ① **소심한** ② **벌벌 떠는** ③ **겁이 많은**
- in**trep**id[intrépid] a. ① **대담한** ② **두려움을 모르는** ③ **겁이 없는**
- tor**pid**[tɔ́ːrpid] a. ① **무기력한** ② **활기 없는** ③ **휴면하고 있는**

They feel considerable **trepidation**.
그들은 상당한 두려움을 느꼈다.

1497. tim**id** [tímid]
tim+id(형접)

'(쉽게) 두려워하는' 것이 → a. ① **소심한** ② **용기가 없는** ③ **자신감 없는** 것이 된 거지
- **tim**idity[tímidəti] n. ① **소심** ② **겁 많음** ③ **수줍음**
- **tim**orous[tímərəs] a. **겁이 많은**
- syn. **faintheart**ed(겁이 많은), **cowardly**(겁이 많은) ↔ ant. **brave**(용감한), de**fiant**(반항하는)

Timid animals tend to stay in enclosed areas.
소심한 동물들은 밀폐된 구역에 머무는 경향이 있다.

1498. in**tim**idate
[intímədèit]
in+timid(소심한)+ate(동접)

'소심하게 하는' 것이 → v. ① **겁을 주다** ② **위협하다**가 된 거지
- in**tim**idation[intìmədéiʃən] n. ① **위협** ② **협박**
- in**tim**idatory[intímədeitɔ̀ːri] a. ① **협박성의** ② **겁을 주기 위한** ③ **공갈의**
- in**tim**ate[íntəmət] a. ① **친밀한** ② **사적인** ③ **정통한** v. **넌지시 알리다** n. **절친**
- syn. **frighten**(놀라게 만들다), **threaten**(위협하다), **bully**(괴롭히다), **daunt**(겁먹게 하다)

It could be the start of a campaign to **intimidate** advocacy groups.
그것은 시민 단체를 겁박하는 캠페인의 시작일 수 있다.
advocacy group 활동 그룹, 시민 단체

1499. claustro**phobia**
[klɔ̀ːstrəfóubiə]
claustro(closed place)
+phobia(공포증, 혐오증)

'폐쇄된 장소에 대한 공포증' 을 → n. ① **밀실 공포증** ② **폐쇄 공포증**이라고 하지
- xeno**phobia**[zènəfóubiə] n. **외국인 혐오(증)**
- anthro**phobia**[æ̀nθrəfóubiə] n. **대인 공포증**
- acro**phobia**[æ̀krəfóubiə] n. **고소 공포증**

She overcame her intrinsic **claustrophobia**.
그녀는 자신에게 내재된 밀실 공포증을 극복했다.

■■■ **우리말 대화로 단어 복습하기**

가. 왜 이렇게 심각한 표정이야?

나. **밀실 공포증(claustrophobia)**이 있는 아이를 밀실에 가둬두고 **위협하는(intimidate)** 일이 00초등학교에 일어났다는군?

나. **소심한(timid)** 그 아이는 **공포(trepidation)** 속에서 **떨면서(tremble)** 10시간을 혼자 갇혀 있었다는 거지.

가. 약자를 **괴롭히는(bully)** 행동을 **저지하는(deter)** 특단의 대책이 필요하겠어.

어근 302

TEST : 입증하다(to witness)   ※ 동의어근 PROV(어근235)

1500. **testify** [téstəfài]
test+i+fy(to make)

'입증하게 만든' 것이 → v. ① (증인으로서 사실을) **증언하다** ② (증거로) **증명하다** ③ **신앙 간증을 하다**가 된 거지

- **testimony**[téstəmòuni] n. ① **증언** ② **증거**
- **testimonial**[tèstəmóuniəl] n. ① **추천서** ② **추천의 글** ③ **감사장**
- perpetuation of **testimony** 증거 보전
- syn. **bear witness**(증언하다), **certify**(증명하다), **attest**(증언하다) ↔ ant. **disprove**(반증하다)

She **testifies** that she fails to research a market.
그녀는 시장 조사에 실패했음을 증언했다.

1501. **attest** [ətést]
at(to)+test

'(맹세, 서명으로) 입증하는' 것이 → v. ① **증명하다** ② **입증하다** ③ **증언하다**가 된 거지

- **attestation**[ætestéiʃən] n. ① **증명** ② **입증** ③ **선서**
- **attestant**[ətéstənt] n. ① **증인** ② **입증자**

I can **attest** to the pushy sales environment.
나는 강압적인 영업 환경에 대해 증명할 수 있다.

1502. **detest** [ditést]
de(down)+test

'(상대를) 아래로 입증하는' 것이 → v. ① (싫어하고 미워하면) **혐오하다** ② **몹시 싫어하다**가 된 거지

- **detestable**[ditéstəbl] a. ① **혐오스러운** ② **가증스러운**
- **detestation**[dìːtestéiʃən] n. ① **증오** ② **혐오** ③ **아주 싫은 것[사람]**
- syn. **loathe**(혐오하다), **abhor**(혐오하다), **abominate**(증오하다), **despise**(경멸하다)

The neighbors began to **detest** them.
이웃들이 그들을 혐오하기 시작했다.

1503. protest [próutest]
pre(before)+test

'앞에서 (잘못을) 입증하는' 것이 → n. ① **시위** ② **항의**

v. ① **항의하다** ② **이의를 제기하다** ③ **항변하다**가 된 거지

- protestation[prὰtəstéiʃən] n. ① **항의** ② **항변** ③ **이의**
- pretest[pri:test] n. **예비 테스트**
- under protest **이의를 제기하면서**
- syn. demonstrate(시위를 하다), demur(이의를 제기하다), demonstration(시위)

A tough law bans street **protests** not approved.
강경한 법은 승인되지 않은 거리 시위를 금지한다.

1504. testament
[téstəmənt]
test+a+ment(상태, 명접)

'입증한 상태'를 → n. (존재 · 사실의) **증거**라고 하지

- testamentary[tèstəméntəri] a. ① **유언의** ② **유언에 의한**
- the Old Testament **구약 성서**
- testamentary certificate **유언증서**
- syn. evidence(증거), testimony(증거)

The judgment is **testament** to how seriously the courts view counterfeiting.
그 판결은 사법부가 위조 문제를 얼마나 심각하게 대하고 있는지에 대한 증거이다.

counterfeiting 위조

■■■ 우리말 대화로 단어 복습하기

가. 저기 사람들이 **시위하는**(protest) 이유가 뭐지?

나. 고위 인사가 **증거**(testament) **인멸**(destruction) 염려가 없다고 풀려났다는군?

가. 사람들이 **몹시 싫어하는**(detest) 일이 일어났군?

나. 그의 죄를 **입증하는**(attest) 서류와 **증언하는**(testify) 사람이 넘쳐나는데..

생활 속 영단어로 어원 친해지기

토끼 : 이번 회에 배운 어근은 298. 가느다란 tenu / 299. 땅 ter / 300. 끝 termin / 301. 공포, 두려움, 놀라게 하다 terr, tim, trem, trep, phob / 302. 입증하다 test가 있어요.

고양이 : 배운 어근과 관련된 일상 속에서 접할 수 있는 영단어는 **외계인, 우주인**(extraterrestrial), **터미널** (terminal), **세제**(detergent), **고소공포증**(acrophobia), **지중해**(Mediterranean)가 있었어요.

티케 : 좋아요. 설명을 덧붙이면,

○ extraterrestrial → extra(outside)+ter(land, earth)+restr+ial(형접) → 지구 밖의 존재하는 → 지구 밖 생물체의, 외계의, 외계인, 우주인

○ detergent → de(off)+terg(to wipe)+ent(명접) → 분리해서 닦아내는 것 → 세제

○ acrophobia → acro(high)+phobia(fear) → 높은 곳에 대한 두려움 → 고소 공포증

○ Mediterranean → Medi(middle)+ter(land)+ranean → 땅 가운데 있는 바다 → 지중해의

○ terminator → termin(end)+ator(~하는 사람) → 끝을 보는 사람 → '끝내는 사람'이 되는 거지. 즉 흔히 말하는 '**종결자**'가 되는 거지. **영화 터미네이터**를 생각하세요.

티케 : 다음에 배울 어근은 tex, text / therm, thermo / thesis, thet / theo / tire / tom / ton / tor, tort / tour, turn / tract이지요.

Exercise 22

1. (A)에 제시된 어근의 의미를 가장 잘 표현한 것을 (B)에서 찾아 쓰시오.

(A)	(B)
1) TAIL _____	ⓐ 잡다, 유지하다(to hold)
2) TEND, TENS, TEMP _____	ⓑ 땅(land, earth)
3) TEST _____	ⓒ 접촉하다(to touch), 붙이다(to stick)
4) TECT, TEG _____	ⓓ 공포·두려움(fear)
5) TENU _____	ⓔ 가느다란, 얇은(thin)
6) TACT, TACH, TAG, TACK _____	ⓕ 덮다(to cover)
7) TEMPO _____	ⓖ 자르다(to cut)
8) TERMIN _____	ⓗ 시간(time)
9) TECHN, TECHNO _____	ⓘ 뻗다, 늘이다(to stretch)
10) TER _____	ⓙ 끝(end)
11) TEN, TIN, TAIN _____	ⓚ 입증하다(to witness)
12) TERR, TIM, TREM, PHOB ____	ⓛ 기술(skill)

2. 제시된 단어 중 의미가 가장 적절한 것을 찾아 괄호 안에 넣으시오.

> ⓐ tentative ⓑ inter ⓒ protect ⓓ entail ⓔ protest ⓕ contemporary ⓖ extenuate ⓗ retain ⓘ architect ⓙ testify ⓚ pretend ⓛ contend ⓜ trepidation ⓝ temper ⓞ extend ⓟ superintend ⓠ tremble ⓡ attend ⓢ determine ⓣ intend ⓤ abstain ⓥ claustrophobia ⓦ entangle ⓧ territory ⓨ continent ⓩ tempt

1) ( ) : 결정하다	2) ( ) : 연장하다	3) ( ) : 정상을 참작하다
4) ( ) : 자제하다	5) ( ) : 밀실공포증	6) ( ) : 건축가
7) ( ) : 성질	8) ( ) : 잠정적인	9) ( ) : 시위
10) ( ) : 동시대의	11) ( ) : 유혹하다	12) ( ) : 의도하다
13) ( ) : 영토	14) ( ) : 대륙	15) ( ) : 떨리다
16) ( ) : 보호하다	17) ( ) : 증언하다	18) ( ) : 참석하다
19) ( ) : ~인 척하다	20) ( ) : 수반하다	21) ( ) : 매장하다
22) ( ) : 주장하다	23) ( ) : 두려움	24) ( ) : 얽히게 하다
25) ( ) : 감독하다	26) ( ) : 유지하다	

3. 밑줄 친 단어와 전혀 관계없는 것을 고르시오.

   1) The LAPD fails to take basic steps to **curtail** costly lawsuits.

   ① reduce   ② retrench   ③ cut back   ④ expand

2) You can learn from ideas you **detest**.
　　① loathe　　　　　　② abhor　　　　　　③ abominate　　　　④ adore

3) For him architecture should **contemplate** circumstances.
　　① ponder　　　　　　② grasp　　　　　　③ consider　　　　　④ mull over

4) He's just a **tenacious**, dynamic guy, and he's got a lot of charisma.
　　① persistent　　　　② composed　　　　③ dogged　　　　　④ pertinacious

5) We found that dolphins were good at **detect**ing threats.
　　① sense　　　　　　② perceive　　　　　③ enhance　　　　　④ discern

4. 밑줄 친 단어와 가장 유사한 것을 고르시오.

1) Nevertheless, the plan would **attain** mythic status among Washington elites.
　　① sustain　　　　　② obtain　　　　　　③ assign　　　　　　④ attribute

2) These measures will **deter** buyers from using false identification.
　　① prohibit　　　　　② impose　　　　　　③ legislate　　　　　④ permit

3) Some agencies **exterminate** wolves on public lands without public notice.
　　① eradicate　　　　② gnaw　　　　　　③ devour　　　　　　④ refrain

4) Many traveled in the ominous areas we associate with **contagion**.
　　① calamity　　　　　② infamy　　　　　　③ infection　　　　　④ wrath

5) There's a natural **tendency** to dismiss these reports as being less than objective.
　　① disposal　　　　　② arrangement　　　③ inclination　　　　④ distribution

5. 밑줄 친 단어와 반대되는 것을 고르시오.

1) Time decided to **detach** its struggling magazine from lucrative media properties.
　　① assort　　　　　② disconnect　　　　③ separate　　　　　④ consolidate

2) Hydraulic fracturing which environmentalists fear will **contaminate** water supplies.
　　① pollute　　　　　② deplete　　　　　　③ corrupt　　　　　　④ purify

3) Ambivalent policies have contributed to **deteriorating** security situation.
　　① aggravating　　　② alleviating　　　　③ exacerbating　　　④ dwindling

4) A depth and purity of feeling makes other movies feel **timid** and small.
　　① cowardly　　　　② fainthearted　　　③ bold　　　　　　④ vulnerable

5) The administration announced a **temporary** freeze on military assistance to Egypt.
　　① tentative　　　　② provisional　　　　③ everlasting　　　④ transient

6. 아래에 제시된 단어 중 밑줄 친 우리말의 의미에 맞게 빈칸에 적절한 것을 골라 넣으시오.

---

tangible / attenuate / intimidate / attempt / detained / sustain / terminology / contingent / attest / detail

---

1) 중요한 경찰 **파견대**가 소치지역에 배치되었다.
  → A significant police (   ) had deployed to the Sochi region.

2) 스케이터들은 더욱 고난도의 곡예를 **시도했다**.
  → Skaters (   ) more challenging tricks.

3) 한 비영리단체가 사람들과 협력해서 생물 다양성을 **유지하는** 데 일조하고 있다.
  → A nonprofit works to (   ) biodiversity by working with people.

4) 3D 태아 지도는 전례 없이 **세세**하게 인간 발달을 드러냈다.
  → 3D embryo atlas reveals human development in unprecedented (   ).

5) 테러 방지 임무가 그 기관의 다른 활동을 **약화시킬** 위험을 안고 있다.
  → The counterterrorism mission threatened to (   ) its other activities.

6) 그 거래는 합의도달 후 첫 번째 **가시적인** 조치이다.
  → The deal is the first (   ) step since the agreement was concluded.

7) **전문용어**는 설명적인 용어에 불과하다.
  → The (   ) is just a descriptive term.

8) 검찰은 증인을 **협박한** 혐의로 그를 기소했다.
  → Prosecutors accused him of trying to (   ) a witness.

9) 난징 경찰은 한 공무원을 **구금하였다**.
  → The police in Nanjing have (   ) a government employee.

10) 이러한 사실이 그의 무죄를 **입증한다**.
  → These facts (   ) to his innocence.

어근 303	TEX, TEXT : 짜다, 엮다(to weave)

1505. texture [tékstʃər]
text+ure(성질, 명접)

'짜서 만든 성질' 이 → n. ① (직물의) **감촉** ② (직물의) **질감** ③ (음식) **질감**
④ (주변·색·음악·문학에서의) **조화**가 된 거지
- **text**[tekst] n. ① **본문** ② **글** ③ **원고** ④ **교재** v. **문자를 보내다**
- **textbook**[tékstbùk] n. **교과서**
- **textual**[tékstʃuəl] a. ① **원문의** ② **원문대로의** ③ **본문의**
- **textile**[tékstail] n. ① **직물** ② **옷감** ③ **섬유 산업**
- **context**[kántekst] n. ① **문맥** ② **맥락** ③ **전후 사정**
- **contextual**[kəntékstʃuəl] a. ① **문맥상의** ② **전후 관계에서 본**
- **subtext**[sʌbtékst] n. ① **언외(言外)의 의미** ② **숨은 이유**
- **text** message **문자 메시지**

> All these efforts have a positive impact on the fresh **textures** of the foods.
> 이러한 모든 노력이 음식의 신선한 질감에 긍정적인 영향을 미친다.

1506. pretext [príːtekst]
pre(before)+text

'(변명거리를) 미리 짜는 것' 이 → n. ① **핑계** ② **구실**이 된 거지
- **pretentious**[priténʃəs] a. ① **허세 부리는** ② **가식적인**
- **tissue**[tíʃuː] n. ① **조직** ② **화장지**
- on some **pretext** or other **이 핑계 저 핑계로**
- **tissue** culture **조직 배양**
- syn. **excuse**(구실, 핑계 거리)

> Under the **pretext** of investigating suspected misdeeds, government inquisitors wield unlimited power.
> 의심되는 비행을 조사한다는 구실로, 정부 조사관들은 무제한의 권력을 휘두른다.
>
> wield 휘두르다

◆ 어원 TIP
- subtle → sub(under)+tle(to weave) → (드러나지 나지 않게) 아래에 짜놓은 → 미묘한, 교묘한, 교활한

■■ **우리말 대화로 단어 복습하기**
가. 친구. 왜 이렇게 표정이 안 좋지?
나. 우리 팀장이 옷의 **질감(texture)**이 좋지 않다는 등 갖은 **핑계(pretext)**로 나를 괴롭혀.

어근 304	THERM, THERMO : 열(heat)

1507. therm**al** [θə́ːrməl]
therm+al(~의, 형접)

'열의'는 → a. ① **열의** ② (일정하게 유지하면) **보온성이 좋은** ③ (데워져 솟는 지하수이면) **온천의** n. **상승 온난 기류**가 된 거지
- thermometer[θərmámətər] n. ① **온도계** ② **체온계**
- thermonuclear[θər,mounjúːkliər] a. ① **원자핵 융합 반응의** ② **열핵의**
- geotherm**al**[dʒiːouθə́ːrməl] a. **지열의**
- thermal efficiency **열효율**   • thermonuclear bomb **수소 폭탄**
- thermonuclear reaction **열핵 반응**

Black skin gave marine reptiles a **thermal** advantage.
검은 피부가 해양 파충류에게 보온상의 이점을 부여했다.

1508. thermostat
[θə́ːrməstæt]
thermo+stat(instrument)

'열 도구'가 → n. **온도 조절 장치**가 된 거지
- thermotherapy[θə́ːrmouθérəpi] n. ① **온열요법** ② **열치료(법)**
- thermos[θə́ːrməs] n. **보온병**
- thermae[θə́ːrmiː] n. ① **온천** ② **공중목욕탕**

Nest is known for selling smart **thermostats**.
Nest는 스마트 온도 조절 장치 판매로 유명하다.

▬▬ 우리말 대화로 단어 복습하기

가. **지열(geothermal)**발전소가 뭐죠?
나. **온도 조절 장치(thermostat)**를 활용하여 땅속의 열을 이용하는 거지.

어근 305

THE(SIS), THE(T) : 놓다(to place, set, put)
※ 동의어근: PON, POS, STALL(어근228)

1509. thesis [θíːsis]

'놓여있는 것'이 → n. ① (체계적으로 적은 글이면) **논문** ② (말이나 글의 기본을) **논지**라고 하지
- epithet[épəθèt] n. ① **별칭** ② **수식어** ③ **욕설**
- parenthesis[pərénθəsis] n. **삽입어구**
- syn. dissertation(논문), treatise(논문), monograph(논문)

There is no solid evidence to support this **thesis**.
이러한 논지를 뒷받침해줄 확고한 증거는 없다.

1510. hypo**thesis**
[haipάθəsis]
hypo(under)+thesis

'(입증) 중에 있는 논지'가 → n. ① **가설** ② **추정** ③ **추측**이 된 거지
- hypothetical[hàipəθétikəl] a. ① **가설의** ② **가상적인** ③ **가상의**
- syn. assumption(추정), supposition(추정), speculation(추측)

This **hypothesis** has a long history but it has empirical problems.
이러한 가설은 역사는 길지만 실증적인 문제를 가지고 있다.
empirical[empírikəl] 경험에 의거한, 실증적인

1511. **synthesis** [sínθəsis]
syn(together)+thesis

'논지를 함께 놓아둔 것' 이 → n. ① **종합** ② **통합** ③ (음성·생물, 화학의) **합성**이 된 거지
- **syn**thes**ize**[sínθəsàiz] v. ① **종합하다** ② **합성하다**
- **syn**thes**izer**[sínθəsàizər] n. ① **신시사이저** ② (소리) **합성기**
- **syn**thet**ic**[sinθétik] a. ① **합성의** ② **인조의** ③ **종합의** n. **합성 물질**
- **anti**thesis[æntíθəsis] n. ① **대조** ② **반대**
- **dia**thesis[daiǽθəsis] n. ① (병에 걸리기 쉬운) **소질** ② **특이 체질**

> Cholesterol levels affect the **synthesis** of proteins.
> 콜레스테롤 수치가 단백질의 합성에 영향을 미친다.

1512. **the**me [θiːm]
the+me(명접)

'(중심으로) 놓여있는 것' 이 → n. ① **주제** ② **테마** ③ **요지**라고 하지
- **the**mat**ic**[θimǽtik] a. ① **주제의** ② **주제와 관련된** ③ **어간의**
- **ana**the**ma**[ənǽθəmə] n. ① **저주** ② **질색** ③ **증오** ④ **파문**
- **ana**the**mat**ic[ənæθəmǽtik] a. ① **몹시 싫은** ② **혐오할** ③ **증오에 찬**
- syn. **mot**if(주제), **leit**motif(주제), **sub**ject(주제), gist(요지)

> It's unusual to see a **theme** with a word that repeats.
> 반복되는 단어로 주제를 파악하는 것은 흔치 않은 일이다.

■ 우리말 대화로 단어 복습하기
가. 너 **논문(thesis) 주제(theme)**를 뭐로 할 건데?
나. 여러 **가설(hypothesis)**을 **종합(synthesis)**하여 이론화하는 과정을 생각하고 있어.

어근 306
THEO : 신(god)   ※ 동의어근 DEI, DIV(어근72)

1513. **theo**logy [θiálədʒi]
theo+logy(학문)

'신을 연구하는 학문' 을 → n. ① **신학** ② **신학 체계**라고 하지
- **theo**log**ical**[θiːəládʒikəl] a. ① **신학적인** ② **신학의**
- **theo**log**ian**[θiːəlóudʒən] n. **신학자** = theo**logist**
- **a**the**ism**[éiθiìzm] n. **무신론**

> There is a clash between science and **theology**.
> 과학과 신학 사이에 충돌이 있다.

1514. **enthu**siasm
[inθúːziæzm]
en(in)+thu(god)+si+asm(명접)

'신이 안에 있는 것' 같이 → 일을 하면 → n. ① **열정** ② **열광** ③ **열의**가 되는 거지
- **en**thus**iastic**[inθùːziǽstik] a. ① **열광적인** ② **열렬한**
- syn. **pass**ion(열정), **zeal**(열의), **zest**(열정)

> He rode into office on a wave of progressive **enthusiasm**.
> 그는 진보적인 열정에 힘입어 공직에 올랐다.

■■■ 우리말 대화로 단어 복습하기

가. 너답지 않게 지금 **신학(theology)** 책을 읽고 있니?

나. 신학이라기보다 **신권 정치(theocracy)**에 **열광(enthusiasm)**하는 이유를 냉철하게 분석한 책이야.

어근 307

TIRE : 순서, 질서(order) ※ 동의어근 ORD(IN) (어근203), RANGE(어근244)

1515. tiresome [táiərsəm]
tire+some(하게하는, 형접)

'(어떤) 질서를 강요하는' 것은 → a. ① **성가신** ② **짜증스러운** 일이지
- tire[taiər] v. ① **피곤하게 하다** ② **피곤해지다** ③ **싫증나다** n. **타이어**
- syn. **troublesome**(성가신), **annoying**(짜증나는)

> The siege was broken after a long and **tiresome** battle.
> 길고 지루한 전투 후에 포위 작전은 와해 됐다.
> **siege** 포위 작전

1516. attire [ətáiər]
at(to)+tire

'순서 맞게' 입는 것이 → n. ① **의상** ② **복장**이지
- formal **attire** 정장

> He refused to wear his prison-issued **attire**.
> 그는 교도소가 지급한 복장 착용을 거절했다.

1517. entire [intáiər]
en(between)+tire

'(어떤 것) 사이에서 질서'를 잡는 것이 → a. ① **전체의** ② **완전한** ③ **온** 같은 의미가 된 거지
- **entirety**[intáiərti] n. ① **전체** ② **전부**
- **entirely**[entáiərli] ad. ① **전적으로** ② **완전히**
- syn. **whole**(전체의), **complete**(완전한), **total**(전체의), **undivided**(완전한)

> The **entire** reason for being is to serve the poor.
> 존재의 전체적인 이유는 가난한 자를 돌보는 것이다.

1518. retire [ritáiər]
re(back)+tire

'순서대로 뒤로' 물러나는 것이 → v. ① **은퇴하다** ② **퇴직하다** ③ **중도 탈락하다** ④ **자리를 뜨다**가 된 거지
- **retirement**[ritáiərmənt] n. ① **은퇴** ② **퇴직**
- **retiring**[ritáiərin] a. ① **남과 잘 어울리지 않는** ② **내성적인**
- **satire**[sǽtaiər] n. ① **풍자** ② **해학**
- **satirical**[sətírikəl] a. ① **풍자적인** ② **빈정대는**
- **retirement** age 정년

- syn. **leave**(그만두다)

> He will **retire** when his term ends.
> 그는 자신의 임기를 마치면 물러날 것이다.

■■■ **우리말 대화로 단어 복습하기**

가. 자네 왜 그렇게 **짜증스러운(tiresome)** 표정을 하고 있어?

나. 김이사가 오늘도 내 **복장(attire)**을 갖고 패션을 아니 모르니 잔소리가...

나. 이제 일할 의욕이 별로 없어. **퇴직하고(retire) 완전한(entire)** 내 삶을 살 시기가 온 것 같아.

어근 308	TOM : 자르다(to cut) ※ 동의어근 CISE(어근44) / SECT, SEV(어근261) / TAIL(어근292)

1519. **anatomy** [ənǽtəmi]
ana(up)+tom+y(명접)

'세세하게 자르는 것' 이 → n. ① **해부학** ② **해부**라고 하지
- **autotomy**[ɔːtátəmi] n. ① **자절** ② **자기 절단**
- syn. **dissection**(해부)

> In his lessons on **anatomy**, students studied bone and muscle systems.
> 그의 해부학 수업에서, 학생들은 뼈와 근육체계를 공부했다.

1520. **dichotomy** [daikátəmi]
dicho(two)+tom+y

'두 개로 잘라 놓은 것' 이 → n. ① **양분** ② **이분**(법)이 된 거지
- **entomology**[èntəmálədʒi] n. **곤충학**

> It is a word that is connected to broad cultural **dichotomy**:
> observation and intuition.
> 그것은 관찰과 직관 같은 폭넓은 문화의 양분과 연관된 단어이다.

1521. **epitome** [ipítəmi]
epi(up)+tom+e

'(볼 수 있도록) 잘라서 위에 놓은 것' 이 → n. ① **완벽한 (본)보기** ② **전형**이 된 거지

> She is the **epitome** of a successful entrepreneur.
> 그녀는 성공적인 기업가의 완벽한 본보기이다.

◆ **어원 TIP**

- esteem → es(copper)+teem(to cut) → '구리를 잘라' 돈을 만드는 사람을 → (사람들이) **존경, 존경하다**
- custom → cus(intens)+tom(to cut) → '(사회 내부에서) 강하게 자르고' 존재하는 것이 → **관습, 습관**
- tome[toum] → tom+e(명접) → (책을) 잘라놓은 것 → (진지한 주제를 다룬) **두꺼운 책, 학술 서적**

◆ **어휘 플러스**

accustom 익숙해지다 / **cos**tume 의상, 복장 / **a**tom 원자 / **a**tom smasher 입자 가속기

가. 저기 **두 꺼운 책(tome)**은 뭐지?

나. 의료계를 **양분(dichotomy)**하고 있는 00교수의 **해부학(anatomy)** 책이야.

나. 해부학에 관한 완벽한 **본보기(epitome)**가 되는 책이지.

어근 309

TON : 뻗다(to stretch), 소리(sound)
※ 동의어근 TEND, TENS, TEMP(어근297)

1522. tonic [tάnik]
ton(to stretch)+ic(명접)

'(몸을) 뻗게 하는' 것이 → 건강하고 혈기를 왕성하게 하면 → n. ① **강장제** ② **활력소** ③ **토닉**이라고 하지
- **ton**icity[tounísəti] n. ① **강건** ② **강장** ③ **탄력성**
- **tonic** water **탄산수**
- herbal **tonic 보약**
- syn. **fillip**(활력소)

> He makes artisanal herbal **tonics** for consumption alone.
> 그는 소비용으로 장인정신이 깃든 보약을 만들었다.

1523. detonate [détənèit]
de(intens)+ton(sound)+ate(동접)

'강하게 소리가 나게 하는' 것이 → v. ① **폭발시키다** ② **폭발하다**가 된 거지
- **de**ton**ation**[dètənéiʃən] n. ① **폭발** ② **폭파**
- **de**ton**ative**[dètənéitiv] a. **폭발성의**
- syn. **ex**plode(폭발하다, 폭발시키다), **blow up**(폭파하다)

> He tried to **detonate** explosives hidden in his underwear.
> 그는 자신의 속옷에 숨겨진 폭약을 폭발시키려 했다.

1524. monotonous [mənάtənəs]
mono(one)+ton(sound)+ous(형접)

'하나의 소리만 나는' 것은 → a. ① **단조로운** ② **지루한** 거지
- **mono**tone[mάnətòun] n. **단조로운 소리** a. **단조로운**
- **mono**tony[mənάtəni] n. **단조로움**
- a **monotonous** voice/routine **단조로운 목소리/변함없는 일상**
- syn. **dull**(따분한), **bor**ing(지루한), **humdrum**(단조로운), **tedious**(지루한)

> The play is repetitive, **monotonous**.
> 그 연극은 반복적이고, 단조롭다.

◆ 어원 TIP
- **in**ton**ation**[ìntounéiʃən] → in+ton(sound)+ation(명접) → (입) 안에서 나는 소리 → **억양**, (음악) **인토네이션**

◆ 어휘 플러스
tone 어조, 말투 / **tone-deaf** 음감이 없는, 음치의 / **in**tone (감정을 섞지 않고 낮고 진지한 어조로) 말하다, 읊조리다 / **in**tonate 억양을 붙여 말하다, 박자에 맞추어 읽다

가. **시청(City Hall)**을 **폭발하겠다(detonate)**고 위협한 범인은 잡혔어?

나. 아직. 그런데 **단조로운(monotonous) 억양(intonation)**을 가진 범인 녹취록이 발견되어 수사에 **활력소(tonic)**가 되고 있지.

어근 310	TOR, TORT : 비틀다(to twist)

1525. tornado [tɔːrnéidou]
tor+na+do

'비틀어' 부는 바람을 → n. ① **회오리바람** ② **토네이도**라고 하지
- **waterspout**[wɔ́ːtərspàut] n. ① **용오름** ② **물기둥**
- syn. **whirlwind**(회오리바람), **gale**(강풍)

> **Tornadoes** destroyed at least two homes.
> 토네이도가 최소 두 채의 집을 파손시켰다.

1526. torture [tɔ́ːrtʃər]
tort+ure(명접)

'(사람을) 비트는 것' 이 → n. **고문** v. ① **고문하다** ② **지독히 괴롭히다**가 된 거지
- **torment**[tɔːrmént] n. ① **고통** ② **고뇌** v. ① **고통을 안겨 주다** ② (사람·동물을) **학대하다** ③ **괴롭히다**
- **torch**[tɔːrtʃ] n. ① **성화** ② **횃불** ③ **손전등**
- **torture** somebody to death **고문하여 죽게 만들다**
- syn. **persecute**(박해하다), **afflict**(괴롭히다), **mistreat**(학대하다) ↔ ant. **comfort**(위로하다), **bliss**(더없는 행복)

> He stood accused of unspeakable acts: kidnapping, **torture**.
> 그는 납치, 고문 같은 이루 말할 수 없는 행동으로 기소당했다.

1527. distort [distɔ́ːrt]
dis(intens)+tort

'강하게 비튼 것' 이 → v. ① (사실을) **왜곡하다** ② (형체·모습을) **비틀다** ③ (형체·모습·소리를) **일그러뜨리다**가 된 거지
- **distortion**[distɔ́ːrʃən] n. ① **왜곡** ② **곡해** ③ **찌그러뜨림**
- **contort**[kəntɔ́ːrt] ① **뒤틀리다** ② **일그러지다** ③ **뒤틀다** ④ **일그러뜨리다**
- **distorted** views **편견**
- syn. **twist**(비틀다), **deform**(변형시키다), **disfigure**(외관을 손상하다)

> We **distort** and deny the incongruent facts.
> 우리는 일치하지 않는 사실을 왜곡하고 부정한다.
> **incongruent** 일치하지 않는, 적합하지 않는, 부적당한

1528. extort [ikstɔ́ːrt]
ex(out)+tort

'(폭력적으로) 비틀어 밖으로' 가져가는 것이 → v. ① **강탈하다** ② **갈취하다**가 된 거지
- **extortion**[ikstɔ́ːrʃən] n. ① **강탈** ② **갈취** ③ **강요**
- **extortionate**[ikstɔ́ːrʃənət] a. ① **터무니없는** ② **엄청난** ③ **부당한**
- **extort** a confession from ~에게 자백을 강요하다
- **extortionate** profits **엄청난 폭리** • syn. **plunder**(강탈하다)

1529. re**tort** [ritɔ́ːrt]
re(back)+tort

'(말이나 행동을) 뒤로 비트는' 것이 → v. ① **응수하다** ② **대꾸하다** ③ **쏘아붙이다**
n. ① **응수** ② **대꾸**가 된 거지

- re**tort**ion[ritɔ́ːrʃən] n. ① **보복** ② **복수**
- **tort**oise[tɔ́ːrtəs] n. **거북**　　• syn. re**ply**(대답하다), re**spond**(응답하다)

◆ **헷갈리는 어원 TIP**

1530. tor**rent** [tɔ́ːrənt]
tor(to dry)+r+ent(명접)

'(물이) 말라 없어지게 할 정도로' 쏟아지는 것이 → n. ① **급류** ② **마구 쏟아짐**
③ **빗발침**으로 의미가 확장된 거지

- tor**rent**ial[tɔːrénʃəl] a. ① **억수 같이 쏟아지는** ② **앞이 안 보이게 내리는**
- **torrential** anger **격노**
- a **torrent** of words **마구 퍼붓는 말들**　　• a **torrential** rain **폭우**

■■■ **우리말 대화로 단어 복습하기**

가. **고문(torture)**으로 진실을 **왜곡하고(distort)** 재산을 **강탈한(extort)** 일당이 경찰에 잡혔다면서?

나. 시민들이 **격노(torrential anger)**하여 강력하게 **응수(retort)**할 것을 요구하고 있어.

어근 311　　| TOUR, TURN : 돌다(to turn)　　※ 동의어근 VERS, VERT(어근328)

1531. **turnaround**
[tə́ːrnəraund]
turn+around

'주변으로 돌아가는' 것이 → n. ① (화물의) **적하와 적재시간** ② (상황의) **호전**
③ (의견 · 행동 등의) **방향 전환** ④ **반전**이 된 거지

- **turn** around ① **회전하다** ② **회전시키다** ③ (경기 · 경제 등이) **호전되다**
④ **호전시키다** ⑤ **돌리다** ⑥ **돌려 세우다**
- **turn**over[tə́ːrnóuvər] n. ① **매출액** ② **이직률** ③ (재고) **회전율**
④ (농구의) **턴오버**
- re**turn**[ritə́ːrn] v. ① **돌아오다** ② **반납하다** ③ **다시 시작하다** ④ (하던 논의 · 활동으로) **되돌아가다** n. ① **귀환** ② **반납** ③ **복귀**
- down**turn**[dáuntəːrn] n. ① **감소** ② **하락** ③ **후퇴** ④ **침체**

- **turnout**[tɚ́ːrnaut] ① 참가자 수 ② 투표자 수 ③ 투표율
- **turnkey** contract 일괄 수주 계약
- **turn** a blind eye to ~을 보고도 못 본 체하다
- **turn** to ~에 의지하다　　• **turn**-about-face 180도의 전환

> Citigroup's profit fell short of Wall Street hopes for a stronger **turnaround**.
> 시티그룹의 이익은 강한 반전을 희망한 월가의 기대치에는 미치지 못했다.

1532. **tour** [tuər]
tour(to turn)

'돌아다니는' 것이 → n. ① (도시·국가의) **여행** ② (사람이나 장소를) **방문**
③ (여러 곳을) **순회** ④ (차례로) **순방** v. ① **순회하다** ② **관광하다**가 된 거지
- **tournament**[túərnəmənt] n. ① **토너먼트** ② **승자 진출전** ③ **선수권 쟁탈전**
- **tourism**[túərizm] n. **관광업**　　• **tourist**[túərist] n. **관광객**
- **ecotourism**[èkoutùərizm] n. **생태 관광**
- package **tour** 패키지여행

> The travel product boasts guided **tours**, hiking trails and shopping.
> 여행 상품은 가이드 여행, 하이킹 코스, 쇼핑을 내세운다.

1533. **contour** [kántuər]
con(intens)+tour

'강하게 (둘레를) 도는 것' 이 → n. ① (사물의) **윤곽** ② **등고선**이 된 거지
- **contour** line 등고선
- syn. **outline**(윤곽)

> The designer draws the curve to conform to the **contour** of the arm.
> 디자이너는 팔의 윤곽에 맞춰 곡선을 그렸다.

1534. **detour** [díːtuər]
de(away)+tour

'멀리 돌아가는' 것이 → n. ① **우회로** ② **우회** v. **우회하다**가 된 거지
- make[take] a **detour** 우회하다

> Officials recommend the following **detours**.
> 관리들은 다음과 같은 우회로를 권고했다.

■■■ 우리말 대화로 단어 복습하기

가. 이번 **방문(tour)** 일정 **윤곽(contour)**은 나왔어?
나. 원래 계획에 **방향**을 **전환(turnaround)**하여 **우회(detour)**하는 경로가 최종 결정될 것 같아.

어근 312

TRA, TRACT : 끌어당기다, 끌다, 그리다(to draw)

1535. **trace** [treis]
tra+ce(명접)

'끌고 간' 자국이 → v. ① (뒤를 밟아) **추적하다** ② (기원·원인을) **밝혀내다** ③
(형체·윤곽을) **따라가다** n. ① **자취** ② **흔적** ③ **조금** ④ (자동 기록 장치의)
기록 등 의미로 확장된 거지

- **track**[træk] n. ① 길 ② 트랙 ③ 발자국 ④ 진로 ⑤ 선로
  v. ① (자취·진행·전개) **추적하다** ② **발자국을 남기다**
- **trail**[treil] n. ① **오솔길** ② **자국** ③ **자취**
  v. ① **끌다** ② **느릿느릿 걷다** ③ (경기 · 대회에서) **지고 있다** ④ **추적하다**
- **trailer**[treilə(r)] n. **트레일러**
- **trade**[treid] n. ① **무역** ② **거래** ③ **통상** v. ① **거래하다** ② **교역하다** ③ **교환하다**
- **trait**[treit] n. ① **특징** ② **특성** ③ **특색**
- **trawl**[trɔːl] v. ① **대대적으로 조사하다** ② **저인망 어업을 하다**
  n. ① **대대적인 조사** ② **저인망**

We **trace** a river to its source.
우리는 강을 거슬러 수원까지 올라갔다.

A renowned surgeon examined **traces** of cancer cells.
유명한 외과 의사가 암세포 흔적을 진찰했다.

1536. **attract** [ətrǽkt]
at(to)+tract

'(누군가)에게 끌어당기는' 것이 → v. ① **마음을 끌다** ② (어디로) **끌어들이다**
③ (반응을) **끌다**가 된 거지
- **attraction**[ətrǽkʃən] n. ① **명소** ② **매력** ③ **끌림** ④ (물리) **끌어당기는 힘**
- **attractive**[ətrǽktiv] a. ① **매력적인** ② **매혹적인**
- syn. **tempt**(유혹하다), **lure**(유혹하다) ↔ ant. **repel**(쫓아 버리다)

Economic diversity **attracts** middle-class families.
경제적 다양성이 중산층 가정을 끌어들였다.

1537. **distract** [distrǽkt]
dis(away)+tract

'(정신을) 벗어나게 끄는' 것이 → v. ① **주의를 빼앗다** ② (주의를) **딴 데로**
돌리다 ③ **산만하게 하다**가 된 거지
- **distraction**[distrǽkʃən] n. ① **주의 산만** ② **머리를 식히게 해 주는 것**
- **distractive**[distrǽktiv] a. ① **주의를 산만하게 하는** ② **미치게 하는**
- ant. **engross**(몰두하게 만들다)

Nothing will **distract** me from getting that job done.
아무것도 내가 그 일을 완수하는 데 방해하지 못할 것이다.

1538. **tractable** [trǽktəbl]
tract+able

'끌 수 있는' 것이 → a. **다루기 쉬운** 의미가 된 거지
- **tractability**[trǽktəbíləti] n. ① **순종** ② **다루기 쉬움** ③ **취급하기 쉬움**
- **intractable**[intrǽktəbl] a. ① **다루기 힘든** ② **고치기 어려운**
- **tractor**[trǽktər] ① **트랙터** ② **견인차**
- syn. **docile**(온순한)

The engine is smooth and **tractable**.
엔진은 부드럽고 다루기 쉬웠다.

1539. abstract [ǽbstrǽkt]
abs(from)+tract

(일반적인 생각에서)'벗어나는 것에 끌리는' 것이 → a. ① **추상적인** ② **관념적인**
　　　n. ① **추상화** ② (책의) **초록**
　　　v. ① **끌어내다** ② (책 등을) **요약하다**가 된 거지
- abstraction[æbstrǽkʃən] n. ① **방심** ② **추상 관념** ③ **추출**
- abstractionism[æbstrǽkʃənìzm] n. ① **추상주의** ② **추상 기법**
- concrete[kánkriːt] a. ① **구체적인** ② **확실한** n. **콘크리트**
　　　　　　　　　　v. **콘크리트를 바르다**
- with an air of abstraction ① **멍하니** ② **넋을 잃고**
- syn. speculative(추측에 근거한) ↔ ant. actual(실제의)

> They close tax loopholes for the wealthy in the **abstract**.
> 추상적으로는 그들이 부자들에게 유리한 세금의 허점을 끝장낸다.
> **loophole** 허점

1540. contract [kántrækt]
con(together)+tract

'함께 끌어당기는' 것이 → n. **계약** v. ① **줄어들다** ② **수축하다** ③ **계약하다**
④ (병에) **걸리다**가 된 거지
- contraction[kəntrǽkʃən] n. ① **수축** ② **축소** ③ (출산을 앞둔 산부의) **진통**
- contractor[kántræktər] n. ① **계약인** ② **계약자** ③ **도급업체**
- subcontractor[sʌbkántræktər] n. ① **하청업자** ② **하청 회사**
- syn. covenant(계약), reduce(줄어들다), shrink(줄어들다), diminish(줄어들다),
dwindle(줄어들다) ↔ ant. expand(팽창하다), increase(증가하다)

> A nonguaranteed **contract** jeopardized his chances.
> 보장받지 못한 계약이 그의 가능성을 위태롭게 했다.
> **jeopardize** 위태롭게 하다

1541. extract [ikstrǽkt]
ex(out)+tract

'밖으로 끌어내는' 것이 → v. ① **추출하다** ② **발췌하다** ③ (돈·정보 등을
억지로) **뜯어내다** ④ (힘들여) **꺼내다** n. ① **발췌** ② **초록** ③ **추출물**이 된 거지
- extraction[ikstrǽkʃən] n. ① **뽑아냄** ② **추출** ③ **가문 출신인** ④ **발치**
- extractant[ikstrǽktənt] n. **추출 용매**

> The company hopes to **extract** lithium.
> 그 회사는 리튬을 추출하기를 바란다.

1542. portray [pɔːrtréi]
por(forth)+tray(to draw)

'앞으로 그려내는' 것이 → v. ① (언어나 그림으로) **그리다** ② (언어나 그림으로)
묘사하다 ③ (불안하게) **보여주다** ④ **연기하다**가 된 거지
- portrayal[pɔːrtréiəl] n. (그림·연극·책 등에서의) **묘사**
- portrait[pɔ́ːrtrit] n. ① **초상화** ② (상세한) **묘사**
- syn. depict(묘사하다), represent(묘사하다)

> They've tended to **portray** violent dystopias.
> 그들은 폭력적인 반(反)이상향을 묘사하는 경향이 있다.
> **dystopia** 반(反)이상향

1543. **pro**tract [proutrǽkt]
pro(forward)+tract

'앞으로 끌어당기는' 것이 → v. ① **연장하다** ② **오래 끌다** ③ **길게 하다**가 된 거지
- **pro**tract**ion**[proutrǽkʃən] n. ① **연장** ② **연기** ③ **오래 끌기**
- syn. **pro**long(연장하다), **ex**tend(연장하다), length**en**(길게 하다)

> Success obtained by the North Korea can only **protract** the inevitable result.
> 북한이 달성한 성공은 필연적인 결과를 연장할 수 있을 뿐이다.

1544. **re**tract [ritrǽkt]
re(back)+tract

'뒤로 이끄는' 것이 → v. ① (제출한 거나 말을) **철회하다** ② (의사나 예정된 일을) **취소하다** ③ **움츠러들다**가 된 거지
- **re**tract**ion**[ritrǽkʃən] n. ① **철회** ② **취소** ③ **오므리기**
- **re**tract**ile**[ritrǽktil] a. ① **오므릴 수 있는** ② **신축 가능한**
- syn. **with**draw(철회하다, 물러나다)

> Japan **retracts** an apology to comfort women.
> 일본은 위안부 여성에 대한 사과를 철회했다.

1545. **sub**tract [səbtrǽkt]
sub(under)+tract

'아래로 끌어당기는 것' 이 → v. (수·양을) **빼다**가 된 거지
- **sub**tract**ion**[səbtrǽkʃən] n. ① **빼냄** ② **삭감** ③ **공제** ④ **뺄셈**
- **sub**tract**ive**[səbtrǽktiv] a. ① **감하는** ② **빼는** ③ **공제하는**

> The Whitney Paradox: to add is to **subtract**.
> 휘트니 역설은 더한다는 것은 뺀다는 것이다.

◆ **헷갈리는 어원 TIP**

1546. **be**tray [bitréi]
be(intens)+tray(to hand over)

'강하게 넘겨주는' 것이 → v. ① (신의를) **배신하다** ② (정보를) **넘겨주다** ③ (원칙 등을) **저버리다** ④ (정보·감정 등을) **무심코 노출시키다**가 된 거지
- **be**tray**al**[bitréiəl] n. ① **배신** ② **배반**
- **be**tray**er**[bitréiər] n. ① **매국노** ② **배신자** ③ **배반자** ④ **밀고자**
- trait**or**[tréitər] n. ① **배신자** ② **반역자**   • syn. **di**vulge(누설하다)

> It will show nothing to **betray** his identity.
> 그가 정체성을 저버렸음을 보여주는 것은 아무것도 없을 것이다.

■■■■ **우리말 대화로 단어 복습하기**

가. 00기업이 **다루기 어려운(intractable)** 상대의 **마음을 끄는(attract)** 협상으로 대형 **계약(contract)**을 따냈다는군?

나. 원칙을 **저버리지(betray)** 않고 시한을 **연장하면서(protract)**까지 최선을 다한 결과이지.

가. 상대가 **추상적(abstract)**이고 모호한 입장을 들어 협상을 **취소하려고(retract)** 했다는데 대단한 성과를 올린거지?

나. 협상의 **자취(trace)**를 추적하면은 전체적인 과정을 **그려보는(portray)** 것은 어렵지 않지.

어근 313	TRIBUTE : 주다(to give) ※ 동의어근 : DATE, DIT, DON, DOS, DOT, TREA(어근68)

1547. attribute [ətríbjuːt]
at(to)+tribute

'(누군가)에게 주는' 것이 → v. ① (~을 ~의) **결과로 보다** ② **~탓으로 돌리다**
③ **~책임이라고 보다** n. ① **자질** ② **속성** ③ **특성**이 된 거지
- **attribution**[ætrəbjúːʃən] n. ① **속성** ② **귀착시킴** ③ **권한**
- **tribute**[tríbjuːt] n. ① **찬사** ② **헌사** ③ **~의 효력을 입증하는 것** ④ **조공**
- conflict of **attribution** 권한 다툼
- physical **attribute** 신체적 특징
- syn. **a**scribe(~에 돌리다), fea**ture**(특징), proper**ty**(특성), characteristic(특질)

Poll experts **attribute** disparities to differences in methods.
여론조사 전문가들은 여론 편차를 방식의 차이로 본다.
disparity 불일치

1548. contribute
[kəntríbjuːt]
con(together)+tribute

'(다른 사람에게) 함께 하려고 주는' 것이 → v. ① **기부하다** ② **공헌하다**
③ **원인이 되다** ④ **기고하다**가 된 거지
- **contribution**[kɑ̀ntrəbjúːʃən] n. ① **기여** ② **공헌** ③ **기부** ④ **기고**
- **contributory**[kəntríbjutɔ̀ːri] a. ① **기여하는** ② **원인이 되는**
- a large **contribution** 아낌없는 기부
- syn. don**ate**(기부하다), **su**bscribe(기부하다)

The firm **contributes** to the international effort to help the injured.
그 회사는 부상자들을 돕기 위한 국제적 노력에 기여했다.

1549. distribute [distríbjuːt]
dis(apart)+tribute

'개별적으로 (몫을) 주는' 것이 → v. ① **분배하다** ② (신문이나 책을) **배포하다**
③ (상품을) **유통시키다** ④ **분포시키다**가 된 거지
- **distribution**[dìstrəbjúːʃən] n. ① **유통** ② **분배** ③ **배포** ④ **배급** ⑤ **분포**
- **distributive**[distríbjutiv] a. ① **분배의** ② **유통의**
- **distributional**[dìstrəbjúːʃənl] a. ① **분포상의** ② **분배의**
- **tribut**ary[tríbjutèri] n. ① **지류** ② **속국**
- **distribution** center ① 유통 센터 ② 물류 센터
- syn. **hand out**(나눠주다), circul**ate**(유통하다), **al**locate(할당하다),
  dispense(나누어 주다), **al**lot(배당하다), ap**port**ion(배분하다)

The deal does not include rights to **distribute** the film.
거래내용에는 그 영화를 배급할 권리가 포함되지 않았다.

◆ 어원 TIP
- re**tribution**[rètrəbjúːʃən] → re(back)+tribut+ion(명접) → (악의적으로) **뒤로 주는 것** → (강력한) **응징, 보복**
- re**tribut**ive[ritríbjutiv] a. ① **보복의** ② **응분의 벌을 받는** ③ **인과응보의**
- **retributive** justice 인과응보

■■■ 우리말 대화로 단어 복습하기

가. 자네 오늘 신문에 **기고하였다(contribute)**지? 내용이 뭐야?

나. **보복(retribution)**하려는 속성과 잘못된 책임을 남 **탓으로 돌리는(attribute)** 경향을 비판한 거지.

가. 그래. **배포하는(distribute)** 날짜는 언제지?

어근 314	TRUD(E), TRUS : 밀치다, 찌르다(to thrust)
	※ 동의어근 : STICK, STIG, STIN(어근282)

1550. intrude [intrúːd]
in+trude

'(허락받지 않고) 안으로 밀치고' 들어간 것이 → v. ① (영토나 권리, 재산·신분 따위를) **침범하다** ② (권리, 재산 등을) **침해하다** ③ **방해하다**가 된 거지
- **in**trus**ion**[intrúːʒən] n. ① **침입** ② **침범** ③ **침해**
- **in**trus**ive**[intrúːsiv] a. ① **거슬리는** ② **침입하는**
- syn. **tres**pass(무단 침입하다)

The NSA **intruded** on the communications of innocent people.
국가 안보국은 무고한 시민들의 통신을 침해했다.

1551. obtrude [əbtrúːd]
ob(against)+trude

'(의사에) 반하여 밀치고' 들어간 것이 → v. ① (시야·의식 속으로) **끼어들다** ② **주제넘게 나서다** ③ **강요하다**가 된 거지
- **ob**trus**ive**[əbtrúːsiv] a. ① **주제넘게 참견하는** ② **눈에 거슬리는** ③ **참견하는**
- **ob**trus**ion**[əbtrúːʒən] n. ① (의견 등의) **강요** ② **참견**

He writes elegantly, rarely **obtruding** his own opinions.
그는 자신의 의견을 강요하지 않으면서, 품격 있게 글을 쓴다.

1552. protrude [proutrúːd]
pro(forth)+trude

'앞으로 밀치고' 나온 것이 → v. ① **튀어나오다** ② **~을 내밀다** ③ **돌출되다**가 된 거지
- **pro**trus**ion**[proutrúːʒən] n. ① **돌출** ② **돌출부**
- syn. **jut**(돌출하다)

Rooms that **protrude** from the main structure seem to float in the air.
본 구조물에서 돌출된 방들이 마치 공중에 떠 있는 것처럼 보였다.

◆ 어원 TIP
- **ex**trude[ìkstrúːd] → ex(out)+trude → 밖으로 밀쳐 내보낸 것 → (압력을 가하여) **밀어내다**, (금속·플라스틱을) **압출 성형하다**
- **ex**trus**ion**[ìkstrúːʒən] n. ① **밀어냄** ② **분출** ③ **추방** ④ **압출 성형**
- **ex**trud**er**[ìkstrúːdər] n. (기계) **압출 성형기**

■■■ 우리말 대화로 단어 복습하기

가. 갑자기 **튀어나와서(protrude)** 주제넘게 나서는(obtrude) 사람을 어떻게 생각해?

나. 마치 남의 권리를 **침해하는(intrude)** 것과 같다고 생각해요.

어근 315 | TURB : 소용돌이치다(to whirl), 휘젓다(to stir)

1553. disturb [distə́ːrb]
dis(intens)+turb

'(조용한 상황에서) 강하게 소용돌이치는' 것이 → v. ① (남의 일을) **방해하다**
② (손으로 또는 마음을) **건드리다** ③ **불안하게 만들다**가 된 거지
- disturbance[distə́ːrbəns] n. ① **소란** ② **방해** ③ (심리적) **장애**
- disturbing[distə́ːrbiŋ] a. ① **불안감을 주는** ② **심란한** ③ **충격적인**
- turbine[tə́ːrbin] n. **터빈**　• disturbances of metabolism **대사 장애**
- syn. interrupt(방해하다), bother(귀찮게 하다), unsettle(불안하게 하다), agitate(불안하게 하다)

> Such actions **disturb** social peace.
> 그러한 행동은 사회 평화를 어지럽힌다.

1554. perturb [pərtə́ːrb]
per(intens)+turb

'(마음을) 강하게 소용돌이치게 하는' 것이 → v. ① (심리적으로) **동요하게 하다**
② (마음이나 상황을) **교란하다**가 된 거지
- perturbation[pə̀ːrtərbéiʃən] n. ① (심리적인) **동요** ② (특성·행동·움직임의) **작은 변화**
- perturb[upset] the people **민심을 교란하다**
- syn. upset(속상하게 만들다)

> Teen-age marriages perturb **adults**.
> 십대들의 결혼이 어른들을 당혹스럽게 했다.

1555. turbid [tə́ːrbid]
turb+id(형접)

'(침전물 등을) 소용돌이치게 하면' 은 → a. ① **탁한** ② **흐린** ③ (액체·기체·정치·사회 현상이) **혼탁한** 것이 되는 거지
- turbidity[təːrbídəti] n. ① **흐림** ② **혼란** ③ **혼탁도**

> The water in the lake became more **turbid**.
> 호수의 물은 더욱 탁해졌다.

◆ 어원 TIP
- turbulent[tə́ːrbjulənt] → turb+ul+ent(형접) → (혼란으로) **소용돌이치는** → (정세가) **격동의**, (물·공기가) **사나운**, **난기류의**, (사람이) **사납게 날뛰는**
- turbulence[tə́ːrbjuləns] **격동, 격변, 난기류** / turbulent air **난기류**

■ 우리말 대화로 단어 복습하기
　가. **격동의(turbulent)** 세월에 **혼탁한(turbid)** 세상을 구한 난세의 영웅들이 누가 있지?
　나. 이순신, 안중근 등...이분들은 **교란하고(perturb) 방해하는(disturb)** 마음을 다잡고 나라를 구하려고 하셨잖아.

어근 316 | UND, UNDA : (넘쳐) 흐르다(flow)
※ 동의어근 : FLU, FLUC, FLUX(어근103) / RIV(어근249)

1556. abound [əbáund]
ab(away)+o+und

'사라지지 않고 넘쳐 흐르는' 것이 → v. ① **풍부하다** ② **아주 많다**가 된 거지
- **ab**und**ance**[əbʌ́ndəns] n. **풍부**
- **ab**und**ant**[əbʌ́ndənt] a. ① **풍부한** ② **풍족한**
- an **abundant** crop **풍작**　　• **abundant** reserves **풍부한 매장량**
- syn. be **plentiful**(풍성하다)

> Job opportunities **abound** in IT industry.
> 취업 기회가 정보통신산업에서는 많이 있다.

1557. inundate [ínəndèit]
in+und+ate(동접)

'안으로 흘러들어 오는' 것이 → v. ① (주문, 지원자, 인터뷰 요청 등이)
쇄도하다 ② (주문, 감정, 사람이) **밀려들다** ③ (물이) **침수시키다**가 된 거지
- **in**und**ation**[ìnəndéiʃən] n. ① **범람** ② **침수** ③ **쇄도**
- syn. **over**flow(넘쳐흐르다), **de**luge(쇄도하다)

> Complaints and letters **inundate** officials.
> 불평과 항의 편지가 관리들에게 쇄도하였다.

1558. exuberance [igzúːbərəns(i)]
ex(out)+uber(to flow)+ance(상태, 명접)

'(넘쳐) 흘러나온 상태' 를 → n. ① **풍부** ② **충만** ③ **무성함** ④ **윤택**하다 할 수 있지
- **ex**uber**ant**[igzúːbərənt] a. ① **활기 넘치는** ② **생동감 있는** ③ **무성한**
　　　　　　　　　　　　　　④ **열광적인**
- **ex**uber**ate**[igzúːbərèit] v. ① **무성하다** ② **풍부하다** ③ **~에 빠지다**
　　　　　　　　　　　　　　④ **열광하다**
- syn. **af**flu**ence**(풍족함), **ab**und**ance**(풍부), **sufficiency**(충분한 양)

> The sculpture symbolizes restraint and **exuberance**.
> 그 조각품은 절제와 풍요를 상징한다.

1559. undulate [ʌ́ndʒəlèit]
und+ul+ate(동접)

'(물이 움직여) 흘러가는 모양' 을 말하면 → v. ① **물결치다** ② **파도 모양을
이루다** ③ **넘실거리다**가 되는 거지
- **und**ul**ation**[ʌ̀ndʒuléiʃən] n. ① **기복** ② **넘실거림** ③ **물결 모양**

> Miles of foaming coast **undulate** into the horizon.
> 수 마일에 걸쳐 거품이 나부끼는 해변이 수평선까지 넘실거린다.

◆ 어원 TIP
- **re**do**und**[ridáund] → re(back)+do+und → 뒤로 흘러가게 하다 → (신용·이익 등을) **높이다**, (이익 등이) **돌아가다**, (행위가) **되돌아오다**
- **re**dund**ant**[ridʌ́ndənt] a. ① **불필요한** ② **장황한** ③ **정리 해고당한**
- **redound to** ~에 기여하다

■■■ 우리말 대화로 단어 복습하기
　가. 00기업이 **지원자**(applicant)가 **쇄도하는**(inundate) 이유가 뭐지?
　나. 사원 복지혜택이 **아주 많고**(abound) 각종 지원이 **풍부**(exuberance)하지.
　나. **물결치는**(undulate) 파도가 너무나 아름다운 00해안의 리조트도 연중 **무료로**(gratis) 이용할 수 있고.

1560. urban [ə́ːrbən]
urb+an(형접)

'도시 특징이' 있는 곳을 → a. ① 도시의 ② 도회지의 라고 하지
- urbane[əːrbéin] a. ① 세련된 ② 점잖은
- urbanize[ə́ːrbənàiz] v. ① 도시화하다 ② 도회풍으로 하다
- urbanization[ə̀ːrbənizeiʃən] n. 도시화
- inurbane[ìnəːrbéin] a. ① 촌스러운 ② 세련되지 못한
- suburb[sʌ́bəːrb] n. ① 교외 ② 외곽
- interurban[ìntərə́ːrbən] a. 도시 간의 n. 도시 간 연락 교통 기관

He completed a doctorate in **urban** planning.
그는 도시 계획 분야에서 박사 학위를 마쳤다.

1561. rural [rúərəl]
rur+al(형접)

'시골 특징이' 있는 곳을 → a. ① 시골의 ② 지방의 라고 하지
- rustic[rʌ́stik] a. ① 소박한 ② 시골 특유의 ③ 투박한
- rusticity[rʌstísəti] n. ① 소박 ② 검소 ③ 투박 ④ 시골풍 ⑤ 시골 생활
- rusticate[rʌ́stəkèit] v. ① 시골에 살다 ② 시골풍으로 하다
  ③ 시골로 은퇴하다

In recent days, **rural** vigilantes have surrounded the city.
최근에, 농촌 민병대들이 그 도시를 포위했다.

▰▰▰ 우리말 대화로 단어 복습하기

가. 너는 아직도 세련된(urbane) 것은 도시의(urban), 촌스러운(inurbane) 것은 지방의(rural) 거라는 편견(prejudice)
을 가지고 있니?
나. 아니야. 농담으로 한 거야. 다음부터는 조심할게.

1562. utilize [júːtəlàiz]
util+ize(~화하다, 동접)

'사용하는' 것이 → v. ① 활용하다 ② 이용하다가 된 거지
- utility[juːtíləti] n. ① (수도 · 전기 · 가스 같은) 공익사업 ② 유용성
  ③ 유틸리티 a. ① 다용도의 ② 다목적의
- syn. **take advantage of**(~을 이용하다), **make use of**(~을 이용하다)

Businesses **utilized** contract labor as an alternative to
increasing permanent staff.
기업들은 증가하는 상근 직원 대안으로 계약 노동자를 활용했다.

1563. utensil [juːténsəl]
ut+en+sil(명접)

'사용하는' 도구가 → n. ① (가정에서 사용하는) 기구 ② 도구가 된 거지
- farming **utensils** 농기구   - syn. **tool**(도구)

There is room to work and clean **utensils**.
작업하고 기구를 청소할 공간이 있다.

1564. **usage** [júːsidʒ]
us+age(상태, 명접)

'이용 상태' 가 → n. ① (단어의) **용법** ② **어법** ③ **사용**이 된 거지
- use**ful**[júːsfəl] a. ① **유용한** ② **쓸모 있는** ③ **유익한** ④ **훌륭한**
  ↔ use**less** 쓸모없는
- us**ual**[júːʒuəl] a. ① **흔히 있는** ② **평상시의** ③ **보통의**
- us**ually**[júːʒuəli] ① **보통** ② **대개**
- us**ance**[júːzns] n. ① **어음 기간** ② (부의 소유에서 생기는) **수입** ③ **유전스**
- as usual ① **늘 그럴듯이** ② **평상시처럼**   • annual usage **연간 사용량**

Smart grid project cuts electricity **usage**.
스마트 격자판 프로젝트가 전기 사용을 줄인다.

1565. **abuse** [əbjúːz]
ab(away)+use

'(예의를) 벗어나 이용하는' 것이 → n. ① **남용** ② **학대** ③ **악용** ④ **욕설**
v. ① **남용하다** ② **학대하다** ③ **악용하다** ④ **욕을 하다**가 된 거지
- ab**usive**[əbjúːsiv] a. ① **학대하는** ② **모욕적인** ③ **남용하는** ④ **욕하는**
  ⑤ **폭력적인**
- drug abuse **약물 남용**   • abuse of power **권력 남용**
- abuse of one's official authority **직권남용**
- syn. **mal**treat(학대하다), **in**sult(모욕, 모욕하다), **mis**use(남용, 남용하다),
  misapplication(악용)

They have been charged with felony counts of child **abuse**.
그들은 아동학대 같은 중범죄를 저지른 혐의를 받고 있다.
felony 중죄, 흉악 범죄

◆ **어원 TIP**
- utilit**arian**[júːtìlətéəriən] → util+arian(사람) → 사용을 (중시하는) 사람 → **실용적인, 공리주의의, 공리주의자**
- us**urp**[juːsɚːrp] → us+rp(to seize 빼앗다) → (다른 사람의) 사용 (권한을) 빼앗다 → (왕좌·권좌 등을) 빼앗다, (왕위· 국가 주권을) **찬탈하다**
- **per**use → per(intens)+use → (책등을) 강하게 사용하다 → **정독하다, 숙독하다**

◆ **어휘 플러스**
utilit**arianism**[juːtìlətéəriənìzm] 공리주의 / usurp**ation**[jùːsɚpéiʃən] 강탈, 찬탈, 약탈 / usurp**er** 강탈자, 찬탈자
/ us**ury** 고리대금, 고리 대금업 / usur**er**[júːʒərər] 고리 대금업자

■ **우리말 대화로 단어 복습하기**

가. 아직도 아동을 **이용하는**(utilize) 노동 **학대**(abuse)가 심각한 수준이라고 하지?

나. 아이를 인격체로 보지 않고 이익을 위한 **실용적인**(utilitarian) **도구**(utensil)로 **사용**(usage)하는 거지.

Exercise 23

1. (A)에 제시된 어근의 의미를 가장 적절하게 표현한 것을 (B)에서 찾아 쓰시오.

(A)	(B)
1) THESIS, THET _____	ⓐ 돌다(to turn)
2) TON _____	ⓑ 짜다, 엮다(to weave)
3) TRIBUTE _____	ⓒ 자르다(to cut)
4) TEX, TEXT _____	ⓓ 신(god)
5) UND, UNDA _____	ⓔ 소용돌이치다(to whirl), 휘젓다(to stir)
6) TIRE _____	ⓕ 끌어당기다, 그리다(to draw)
7) US, UTI _____	ⓖ 사용하다(to use)
8) TOUR, TURN _____	ⓗ 놓다(to set, place, put)
9) THERM, THERMO _____	ⓘ 비틀다(to twist)
10) TRA, TRACT _____	ⓙ 밀치다, 찌르다(to thrust)
11) TURB _____	ⓚ 도시(city)
12) URB _____	ⓛ 주다(to give)
13) THEO _____	ⓜ 뻗다(to stretch), 소리(sound)
14) TOR, TORT _____	ⓝ 순서, 질서(order)
15) TRUD, TRUS _____	ⓞ 물결(wave), 흐름(flow)
16) TOM _____	ⓟ 열(heat)

2. 제시된 단어 중 의미가 가장 적절한 것을 찾아 괄호 안에 넣으시오.

ⓐ protract ⓑ attract ⓒ exuberance ⓓ torture ⓔ distract ⓕ protrude ⓖ detour ⓗ contribute ⓘ utensil
ⓙ detonate ⓚ trace ⓛ distribute ⓜ enthusiasm ⓝ undulate ⓞ turnaround ⓟ retribution ⓠ extract
ⓡ contract ⓢ abuse ⓣ torrent ⓤ monotonous ⓥ intrude ⓦ retort ⓧ perturb ⓨ contour ⓩ subtract

1) ( ) : 분배하다	2) ( ) : 우회로	3) ( ) : 동요하게 하다
4) ( ) : 단조로운	5) ( ) : 기부하다	6) ( ) : 계약
7) ( ) : 남용	8) ( ) : 급류	9) ( ) : 응징
10) ( ) : 윤곽	11) ( ) : 빼다	12) ( ) : 주의를 빼앗다
13) ( ) : 풍부	14) ( ) : 응수하다	15) ( ) : 기구
16) ( ) : 방향전환	17) ( ) : 추출하다	18) ( ) : 마음을 끌다
19) ( ) : 침범하다	20) ( ) : 고문	21) ( ) : 물결치다
22) ( ) : 열정	23) ( ) : 연장하다	24) ( ) : 추적하다
25) ( ) : 튀어나오다	26) ( ) : 폭발시키다	

3. 밑줄 친 단어와 전혀 관계없는 것을 고르시오.

1) The Forces described the demonstration on Thursday as an illegal **disturbance**.
   ① uproar   ② commotion   ③ tumult   ④ equilibrium

2) It's not enough to recount the **torment** she has endured.
   ① agony   ② pinnacle   ③ distress   ④ anguish

3) His aim is to **synthesize** recent research on humor from a variety of fields.
   ① gather up   ② aggregate   ③ illustrate   ④ piece together

4) Japan's finance minister publicly **retracted** comments he made this week.
   ① embody   ② recant   ③ call off   ④ revoke

5) Students learn about current research on social structure and personality **attributes**.
   ① characteristic   ② character   ③ property   ④ principle

4. 밑줄 친 단어와 가장 유사한 것을 고르시오.

1) He neither knew nor desired to know her plans, nor to **obtrude** any restraints.
   ① interfere   ② abandon   ③ desert   ④ neglect

2) He criticizes the deal as a **betrayal** of conservative values.
   ① treachery   ② deception   ③ collision   ④ delusion

3) Such **themes** should not dominate women's literature.
   ① synopsis   ② outline   ③ motif   ④ plot

4) I'm not trying to **portray** that she is a bad person.
   ① intend   ② attempt   ③ admit   ④ depict

5) The moral and political questions will become more **tractable**.
   ① manageable   ② intractable   ③ obdurate   ④ tenacious

5. 밑줄 친 단어와 반대되는 것을 고르시오.

1) He dismissed his **entire** cabinet and his vice president on Tuesday.
   ① general   ② gross   ③ partial   ④ overall

2) The government should grant patents to processes that are based on **abstract** ideas.
   ① summary   ② concrete   ③ absurd   ④ absolute

3) Some wells have turned **turbid** with a huge influx of the muddy water.
   ① limpid   ② thick   ③ murky   ④ cloudy

4) The rates guaranteed to the power plant's operators will **distort** the market.
   ① rectify   ② discriminate   ③ twist   ④ entice

5) The game is too difficult to learn and has too many **tiresome** rules.
     ① monotonous   ② annoying   ③ bothersome   ④ straightforward

6. 아래에 제시된 단어 중 밑줄 친 우리말의 의미에 맞게 빈칸에 적절한 것을 골라 넣으시오.

---

inundate / hypothesis / extrude / thermostats / attire / anatomy / epitome / utilitarian / abound / theocracy

---

1) 프라이온 **가설**은 과학자들 사이에서 결코 쉽게 사라지지 않았다.
     → The prion (   ) has never gone down easily among scientists.

2) 아홉 명의 학생들이 **해부학**을 포함하는 의대과정에 등록했다.
     → Nine students are enrolled in the medical programs, which include (   ).

3) 이 숲에는 멸종위기에 처한 포유동물이 **많이 서식한다**.
     → Endangered mammals (   ) in this forest.

4) 우리의 모든 최첨단의 기적이 무선으로 연결된 **온도조절장치**에 존재한다.
     → All our high-tech miracles exist in wirelessly connected (   ).

5) 기후 학자들은 해수면이 상승하면 이 지역은 **범람하게** 될 것이라고 예측했다.
     → Climate scientists predict that this area will be (   ) as sea levels rise.

6) 적절한 실습**복장**을 고르는 것이 그녀에게 중요했다.
     → Selecting the proper practice (   ) is important to her.

7) 점점 더 많은 정통파 이스라엘인들이 **신권정치**로 빠져들고 있다.
     → Increasingly orthodox Israelis are drifting toward (   ).

8) 우리는 그것의 특별한 상황을 문제의 **전형**으로 보지 말아야한다.
     → We shouldn't see its particular circumstances as the (   ) of the problem.

9) 그는 건축 시공을 위해 대형 부품을 **압출 성형할** 계획이다.
     → He plans to (   ) larger components for architectural construction.

10) 이러한 접근방식의 역사는 19세기 **공리주의** 철학자로 거슬러 올라간다.
     → This approach dates back to the (   ) philosophers of the 19th century.

| 어근 319 | VAC, VAG, VOID : 빈(to be empty, devoid) |

1566. vacant [véikənt]
vac+ant(형접)

'비어있는' 것이 → a. ① (직위·결원의) **공석인** ② (일자리가) **비어있는** ③ (공간·내용 등이) **비어있는** ④ (시선·표정 등이) **멍한** 같은 표현이 된 거지
- **vac**ancy[véikənsi] n. ① **결원** ② **공석** ③ (호텔 등의) **빈 방** ④ (정신이) **멍함**
- **vac**ate[véikeit] v. ① (건물·좌석 등을) **비우다** ② (일자리·직책 등에서) **떠나다**
- **vac**ation[veikéiʃən] n. ① **방학** ② **휴가** ③ (법정의) **휴정**
- **vac**uum[vækjuəm] n. ① **진공** ② **공백** v. **진공청소기로 청소하다**
- syn. **empty**(빈), **abandon**ed(버려진), **de**serted(사람이 살지 않는), **un**occupied(비어있는), **blank**(멍한), **vague**(멍한)
  ↔ ant. **oc**cupied(점유된), **thought**ful(사려 깊은)

The city has been completely abandoned, full of empty streets and **vacant** buildings.
텅 빈 거리, 빈 건물로 가득 찬 도시는 완전히 버려졌다.

1567. evacuate [ivækjuèit]
e(out)+vac+u+ate(동접)

'비우고 밖으로' 가는 것이 → v. ① (위험 지역에서) **대피시키다** ② (위험한 장소를) **떠나다** ③ (위나 장을) **비우다**가 된 거지
- **evac**uation[ivækjuéiʃən] n. ① **비우기** ② **대피** ③ **철수** ④ **배설** ⑤ **배출**

Authorities **evacuate** about 500 residents.
당국이 약 500명의 거주민을 대피시켰다.

1568. devoid [divɔ́id]
de(from)+void(to be empty)

'~에서 비어있는' 것이 → a. ~이 **전혀 없는** 것이 된 거지
- **void**[vɔ́id] n. ① **빈 공간** ② **공허감** a. ① **전혀 없는** ② **무효의** ③ **텅 빈** v. **무효로 하다**
- null and **void** 무효의

He describes first world war as a war **devoid** of any virtue.
그는 제1차 세계 대전을 어떤 미덕도 전혀 없는 전쟁으로 기술했다.

1569. avoid [əvɔ́id]
a(out)+void

'(일이나 책임을) 밖으로 비우는' 것이 → v. ① **모면하다** ② (회)**피하다**가 된 거지
- **avoid**ance[əvɔ́idəns] n. ① **회피** ② **방지**
- double tax **avoid**ance agreement 이중과세 방지 협정
- tax **avoid**ance (합법적인) **절세**   • **avoid**ance of tax 조세회피
- syn. **avert**(피하다), **evade**(피하다), **dodge**(피하다), **shun**(피하다)

There's a way to **avoid** the 10% federal penalty.
10%에 달하는 연방정부 벌금을 피하는 방법이 있다.

1570. vague [veig]
vag+ue(형접)

'(알맹이가) 비어있는' 것이 → a. ① (말이나 태도가) **모호한** ② (분명하지 않은) **애매한** ③ (기억이나 글씨가) **희미한** ④ (행동이) **멍청한** 것이 된 거지

- **vag**ueness[véignis] n. ① **애매함** ② **분명치 않음**
- nouvelle **vag**ue[nuːvél-váːg] n. ① **새물결** ② **누벨바그**; 예술 형식의 전위적 경향
- syn. **un**clear(불분명한), **in**definite(애매한), **un**certain(불확실한), **im**precise(부정확한), equivocal(모호한), **in**distinct(희미한) ↔ **di**stinct(분명한)

> Their relationships were exacerbated by his **vague** explanations.
> 그들 관계는 그의 모호한 해명으로 악화되었다.
> **exacerbate** 악화시키다

▬▬ 우리말 대화로 단어 복습하기

가. 부장님. **공석인(vacant)** 자리를 채용하는 면접기준은 어떻게 세울까요?

나. 애매하고 **모호한(vague)** 답을 하거나 책임을 **회피하는(avoid)** 사람을 우선적으로 **배제하고(exclude)**.

나. 화재발생시 고객을 안전하게 **대피시키고(evacuate)** 인명 피해를 **전혀 없게 하는(devoid)** 방법을 묻는 상황면접은 꼭 보라고.

어근 320

VAL, VAIL : 가치 있는(worth), 강한 (strong)
※ 동의어근 DIGN(어근76) / PRAIS, PREC(어근230)

1571. valid [vǽlid]
val+id(형접)

'가치 있는' 것이 → a. ① (법적·공식적으로) **유효한** ② (법적·공식적으로) **정당한** ③ (논리적으로) **타당한** ④ (기간이) **유효한** 것이 된 거지

- **val**idity[vəlídəti] n. ① **타당함** ② **유효함** ③ **정당함**
- **val**idation[vǽlədèiʃən] n. ① **실증** ② **비준** ③ **확인**
- **val**idate[vǽlədèit] v. ① **입증하다** ② **인증하다** ③ **승인하다** ④ **인정하다**
- **in**valid[ínvəlid] a. ① **효력 없는** ② **근거 없는** n. **병약자** v. **의병 제대시키다**
- **in**validate[invǽlədèit] v. ① (생각·주장 등이) **틀렸음을 입증하다** ② **무효화하다**
- syn. legitim**ate**(합법적인), law**ful**(합법적인)

> The warrant wasn't **valid**.
> 영장이 법적으로 타당하지 않았다.

1572. devalue [diːvǽljuː]
de(down)+value(가치)

'가치를 아래로 하는' 것이 → v. ① (화폐 가치를) **평가 절하하다** ② **가치를 내리다**가 된 거지

- **de**valu**ation**[diːvæljuéiʃən] n. ① **평가 절하** ② **가치의 저하** ③ **신분의 저하** ↔ **re**valu**ation** 재평가
- value[vǽljuː] n. ① (경제적인) **가치** ② (가격·비용 대비) **가치** ③ **중요성** ④ **가치관** ⑤ **값** v. ① **가치 있게 여기다** ② (가치·가격을) **평가하다**
- **val**edict**ion**[vǽlədíkʃən] n. ① **작별** ② **고별** ③ **고별사**
- de facto **devaluation** 사실상의 평가 절하
- **value**-laden ① **가치 판단적인** ② **개인적인 의견에 영향을 받는**

- **value** added tax **부가 가치세**(VAT)
- face **value** **액면가**

> The rupiah would be **devalued** in the current economic crisis.
> 현 경제위기로 인하여 루피아가 평가 절하될 것이다.
>
> **rupiah** 루피아 (인도네시아 화폐 단위)

> Purists might regard it as an insult to the social **value** of education.
> 순수주의자들은 그것을 교육의 사회적 가치에 대한 모욕으로 생각할 수 있다.

1573. evaluate [ivǽljuèit]
e(out)+val+u+ate(동접)

'(양 · 가치 · 품질 등을) 밖에서 가치를 매기는' 것이 → v. ① **평가하다**
② **감정하다**가 된 거지
- evalu**ation**[ivæljuéiʃən] n. ① **평가** ② **사정**
- **re**valu**ate**[ri:vǽljueit] v. ① **재평가하다** ② **가치를 개정하다** ③ **절상하다**
- **over**value[òuvərvǽlju:] v. ① **과대평가하다** ② **지나치게 중시하다**
- **under**value[ʌndərvǽlju:] v. ① **과소평가하다** ② **시세보다 싸게 평가하다**
  ③ **경시하다**
- syn. **as**sess(평가하다), rate(평가하다), estim**ate**(평가하다)

> A government-run teacher **evaluation** would be a disaster.
> 정부가 주도의 교원 평가는 재앙이 될 것이다.

1574. equivalent
[ikwívələnt]
equ(same)+val+ent(형접)

'(가치 · 의미 · 중요도 등에서) 가치가 같은 것'이 → a. ① **동등한** ② **맞먹는**
n. ① **상당하는 것** ② **등가물**이 된 거지
- equival**ence**[ikwívələns] n. ① **등가** ② **등가성**
- syn. **com**par**able**(필적하는), **counter**part(대응물, 상대)

> Upkeep expenses might approach the **equivalence** of rent.
> 유지비가 임대료와 맞먹는 수준이다.

1575. avail [əvéil]
a(to)+vail(strong)

'강해지는 것' 이 → v. ① **도움이 되다** ② **소용이 닿다**가 된 거지
- a**vailable**[əvéiləbl] a. ① **이용할 수 있는** ② **(만날) 시간이 있는** ③ **여유가 있는**
- a**vailabili**ty[əvèiləbíləti] n. ① **유용성** ② **유효성** ③ **(후보자의) 당선 가능성**
- of little **avail** **별로**
- to no **avail** ① **무용지물** ② **헛되이**

> As we have heard, that was all to no **avail**.
> 우리가 들은 대로, 그것은 모두 무용지물이었다.

1576. prevail [privéil]
pre(before)+vail(strong)

'(수 · 양 · 힘 · 상태 · 중요성이) 앞에서 강해진' 것이 → v. ① **(전염병이나**
나쁜 현상이) 만연하다 ② **(기세나 사조가) 팽배하다** ③ **(투쟁 · 논쟁 끝에)**
이기다 ④ **설득하다**가 된 거지
- **pre**val**ence**[prévələns] n. ① **보급** ② **유행** ③ **횡행** ④ **널리 퍼짐**

- prevalent[prévələnt] a. ① 일반적인 ② 널리 퍼진 ③ 만연한 ④ 유행하는
- prevailing[privéiliŋ] a. ① 지배적인 ② 우세한 ③ 유행하는 ④ 만연한
- prevailing view ① 우세한 견해 ② 지배적 견해
- syn. predominate(우세하다)

Smartwatches will **prevail** over their dumbwatch.
스마트 시계가 구식 시계를 압도하게 될 것이다.

◆ 어원 TIP
- valorize[vǽləràiz] → val+or+ize(~화하다, 동접) → 가치를 정하다 → 물가를 안정시키다, 가격을 정하다
- valorization[væləraizéiʃən] n. ① 물가 안정책 ② 공정 가격 설정
- valor[vǽlər] n. ① 용기 ② 용맹 ③ 무용
- valiant[vǽljənt] a. ① 용맹한 ② 단호한
- countervail ① 무효로 하다 ② 상쇄하다 ③ 대항하다 ④ 보상하다

우리말 대화로 단어 복습하기

가. 사회에 **만연한(prevail)** 불평등(inequality)을 청산하는(liquidate) 방법은 없을 까요?

나. **정당하고(valid) 동등한(equivalent)** 기회를 줄 수 있는 제도적 장치가 필요하지.

가. 취업에 **불공평(unfairness)** 문제는 어떻게 해결해야 할까요?

나. 출신에 따라 **평가 절하하거나(devalue)** 평가를 높이지 않고 공정하게 **평가하는(evaluate)** 시스템을 만들어야지.

나. 일종의 블라인드 채용 같은 것이 불공정을 해소하는데 **도움이 되겠지(avail).**

어근 321

VAN : 사라지다(to go away) / VAG : 돌아다니다(to wander)

1577. vanish [vǽniʃ]
van(to go away)+ish(동접)

'사라지는 것' 이 → v. ① **사라지다** ② **자취를 감추다**가 된 거지
- vandalism[vǽndəlìzm] n. ① 공공기물 파괴 행위 ② 반달리즘 ③ 만행
- vandal[vǽndl] n. ① 반달족 ② 공공기물 파손자
- vanishing point ① 소실점 ② 소멸점
- syn. disappear(사라지다), fade away(사라지다), die out(자취를 감추다)

Their memory might now **vanish**.
그들의 기억은 지금 사라져 버렸을지도 모른다.

1578. vanity [vǽnəti]
van+ity(성질, 명접)

'사라져 버리는 성질' 이 → n. ① **허영심** ② **자만심** ③ **헛됨**이 된 거지
- vain[vein] a. ① 소용없는 ② 헛된 ③ 허영심이 강한
- in vain ① 허사가 되어 ② 헛되이
- syn. arrogance(오만), conceit(자만) ↔ ant. modesty(겸손)

He described the show as a **vanity** project masking as generosity.
그는 그 쇼를 관대함으로 위장한 허영심 프로젝트로 묘사했다.

1579. evanescent
[èvənésnt]

e(out)+van+escent(하기 시작한, 형접)

'사라져 없어지기 시작한' 것이 → a. ① **덧없는** ② **쉬이 사라지는** ③ **무상한** 의미가 된 거지

- **evanesce**[èvənés] v. ① (점점) **사라져 가다** ② **소실되다**

> The **evanescent** economic boom was followed by a deep recession.
> 순간적인 경제 호황 뒤에 깊은 경기 침체가 이어졌다.

1580. extravagance
[ikstrǽvəgəns]

extra(beyond)+vag(to wander) +ance(명접)

'(행동이나 말이 정도를) 넘어 돌아다니는 것' 이 → n. ① **낭비** ② **사치** ③ **화려함**이 된 거지

- **extravagant**[ikstrǽvəgənt] a. ① **낭비하는** ② **사치스러운** ③ (생각 · 연설 · 행동이) **화려한**
- **extravaganza**[ikstrævəgǽnzə] n. ① **광상곡** ② **화려한 쇼** ③ (호화로운) **오락물**
- an **extravagant** price **터무니없는 가격**
- with **extravagance** ① **과도하게** ② **지나치게**

> Gift-giving is a must, but you should avoid **extravagance**.
> 선물 주는 것은 필수적이지만, 지나친 선물은 피해야 한다.

◆ 헷갈리는 어원 TIP

1581. vanguard [vǽngɑ̀:rd]

van(before)+guard(to watch over)

'앞에서 경계하는' 행위가 → n. ① **선봉** ② **선두** ③ **전위**가 된 거지

- **van**[væn] n. ① **전위** ② **선봉** ③ **선도자** ④ **승합차**
- in the **vanguard** of ~**의 선두에 서서**

> The government stands at the **vanguard** on such sensitive issues as labor strike.
> 정부는 노동 파업 같은 민감한 문제들을 필두로 여러 가지 현안에 직면해있다.

◆ 어원 TIP
- **vanquish**[vǽŋkwiʃ] → van(to go away)+qu(to conquer 정복하다)+ish(동접) → 정복하여 사라지게 하다 → **격파하다, 이겨내다, 정복하다**

◆ 어휘 플러스
vagabond 방랑자, 방황 / **vagrant** 부랑자 / **caravan** 이동식 주택, (사막의) 대상

■■■ 우리말 대화로 단어 복습하기
가. 한 때 **선두(vanguard)**에서 사회를 이끌던 그 친구가 왜 그렇게 망가졌지?
나. 지나친 **자만심(vanity)**과 **사치(extravagance)**로 부와 명성이 순식간에 **사라진(vanish)** 거지.
가. 모든 것을 **정복하고(vanquish)** 세상을 곧 호령할 것 같았던 그를 보니 **덧없는(evanescent)** 인생이네요.

VARI : 다양한(diverse)

1582. variable [vέəriəbl]
vari+able(할 수 있는)

'다양할 수 있는' 것이 → a. ① **변동이 심한** ② **가변적인** ③ **변경할 수 있는**
　　　　　　　　　　　　　　n. **변수**가 된 거지
- **vari**ous[vέəriəs] a. ① **다양한** ② **여러 가지의** ③ **각양각색의**
　　　　　　　　　④ **다양한 특징을 지닌**
- **vari**ation[vɛəriéiʃən] n. ① **차이** ② **변화** ③ **변형** ④ **변주**
- **vari**ance[vέəriəns] n. ① **변화** ② **변동** ③ **모순** ④ **분산**
- **vari**ability[vɛəriəbíləti] n. ① **가변성** ② **변동성**
- **vari**ety[vəráiəti] n. ① **다양성** ② **각양각색** ③ **여러 가지** ④ **버라이어티**
　　　　　　　　　⑤ **품종** ⑥ **종류**
- **vary**[vέəri] v. ① (크기·모양 등이) **서로 다르다** ② (약간) **변화를 주다**
　　　　　　　　③ (상황별로) **달라지다**
- **vari**ant[vέəriənt] n. ① **변종** ② **이형**
- **variable** annuity **변액 연금**　　　　　- **variable** interest rate **변동 금리**
- **variable** budget **변동 예산**
- periodic **variation** **주기변화**
- at **variance** with ① **상충하는** ② **모순되는**
- syn. change**able**(변하기 쉬운), **un**stable(불안정한), **un**even(변덕스러운),
　　unsteady(불안정한) ↔ ant. **in**vari**able**(변함없는), **con**stant(불변의)

> Falling interest rates mean lower monthly payments on
> **variable**-rate loans.
> 떨어지는 금리는 변동 금리 대출금의 월 불입금을 낮출 수 있음을 의미한다.

우리말 대화로 단어 복습하기

가. 요즘 같이 주가 **변동이 심한(variable)** 경우 어떻게 투자하는 것이 좋을까요?
나. **변화(variation)**에 너무 과민 대응하지 말고 분산투자하는 것이 좋겠습니다.
가. 차분하게 대응하면서 주식의 **다양성(variety)**을 확보하는 **변화를 주라(vary)**는 말씀이군요.

VEC, VEH(E) : 나르다, 옮기다(to carry) ※ 동의어근 : CAR, CHAR(어근34) / FER(어근)
/ GER, GEST(어근115) / LATE(어근138) / PORT(어근229)

1583. vehicle [víːikl]
veh+i+cle(명접)

'나르는' 도구가 → n. ① **차량** ② **운송 수단** ③ (감정 표현·목표 달성 등의)
수단이 된 거지
- **vehicle** title **자동차 등록증**　　　　　- **vehicle** log **차량 운행 일지**
- commercial **vehicle** **상용차**
- syn. **medium**(수단), **means**(수단)

> These tiny **vehicles** are economic.
> 이러한 소형차들은 경제적이다.

1584. **vector** [véktər]
vect+or(행위자, 명접)

'나르는 행위자' 가 → n. ① (수학) **벡터** ② (질병의) **매개체**
③ (비행기의) **궤도**가 된 거지
- **vect**i**on** [vékʃən] n. **병원체 전염**

> The city receives data from **vector** control center.
> 시는 전염병 통제 센터로부터 자료를 받았다.

1585. **con vex** [kanvéks]
con(together)+vex

'(구 표면처럼) 바깥쪽으로 함께 나르는' 것이 → a. (윤곽이나 표면이) **볼록한**
이 된 거지
- **con vex**i**ty** [kənvéksəti] n. ① **볼록면** ② **볼록함**
- **con cave** [kankéiv] a. **오목한**
- a **convex** lens **볼록 렌즈**
- a **concave** lens **오목 렌즈**

> Some shots are viewed as if through a **convex** lens.
> 일부 촬영기법은 마치 볼록 렌즈로 촬영한 것처럼 보였다.

1586. **vehe ment** [víːəmənt]
veh+e+ment(상태, 형접)

'(엄청난 기세로) 나르려는 상태' 가 → a. ① **격렬한** ② **맹렬한** ③ **거센** 의미가 된 거지
- **vehe mence** [víːəməns] n. ① **열의** ② **열정** ③ **맹렬함** ④ **맹위**
- a **vehement** denunciation **강력한 비난**
- syn. **in tense**(격렬한), **fierce**(사나운), **viol ent**(격렬한), **fero ci ous**(맹렬한)

> A law has stirred **vehement** protests.
> 한 법률이 격렬한 항의를 불러일으켰다.

◆ 어원 TIP
- **vect**i**on** → vect(옮기다)+ion(명접) → (병을) 옮기는 것 → **병원체 전염**
- **vex** [veks] → vex(to carry) → 나르는 것 → (누군가에게 고통이면) **성가시게 하다**, (역정이나 싫증이면) **짜증나게 하다**
- **con vect**i**on** [kənvékʃən] → con(together)+vect+ion(명접) → 함께 나르는 것 → (기체나 액체에 의한 열의) **대류**
- **in vect**i**ve** [invéktiv] → in+vect+ive(명접) → (공격적인 말을) 안으로 나르는 것 → **독설, 욕설, 악담** / personal invective **인신공격**

◆ 어휘 플러스
ad vection (물리·기상) 이류 / **vex**ation 성가심, 짜증, 성가신 것 / **vex**atious 성가신, 짜증스러운 / **in veigh** 욕설하다, 통렬히 비난하다, 심하게 항의하다

■■■ 우리말 대화로 단어 복습하기
가. 그를 **짜증나게 하는**(vex) **매개체**(vector)가 뭐지?
나. SNS같은 **익명**(pseudonym)의 **수단**(vehicle)을 활용하여 그에게 **거센**(vehement) **악담**(invective)을 하고 있다는군.

VELO(P) : 빠른(fast), 말다, 굴리다(to roll)   ※ 동의어근 : CELER(어근39)

1587. velocity [vəlάsəti]
velo+c+ity(상태, 명접)

'빠른 상태' 가 → n. **속도**가 된 거지
● flow **velocity** 유속

Pitchers can regain **velocity** by correcting their motion.
투수들은 동작 수정을 통해서 구속을 다시 회복할 수 있다.

1588. velodrome
[víːlədròum]
velo(fast)+drome(track)

'(자전거로) 빠르게 트랙을 도는' 경기장을 → n. ① **경륜장** ② **벨로드롬**이라고 하지

The philanthropist pledged to build a bicycling **velodrome** in Park.
독지가가 공원에 경륜장을 건설하겠다고 약속했다.

1589. develop [divéləp]
de(apart)+velop(to roll)

'분리해서 굴리는' 것이 → v. ① **발달하다** ② (자원 · 기술 등을) **개발하다**
③ (기술 · 능력 · 자질 등이) **발전하다** ④ (병 · 문제가) **생기다** ⑤ (필름을)
현상하다 같은 의미가 된 거지
● de**velop**ment[divéləpmənt] n. ① **개발** ② **발전** ③ **발달** ④ **진전** ⑤ **전개**
● de**velop**mental[divèləpméntl] a. ① **개발 중인** ② **발달상의**
● **developed** country **선진국**   ● **underdeveloped** country **저개발국**
● **developing** country **개발도상국**
● **undeveloped** country **후진국**
● **developmental** disorder **발달 장애**
● syn. pro**gress**(진전을 보이다), flour**ish**(번창하다)

The college **develops** more innovative ways.
그 대학은 혁신적인 방법을 개발했다.

1590. envelop [invéləp]
en(in)+velop(to roll)

'(내용물을) 안으로 마는' 것이 → v. ① **감싸다** ② **봉하다** ③ **두르다** ④ **포위하다**
가 된 거지
● en**velop**e[énvəlòup] n. ① **봉투** ② **비닐 봉투** ③ **한계**
● en**velop**ment[invéləpmənt] n. ① **싸기** ② **포위** ③ **봉합** ④ **포위**
● syn. be**siege**(포위하다)

The flames completely **envelop** the vehicle.
화염이 그 자동차를 완전히 뒤덮었다.

우리말 대화로 단어 복습하기

가. 저기 주변을 **감싸듯**(envelop) 짓고 있는 건물이 용도가 뭐지?

나. 최신식 전용 **경륜장**(velodrome)이지.

가. 사이클 선수들이 염원하던 그 경기장 말하는 거야?

나. 맞아. 선수들의 기량이 **발전하고**(develop) **속도**(velocity)도 빨라지는 **기회**(opportunity)가 될 거야.

VEN(E), VENT : 오다(to come), 팔다(to sell) / VENGE : 주장하다(to claim)
VENE : 사랑(love) → 그리스 신화 '사랑, 미, 풍요의 여신' 'Venus'에서 유래

1591. advent [ǽdvent]
ad(to)+vent(to come)

'(어떤 시기나 기회가) 오는' 것이 → n. ① 출현 ② 도래가 된 거지
- adventure[ædvéntʃər] n. ① 모험 ② 모험심
- misadventure[misədvéntʃər] n. ① 사고사 ② 불운 ③ 작은 사고
- adventurous[ædvéntʃərəs] a. ① 모험을 좋아하는 ② 모험적인
  ③ 모험심이 강한
- adventitious[ædvəntíʃəs] a. ① 우발적인 ② 우연한
- adventive[ædvéntiv] a. ① 외래의 ② 토착이 아닌
  n. ① 외래 식물 ② 외래 동물
- avenue[ǽvənjùː] n. ① 거리 ② ~가 ③ (나아갈) 길 ④ 방안
- venture[véntʃər] n. ① 벤처 ② (사업) 모험 ③ 모험적 사업
  v. ① (모험하듯) 가다 ② (도박하듯 ~에) 걸다 ③ 조심스럽게 말하다
- joint venture 합작 투자

It's crucial to technological advancements since the **advent**
of broadband connections.
광대역 연결망이 도래한 이후 그것은 기술적인 발전에 매우 중요하다.

1592. vend [vend]
ven(to sell)+d(to give)

'(보통 행상하며) 파는 일을 하는' 것이 → v. ① 팔다 ② 판매하다가 된 거지
- vendor[véndər] n. ① 상인 ② 행상인 ③ 판매 회사
- vendible[véndəbl] a. ① 팔 수 있는 ② 팔리는
- vending machine 자동판매기
- syn. peddle(팔러 다니다)

The automaton will **vend** freshly-baked cupcakes.
자동 장치가 갓 구운 컵케이크를 판매할 것이다.

1593. venerate [vénərèit]
ven(love)+er+ate(동접)

'(누군가를 깊게) 사랑하는' 것이 → v. ① 존경하다 ② 숭배하다 ③ 공경하다가 된 거지
- veneration[vènəréiʃən] n. ① 존경 ② 숭배 ③ 숭상
- venerable[vénərəbl] a. ① 존경할 만한 ② 신망 있는
- reverence[révərəns] n. ① 존중 ② 공경 ③ 경의
- reverend[révərənd] n. ① 목사 ② 성직자

The Maori of New Zealand **venerate** the eel.
뉴질랜드 마오리족은 뱀장어를 숭배한다.

1594. vent [vent]
vent(to come)

'(연기 등이) 나오는' 통로가 → n. ① 통풍구 ② 환기구
  v. (감정 · 분통을) 터뜨리다가 된 거지
- ventilate[véntəlèit] v. ① 환기하다 ② (감정 · 의견을) 표명하다
- ventilation[vèntəléiʃən] n. ① 환기 ② 통풍 ③ 자유 토의 ④ 표명
- syn. outlet(배출구, 할인점)

Hydrothermal **vents** teem with life.
열수 분출구에는 생명이 넘쳐난다.
① **hydrothermal** 열수의 ② **teem with** 바글거리다, 풍부하다

1595. **a**venge [əvénd3]
a(to)+venge(to claim)

해를 입힌 '(누군가)에게 주장하는' 것이 → v. ① **복수하다** ② **앙갚음하다**
③ **원수를 갚다**가 된 거지
* **venge**ance[vénd3əns] n. ① **복수** ② **앙갚음**
* **re**venge[rivénd3] n. ① **복수** ② **보복** ③ (스포츠 경기에서) **설욕**
* syn. **r**etali**ate**(보복하다)

The most powerful gang **avenged** the victims.
가장 강력한 갱단이 희생자의 원수를 갚았다.

1596. **con**vene [kənvíːn]
con(together)+vene(to come)

'(불러서) 함께 오는' 것이 → v. ① **소집하다** ② **회합하다**가 된 거지
* **con**ven**tion**[kənvénʃən] n. ① **관습** ② **관례** ③ **대회** ④ **협약** ⑤ **조약**
* **con**ven**tional**[kənvénʃənl] a. ① **전통적인** ② **관습적인** ③ **재래식의**
* **contra**vene[kàntrəvíːn] v. **위반하다**
* **conventional** weapons 재래식 무기
* syn. **as**semble(소집하다), **con**voke(소집하다)

The six-member panel **convenes** in closed session.
여섯 명의 패널이 비공개 회담을 소집했다.

1597. **con**ven**ient**
[kənvíːnjənt]
con(together)+ven(to come)
+ient(형접)

'(쉽게) 함께 오고 가는' 것이 → a. ① **편리한** ② **간편한** ③ **가까운** 의미가 된 거지
* **con**ven**ience**[kənvíːnjəns] n. ① **편리** ② **편의** ③ **편리한 것** ④ **편의 시설**
* **convenience** store 편의점
* at your earliest **convenience** 가급적 빨리
* a public **convenience** 공중 편의시설
* syn. **near**by(가까운), **ac**cess**ible**(접근하기 쉬운), **handy**(바로 곁에 있는)

The long overdue repairs would make the system safer and
more **convenient**.
장기간 지체된 정비가 완료되면 그 시스템은 보다 안전하고 편리하게 될 것이다.
overdue 기한이 지난

1598. **co**ven**ant** [kʌ́vənənt]
co(together)+ven(to come)+ant(명접)

'함께 와서 하는' 것이 → n. ① **계약** ② **약속**이 된 거지
* syn. **pro**mise(약속), **con**tract(계약), **pledge**(서약), **pact**(협정),
agreement(합의), **com**pact(계약)

In keeping with this **covenant**, we have established a minimum criteria.
이러한 계약에 따라서, 우리는 최소한의 기준을 만들었다.

1599. event [ivént]
e(out)+vent(to come)

'밖으로 나와서' 하는 것이 → n. ① **행사** ② **사건** ③ **경기** ④ **이벤트**가 된 거지
- **e**vent**uate**[ivéntʃuèit] v. ① **결국 ~이 되다** ② **결국 ~이 일어나다**
- **e**vent**ual**[ivéntʃuəl] a. ① **최후의** ② **궁극적인** ③ **최종적인**
- **e**vent**uality**[ivèntʃuǽləti] n. ① **만일의 사태** ② **예측 불허의 사태**
- **e**vent**ually**[ivéntʃuəli] ad. ① **결국** ② **최종적으로** ③ **결국에는**
- in the **event** 막상 닥쳐 보니
- syn. **in**cid**ent**(사건), **happen**ing(사건), **occasion**(행사)

In the charity **event** participants raise awareness of prostate cancer.
자선행사 참가자들은 전립선암에 대한 경각심을 일깨웠다.
prostate cancer 전립선암

1600. intervene [ìntərvíːn]
inter(between)+vene(to come)

'사이에 오는' 것이 → v. ① (문제 해결을 위해) **개입하다** ② (관계없는 일이나 말하는 데) **끼어들다** ③ (두 가지 사건·장소) **사이에 있다**가 된 거지
- **inter**vent**ion**[ìntərvénʃən] n. ① **개입** ② **중재** ③ (내정) **간섭**
- humanitarian **intervention** 인도적 간섭
- syn. **step in**(개입하다), **medi**ate(중재하다), **inter**cede(중재하다), **arbi**trate(중재하다)

Police **intervene** and usher the activists to safety.
경찰이 개입하여 활동가들을 안전한 곳으로 안내했다.
usher 안내하다

1601. invent [invént]
in+vent(to come)

'안으로 오게 하는' 것이 → v. ① (전에 없던 것을) **발명하다** ② (사실이 아닌 것을) **지어내다** ③ (사실이 아닌 것을) **날조하다**가 된 거지
- **in**vent**ion**[invénʃən] n. ① **발명품** ② **발명** ③ **지어냄** ④ **창의력**
- **in**vent**ive**[invéntiv] a. ① **창의적인** ② **독창적인** ③ **발명의**
- **in**vent**ory**[ínvəntɔ̀ːri] n. ① **물품 목록** ② **재고품** ③ **재고**
- **inventory** control 재고 관리
- syn. **de**vise(고안하다), **fake**(날조하다)

I was trying to **invent** a kid superhero story.
나는 아동용 슈퍼히어로 이야기를 지어내려고 노력 중이다.

1602. prevent [privént]
pre(before)+vent(to come)

(무슨 일이나 탈이 일어나기 전에) '미리 오는' 것이 → v. ① **막다** ② **방지하다** ③ **예방하다**가 된 거지
- **pre**vent**ion**[privénʃən] n. ① **예방** ② **방지**
- **pre**vent**ive**[privéntiv] a. ① **예방의** ② **예방을 위한**
- **preventive** medicine **예방의학**
- a **preventive** step **방지 조치**
- syn. **stop**(막다), **a**void(피하다), **frustr**ate(좌절시키다), **a**vert(방지하다)

Some treatment approaches may help **prevent** Alzheimer's.
일부 치료 방식이 치매 예방에 도움이 될 수 있다.

1603. re**venue** [révənjùː]
re(again)+ven(to come)+ue(명접)

'(투자한 것이) 다시 오는 것' 이 → n. ① **수익** ② **수입** ③ **세입** ④ **매출**이 된 거지
- **revenue** and expenditure **세입과 세출**
- **revenue** stamp **수입 인지**
- syn. in**come**(수입), re**turns**(수익), pro**fits**(이익), pro**ceeds**(매출, 수익금)

Falling oil **revenues** result from declining productivity.
생산성 저하가 석유 수익을 떨어뜨리고 있다.

1604. sou**venir** [sùːvəníər]
sou(under)+ven(to come)+ir(명접)

'(딸려서) 아래에 오는 것' 이 → (사람, 장소, 행사 등을) 잊지 아니하고 마음에 간직하기 위한 → n. ① **기념품** ② **선물**이 된 거지
- **souvenir** sheet **기념우표 시트**
- syn. memento(기념품), keepsake(기념품)

What makes a great **souvenir**, when you don't want to spend a lot of money?
많은 돈을 지출하길 원치 않을 때, 딱 맞는 기념품은 무엇일까?

◆ 어원 TIP
- sub**vention**[səbvénʃən] → sub(under)+vent(to come)+ion(명접) → (정부 정책)으로 오는 것 → 보조금, 지원금
  syn. sub**sidy**(보조금)
- contra**vene** → contra+vene(to come) → (규칙) 반대로 오다 → 위반하다
- circum**vent**[sɜ̀ːrkəmvént] → circum(around)+vent(to come) → 주변으로 돌아오다 → 피하다, 피해가다(p67)

■■ 우리말 대화로 단어 복습하기

가. 준비는 다 된 거야. 오늘 주요 **행사**(event) 내용은 뭐지?
나. 1부는 **소집한**(convene) 이사진들에게 **수익**(revenue) 극대화 방안에 대한 설명회가 있어.
나. 2부는 새로 **발명한**(invent) 신제품 개발 공로자에게 **지원금**(subvention) 및 **기념품**(souvenir) 전달식이 있지.
나. 신제품을 **판매하는**(vend) 행사가 1, 2부 **사이에 있고**(intervene).
나. 3부는 00기업과 상생 **계약**(covenant)을 체결하고 사원들이 **존경하는**(venerate) 이달이 인물 발표와 시상이 있어.
가. 이번 행사를 잘 마무리하면 바야흐로 자네의 시대가 **도래**(advent) 하겠군.

어근 326

VER, VERI : 진실한(true), 진리(truth)

1605. **verdict** [vɜ́ːrdikt]
ver+dict(to say)

'진실을 말하는' 것이 → n. ① (배심원단의) **평결** ② (숙고 · 확인 뒤에) **의견**이 된 거지
- a **verdict** of acquittal **무죄 평결**
- syn. de**cision**(결정), judge**ment**(판단)

1606. verify [vérəfài]
veri+fy(to make)

'(증거나 증명을 통해) 진실을 만드는' 것이 → v. ① **확인하다** ② **확인해주다**
③ **입증하다**가 된 거지

- verity[vérəti] n. ① **진리** ② **진실**
- verification[vèrəfikéiʃən] n. ① **확인** ② **입증** ③ **증거** ④ **비준**
- verifiable[vérəfàiəbəl] a. ① **증명할 수 있는** ② **입증할 수 있는**
③ **검증할 수 있는**
- verifiability[vèrəfàiəbíləti] n. ① **실증 가능성** ② **실증할 수 있음**
③ **검증 가능성**
- Veritas Lux Mea **진리는 나의 빛**
- syn. **prove**(입증하다), **validate**(입증하다), **corroborate**(확증하다)

1607. aver [əvə́:r]
a(to)+ver

'(누군가)에게 진실하다' 고 말하는 것이 → v. ① **단언하다** ② **확언하다**
③ **주장하다**가 된 거지

- averment[əvə́:rmənt] n. ① **언명** ② **단언** ③ **주장**
- average[ǽvəridʒ] a. ① **평균의** ② **보통의** ③ **일반적인**
n. **평균** v. **평균 ~이 되다**
- syn. **affirm**(단언하다)

◆ 어원 TIP
- veracious[vəréiʃəs] → ver+acious(한 경향이 있는, 형접) → 진실한 경향이 있는 → 정직한, 진실한, 정확한
- veracity[vərǽsəti] 진실성, 정직성 / severe[sivíər] 심각한, 가혹한, 엄격한

■■■ 우리말 대화로 단어 복습하기
가. 오늘 **평결(verdict)**결과는 어떻게 될 것 같아?
나. **단언하건(aver)**데 **진실한(veracious)** 사실을 **객관적으로(objectively)** **입증하였기(verify)** 때문에 좋은 결과를 기대해.

어근 327 | VERB : 말, 단어(word)

1608. **verbal** [və́ːrbəl]
verb+al(형접)

'단어 의미를' 말하는 것이 → a. ① **언어의** ② **구두의** ③ **동사의**가 된 거지
- **verb**alize[və́ːrbəlàiz] v. ① **말로 나타내다** ② **말로 표현하다**
- **verb**ally[və́ːrbəli] ad. ① **말로** ② **구두로**
- non-**verb**al ① **말로 하지 않는** ② **비언어적인**
- **verb**ose[vəːrbóus] a. **장황한**
- a **verb**al[oral] contract ① **구두 계약** ② **언약**

City Council meetings turned into **verbal** abuse.
시의회 회의가 폭언으로 변질되었다.

1609. **proverb** [právəːrb]
pro(before)+verb

'(사람들) 앞에서 하는 말' 이 → n. (민간에 전해오는) **속담**이 된 거지
- **pro**verbial[prəvə́ːrbiəl] a. ① **속담의** ② **소문난** ③ **유명한**
- the Proverbs 잠언
- to a **proverb** 평판이 날 정도로
- syn. max**im**(격언), say**ing**(속담), ad**age**(속담), a**phorism**(경구)

"All work and no play makes Jack a dull boy." he said, citing
his favorite **proverb**.
"일만 하고 놀지 않으면 바보가 된다."는 좋아하는 속담을 인용하면서,
그는 말했다.

1610. **reverberate**
[rivə́ːrbərèit]
re(back)+verb+er+ate(동접)

'말이 돌아오는' 것이 → v. ① (소리가) **울리다** ② (큰 소리 때문에) **떠나갈 듯하다** ③ (사람들에게) **반향을 불러일으키다**가 된 거지
- **re**verb**eration[rivə̀ːrbəréiʃən] n. ① (소리의) **반향** ② **잔향** ③ (사람들에게) **반향** ④ **파문**
- **re**verb**erative[rivə́ːrbərèitiv] a. ① **반향 하는** ② **반사하는**
- syn. **re**echo(울려 퍼지다)

The effects will **reverberate** in both countries.
그 결과가 두 나라에 파문을 불러일으킬 것이다.

▰▰ 우리말 대화로 단어 복습하기
가. **구두로(verbal)** 전해오는 **속담(proverb)**을 모티브로 만든 오페라의 반응은 어땠어?
나. 관객의 엄청난 **반향을 불러일으켰어(reverberate)**.

⁘⁘⁘⁘ 생활 속 영단어로 어원 친해지기 ⁘⁘⁘⁘

티케 : 배운 어근과 관련된 것을 영단어는, 옷감(textile), 문맥(context), 온도계(thermometer), 별칭 (epithet), 왜곡(distortion), 매국노(betrayer), 관광명소(tourist attractions), 도급업체 (contractor), 하청업자(subcontractor), 뺄셈(subtraction), 기부(contribution), 물류 (distribution), 범람(inundation), 교외(suburb), 휴가(vacation), 대피(evacuation), 부가가치세 (value added tax), 변동 금리(variable interest rate), 경륜장(velodrome), 봉투(envelope), 모험 (adventure), 거리(avenue), 편의점(convenience store), 컨벤션 센터(convention center), 재고 관리(inventory control) 등이 있지요.

○ coma → 그리스어로 피로(fatigue)를 의미하는 'kamatos'에서 기원 → coma(to grow tired) → 점점 피로해져 쓰러지는 것 → 혼수상태

어근 328

VERS(E), VERT : 돌다(to turn)　※ 동의어근 : TOUR, TURN(어근311)

1611. universe [júːnəvəːrs]
uni(one)+verse

'하나의 (질서로) 도는' 것이 → n. ① **우주** ② **은하계** ③ (특정한 유형의) **경험 세계**가 된 거지
- universal[jùːnəvə́ːrsəl] a. ① **일반적인** ② **전 세계적인의** ③ **보편적인**
- syn. **cosmos**(우주), **space**(우주)

> The ever-expanding **universe** is full of questions, answers, light and darkness.
> 계속 팽창하는 우주는 의문, 해답, 빛과 어둠으로 가득 차있다.

1612. versatile [və́ːrsətl]
vers+at+ile(easy)

'전환이 쉬운' 것이 → a. ① (사람이) **다재다능한** ② (식품·건물 등이) **다용도의** ③ **다목적의** 가 된 거지
- versatility[və́ːrsətíləti] n. ① **다재다능함** ② **융통성 있음**
- syn. **all-around**(다재다능한), **all-purpose**(다목적의)

> None of them are **versatile**.
> 그들 중 어느 누구도 다재다능하지 않았다.

1613. version [və́ːrʒən]
vers+ion(명접)

'(관점이) 도는 것' 이 → n. ① (이전의 것·비슷한 종류의 다른 것들과 약간 다른) **~판** ② (소프트웨어 개정) **버전** ③ (다른 언어로 된 것을 번역하거나 다른 예술작품 형태로 된) **버전** ④ **설명** ⑤ **생각**이 된 거지
- verse[vəːrs] n. ① **운문** ② (시의) **연** ③ (노래의) **절** v. ① **정통하다** ② **겨루다**
- versus[və́ːrsəs] prep. ① **~대** ② **~에 비해**
- syn. **adaptation**(각색), **view**(견해)

> The exact steps are based on the Android **version**.
> 정확한 스텝은 안드로이드 버전을 기반으로 한다.

1614. adverse [ædvə́ːrs]
ad(to)+verse(형접)

'(반대)로 도는' 것이 → a. ① **부정적인** ② **불리한** ③ **적대적인** 것이 된 거지
- adversity[ædvə́ːrsəti] n. ① **역경** ② **고난**
- adversary[ǽdvərsèri] n. ① (언쟁·연극 등) **상대방** ② **적수**
- adversaria[ædvərsɛ́əriə] n. ① **주석** ② **비망록** ③ **각서**
- adverse effect ① **역효과** ② **부작용**
- adverse balance of trade ① **무역 역조** ② **수입초과**
- a political **adversary** 정적　　・ potential **adversary** 가상 적국
- syn. **negative**(부정적인), **unfavourable**(불리한), **opposing**(맞서는)
  ↔ ant. **beneficial**(이로운)

> Nicotine exposure may have **adverse** consequences for brain development.
> 니코틴 노출은 뇌 발달에 부정적인 결과를 가져올 수 있다.

1615. advertise [金dvərtàiz]
ad(to)+vert+ise(동접)

'(어떤 것)으로 (관심 등을) 돌리게 하는' 것이 → v. ① (상품이나 서비스를) **광고하다** ② (행사 · 일자리 등을) **광고하다** ③ (자신을) **알리다**가 된 거지
- advertisement[金dvərtáizmənt] n. **광고**
- advertisement rate **광고료**
- syn. publicize(광고하다), promote(홍보하다), tout(광고하다)

The blank stares of empty billboards **advertise** a kind of existential vacancy.
빈 광고판의 멍한 응시는 일종의 존재의 부재를 광고한다.

1616. avert [əvə́ːrt]
a(from)+vert

'(고개 등을) 돌려 벗어나는' 것이 → v. ① **방지하다** ② **피하다** ③ (눈·얼굴을) **돌리다** ④ (마주치기를) **외면하다**가 된 거지
- averse[əvə́ːrs] a. ① **싫어하는** ② **반대하는**
- aversion[əvə́ːrʒən] n. ① **혐오** ② **반감** ③ **아주 싫어함**
- syn. ward off(피하다), avoid(피하다), prevent(방지하다), fend off(피하다), turn away(외면하다)

The project would help **avert** future water shortages
프로젝트가 미래 물 부족을 피하는 데 도움을 줄 것이다.

1617. converse [kənvə́ːrs]
con(together)+verse

'함께 돌아가면서' 말하는 것이 → v. ① **대화하다** ② **이야기하다** n. ① (사실이나 진술의) **정반대** ② (사실이나 진술의) **역**이 된 거지
- conversation[kὰnvərséiʃən] n. ① **대화** ② **회화**
- conversant[kənvə́ːrsənt] a. ① **정통한** ② ~을 아는 ③ ~에 친숙한
- conversely[kənvə́ːrsli] ad. ① **반대로** ② **역으로**

People **converse** with others to whom they might never speak.
사람들은 결코 말한 적이 없었던 사람과 대화를 한다.

1618. convert [kənvə́ːrt]
con(together)+vert

'함께 돌아선' 것이 → v. ① (형태 · 목적 · 시스템 등을) **전환[개조]하다** ② (종교를) **개종하다** ③ (사상을) **전향하다** ④ (의견 · 습관 등을) **바꾸다** n. ① **개종(자)** ② **전향(자)**이 된 거지
- convertible[kənvə́ːrtəbl] a. ① (다른 형태·용도로) **전환 가능한** n. 컨버터블(승용차)
- conversion[kənvə́ːrʒən] n. ① **전환** ② **개조** ③ **개종** ④ **전향**
- convertible bond **전환 사채**(CB)
- syn. transform(완전히 바꿔놓다), alter(개조하다), remodel(개조하다)

The humidity can speed up chemical reactions that **convert** nitrogen oxides.
습기가 질소 산화물을 전환시키는 화학 반응을 가속화 시킬 수 있다.
nitrogen oxide 질소 산화물

1619. controvert
[kɑ́ntrəvə̀ːrt]
contro(against)+vert

'반대로 도는' 것이 → 남의 의견이나 비난에 대처하는 → v. ① **반박하다**
② **반증하다** ③ **논박하다**가 된 거지
- **contro**versy[kɑ́ntrəvə̀ːrsi] n. ① **논란** ② **논쟁**
- **contro**versial[kɑ̀ntrəvə́ːrʃəl] a. ① **논란이 많은** ② **논란의 소지가 많은**
  ③ **물의를 일으키는**
- **contro**vertible[kɑ̀ntrəvə́ːrtəbl] a. ① **논쟁의 여지가 있는** ② **의논할 수 있는**
- in**contro**vertible[inkɑ̀ntrəvə́ːrtəbl] a. ① **명백한** ② **논쟁의 여지가 없는**
- non**contro**versial[nɑ̀nkəntrəvə́ːrʃəl] a. **논란의 여지가 적은**

This was to **controvert** the allegation.
이것은 혐의를 반증하는 것이다.

allegation 혐의

1620. diverse [divə́ːrs]
di(apart)+verse

'개별적으로 도는' 것이 → a. ① **다양한** ② **여러 가지의** ③ **각계각층의** 의미가
된 거지
- **di**versity[divə́ːrsəti] n. ① **다양성** ② **광범위함**
- **di**versify[divə́ːrsəfài] v. ① **다양화하다** ② **다각화하다** ③ **다양해지다**
- **di**versification[divə̀ːrsəfikéiʃən] n. ① **다양화** ② **다양성**
  ③ (사업의) **다각화** ④ (투자) **분산**
- bio**diversity** 생물의 다양성
- cultural **diversity** 문화적 다양성
- **diversify** business recklessly 문어발식으로 사업을 확장하다
- syn. **various**(다양한)

Asian Americans are dynamic and **diverse**.
아시아계 미국인들은 역동적이고 다양하다.

1621. divert [divə́ːrt]
di(apart)+vert

'(과정을)벗어나 도는' 것이 → v. ① **방향을 바꾸게 하다** ② **우회시키다**
③ (돈 · 재료 등을) **전용하다** ④ (생각 · 관심을) **다른 데로 돌리다** ⑤ **즐겁게 해
주다**가 된 거지
- **di**version[divə́ːrʒən] n. ① (방향) **바꾸기** ② **전환** ③ **유용** ④ **우회**
  ⑤ **기분 전환**
- **di**versionary[daivə́ːrʒənèri] a. ① **주의를 다른 데로 돌리게 하는**
  ② **교란하는** ③ **견제를 위한**
- syn. re**direct**(전용하다), **dis**tract(다른 데로 돌리다), enter**tain**(즐겁게
  하다), be**guile**(기쁘게 하다)

A ballot measure would **divert** some revenue to a rainy-day reserve.
투표에 부쳐진 대책은 일부 수익을 비상시 예비비로 전용하게 될 것이다.
① **rainy-day** 비상시, 만일의 경우 ② **reserve** 비축, 예비비

1622. invert [invə́ːrt]
in+vert

'안으로 도는' 것이 → v. ① (아래위를) **뒤집다** ② (순서를) **도치시키다**
③ (거꾸로) **전도하다**가 된 거지

- **in**verse[invə́ːrs] a. ① 반대의 ② 역의 n. 정반대
- **in**ver**sion**[invə́ːrʒən] n. ① 전도 ② 도치
- **inverse** function 역함수 · (an) **inverse** proportion 반비례
- temperature **in**version 기온 역전
- **invert** the order 본말을 전도하다

Why did they both **invert** the phrase in the same way?
왜 두 사람 다 같은 방식으로 말을 뒤집었을까?

1623. **per**verse [pərvə́ːrs]
per(intens)+verse

'강하게 도는' 것이 → 사고방식·태도를 말하는 → a. ① **비뚤어진** ② **그릇된** 의미가 된 거지
- **per**vert[pərvə́ːrt] v. ① (시스템·절차 등을) **왜곡하다**
  ② (사람을) **비뚤어지게 하다** n. **성도착자**
- **per**vers**ity**[pərvə́ːrsəti] n. ① **사악** ② **고집이 셈** ③ **성미가 비꼬임**
- **per**ver**sion**[pərvə́ːrʒən] n. ① **곡해** ② **악용** ③ **도착**
- act **perverse** 삐딱하게 굴다
- syn. **way**ward(버릇없는), **ab**norm**al**(비정상적인), **im**proper(부적절한) ↔ ant. **co**oper**ative**(협력하는)

We counteract the **perverse** incentives.
우리는 그릇된 유인책에 대응했다.

1624. **re**vert [rivə́ːrt]
re(back)+vert

'뒤로 돌아가는' 것이 → v. ① (본래 상태·습관으로) **되돌아가다** ② (부동산 등이) **귀속하다** ③ (처음 이야기·생각으로) **되돌아가다**가 된 거지
- **re**verse[rivə́ːrs] v. ① (정반대로) **뒤바꾸다** ② **반전시키다** ③ (결정 등을) **뒤집다** ④ (위치·역할 을) **바꾸다** ⑤ **입장을 바꾸다** n. ① **정반대** ② **뒷면** a. ① **반대의** ② **뒷면의**
- **re**ver**sal**[rivə́ːrsəl] n. ① **반전** ② **전환** ③ **역전** ④ **좌절** ⑤ (위치·역할의) **전도**
- **re**ver**sion**[rivə́ːrʒən] n. ① **회귀** ② **복귀** ③ (토지·재산의) **반환**
- **ir**re**ver**sible[ìrivə́ːrsəbəl] a. ① (이전 상태로) **되돌릴 수 없는** ② **철회할 수 없는**
- **reverse** discrimination 역차별

We have decided to **revert** the change.
우리는 그러한 변화를 뒤집기로 결정했다.

1625. **tra**verse [trævə́ːrs]
tra(across)+verse

'가로질러 도는' 것이 → v. ① **횡단하다** ② **가로지르다** n. ① **횡단** ② **횡단지역**이 된 거지
- **tra**ver**sal**[trævə́ːrsl] n. ① **횡단하기** ② **횡단**
- **trans**verse[trænsvə́ːrs] a. ① **가로지르는** ② **가로 놓인**
- **tra**ves**ty**[trævəsti] n. ① **희화화** ② **졸렬한 모방** ③ **익살극**

Many of them **traverse** traditional boundaries of pop.
그들 중 상당수 곡들은 전통적인 팝의 경계를 넘어섰다.

1626. diverge [daivə́:rdƷ]
di(apart)+verge

'분리되어 도는' 것이 → v. ① **분기하다** ② **갈라지다** ③ (의견 등이) **갈리다**
④ (예상 · 계획 등에서) **벗어나다**가 된 거지
- di**verg**ence[divə́:rdƷəns] n. ① **차이** ② **분기** ③ **일탈** ④ **발산**

> Certain tissues may **diverge** from the norm.
> 어떤 조직은 기준에서 벗어날 수 있다.

1627. divorce [divɔ́:rs]
di(apart)+vorce(to turn)

'떨어져 돌아서는' 것이 → n. ① **이혼** ② **분리** ③ **단절**
v. ① **이혼하다** ② **분리하다** ③ **단절시키다**가 된 거지
- syn. se**para**tion(헤어짐), split(불화), break-up(붕괴), se**para**te(분리하다),
split up(헤어지다), part company(결별하다)

> A woman's marriage is on the verge of **divorce**.
> 한 여성의 결혼이 파경 직전에 와있다.

1628. vertical [və́:rtikəl]
vert(to turn)+ical(형접)

'(가로나 세로로 방향) 전환이 (이루어질 때까지 직각을 이루고 있는)' 것을 →
a. ① **수직의** ② **세로의** ③ (관계가) **종적인** n. **수직**이라고 하지
- vertical**ity**[və́:rtikǽləti] n. ① **수직성** ② **수직**
- vert**ex**[və́:rteks] n. **정점**
- horiz**on**tal[hɔ̀:rəzántl] a. ① **가로의** ② **수평의**
- horiz**on**[həráizn] n. ① **지평선** ② **수평선** ③ (지식 · 흥미의) **시야**
- **vertical** takeoff and landing **수직 이착륙**
- syn. up**right**(수직의), sheer(가파른), per**pendicular**(직각의), straight(
곧은), pre**cipit**ous(가파른)

> A fighter jet will have **vertical** landing capabilities.
> 제트 전투기는 수직 착륙 능력을 가지게 될 것이다.

◆ 헷갈리는 어원 TIP

1629. converge [kənvə́:rdƷ]
con(together)+verge(to bend)

'(방향이) 구부러지는 지점에서 함께' 한 것이 → v. ① (사람들이나 차량이)
모여들다 ② (한곳으로) **집중하다** ③ (선이나 도로 등이) **만나다**가 된 거지
- con**verg**ence[kənvə́:rdƷənsi] n. ① **집중성** ② **집합점** ③ **수렴**
- con**verg**ent[kənvə́:rdƷənt] a. ① **점차 집합하는** ② **한 점에 모이는**
③ **포위 집중적인**
- verge[və:rdƷ] n. ① **가장자리** ② **경계** ③ **변두리**
- on the **verge** of ~**의 직전에**
- syn. come together(합치다), gather(모이다)

> People began to **converge** around the house.
> 사람들이 집주변에 모여들기 시작했다.

● in**vest** → in+vest(to clothe, 옷을 입히다) → (조직 등) 안에 옷을 입히다 → 투자하다, 출자하다

● ad**vert**[ædvə́:rt] → ad(to)+vert → (무언가)로 (관심을) 돌리는 것 → 언급하다, 주의를 돌리다, 광고

● **vert**ebrate[və́:rtəbrət] → vert(to turn)+brate → 회전하는 척추를 가진 → 척추동물

● in**vert**ebrate[invə́:rtəbrət] n. 무척추동물

● in**advert**ent[inədvə́:rtnt] a. ① 고의가 아닌 ② 부주의한 ③ 경솔한

우리말 대화로 단어 복습하기

가. 오늘은 도로가 **만나고**(converge) **분기하는**(diverge) 교차로로 이야기를 시작 해볼까?

나. 교차로는 인생을 닮았어요.

가. 왜지?

나. 함부로 **횡단**(traverse)할 수 없어서 이웃과 **단절시키고**(divorce) 한번 들어서면 **되돌아갈**(revert) 수 없죠.

가. 멋진 비유야. 다른 사람은?

다. 사회의 **축소판**(microcosm) 같죠.

가. 이유는?

다. **적대적인**(adverse) 환경도 있겠지만 **다양한**(diverse) **버전**(version)의 해석이 가능하니까요?

다. 길을 잘못 들어서면 **방향을 바꾸게 하여**(divert) 새로운 길을 갈 수 있듯이 **비뚤어진**(perverse) 생각도 대화하면서 (converse) 바꾸고(convert) 잘못을 **피하는**(avert) 것이 가능하니까, 꼭 나쁜 것만은 아니죠.

가. 이야기를 들어보니, 교차로가 마치 **다재다능한**(versatile) 사람 같은 느낌이 드네.

가. 모든 관계는 **종적인**(vertical) 관계보다 자신의 생각을 **알리고**(advertise) 이야기하는 오늘처럼 수평적 관계가 중요하지.

어근 329	VIA, VEY, VOY : 길(way)　　※ 동의어근 HOD, OD(어근125)

1630. **voyage** [vɔ́iidʒ]
voy+age(명접)

'길을 가는' 것이 → n. ① **여행** ② **항해** v. ① **여행하다** ② **항해하다**가 된 거지

● maiden **voyage** 처녀항해

● the **Voyager** 토성 탐사 위성

● syn. **journey**(여행, 여행하다), **trip**(여행), **pass**age(항해), **sail**(항해, 항해하다), **excursion**(여행), **travel**(여행, 여행하다), **tour**(여행, 관광하다)

Participants on the expedition **voyage** helped to prepare a landing area.
항해 탐험 참가자들이 착륙 지점을 준비하는 데 도움을 주었다.

1631. **convey** [kənvéi]
con(together)+vey

'함께 길을 가는' 것이 → v. ① (생각 · 감정 등을) **전달하다** ② (차 · 선박 · 비행기 등으로) **수송하다**가 된 거지

● con**vey**ance[kənvéiəns] n. ① **운송** ② **수송** ③ (부동산의) **양도**

● con**vey**or[kənvéiər] n. ① **운반 장치** ② **컨베이어** ③ conveyor belt

● syn. **communi**cate(전달하다), **im**part(전하다), **trans**port(수송하다)

My idea was to **convey** an idealized portrayal.
내 생각은 이상적인 묘사를 전달하는 것이다.

1632. convoy [kάnvɔi]
con(together)+voy

'(보호하여 운반하기 위해) 함께 길을 가는' 것이 → n. ① **호송대** ② **수송대**
③ **호위대** v. **호위하다**가 된 거지
● **convoy** system (기업 집단의) **선단식 경영**

> Rebels open fire on an aid **convoy**.
> 반란군이 구호물자 호송 차량에 사격을 개시했다.
> **open fire** 사격을 개시하다

1633. deviate [díːvièit]
de(from)+via(road)+ate(~하다, 동접)

'길에서 벗어나게 하는' 것이 → v. ① **벗어나다** ② **일탈하다** ③ **탈선하다**가 된 거지
● **deviant**[díːviənt] a. (규범에서) **벗어난** n. **비정상적인 사람[것]**
● **deviation**[dìːviéiʃən] n. ① **일탈** ② **탈선** ③ (통계) **편차**
● **via**[váiə, víːə] prep. ① **경유하여** ② **거쳐** ③ (사람·시스템 등을) **통하여**
● syn. **diverge**(일탈하다)

> Francis isn't likely to **deviate** from any aspect of traditional Catholic teaching.
> 교황이 전통적인 가톨릭 교리를 벗어나는 일은 없을 것 같다.

1634. envoy [énvɔi]
en(in)+voy

'길 안에' 들어서는 것이 → 국가나 정부를 대표해서 외국에 파견되는 사람이면
→ n. ① **사절** ② **특사**라고 하지
● an **envoy** extraordinary **특명 전권 대사**
● syn. **ambassador**(대사), **diplomat**(외교관), **emissary**(사절, 특사)

> Iran's chief nuclear **envoy** appears in moderate newspapers.
> 이란의 핵 수석대표가 중도적인 신문에 실렸다.

1635. obviate [άbvièit]
ob(against)+via+ate(동접)

'(문제·필요성으로) 길을 막아서는' 것이 → v. ① **제거하다** ② **배제하다**
③ **미연에 방지하다**가 된 거지
● **obviation**[àbviéiʃən] n. ① **제거** ② **사전 방지**
● **obvious**[άbviəs] a. ① **분명한** ② **명백한** ③ **뻔한** ④ **확실한**
● **opaque**[oupéik] a. ① **불투명한** ② **불분명한** ③ **이해하기 힘든**
● **opacity**[oupǽsəti] n. ① (유리·액체) **불투명함** ② (말·태도) **불분명함**

> Drugs can **obviate** the need for more costly treatments.
> 의약품들이 값비싼 치료의 필요성을 미연에 방지할 수 있다.

1636. purvey [pərvéi]
pur(before)+vey

'미리 길을' 가는 것이 → 식품·서비스·정보를 전달하는 → v. ① **조달하다**
② **납품하다** ③ **공급하다**가 된 거지
● **purveyance**[pərvéiəns] n. ① **조달** ② **납품**
● **purveyor**[pərvéiər] n. ① **조달업자** ② **공급업자**

> The shops seem to **purvey** the same goods.
> 상점들이 똑같은 제품을 공급하는 것처럼 보였다.

■■ 우리말 대화로 단어 복습하기

가. 이번 **난민촌(refugee camp) 특사(envoy)** 방문은 잘 준비되고 있는가?

나. 네. **조달한(purvey)** 물품을 **전달하기(convey)** 위해 난민촌까지 호위할 **호송대(convoy)** 구성도 모두 마쳤습니다.

가. 이번 방문은 **여행(voyage)** 가는 것이 아니지.

나. 네. 알고 있습니다.

가. 호송 대원들이 **일탈하는(deviate)** 행위를 **미연에 방지하는(obviate)** 사전교육도 철저히 하게.

어근 330	VIC : 옆(by) → 무엇에 **가까운, 비슷한** 의미로 발전 ※ 동의어근 : PARA(어근209)

1637. vicinity [visínəti]
vic+in+ity(명접)

'옆에 있는 것' 을 → n. ① **인근** ② **주변**이라고 하지
- **vic**inage[vísənidʒ] n. ① **근처** ② **부근** ③ **이웃 사람들**
- **vic**inal[vísənl] a. ① **근처의** ② **부근의** ③ **근접한**
- the **vicinity** of 30 **30세 전후**
- syn. **neighbor**hood(근처)

There was a lot of dust in the **vicinity** of the supernova.
초신성 주변에 많은 먼지가 있었다.

1638. vicarious [vaikɛ́əriəs]
vic+ar+ious(형접)

'옆에서 하는' 것이 → a. ① (사람이나 일이) **대리의** ② (느낌·경험이) **간접적인** 것이 된 거지
- **vic**ariously[vaikɛ́əriəsli] ad. ① **대신해서** ② **간접적으로**
- **vicarious** liability **대리책임**   • **vicarious** satisfaction **대리 만족**

That **vicarious** experience produced a complex pattern.
그러한 간접적인 경험이 복잡한 형태를 만들어냈다.

1639. vice [vaɪs]
vice (1)apart, 2)by)

'1) (윤리에) 벗어난, 2) 2인자' → n. ① **부도덕** ② **악덕** ③ **악** ④ (고정시키는 기계) **바이스** a. ① **대리의** ② **부(副)**…가 된 거지
- **vic**ious[víʃəs] a. ① **사악한** ② **잔인한** ③ **공격적인** ④ **증오에 찬**
- **vicious** circle **악순환**
- **vice** versa[váisə-və́ːrsə] ad. ① **거꾸로** ② **반대로**
- **vice**-president **부통령**   • **vice**-principal **교감**
- syn. **wicked**ness(사악), **evil**(악), sin(죄악), im**moral**ity(부도덕) ↔ ant. **virtue**(선행)

He took on the role of senior **vice** president.
그는 수석 부사장 역할을 떠맡았다.

가. 왜 이렇게 시끄럽지?

나. **인근(vicinity)**에서 **부도덕(vice)**한 **부통령(vice-president)**을 규탄하는 시위를 하고 있어.

가. **간접적인(vicarious)** 압력이 통하지 않으니 결국 국민이 직접 나서게 되는 군.

어근 331

VICT, VIN : 정복하다(to conquer), 싸우다(to fight)
※ 로마 '**승리 여신**' 'Victoria'에서 기원, 그리스 '**승리 여신**' 'Nike' 임

1640. **victim** [víktim]
vict+im(person)

'정복당한 사람' 이 → n. ① **희생자** ② **피해자** ③ **희생양**이 된 거지
- **vict**imize[víktəmàiz] v. ① **부당하게 괴롭히다** ② **희생시키다**
- **vict**ory[víktəri] n. **승리**
- syn. **sc**apegoat(희생양), **sac**rifice(희생) ↔ ant. **sur**vivor(생존자)

Authorities have not yet released the names of the **victims**.
당국은 희생자 명단을 아직 발표하지 않았다.

1641. **invincible** [vínsəbl]
in(not)+vin+c+ible(할 수 있는)

'정복할 수 없는' 것이 → a. ① **정복할 수 없는** ② **천하무적의** 가 된 거지
- **vin**cible[invínsəbl] a. ① **정복할 수 있는** ② **이길 수 있는** ③ **극복할 만한**
- **In**vincible Armada (스페인의) **무적함대**

The evils are transient, superficial and **vincible**.
악은 일시적이고, 피상적이며, 정복할 수 있다.

1642. **convince** [kənvíns]
con(intens)+vin+ce(동접)

'(말이나 행동을) 강하게 정복하는' 것이 → v. ① **납득시키다** ② **확신시키다**
③ **설득하다**가 된 거지
- **e**vin**ce**[ivíns] v. ① (감정·특질을) **분명히 밝히다** ② **피력하다** ③ **표명하다**
- **vin**dic**ation**[vìndəkéiʃən] n. ① **옹호** ② **변호**
- syn. **as**sure(확언하다), **per**suade(설득하다), **in**duce(설득하다)

The defendants filed false documents to **convince** judges.
피고인들은 판사를 설득시키기 위해 위조문서를 제출했다.

They **evince** enormous and unprecedented enthusiasm.
그들은 엄청난 지금까지 없던 열성을 보였다.

1643. **convict** [kənvíkt]
con(intens)+vict

'강하게 정복하는' 것이 → 범죄 사실이 인정되어 판결을 알리는 → v. ① **유죄를
선고하다** ② **유죄 판결을 내리다** n. ① **기결수** ② **재소자**가 된 거지
- **con**vic**tion**[kənvíkʃən] n. ① **유죄 선고** ② **유죄 판결** ③ (강한) **신념** ④ **확신**
- a summary **conviction** 즉결 재판
- syn. **sent**ence(선고하다), **pris**oner(죄수), **crimin**al(범죄자)

The verdict is a reminder of how difficult it is to **convict** police officers.
평결은 경찰관에게 유죄를 선고하는 일이 얼마나 어려운지를 상기시켜준다.

◆ 어원 TIP
● e**vict**[ivíkt] → e(out)+vict → 정복해서 아웃시키는 것 → 쫓아내다, 퇴거시키다
● e**vict**ion[ivíkʃən] 축출, 퇴거, 쫓아냄 / an eviction notice 퇴거통지

■■■■ **우리말 대화로 단어 복습하기**

가. 거주민을 강제로 **쫓아내고**(evict) 무단 점유한 사람들에게 법원이 **유죄를 선고하였다**(convict)는군?

나. 이제 **피해자**(victim)가 **납득할만한**(convince) **보상**(reward)을 하는 일이 남았겠네요.

가. 그렇지. 차분히 대응한다면 **정복할 수 없는**(invincible) 일은 없지. 지켜보자고.

어근 332	VID(E), VIS(E), VIE(W) : 보다(to see) ※ 동의어근 PHAN, PHEN, FAN(어근220) / SPEC, SPECT, OPS(어근276)

1644. visible [vízəbl]
vis+ible(할 수 있는)

'볼 수 있는' 것이 → a. ① **눈에 띄는** ② **인지할 수 있는** ③ **가시적인** ④ **뚜렷한** 의미가 된 거지
● **visib**il**ity**[vìzəbíləti] n. ① **시정** ② **시계** ③ **눈에 잘 보임** ④ **가시성**
● **in**vis**ible**[invízəbl] a. ① **보이지 않는** ② **볼 수 없는** ③ (경제) **무형의**
● **vis**ual[víʒuəl] a. ① **시각의** ② **시각적인** n. **시각 자료**
● **vis**ualize[víʒuəlaɪz] v. ① **마음속에 그려보다** ② **상상하다**
● **vis**ta[vístə] n. ① **경치** ② **풍경** ③ **전망** ● **vis**a[víːzə] n. ① **비자** ② **사증**
● **vis**it[vízit] v. **방문하다** n. **방문**
● **vid**eo[vídiòu] n. **비디오**
● the **visual** nerve **시신경**
● zero **visibility** 제로 시정
● **invisible** balance 무역외 수지
● **invisible** assets 무형자산
● syn. **per**cept**ible**(인지할 수 있는), **ob**serv**able**(식별할 수 있는), **ap**par**ent**(분명한), **e**vid**ent**(분명한), **dis**cern**ible**(식별 가능한), **ob**vious(분명한)

The new site is less **visible** but more spacious.
새로운 지점은 눈에 띄지는 않지만 더 널찍하다.

1645. advise [ædváiz]
ad(to)+vise

'(누군가)에게 다가가서 보는' 것이 → 도움이 될 수 있도록 말을 거들어 깨우쳐 주는 → v. ① **조언하다** ② **충고하다** ③ **권고하다** ④ **자문에 응하다** ⑤ (정식으로) **알리다**가 된 거지
● **ad**vice[ædváis] n. ① **조언** ② **충고**
● **ad**visory[ædváizəri] a. ① **자문의** ② **고문의** n. ① **경보** ② **주의보**
● **ad**visement[ædváizmənt] n. ① **조언** ② **충고** ③ **상담**
● syn. **urge**(충고하다), **coun**sel(조언하다), **re**commend(권고하다)

He will **advise** the board of management on global economy.
그는 세계 경제 대해 경영 이사회에 조언해줄 것이다.

1646. **de**vise [diváiz]
de(apart)+vise

'분리해서 보는' 것이 → v. ① (연구하여) **고안하다** ② (방안·물건 따위를 처음으로) **창안하다** ③ (거짓으로) **꾸미다**가 된 거지
- **de**vice[diváis] n. ① **장치** ② **기기** ③ **기구** ④ **폭발물** ⑤ **방안** ⑥ **방책**
- syn. **de**sign(고안하다), **in**vent(발명하다), **con**trive(고안하다)

We **devise** a way to measure how effective our advertising would be on Facebook.
우리는 광고가 페이스북에서 얼마나 효과가 있는지를 측정하는 방법을 고안했다.

1647. **di**vide [diváid]
di(apart)+vide

'분리해서 보는' 것이 → v. ① **갈라지다** ② **분할하다** ③ (몫을) **나누다** ④ (시간·에너지 등을) **쪼개 쓰다** ⑤ **갈라놓다**가 된 거지
- **di**vision[diví3ən] n. ① **분할** ② **분배** ③ **분열** ④ (조직의) **분과** ⑤ (육군의) **사단**
- **di**vidend[dívədènd] n. **배당금**
- **dividend off 배당 없는** • **cell division 세포 분열**
- syn. **se**parate(가르다), **s**plit(분할하다), **se**gregate(구분하다), **s**hare(나누다), **dis**tribute(분배하다), **al**locate(할당하다), **dis**pense(나누어 주다)

We must not think of **dividing** Iraq as a solution for the current crisis.
이라크 분할을 현 위기의 해결책으로 생각해서는 안 된다.
think of A as B A를 B로 간주하다

1648. **indi**vid**ual**
[ìndəvíd3uəl]
in(not)+di(apart)+vid+ual(형접)

'(더 이상) 분리할 수 있는 것으로 보이지 않는' 것이 → a. ① **개인의** ② **각각의** ③ **개개의** ④ **개성 있는** n. **개인**이 된 거지
- **indi**vid**uality**[ìndəvìd3uǽləti] n. ① **개성** ② **특성**
- **indi**vid**ualism**[ìndəvíd3uəlìzm] n. ① **개인주의** ② **개성**
- syn. **se**parate(별개의), **in**depend**ent**(독립된) ↔ ant. **col**lect**ive**(집단의)

A city has always placed a high value on **individual** freedom of choice.
시는 항상 개인 선택의 자유를 최고의 가치로 여겼다.

1649. **en**vision [inví3ən]
en(to make)+vision

'보게 만드는' 것이 → v. ① **상상하다** ② **마음속에 그리다**가 된 거지
- **en**vis**age**[invízid3] v. ① (미래의 일을) **예상하다** ② **상상하다**
- **vis**ion[ví3ən] n. ① **시력** ② **시야** ③ **상상** ④ **예지력** ⑤ **화신** ⑥ **영상**
- **vis**age[vízid3] n. ① **얼굴** ② **모습**

The court cannot **envision** a right more fundamental to the liberty.
법원은 자유에 대한 보다 근본적인 권리를 상상할 수 없다.

1650. evidence [évədəns]
e(from)+vid+ence(명접)

'밖으로 보이는 것' 이 → n. ① 증거 ② 근거 ③ 흔적 v. ① 증언하다 ② 입증하다
③ 증거가 되다가 된 거지
- evident[évədənt] a. ① 분명한 ② 명백한　　● self-evident 자명한
- conclusive evidence 결정적인 증거
- concrete evidence 구체적인 증거
- syn. proof(증거), grounds(근거), demonstration(입증), corroboration(
확증), substantiation(입증), trace(흔적)

> The government provides **evidence** for its claim.
> 정부는 주장을 뒷받침할 증거를 제시하였다.

1651. provide [prəváid]
pro(beforehand)+vide

'미리 보고서 (필요한 것을)' 주는 것이 → v. ① 제공하다 ② 공급하다
③ (법률 · 규칙이) 규정하다가 된 거지
- provision[prəvíʒən] n. ① 공급 ② 제공 ③ 대비 ④ 조항 ⑤ 규정
- providence[právədəns] n. (신의) 섭리
- provident[právədənt] a. ① 선견지명이 있는 ② 신중한 ③ 절약하는
- provisions 식량
- syn. supply(제공하다), furnish(제공하다)

> Elegant mahogany cabinets **provide** ample storage.
> 우아한 마호가니 캐비닛은 충분한 저장 공간을 제공한다.

1652. improvise [ímprəvàiz]
im(not)+pro(before)+vise

'미리 보지 않고 하는' 것이 → v. ① (연주 · 연설 등을) 즉흥적으로 하다
② 임시변통으로 마련하다가 된 거지
- impromptu[imprámptjuː] a. ① 즉석에서 ② 즉흥적으로
- syn. ad-lib(즉흥적으로 하다), extemporize(즉흥적으로 하다)

> Players must **improvise** solutions and hack systems.
> 선수들은 즉흥적으로 해결책을 찾고, 시스템을 해킹해야 한다.

1653. supervise [súːpərvàiz]
super(over)+vise

'(일 · 사람을) 위에서 보는' 것이 → v ① 감독하다 ② 지도하다 ③ 지휘하다가
된 거지
- supervision[sùːpərvíʒən] n. ① 감독 ② 관리 ③ 지휘 ④ 감시 ⑤ 개인 지도
- supervisor[súːpərvàizər] n. ① 관리자 ② 감독 ③ 지도교수
- syn. oversee(감독하다), monitor(모니터하다), direct(지도하다),
manage(감독하다), superintend(감독하다)

> The government would **supervise** procedures.
> 정부가 절차를 감독할 것이다.

1654. purview [pə́ːrvjuː]
pur(before)+view

'앞에 보이는 것' 이 → n. ① 범위 ② 권한 ③ 시야 ④ (법전의) 조항이 된 거지
- preview[príːvjùː] n. ① 시사회 ② 시사평 v. ① (영화 · 텔레비전 프로 등을)

시사평을 쓰다 ② (일·학습 내용 등을) 간단히 소개하다
- re**view**[rivjúː] n. ① (사법) **심리** ② **검토** ③ **비평** ④ (주제·일련의 사건) **보고서** ⑤ **복습** v. ① **재검토하다** ② **비평하다** ③ **되새기다**
- over**view**[óuvərvjùː] n. ① **개관** ② **개요**
- inter**view**[íntərvjùː] n. ① **면접** ② **인터뷰** v. **면접을 보다**
- **view**point[vjúːpɔint] n. ① **관점** ② **견해** ③ **방향**

He has an exhibition organized under his **purview**.
그는 자신의 권한으로 준비된 전시회를 갖는다.

1655. sur**vey** [sərvéi]
sur(over)+vey(to see)

'(구체적인 목적에서) 위에서 보는' 것이 → n. ① **조사** ② **측량** ③ (전체적인) **조망** v. ① **조사하다** ② **점검하다** ③ **조망하다**가 된 거지
- sur**vey**or[sərvéiər] n. ① **측량사** ② **감독관** ③ **감정인**
- sur**veil**[səːrvéil] v. ① **감시하다** ② **감독하다**
- sur**veil**lance[sərvéiləns] n. ① **감시** ② **감독**
- syn. **poll**(여론조사, 조사를 하다), re**search**(조사, 조사하다), in**vestig**ation(조사), ex**amin**ation(조사), scrutiny(정밀 조사), in**vestig**ate(조사하다)

Of the 87 banks **surveyed**, 69 percent said they felt optimistic about the business environment.
조사된 87개 은행 중, 69%가 사업 환경이 낙관적이라고 말했다.

■ 우리말 대화로 단어 복습하기

가. 이번에 새로 시작할 정책이 **가시적인(visible)** 성과를 내기 위해 무엇을 해야 할까요?

나. **즉흥적으로 하는(improvise)** 것보다 **조사(survey)** **범위(purview)**를 명확히 하고 목표를 설정하는 것이 중요하지.

가. 그렇다면 명확한 **근거(evidence)** 마련이 필요하겠네요?

나. 물론이지. 전문가가 **권고하는(advise)** 방식과 국민 **개인의(individual)** 필요성도 파악해야 되지요.

가. 업무를 **분할하고(divide)** 누가 **지휘할(supervise)** 것인지도 필요한가요?

나. 당연하지. 그리고 맡은 임무를 **마음속에 그리면서(envision)** 수행하는 것이 **시행착오(trial and error)**를 줄일 수 있지.

생활 속 영단어로 어원 친해지기

티케 : 이번에 배운 어근이 뭐였더라?

토끼 : 328. 돌다 vers, vert / 329. 길 via, vey, voy / 330. 옆 vic / 331. 정복하다 vict, vin / 332. 보다 vid, vis, vie가 있어요.

티케 : 일상 속에서 활용한 사례를 말해주겠니?

고양이 : 배운 어근과 관련된 생활 속 영단어는, **역효과(adverse effect)**, **광고(advertisement)**, **대화(conversation)**, **컨버터블(승용차)(convertible)**, **문화적 다양성(cultural diversity)**, **역차별(reverse discrimination)**, **컨베이어(conveyor)**, **물품 조달(purveyance)**, **시사회(preview)**, **비평, 복습(review)**이 있었어요.

티케 : 좋아요. 설명을 덧붙이면,

○ con**vey**or → con(together)+vey(way)+or → 길을 함께하는 장치 → 운반 장치, 컨베이어

○ ef**fect** → ef(out)+fect(to do) → 밖으로 나오게 하는 것 → 영향, 결과, 효과

○ **vis**it → vis(to see)+it(to go) → 보려고 가는 것 → 방문, 방문하다

○ **dis**crimination → dis(apart)+crimin(to separate)+ation(명접) → 따로 분리하는 것 → '차별'이 되는 거지요.

티케 : 다음 회에 배울 어근은 vive, vivi, vita / voc, vok, vox / vol / volve / vor, edi, ese / vulg / war, ward이지요.

어근 333

VIVE, VIVI, VITA : 생명(life), 살다(to live) / VIG : 강해지다(to be strong) → 생명이 살아 남으려면 강해야 하지. ※ 동의어근 : BIO(어근25)

1656. vital [váitl]
vita+al(형접)

'생명과 관계있는' 것이 → a. ① 필수적인 ② 생명 유지와 관련된 ③ 활력이 넘치는 의미가 된 거지
- vitality[vaitǽləti] n. ① 활력 ② 생명력
- vitalize[váitəlàiz] v. ① 활력을 주다 ② 활성화 시키다 ③ 생기를 불어넣다
- revitalize[riváitəlàiz] v. ① 새로운 활력을 주다 ② 소생시키다 ③ 부활시키다
- vitamin[váitəmin] n. 비타민   • curriculum vitae 이력서
- vital force ① 생명력 ② 활력
- vital capacity 폐활량
- syn. essential(필수적인), important(주요한), necessary(필요한) ↔ ant. unnecessary(불필요한)

> It is a sign of economic health and a **vital** urbanism.
> 그것은 경제적 건전성과 필수적인 도시화의 징표이다.

1657. vigor [vígər]
vig(to be strong)+or(명접)

'강한 상태' 가 → n. ① 활력 ② 활기 ③ 원기 ④ 구속력이 된 거지
- vigorous[vígərəs] a. ① 활발한 ② 격렬한 ③ 건강한

> He's a man who writes with heartfelt **vigor**.
> 그는 진심에서 우러나오는 박력 있게 글을 쓴 사내였다.

1658. vivid [vívid]
vivi+d(형접)

'생명이 있는' 것이 → a. ① (기억·묘사 등이) 생생한 ② (기억·빛·색깔 등이) 선명한 ③ (기억·빛·색깔 등이) 강렬한 의미가 된 거지
- vivify[vívəfài] v. ① 생명을 주다 ② 선명하게 하다 ③ 활기를 띠게 하다
- vividly[vívidli] ad. ① 생생하게 ② 선명하게
- viva[viːvə] 감탄사. ① 만세 ② 잘 한다
- vivacious[vivéiʃəs] ① 명랑한 ② 쾌활한
- on the qui vive 바짝 주의를 기울이는
- syn. clear(또렷한), powerful(강렬한) ↔ ant. vague(희미한), dull(흐릿한)

> It's a **vivid** metaphor.
> 그것은 생생한 은유이다.
>
> metaphor 은유

1659. revive [riváiv]
re(again)+vive

'다시 생명이' 깃든 것이 → v. ① 활기를 되찾다 ② 회복하다 ③ 부활시키다 ④ 재공연하다가 된 거지
- revival[riváivəl] n. ① 회복 ② 부활 ③ 부흥 ④ 재공연
- revivalism[riváivəlìzm] n. ① 부흥 운동 ② 복고주의
- syn. revitalize(활성화하다), restore(회복시키다), renew(재개하다), recover(회복하다) ↔ ant. exhaust(기진맥진하게 만들다)

She helped **revive** interest.
그녀는 관심을 되살리는데 기여했다.

1660. survive [sərváiv]
sur(above)+vive(to live)

'보다 더 사는' 것이 → v. ① **살아남다** ② **생존하다** ③ (위기 등을) **견뎌 내다**
④ **~보다 더 오래 살다**가 된 거지
- **sur**vi**val**[sərváivəl] n. ① **생존** ② **유물**
- **sur**viva**bility**[sərvàivəbíləti] n. **생존 가능성**
- **via**ble[váiəbl] a. ① **실행 가능한** ② **성공할 수 있는** ③ **생존 가능한**
- **survival** kit **생존 장비**
- the **survival** of the fittest **적자생존**
- **viable** economy **자립 경제**
- syn. **out**live

A fetus would **survive** after its mother suffered brain death.
산모가 뇌사를 당해도 태아는 살아남을 것인가.

■■■ **우리말 대화로 단어 복습하기**

가. 엊그제까지 다 죽어가던 기억이 **생생한(vivid)**데 그 친구 요즘 **활기(vigor)** 넘쳐나는 이유가 뭐야?

나. 퇴사할 위기에서 **살아남고(survive)**, **활기를 되찾은(revive)** 거지.

가. 그렇지. 일한다는 것은 삶의 **필수적인(vital)** 요소지.

어근 334

VOC, VOK(E), VOX : 부르다(to call), 소리(voice)

1661. vocal [vóukəl]
voc+al(형접)

'소리를 내는' 것이 → a. ① **발성의** ② **목소리의** ③ **소리 높여 항의하는**
n. (음악 작품에서) **보컬**이 된 거지
- **voc**alic[voukǽlik] a. ① **모음의** ② **모음으로 된**
- **con**sonant**al**[kànsənǽntl] a. **자음의**
- **voc**ali**zation**[vòukəlizéiʃən] n. **발성**
- **voc**alize[vóukəlàiz] v. ① (말로) **표현하다** ② **입으로 소리를 내다**
- **voc**ifer**ous**[vousífərəs] a. ① **소리 높여 표현하는** ② **큰소리로 외치는**
③ **시끄러운**
- **voc**abul**ary**[voukǽbjulèri] n. **어휘**
- **vocal** cords **성대**
- syn. **out**spok**en**(솔직한), **frank**(솔직한), **forth**right(단도직입적인)

She has been a **vocal** supporter of abortion rights.
그녀는 낙태 권리에 대한 요란한 지지자였다.

1662. vocation [voukéiʃən]
voc+ation(명접)

'(신의 이름으로) 부르는 것' 이 → n. ① **직업** ② **천직** ③ **소명 의식**이 된 거지
- **voc**ational[voukéiʃənl] a. ① **직업의** ② **직업과 관련된**

- avocation[æ̀vəkéiʃən] n. ① 부업 ② 취미 ③ 여가 활동
- vacation[veikéiʃən] n. ① 방학 ② 휴가 ③ (법정의) 휴정
- vocational education 직업 교육
- syn. profession(직업), calling(직업), career(직업)

Being a doctor is not a **vocation** you choose to become rich.
의사가 되는 것은 당신이 부자가 되려고 선택하는 직업이 아니다.

1663. advocate [ǽdvəkèit]
ad(to)+voc+ate(동접)

'(누군가)에게 소리를 내는' 것이 → v. ① **옹호하다** ② **지지하다** n. ① **옹호자** ② **지지자**가 된 거지
- advocacy[ǽdvəkəsi] n. ① 지지 ② 옹호 ③ 변호
- judge advocate (군사 법원의) 법무관
- syn. support(지지하다), encourage(격려하다), supporter(지지자) ↔ ant. oppose(반대하다)

His **advocates** will meet in a small prison room.
그의 변호인들이 교도소 작은방에서 만나게 될 것이다.

1664. convoke [kənvóuk]
con(together)+voke

'함께하기 위해 부르는' 것이 → v. (회의를) **소집하다**가 된 거지
- convocation[kànvəkéiʃən] n. ① 집회 ② 대회 ③ 소집 ④ (대학) 학위 수여식
- syn. convene(소집하다)

She wanted to **convoke** a constitutional assembly.
그녀는 제헌의회를 소집을 바랬다.

1665. evoke [ivóuk]
e(out)+voke

'밖으로 불러내는' 것이 → v. ① (기억·감정을) **환기시키다** ② (기억·감정을) **불러일으키다** ③ (웃음·갈채 따위를) **자아내다**가 된 거지
- evocation[èvəkéiʃən] n. ① 환기 ② 불러냄
- syn. arouse(불러일으키다), induce(유발하다), awaken(불러일으키다) ↔ ant. suppress(억누르다)

An Air Supply song **evokes** genuine nostalgia.
Air Supply이 노래가 진정한 향수를 불러일으키고 있다.

1666. invoke [invóuk]
in+voke

'안으로 부르는' 것이 → v. ① (법·권리·권위 등을) **발동[행사]하다** ② (신·영혼 등의 도움·가호를) **기원하다** ③ (법률에) **호소하다** ④ (프로그램 등을) **불러오다**가 된 거지
- invocation[ìnvəkéiʃən] n. ① 기도 ② 기원 ③ (법적 권한 등의) 발동

She would **invoke** scientific principles.
그녀는 과학 원리에 호소할 것이다.

1667. provoke [prəvóuk]
pro(before)+voke

'앞에서 부르는' 것이 → v. ① (행동·느낌을) **자극하다** ② (어떤 일이 원인이 되어 다른 일을) **유발하다** ③ (남을) **도발하다**가 된 거지
- provocation[prɑ̀vəkéiʃən] n. ① **도발** ② **자극** ③ **화낼 이유**
- provocative[prəvákətiv] a. ① **도발적인** ② **자극적인** ③ **화를 돋우려는**
- syn. arouse(불러일으키다), anger(화나게 하다), annoy(짜증나게 하다), irritate(짜증나게 하다), incense(몹시 화나게 하다), induce(유발하다)

A White House statement **provoked** supporters.
백악관의 성명서가 지지자들을 자극했다.

1668. invoice [ínvɔis]
in+voice

'안으로 부르는 것' 이 → 물품 대금·작업비 등의 요청이면 → n. ① **송장** ② **청구서** ③ **인보이스** v. **청구서를 보내다**가 되는 거지
- issue an invoice 송장을 발부하다
- vox populi ① **민중의 소리** ② **여론**

They vowed to get **invoices** out on time.
그들은 시간에 맞추어 청구서를 발부하겠다고 맹세했다.

◆ 어원 TIP
- revoke[rivóuk] → re(back)+voke → 뒤로 부르는 것 → 취소하다, 폐지하다, 철회하다

◆ 어휘 플러스
vouch 보증하다, 보장하다 / voucher 상품권, 쿠폰 / vow 맹세, 서약, 맹세하다 / revocation 폐지, 철회, 취소 / irrevocable 취소할 수 없는, 돌이킬 수 없는

■■■ 우리말 대화로 단어 복습하기
가. 너의 **목소리의(vocal)** 음색이 너무 좋은데?
나. 그래. 이참에 가수로 **직업(vocation)**을 선택할까? 하하
가. 장난이 아니고, 진심이야.
나. 실은 가수를 지망하다 **철회했어(revoke)**.
가. 왜?
나. 아빠 사업실패로 매일 집에 **청구서(invoice)**가 날아오지. 그동안 나의 꿈의 **지지자(advocate)**였던 부모님의 상황을 외면할 수가 없었어.
가. 그렇구나. 내가 괜히 너의 감정을 **불러일으켜(evoke) 자극했네(provoke)**.

어근 335
VOL : 의지(will)

1669. volition [voulíʃən]
vol+ition(명접)

'(자신의) 의지' 를 → n. ① **자유 의지** ② **자의**라고 하지
- volitional[voulíʃənl] a. ① **의지의** ② **의욕적인** ③ **의지에 의한**
- volley[váli] n. ① (공, 말이나 행동을) **맞받아치기** ② **일제 사격** ③ (질문·

논평·모욕 등의) **공세** v. ① (공, 말이나 행동을) **맞받아치다** ② **일제히 발사되다**
- **volleyball**[válibɔ̀ːl] n. **배구**
- of one's own **volition** 자기의 의지로

> They withdraw it of their own **volition**.
> 그들은 자신들의 의지로 그것을 철회했다.

1670. volunteer [vàləntíər]
vol+unt+er(person)

'(자신의) 의지로 하는 사람' 이 → n. ① **자원봉사자** ② (군대) **지원병** v. ① **자원봉사를 하다** ② **자원하다** ③ **자원입대하다** ④ **자진해서 말하다**가 된 거지
- **vol**un**tary**[váləntèri] a. ① **자발적인** ② 자원봉사로 하는
  ↔ **in**vol**untary** 본의 아닌
- **volunteer** work 자원봉사
- **voluntary** association 임의 단체
- **voluntary** conveyance 무상 양도
- **voluntary** retirement 희망퇴직

> It's important to enter into **voluntary** agreements.
> 자발적인 합의에 들어가는 것이 중요하다.

■■■ **우리말 대화로 단어 복습하기**

가. 너 이번 겨울 **방학(vacation)**에 뭐할 건데?

나. 평창 동계올림픽에 **자원봉사자(volunteer)**로 **참여하기로(participate in)** 했어.

가. **자의(volition)**로 한 거야. 아니면 부모님 권유야.

어근 336

VOLVE : 구르다, 말다(to roll)
※ **동의어근: BALL(어근19) / ROL, ROT(어근253)**

1671. evolve [iválv]
e(out)+volve

'밖으로 굴러가게 하는' 것이 → v. ① (점진적으로) **발전하다** ② (점진적으로) **진전시키다** ③ (동식물 등이) **진화하다**는 의미가 된 거지
- **e**vol**ution**[èvəlúːʃən] n. ① **진화** ② **발전** ③ **진전**
- **e**vol**utionary**[èvəlúːʃənèri] a. ① **진화의** ② **진화론에 의한** ③ **점진적인**
- syn. **de**velop(발전하다), **pro**gress(진전을 보이다)

> Our strategy must **evolve** to meet the demands of the market.
> 우리 전략은 시장의 수요에 맞추어 발전해야 한다.

1672. involve [inválv]
in+volve

'안으로 마는' 것이 → v. ① (어떤 일과 더불어 생겨서) **수반하다** ② (중요 요소로·필연적으로) **포함하다** ③ (상황·사건·활동이 사람을) **관련시키다** ④ **참여시키다** ⑤ (범죄에) **연루되다**가 된 거지
- **in**vol**vement**[inválvmənt] n. ① **개입** ② **관련** ③ **연루** ④ **관여** ⑤ **몰두**
- **non**in**vol**ve**ment**[nàninválvmənt] n. ① **불간섭** ② **무관여** ③ **무관심**

● syn. **en**tail(수반하다), **oc**cas**ion**(~을 야기하다), **con**cern(관련되다)

The deal would **involve** unloading 10,000 shares of his common stock at $375 apiece.
그 거래는 그의 10,000주의 보통주를 각각 375달러에 매각하는 것과 관련이 있다.

① **unload** 처분하다, 짐을 내리다 ② **apiece** 각각

1673. re**volve** [riválv]
re(back)+volve

'뒤로 굴러가는' 것이 → v. ① (축을 중심으로) **돌다** ② (어떤 점이나 다른 물체의 주위를) **회전하다** ③ (주기적으로) **공전하다**가 된 거지

● re**volv**ing[riválviŋ] a. **회전하는**
● re**volv**er[riválvə(r)] n. ① **리볼버** ② **회전식 연발 권총**
● revolving fund **회전 자금**
● syn. **go round**(돌다), **circle**(빙빙 돌다), **orbit**(궤도를 돌다), **rot**ate(회전하다)

This month's case **revolves** around a healthy 29-year-old woman.
이달의 사건은 건강한 29세의 여성을 중심으로 다루었다.

1674. revolu**tion**ize
[rèvəlú:ʃənàiz]
re(back)+volu+t+ion+ize(동접)

'뒤로 굴러가게 하는' 것이 → 완전하고 근본적인 변화를 말하면 → v. ① **혁명을 일으키다** ② **대변혁을 일으키다** ③ **혁신을 일으키다**가 되는 거지

● re**volu**tion[rèvəlú:ʃən] n. ① **혁명** ② **변혁** ③ (행성의) **공전** ④ **회전**
● re**volu**tionary[rèvəlú:ʃənèri] a. ① **혁명의** ② **혁명적인** ③ **혁신적인** n. **혁명가**
● re**volt**[rivóult] n. ① **반란** ② **저항** ③ **봉기** v. ① **반란을 일으키다** ② **반항하다**

DNA sequencing technology could **revolutionize** medicine.
DNA 배열기술이 의학에 혁명을 일으킬 수 있다.

◆ **어휘 플러스**

volume 용량, (시리즈로 된 책의) 권, 양 / con**volve** 둘둘 감다 / con**volu**te 둘둘 감긴 / con**volu**tion 복잡하게 뒤엉킨 것, 뇌회(대뇌 표면의 주름)

■■■ **우리말 대화로 단어 복습하기**

가. 중세시대에는 태양을 중심으로 지구가 **공전한다**(revolve)는 지동설은 금기시했지?

나. 저도 배웠어요. 갈릴레오가 지동설을 주장했지만 이로 인해 재판에 회부 되었잖아요.

가. 기존 천동설에 대한 **혁명을 일으킨 거지**(revolutionize).

나. **고정 관념**(stereotype)에 **저항하는**(withstand) 것은 엄청난 고통을 **수반하는**(involve) 거지.

가. 그렇지만 그러한 노력이 역사를 **진전시키는**(evolve) 거지.

어근 337 | VOR, EDI, ESE : 먹다(to eat)

1675. voracious [vɔːréiʃəs]
vor+acious(경향이 있는, 형접)

'먹는 경향이 있는' 것이 → a. ① (음식에 대해) **게걸스러운** ② (식욕이) **왕성한**
③ (새로운 정보·지식을) **열렬히 탐하는** 것이 된 거지
- **vor**acity[vɔːrǽsəti] n. ① **폭식** ② **대식** ③ **탐욕** ④ **집착**
- cater**ing**[kéitəriŋ] n. ① **음식 공급** ② **음식 조달업**

My wife is the **voracious** reader.
내 아내는 지식을 열렬히 탐하는 독자이다.

1676. herbivorous
[həːrbívərəs]
herb(grass)+vor+ous(형접)

'풀을 먹는 특성'을 → a. **초식성의** 라고 하지
- **herbivore**[ə́ːrbəvɔ̀ːr] n. **초식 동물**
- herbi**cide**[hə́ːrbəsàid] n. **제초제**
- omni**vorous**[amnívərəs] a. ① **잡식성의** ② **두루 관심을 갖는**
- omni**vore**[ɑ́mnəvɔ̀ːr] n. **잡식 동물**(p422)

Herbivorous dinosaurs were capable of doing with their long necks.
초식 공룡들은 긴 목을 활용할 수 있었다.

1677. carnivore [kɑ́ːrnəvɔ̀ːr]
carni(meat)+vore

'고기를 먹는' 동물을 → n. **육식 동물**이라고 하지
- carni**vorous**[kaːrnívərəs] a. ① **육식성의** ② **육식 동물의** ③ **식충성의**

A 63-year-old **carnivore** turned vegetarian.
63세의 육식주의자가 채식주의자가 되었다.

1678. edible [édəbl]
edi(to eat)+ble(형접)

'먹을 수 있는' 것이 → a. ① **먹어도 되는** ② **식용의** 가 된 거지
- **edibility**[èdəbíləti] n. ① **식용에 알맞음** ② **먹을 수 있음**
- in**edi**ble[inédəbl] a. ① **먹을 수 없는** ② **못 먹는**

The market is a good place to pick up live **edible** plants.
시장은 살아있는 식용 식물을 고르기에 안성맞춤인 곳이다.

1679. obese [oubíːs]
ob(to)+ese(to eat)

'먹는 것을 가까이하는' 사람은 → a. ① **비만인** ② **지나치게 살찐** 확률이 높지
- **obesity**[oubíːsəti] n. ① **비만** ② **비대**
- syn. corpul**ent**(뚱뚱한), stout(뚱뚱한)

More than 70% of adults are overweight or **obese**.
성인들의 70% 이상이 과체중이거나 비만이다.

■■■■ 우리말 대화로 단어 복습하기

가. 너 그렇게 고기를 **게걸스럽게(voracious)** 먹다간 **지나치게 살찔(obese)** 수 있어?

나. **먹어도 되는(edible)** 양만큼 먹어.

가. 하긴 인간은 **초식동물(herbivore)** 보다는 **육식동물(carnivore)**에 가깝지. 실컷 먹으라고...

VULG : 보통사람들(common people)
※ 동의어근 DEM, DEMO(어근70) / POP, PUB(어근227)

1680. vulgar [vʌ́lɡər]
vulg+ar(형접)

'보통사람들이 쓰는' 말과 행동이 → a. ① **저속한** ② **천박한** ③ **상스러운** 의미가 된 거지
- vulgarize[vʌ́lɡəràiz] v. ① **품격을 떨어뜨리다** ② **저속하게 하다**
- vulgarian[vʌlɡέəriən] n. ① **천박한 사람** ② **속물**
- syn. crude(상스러운), coarse(교양 없는), rude(무례한), uncouth(무례한), unrefined(세련되지 못한), impolite(무례한) ↔ tasteful(고상한), refined(세련된)

Nothing is as **vulgar** as writing this letter.
이 편지를 쓰는 것만큼 천박한 것은 없었다.

1681. divulge [divʌ́ldʒ]
di(apart)+vulge

'(비밀을) 분리해서 사람들에게' 알리는 것이 → v. ① **누설하다** ② **폭로하다** ③ **알려주다**가 된 거지
- divulgence[divʌ́ldʒəns] n. ① **폭로** ② **비밀 누설**
- syn. disclose(폭로하다), leak(누설하다)

Authorities have refused to **divulge** his whereabouts.
당국은 그의 소재를 알려주기를 거절했다.
whereabout 소재, 행방

■■■ 우리말 대화로 단어 복습하기
가. 오늘 유명배우가 **폭로하는(divulge)** 기자회견을 한다는데, 무슨 일이지?
나. 촬영 현장에서 **저속한(vulgar)** 언어로 상습적인 언어폭력이 있었다는 군.

WAR, WARD : 지켜보다(to watch)

1682. wary [wέəri]
war(to watch)+y(많은)

'지켜보는 것이 많은' 이 → a. ① **조심하는** ② **경계하는** 것이 된 거지
- unwary[ʌnwέəri] a. ① **부주의한** ② **주의를 게을리하는** ③ **방심하는**
- syn. cautious(신중한), watchful(신경 쓰는), careful(조심하는), alert(경계하는), circumspect(신중한) ↔ ant. careless(부주의한)

Consumers are **wary** of drawing out their purses.
소비자들은 지갑 꺼내기를 망설이고 있다.

1683. ward [wɔːrd]
ward(to watch)

'지켜보는 것' 이 → n. ① **병동** ② (법률적 보호를 받는) **피보호자**가 된 거지
- wardrobe[wɔ́ːrdroub] n. ① **의상** ② **옷장** ③ **의류** ④ (극단·방송사 등의) **의상 팀**
- ward off ① **피하다** ② **물리치다**

The European Central Bank takes measures to **ward** off the threat of deflation.
유럽중앙은행은 디플레이션 위협을 피할 조치를 취했다.

1684. warfare [wɔ́ːrfɛ̀ər]
war+fare(to go)

'전쟁이 진행되는' 것이 → n. ① (병력이나 경쟁에 의한) **전쟁** ② (특정한 무기 · 방법을 이용한) **전투** ③ **싸움** ④ (사회 운동이나 노동 운동) **투쟁** 같은 의미가 된 거지

- war**rior**[wɔ́ːriər] n. ① **전사** ② **무사**
- **post**war[póustwɔ̀ːr] a ① **전후의** ② **2차 세계 대전 후의**
- war**ship**[wɔ́ːrʃip] n. ① **전함** ② **군함**
- guerrilla **warfare** 게릴라전
- civil **war** 내전
- syn. **battle**(전투), **conflict**(갈등), **combat**(전투)

The robots are first developed for underwater **warfare** and espionage.
로봇이 수중 전투와 정찰목적으로 처음 개발되었다.
espionage[éspiənὰːʒ] 정찰, 간첩행위

1685. warn [wɔːrn]
war(to watch)+n(접사)

'지켜보고' 하는 것이 → 조심하거나 삼가도록 미리 말하는 → v. ① **경고하다** ② **주의를 주다** ③ **강력히 충고하다** ④ (스포츠에서) **경고를 주다**가 된 거지

- war**ning**[wɔ́ːrniŋ] n. ① **경고** ② **경보** ③ **주의**
- syn. **alert**(위험을 알리다), **caution**(주의를 주다)

Experts **warn** that things could get worse.
전문가들은 상황이 악화될 수 있다고 경고한다.

1686. warrant [wɔ́ːrənt]
war(to watch)+ant(행위자, 명접)

'지켜보고 (법으로) 하는 행위' 가→ n. ① (체포 · 수색 등을 허락하는) **영장** ② **근거**
v. ① **정당하게 만들다** ② **보증하다**가 된 거지

- war**ranty**[wɔ́ːrənti] n. (제품의) **품질 보증서**
- **warrant** of arrest 체포 영장
- issue a **warrant** 영장을 발부하다
- without **warrant** 정당한 이유도 없이
- a death **warrant** 사망증명서
- under **warranty** 보증 기간 중인

After obtaining a **warrant**, police searched the house.
영장을 발부받은 후, 경찰은 집을 수색했다.

1687. aware [əwέər]
a(to)+war(to watch)+e

'접근해서 지켜보는' 것이 → a. ① **알고 있는** ② **눈치채고 있는** ③ **의식이 높은** ④ **깨달은** 의미가 된 거지

- a**war**eness[əwέərnis] n. ① **의식** ② **지각** ③ **관심** ④ **인식도**
- **be**ware[biwέər] v. ① **조심하다** ② **경계하다** ③ **주의하다**
- syn. **conscious**(의식하는), **knowledgeable**(많이 아는) ↔ ant. **ignorant**(무지한)

1688. **re**ward [riwɔ́ːrd]
re(back)+(to watch)

'지켜준 것에 대해 되돌려' 주는 것이 → n. ① **보상** ② **현상금** ③ **보상금**
v. ① **보상하다** ② **보답하다** ③ **사례하다**가 된 거지

● **reward** system **보상 체계**
● syn. **com**pen**sation**(보상), **com**pen**sate**(보상하다), **re**pay(보답하다)

One of my credit cards offers mediocre **rewards**.
내 신용카드 중 하나는 보잘 것 없는 보상을 제공한다.
mediocre[mìːdióukər] 평범한, 보잘 것 없는

■■■ **우리말 대화로 단어 복습하기**

가. 최근 전국적으로 **전염병**(contagion)이 **확산**(diffusion)되고 있다지?

나. 그래서 정부는 **전염병**(pandemic)과 **전쟁**(warfare)을 선포하고 **병동**(ward)관리를 철저히 하라고 주문했어.

나. 국민들에게 전염병을 **조심하라고**(wary) **경고했지**(warn).

가. 다른 대책은 없어?

나. **전염병**(epidemic) 저지에 기여한 사람은 선별하여 **보상**(reward)하고, 지시를 따르지 않은 사람은 **영장**(warrant)을 청구해서 구속할 거래.

Exercise 24

1. (A)에 제시된 어근의 의미를 가장 적절하게 표현한 것을 (B)에서 찾아 쓰시오.

(A)	(B)
1) VID, VIS _____	ⓐ 진실한(true), 진리(truth)
2) VOLVE _____	ⓑ 삶, 생명(life)
3) VERB _____	ⓒ 보통사람들(common people)
4) VELO _____	ⓓ 돌다(to turn)
5) VAL, VAIL _____	ⓔ 빈(empty)
6) VIC _____	ⓕ 다양한(diverse)
7) VULG _____	ⓖ 사랑(love)
8) VOC, VOK, VOX _____	ⓗ 정복하다(to conquer)
9) VEN(E) _____	ⓘ 구르다, 말다(to roll)
10) VAC, VAG, VOID _____	ⓙ 지켜보다(to watch)
11) VIA, VEY, VOY _____	ⓚ 길(way)
12) VOR, EDI, ESE _____	ⓛ 오다(to come), 팔다(to sell)
13) VIVE, VITA _____	ⓜ 운반하다(to carry)
14) VERS, VERT _____	ⓝ 가치 있는(worth)
15) VARI _____	ⓞ 단어(word)
16) VER, VERA, VERI _____	ⓟ 옆(by)
17) VOL _____	ⓠ 부르다(to call)
18) WAR, WARD _____	ⓡ 보다(to see)
19) VICT, VIN _____	ⓢ 의지(will)
20) VEC, VEH _____	ⓣ 빠른(fast), 말다(to roll)
21) VEN, VENT _____	ⓤ 먹다(to eat)

2. 제시된 단어 중 의미가 가장 적절한 것을 찾아 괄호 안에 넣으시오.

ⓐ revolutionize ⓑ vigor ⓒ vicarious ⓓ vulgar ⓔ evidence ⓕ revolve ⓖ volunteer ⓗ survey ⓘ warrant ⓙ devise ⓚ evolve ⓛ edible ⓜ vicinity ⓝ warn ⓞ victim ⓟ involve ⓠ purvey ⓡ ward ⓢ evoke ⓣ diverge ⓤ obese ⓥ convict ⓦ carnivore ⓧ invoke ⓨ envision ⓩ reward

1) (　　) : 먹어도 되는	2) (　　) : 조사	3) (　　) : 영장
4) (　　) : 상상하다	5) (　　) : 수반하다	6) (　　) : 환기시키다
7) (　　) : 비만인	8) (　　) : 고안하다	9) (　　) : 발전하다
10) (　　) : 호소하다	11) (　　) : 보상	12) (　　) : 유죄를 선고하다
13) (　　) : 공전하다	14) (　　) : 원기	15) (　　) : 저속한
16) (　　) : 인근	17) (　　) : 육식동물	18) (　　) : 분기하다
19) (　　) : 경고하다	20) (　　) : 대리의	21) (　　) : 혁명을 일으키다

22) (　　) : 조달하다　　　　23) (　　) : 자원봉사자　　　　24) (　　) : 희생자
25) (　　) : 병동　　　　　　26) (　　) : 증거

3. 밑줄 친 단어의미와 전혀 관계없는 것을 고르시오.

1) Federal prosecutors **revoke** the bail of a former stockbroker and informant.
　① rescind　　　　② assent　　　　③ cancel　　　　④ nullify

2) The owner is accused of failing to **supervise** former employees.
　① oversee　　　　② superintend　　　　③ manage　　　　④ supersede

3) One union has publicly expressed **vehement** opposition about the proposal.
　① capricious　　　　② violent　　　　③ intense　　　　④ fierce

4) Campaigns against **extravagant** consumption have hurt luxury shopping hubs.
　① prodigal　　　　② sumptuous　　　　③ stingy　　　　④ opulent

5) They **revise** their rules to better recognize and reward energy savings.
　① amend　　　　② modify　　　　③ advocate　　　　④ alter

4. 밑줄 친 단어와 가장 유사한 것을 고르시오.

1) The threats are to **provoke** our people.
　① evacuate　　　　② enrage　　　　③ condemn　　　　④ embrace

2) A suitcase full of black-market goods creates quite the **vivid** snapshot.
　① graphic　　　　② vague　　　　③ subtle　　　　④ vital

3) The item is **versatile** and good value at lower price.
　① general-purpose　　　　② particular　　　　③ specific　　　　④ characteristic

4) Companies with risky credit ratings are devoid of the general **covenant**s.
　① breach　　　　② discretion　　　　③ contract　　　　④ liability

5) The Government **subvention** has reached a maximum figure.
　① levy　　　　② tariff　　　　③ arrears　　　　④ subsidy

5. 밑줄 친 단어와 반대되는 것을 고르시오.

1) The most intractable problems will **vanish** if you can judge yourself objectively.
　① fade　　　　② banish　　　　③ abscond　　　　④ appear

2) Three-dimensional shapes seem both benign and **perverse**.
　① headstrong　　　　② hardheaded　　　　③ deviant　　　　④ obedient

3) A law protects a reporter's right not to **divulge** sources.
　① conceal　　　　② disclose　　　　③ reveal　　　　④ expose

4) Higher interest rates reduced bank **revenue** from the mortgage business.
　　① expenditure　　　　② profit　　　　③ earnings　　　　④ income

5) We must avoid the potential risk of a large, **adverse** monetary judgment.
　　① unfavorable　　　　② advantageous　　　　③ enterprising　　　　④ obvious

6. 아래에 제시된 단어 중 밑줄 친 우리말의 의미에 맞게 빈칸에 적절한 것을 골라 넣으시오.

---

purview / aver / traverse / voracious / improvise / convoy / invoice / venerate / valorize / vection

---

1) 그의 배우들은 엄격하게 정해진 스토리 내에서 대화를 **즉흥적으로 한다**.
　　→ His actors (　　　　　) their dialogue within the bounds of a strictly set story.

2) 우리가 고인플레이션 시대에 살고 있다는 **주장에는** 근거가 없다.
　　→ It is no grounds to (　　　　　) that we live in a time of high inflation.

3) 우리가 **숭배하는** 어떤 것도, 우리가 자랑으로 여기는 어떤 것도 우리 곁에 남아있지 않았다.
　　→ Nothing we (　　　　　), nothing we are proud of would be left to us.

4) 뇌의 **병원체 전염**이 없어졌다면, 혼수상태는 되돌릴 수 없을 텐데.
　　→ If the (　　　　　) of the brain has been killed, the coma would be irreversible.

5) 여론조사원들은 **게걸스러운** 미디어 야수들을 먹여 살리기 위해 점증하는 압력을 받고 있다.
　　→ Pollsters are under ever increasing pressure to feed a (　　　　　) media beast.

6) 자매의 여행이 그들의 음악적인 **시야**를 넓히는데 기여했다.
　　→ The siblings' travels helped expand their musical (　　　　　).

7) **송장**으로 보면 국가는 법적인 수수료를 3백만 달러 이상을 청구받았다.
　　→ The (　　　　　) show that the state has been billed over $3 million in legal fees.

8) 2007년 그녀의 **호위대**가 공격받았을 때 그의 전 여자 친구가 죽음을 당했다.
　　→ His previous girlfriend was killed in 2007 when her (　　　　　) was attacked.

9) 일단의 ATV 직원들이 어려움에 처한 사람을 찾기 위해 그 코스를 **횡단했다**.
　　→ A team on ATVs would (　　　　　) the course to spot anyone in trouble.

10) 브라질은 자국 커피 **가격을 정할 수 있는** 전권을 가지고 있다.
　　→ Brazil has the full right to (　　　　　) her coffee.

티케 : 예나 지금이나 세금을 매기는 일은 힘든 일이지.

고양이 : 그렇죠.

티케 : 그래서 '**(특히 힘든 · 하기 싫은) 일**'을 의미하는 'task'와 '세금(tax)'가 어원이 같아.

티케 : 스포츠, 정치, 조직에서 '**라이벌(rival)**'은 늘 존재하지. 그렇지 않니?

티케 : 그렇지요, 그런데 갑자기 '**라이벌(rival)**'은 왜죠?

티케 : '**라이벌(rival)**'은 라틴어 'rivalis' 즉 '같은 강물을 가지고 서로 경쟁 한다'에서 유래한 거지. 강은 라틴어로 'rivus'라 하지.

티케 : '**라이벌(rival)**' 경쟁자가 있다는 것은 긍정적인 측면도 있지만, 시기, 질투에서 비롯되는 경우도 많지.

고양이 : 그렇죠. 설마 질투신도 있는 것 아니죠?

티케 : 있어. 고대 그리스에서 '**경쟁, 열의, 질투의 화신**'이 '**Zelos(젤로스)**'야, zeal(열의, 열정), zealous(열성적인), jealous(질투하는), jealousy(질투)의 어원이 된 거지.

티케 : Zelos와 자매지간이 '**승리의 여신**' '**Nike(니케)**'야 유명 상표 나이키 유래가 된 거지, 로마는 'Victoria(빅토리아)'라 불렀어.

티케 : 현대인들은 더 많은 월급을 위해 수고를 아끼지 않지. 그런데 월급도 신화와 관련이 있어.

티케 : 월급, 급여, 봉급을 의미하는 salary가 로마의 '소금물 여신' 'Salacia'가 기원했어.

토끼 : 그래요.

티케 : 과거에는 소금이 귀해서 월급으로 대신한 거지. 그래서 salt(소금)와 salary는 어원이 같지.

티케 : 그리고 트로이 전쟁도 신화와 관련 있지. 알고 있지?

토끼 : 그리스 신화에서 Troy왕 '**프리아모스(Priam)**'의 아들 '**파리스(Paris)**'가 Sparta왕 '**메넬라오스(Menelaus)**'의 아내 '**헬렌(Helen)**'을 빼앗아 'Troy 전쟁'이 일어났잖아요.

티케 : 그런데 '**테크톤(Tecton)**'의 아들 '**페레클로스(Phereclus)**'는 Paris가 Helen과 함께 Troy로 항해하는 선단(船團)을 건조했지. 'tecton'은 고대 그리스어로 '목수'라는 의미이며, '**건축가**' 'architect'의 어원이 된 것이지.

티케 : 너는 운명을 믿니?

고양이 : 믿죠. 갑자기 왜?

티케 : 우리가 입는 '**옷(clothing)**'도 운명과 관련되어 있어. 그리스 신화에서 '운명의 여신' '**모이라(Moira)**'라는 세 여신이 운명을 주관한다고 믿었지. 첫 째 **클로토(Clotho)**는 운명의 실을 뽑는 역할, 우리가 입는 '**옷(clothing)**'의 어원이 되었고, 둘째 **라케시스(Lachesis)**는 운명을 나누어 주는 역할, 셋째 **아트로포스(Atropos)**는 운명의 실을 자르는 역할을 맡았어.

토끼 : 신들은 인간의 삶과 밀접한 관계를 갖고 있는 거네요.

티케 : 그렇지. 그래서 기원전 27년에 로마의 신들을 모시기 위하여 세운 신전이 로마의 '**판테온(Pantheon)**'인데 '**만신전**'이라고 하지. 어원을 분석하면, Pantheon → Pan(all)+theo(god)+n → 모든 신을 모신 곳 → '**만신전(萬神殿)**'이 되는 거지.

티케 : 그리스 로마신화를 통한 어원 공부는 스토리가 있어서 더 매력적이지. 수고했어.

3.
정답과
해설

1. 정답

1) ⓕ afford 2) ⓟ account 3) ⓘ withhold 4) ⓔ postmortem 5) ⓙ preclude 6) ⓖ asset 7) ⓐ recession 8) ⓝ represent
9) ⓞ absurd 10) ⓚ assimilate 11) ⓛ recommend 12) ⓑ revise 13) ⓜ forearm 14) ⓒ pros and cons
15) ⓓ acknowledge 16) ⓗ prolong

2. 정답 및 해설

1) ⓔ 거절하다 : 받아들이다 2) ⓘ 동맥 : 정맥 3) ⓐ 선행하다 : ~을 따라가다 4) ⓓ 추상적인 : 구체적인 5) ⓕ 붙이다 : 떼어내다
6) ⓚ 인위적인 : 자연의 7) ⓒ 반감 : 동정 8) ⓙ 선견 : 통찰력 9) ⓗ 부족한 : 충분한 10) ⓘ 절대적인 : 상대적인 11) ⓖ 타고난
: 후천적인 12) ⓑ 편안 : 걱정

3. 정답 및 해설

1) ② 전문가들이 도로에 자동차 수를 예측한다.
　전문가(expert) / allow 허락하다 / foremost 최초의, 일류의 / promote 진전 시키다,
2) ① 학교는 기상 악화 영향을 예상해야한다.
　arrive 도착하다 / accord 일치하다, 조화하다 / propel 추진하다
3) ① 우리는 친환경 제품을 사려고 노력한다.
　pro-governmental 친정부의 / family-friendly 가정 친화적인 / environmental 환경의
4) ④ 그러한 교육은 장단점이 있다.
　absence 결석 / process 진행, 과정 / agreement 동의
5) ④ 학생들은 몇 가지 직업 기술을 획득해야한다.
　inquire 묻다, 문의하다 / adapt 적응시키다, 순응하다, 각색하다 / adopt 입양하다, 채택하다

4. 정답

1) produce 2) advance 3) premature 4) forerunner 5) aboard 6) add 7) arctic 8) ancient 9) artery 10) provide
11) postpone 12) recollect

1. 정답

1) ⓚ 2) ⓔ 3) ⓕ 4) ⓘ 5) ⓗ 6) ⓐ 7) ⓑ 8) ⓒ 9) ⓙ 10) ⓘ 11) ⓓ 12) ⓖ

2. 정답 및 해설

1) ⓖ 빌리다 : 빌려주다 2) ⓕ 조잡한 : 정교한 3) ⓘ 바닥 : 표면 4) ⓘ 값싼 : 값비싼 5) ⓚ 축복하다 : 저주하다 6) ⓐ 무질서 : 질서
7) ⓓ 활발한 : 둔한 8) ⓒ 서투른 : 능숙한 9) ⓔ 천한 : 고귀한 10) ⓗ 자본가 : 노동자 11) ⓑ 무딘 : 날카로운 12) ⓘ 속박 : 자유

3. 정답 및 해설

1) ① 나는 거짓말하지 않고 너희들을 속일 수 있다.
　deceive 속이다 / cheat 속이다 / conceal 숨기다 / dismiss 해고하다 / decent 예의바른
2) ③ 그녀에게 유리한 어떤 판결도 유권자의 의지에 거역하는 것이 된다.
　advocate 옹호하다 / delay 미루다 / resist 저항하다 / support 지탱하다
3) ④ 그는 몇 달간의 테스트를 경험하게 될 것이다.
　undergo 경험하다 / underline 강조하다 / decline 줄어들다 / supply 공급하다

4) ④ 그들은 자신들의 시간 10%를 유아를 돌보는데 바쳤다.

　　devote 바치다 / require 요구하다 / adapt 적응시키다 / describe 기술하다 / dedicate 바치다

5) ② 정부는 원칙을 지킬 것이다.

　　uphold 지키다 / withhold 보류하다 / follow 따르다, 지키다 / suspend 중지하다 / suggest 제안하다

4. 정답

1) **upgrade** 2) **overseas** 3) **superstition** 4) **undertakes** 5) **overhear** 6) **surplus** 7) **surrounded** 8) **subordinate**

9) **overwork** 10) **overlook**

정답과 해설　　*Exercise 3*

1. 정답 및 해설

'앞, 뒤, 위, 아래, 안, 밖'에 해당하는 접두사를 고르는 문제로 복습하는 의미로 출제함

1) ⓔ 2) ⓓ 3) ⓑ 4) ⓕ 5) ⓒ 6) ⓐ

2. 정답

1) ① 2) ① 3) ⓚ 4) ⓗ 5) ① 6) ⓐ 7) ⓕ 8) ⓔ 9) ⓑ 10) ⓒ 11) ⓖ 12) ⓓ

3. 정답 및 해설

1) ⓔ 정복하다 : 항복하다 2) ⓖ 숨기다 : 드러내다 3) ⓗ 칭찬하다 : 비판하다 4) ① 자만 : 겸손 5) ① 냉정하게 : 온화하게

6) ⓜ 고백하다 : 부정하다 7) ⓐ 소비자 : 생산자 8) ⓚ 복잡한 : 단순한 9) ⓒ 채무자 : 채권자 10) ⓑ 경멸 : 존경 11) ⓕ 생산적인

: 파괴적인 12) ⓓ 희극의 : 비극적인 13) ① 계속하다 : 멈추다 14) ⓝ 흔한 : 드문

4. 정답 및 해설

1) ① 가장 비범한 사람 중 한명이 폐암으로 사망했다.

　　outstanding 뛰어난 / normal 정상적인 / ordinary 평범한 / plain 평이한

2) ③ 그들은 자원봉사를 확대화기를 소망한다.

　　expend 소비하다 / contract 축소하다, 계약하다, 계약 / enlarge 확대하다 / lessen 줄이다

3) ① 그러한 혼란은 사회적 불안정을 초래한다.

　　bring about 초래하다 / embrace 포옹하다 / recur 재발하다 / affect – 에 영향을 미치다

4) ② 시위가 대통령 선거에 영향을 미쳐왔다.

　　income 소득 / result 결과 / cause 원인 / impact 영향 / influence 영향, 영향을 미치다 / election 선거

5) ④ 스포츠 의약이 성과를 높여준다는 증거는 없다.

　　diminish 줄이다 / degrade 강등시키다 / lower 낮추다 / improve 개선하다, 향상시키다

5. 정답

1) **exodus** 2) **extracurricular** 3) **improve** 4) **introvert** 5) **outgrow** 6) **edit** 7) **endanger** 8) **outlet** 9) **employ** 10) **outlawed**

정답과 해설　　*Exercise 4*

1. 정답 및 해설

1) ⓗ **perennial** 2) ⓜ **antiseptic** 3) ⓞ **disorder** 4) ① **malnutrition** 5) ⓑ **unlock** 6) ① **misgovern** 7) ⓔ **forgo** 8) ⓟ **oppress**

9) ⓒ **interrupt** 10) ⓝ **ambivalence** 11) ⓕ **transplant** 12) ⓐ **diameter** 13) ⓖ **contradict** 14) ⓓ **immortal** 15) ① **neglect**

16) ⓚ benediction

2. 정답

1) ⓔ 2) ⓕ 3) ⓗ 4) ⓑ 5) ⓚ 6) ⓘ 7) ⓐ 8) ⓜ 9) ⓒ 10) ⓝ 11) ⓘ 12) ⓖ 13) ⓓ 14) ⓛ 15) ⓟ 16) ⓞ

3. 정답 및 해설

1) ⓜ 후손 : 선조 2) ⓠ 부족한 : 충분한 3) ⓟ 거절하다 : 받아들이다 4) ⓘ 수요 : 공급 5) ⓘ 피부양자 : 부양자 6) ⓑ 새벽 : 황혼 7) ⓞ 기쁨 : 슬픔 8) ⓘ 불멸의 : 죽을 수 있는 9) ⓐ 밀집된 : 드문드문한 10) ⓓ 출발 : 도착 11) ⓕ 깊은 : 얕은 12) ⓕ 방어자 : 도전자 13) ⓘ 축축한 : 건조한 14) ⓝ 잊다 : 기억하다 15) ⓔ 피고 : 원고 16) ⓢ 실망시키다 : 만족시키다 17) ⓖ 후원자 : 수익자 18) ⓗ 방어적인 : 공격적인 19) ⓒ 감소시키다 : 증가시키다 20) ⓚ 떼어내다 : 붙이다

4. 정답 및 해설

1) ① 그 해변도시는 한때 평화로운 휴양지였다.
   placid 평온한 / dubious 의심스러운 / hazy 안개 낀 / austere 엄한
2) ③ 그는 아버지의 유언을 따르겠다고 약속했다.
   object 반대하다 / command 명령하다 / follow 따르다 / oppose 반대하다
3) ④ 그들은 관리들에 대해 깊은 반감을 드러냈다.
   friendliness 호의 / bond 유대 / fellowship 우정 / distaste 혐오
4) ② 그러한 노력들이 너의 실수를 되돌리게 할 것이다.
   untie 매듭을 풀다 / cancel 취소하다 / swap 교환하다 / entail 수반하다
5) ② 내 딸은 나를 용서할 수 없었다.
   freeze 동결하다 / pardon 용서하다 / suspend 중지하다 / punish 처벌하다

5. 정답

1) entertain 2) nonprofit 3) inept 4) unearth 5) performed 6) transact 7) benefit 8) uneven 9) diagnose 10) ambitious

---

정답과 해설 **Exercise 5**

1. 정답

1) ⓘ 2) ⓖ 3) ⓐ 4) ⓚ 5) ⓕ 6) ⓗ 7) ⓑ 8) ⓘ 9) ⓔ 10) ⓒ 11) ⓓ

2. 정답

1) ⓔ 2) ⓞ 3) ⓚ 4) ⓡ 5) ⓜ 6) ⓑ 7) ⓓ 8) ⓐ 9) ⓘ 10) ⓠ 11) ⓘ 12) ⓝ 13) ⓒ 14) ⓗ 15) ⓕ 16) ⓘ 17) ⓘ 18) ⓢ 19) ⓖ 20) ⓟ

3. 정답 및 해설

1) ⓑ 고용하다 : 해고하다 2) ⓖ 선거로 선출된 : 임명에 의한 3) ⓘ 무장해제하다 : 무장하다 4) ⓗ 역동적인 : 정적인 5) ⓝ 단념시키다 : 설득하다 6) ⓓ 나누다 : 곱하다 7) ⓘ 쉬움 : 어려움 8) ⓕ 술취한 : 술에 취하지 않은 9) ⓒ 이기주의자 : 이타주의자 10) ⓜ 이주자 : 이주민 11) ⓘ 벌다 : 소비하다 12) ⓚ 무딘 : 예리한 13) ⓔ 썰물 : 밀물 14) ⓐ 세속의 : 천상의

4. 정답 및 해설

1) ④ 세 살 밖에 안 되는 어린아이들이 극심한 치통으로 고통을 받고 있다.
   cruel 잔혹한 / harsh 거친 / stern 엄격한 / extreme 극도의, 심한
2) ③ 감옥 에서 독서는 하찮은 이야기가 아니다.
   important 중요한 / interesting 흥미로운 / insignificant 하찮은, 무의미한 / subtle 미묘한

3) ② 나는 몇 달 전에 사본을 받았다.

original 원본 / copy 사본 / article 조항, 기사 / authentic 진짜의

4) ① 경제학자들은 조직의 반기 조사를 기다린다.

biannual 반년마다의 / biennial 2년마다의 / perennial 다년생의 / bimonthly 격월의

5) ① 우리는 증거를 정리하는데 5일의 추가시간이 걸린다.

edit 편집하다, 정리하다 / consent 동의하다 / confer 의논하다, 수여하다 / publish 공표하다, 출판하다

5. 정답

1) **syndrome** 2) **priority** 3) **union** 4) **combine** 5) **belong** 6) **primary** 7) **sympathetic** 8) **semiconscious** 9) **enrich**
10) **commission**

정답과 해설 *Exercise 6*

1. 정답

1) ⓗ 2) ⓒ 3) ⓟ 4) ⓖ 5) ⓐ 6) ⓡ 7) ⓜ 8) ⓑ 9) ① 10) ⓠ 11) ① 12) ① 13) ① 14) ⓓ 15) ⓔ 16) ⓞ 17) ⓝ 18) ⓚ

2. 정답

1) ⓚ unanimity 2) ⓞ perennial 3) ① adept 4) ⓡ asteroid 5) ⓖ audit 6) ① augment 7) ① autocracy 8) ⓓ auxiliary
9) ⓐ avid 10) ⓒ automation 11) ⓑ disaster 12) ⓔ equanimity 13) ⓗ animus 14) ⓟ amiable 15) ⓠ strangle
16) ① anguish 17) ⓜ alternate 18) ⓝ attitude

3. 정답 및 해설

1) ① **고정시키다 : 느슨하게 하다** 2) ① **입구 : 출구** 3) ⓜ **비옥한 : 메마른** 4) ① **적 : 친구** 5) ⓝ **비범한 : 보통의**
6) ① **서사시 : 서정시** 7) ⓐ **(숨을) 내쉬다 : (숨을) 들이 쉬다** 8) ⓑ **불같은 : 차가운** 9) ⓓ **뜨다 : 가라앉다**
10) ⓗ **표현하다 : 암시하다** 11) ⓖ **번창하다 : 쇠퇴하다** 12) ⓚ **실패 : 성공** 13) ⓔ **어리석은 : 현명한** 14) ⓒ **맺음말 : 머리말**

4. 정답 및 해설

1) ② 탐욕은 인류를 파멸시킬 것이다.

friendship 우정 / greed 탐욕 / amity 친목 / regard 주의, 관심

2) ② 도시인이 시골 생활에 적응할 수 있을까?

adopt 입양하다, 채택하다 / adjust 적응하다 / admit 인정하다 / add 더하다

3) ③ 휴전이 조인되었다.

postwar 전후의 / combat 전투 / ceasefire 휴전 / cold war 냉전

4) ③ 그는 불안과 우울증 조짐을 보여주고 있다.

comfort 위로 / security 안전 / uneasiness 불안 / safety 안전

5) ④ 많은 토지가 농업에 이용되지 않고 있다.

crop 수확, 곡물 / seed 씨앗, 종자 / harvest 수확 / farming 농업

5. 정답

1) **alibi** 2) **artificial** 3) **animate** 4) **auctioned** 5) **aptitude** 6) **astronomy** 7) **alienate** 8) **annual** 9) **authentic** 10) **astrology**

1. 정답

1) ⓕ 2) ⓗ 3) ⓔ 4) ⓖ 5) ⓓ 6) ⓘ 7) ⓐ 8) ⓙ 9) ⓒ 10) ⓑ

2. 정답

1) ⓘ metabolism 2) ⓠ combat 3) ⓓ martial 4) ⓙ barbarian 5) ⓜ ballot 6) ⓗ symbiosis 7) ⓐ abridge 8) ⓡ parable
9) ⓒ barrier 10) ⓖ bulletin 11) ⓟ basis 12) ⓑ embellish 13) ⓞ rebel 14) ⓚ banish 15) ⓕ brevity 16) ⓔ embrace
17) ⓘ duel 18) ⓝ belligerent

3. 정답 및 해설

1) ⓖ 자유로운 : 포로의 2) ⓘ 반칙의 : 공평한 3) ⓚ 상한 : 신선한 4) ⓝ 자유 : 노예 5) ⓜ 미소 짓다 : 얼굴을 찡그리다
6) ⓑ 적대적인 : 우호적인 7) ⓘ 특별한 : 일반적인 8) ⓐ 모으다 : 흩트리다 9) ⓔ 진짜의 : 가짜의 10) ⓒ 인색한 : 관대한
11) ⓗ 돌풍 : 산들바람 12) ⓓ 난쟁이 : 거인 13) ⓙ 거친 : 부드러운 14) ⓕ 후의 : 전의

4. 정답 및 해설

1) ④ 부부는 새로운 삶에 대한 꿈을 포기했다.
   admit 인정하다 / abolish 폐지하다 / adopt 채택하다 / give up 포기하다
2) ① 북한은 호적적인 위협에 관해서는 역사가 길다.
   aggressive 공격적인, 호전적인 / benign 상냥한 / benevolent 자애로운 / tender 부드러운
3) ④ 칠레 북부의 불모의 땅이 태양 에너지를 생산하는 이상적인 장소가 되었다.
   fragile 깨지기 쉬운 / abundant 풍부한 / durable 내구력이 있는 / infertile 불모의
4) ② 그것은 이집트 혁명의 상징이 되었다.
   tradition 전통 / emblem 상징 / custom 관습 / culture 문화
5) ③ 보건 담당 공무원이 그 식품회사에게 비타민 첨가를 금지하였다.
   allow 허락하다 / accept 받아들이다 / prohibit 금지하다 / permit 허락하다

5. 정답

1) contraband 2) debate 3) genius 4) disburse 5) embarrass 6) bargain 7) brace for 8) reimburse 9) biography
10) formal 11) biology 12) abbreviate

1. 정답

1) ⓖ 2) ⓞ 3) ⓒ 4) ⓙ 5) ⓝ 6) ⓟ 7) ⓗ 8) ⓘ 9) ⓓ 10) ⓚ 11) ⓜ 12) ⓠ 13) ⓕ 14) ⓡ 15) ⓑ 16) ⓘ 17) ⓢ 18) ⓔ 19) ⓐ

2. 정답

1) ① cease 2) ⓜ certificate 3) ⓦ concede 4) ⓡ principal 5) ⓖ mischief 6) ⓓ disclaim 7) ⓠ cargo 8) ⓞ chronic
9) ⓔ caprice 10) ⓧ conceit 11) ⓢ enchant 12) ⓘ cite 13) ⓗ occasion 14) ⓘ participate 15) ⓚ candid 16) ⓥ censor
17) ⓘ decadent 18) ⓐ excise 19) ⓝ capital 20) ⓑ civic 21) ⓤ incessant 22) ⓒ cell 23) ⓟ celebrity 24) ⓕ circulation

3. 정답 및 해설

1) ⓝ 천당 : 지옥 2) ⓔ 낮추다 : 높이다 3) ① 유죄의 : 무죄의 4) ⓖ 해고하다 : 고용하다 5) ⓚ 악의 : 선의 6) ① 단단한 : 부드러운
7) ⓑ 세속적인 : 천국의 8) ⓜ 온건파 : 강경파 9) ⓓ 감사 : 배은망덕 10) ⓒ 유전적인 : 후천적인 11) ⓗ 불화 : 조화

12) ① **기쁘게 하다 : 슬프게 하다** 13) ① **성급함 : 침착함** 14) ⓐ **가벼운 : 무거운**

4. 정답 및 해설

1) ④ 그는 인종적인 증오를 부추긴 혐의로 기소 당했다.
   incite 부추기다 / hatred[héitrid] 증오 / tender 부드럽게 하다 / ease 완화시키다 / impede 방해하다 / instigate 부추기다, 선동하다

2) ① 통제 명령은 필수적인 수단이다.
   necessary 필수적인 / resort 수단, 휴양지 / essential 필수의 / certain 확실한 / hardy 튼튼한, 내구력이 있는 / clumsy 서투른

3) ① 조직이 목표 달성에 실패하고 있다.
   aim 목적, 목표 / accomplish 성취하다 / develop 발전시키다 / approach 접근하다

4) ② 부모가 대졸인 아이들은 학업에서 뛰어날 가능성이 있다.
   attempt 시도하다 / outstand 눈에 띄다 / excite 흥분 시키다 / overlook 내려다 보다, 간과하다

5) ③ 우리 정부는 구매자들이 신분을 숨기는 것을 허락했다.
   conceal 숨기다 / reveal 드러내다 / suspect 의심하다 / hide 숨기다 / assess 평가하다

5. 정답

1) **discern** 2) **proclaimed** 3) **capacity** 4) **incentive** 5) **decadent** 6) **candidate** 7) **obscure** 8) **occupied** 9) **civilization** 10) **coincides**

정답과 해설 **Exercise 9**

1. 정답

1) ⑨ 2) ① 3) ⓗ 4) ⓐ 5) ⓟ 6) ⓓ 7) ⓑ 8) ⓒ 9) ⓞ 10) ⓚ 11) ⓜ 12) ① 13) ⓝ 14) ① 15) ⓔ 16) ①

2. 정답

1) ① **undercover** 2) ① **seclude** 3) ⑨ **credulous** 4) ⓝ **cosmos** 5) ⓥ **currency** 6) ⓦ **recur** 7) ① **discrimination**
8) ⓩ **colony** 9) ⓠ **excursion** 10) ⓤ **aristocracy** 11) ⓨ **creed** 12) ⓟ **acclimate** 13) ⓧ **concrete** 14) ⓢ **corps**
15) ① **cult** 16) ⓐ **declare** 17) ① **incorporate** 18) ⓚ **clause** 19) ⓑ **crisis** 20) ⓒ **closet** 21) ⓓ **incubate** 22) ⓗ **climate**
23) ⓞ **bureaucracy** 24) ⓔ **discard** 25) ⓜ **percuss** 26) ① **recover**

3. 정답 및 해설

1) ⓗ **절망 : 희망** 2) ① **합법의 : 불법의** 3) ① **현실적인 : 이상적인** 4) ⓝ **고귀한 : 비천한** 5) ⓚ **부지런한 : 게으른**
6) ⓜ **부풀리다 : 공기를 빼다** 7) ① **무지한 : 학식 있는** 8) ⓓ **겸손한 : 거만한** 9) ⓐ **자만 : 겸손** 10) ⑨ **열등함 : 우수함**
11) ⓒ **소득 : 지출** 12) ⓑ **수입 : 수출** 13) ① **적대적인 : 호의적인** 14) ⓔ **수평의 : 수직의**

4. 정답 및 해설

1) ③ 그는 그들과 우호적인 관계를 가지고 있다.
   unpleasant 불쾌한 / offensive 모욕적인 / friendly 우호적인 / nasty 불쾌한

2) ④ 도로가 수송체계를 불필요하게 방해한다.
   assist 도와주다 / aid 원조하다 / involve 관련시키다 / hinder 방해하다

3) ② 아름다운 수사관이 진실을 밝히려고 노력하고 있다.
   breach 위반하다 / unearth 밝혀내다 / define 정의하다, 규정하다 / approach 접근하다

4) ② 그 영향이 제품 순수익을 감소하게 할 것이다.
   net revenue 순수익 / edge up (조금씩) 다가서다 / diminish 줄어들다 / increase 증가하다 / swell 부풀다

5) ③ 그리스 사례는 스페인 같은 다른 나라에서 일어나고 있는 것에 전조일지 모른다.

   reversal 반전 / suspect 용의자, 의심하다 / forerunner 선구자, 전조 / current 경향, 추세

5. 정답

1) discuss 2) concur 3) succumb 4) cultivate 5) credulous 6) corporation 7) covert 8) decline 9) clarify 10) recover

---

정답과 해설 **Exercise 10**

1. 정답

1) ⓘ 2) ⓒ 3) ⓑ 4) ⓖ 5) ⓙ 6) ⓚ 7) ⓢ 8) ⓕ 9) ⓓ 10) ⓡ 11) ⓘ 12) ⓗ 13) ⓐ 14) ⓟ 15) ⓔ 16) ⓞ 17) ⓝ 18) ⓜ 19) ⓣ
20) ⓠ

2. 정답

1) ⓜ pardon 2) ⓤ tuition 3) ⓢ adroit 4) ⓛ abduct 5) ⓟ demonstrate 6) ⓘ duration 7) ⓦ outdate 8) ⓨ exemplar
9) ⓩ addict 10) ⓥ equilibrium 11) ⓐ disdain 12) ⓡ errand 13) ⓒ anecdote 14) ⓧ essence 15) ⓔ dole 16) ⓣ donate
17) ⓓ dormitory 18) ⓠ endemic 19) ⓖ damage 20) ⓕ dexterity 21) ⓑ docile 22) ⓚ condole 23) ⓗ domestic
24) ⓝ paradox 25) ⓙ epidermis 26) ⓞ induce

3. 정답 및 해설

1) ⓗ 바다 풍경 : 풍경 2) ⓖ 변덕스러운 : 정상적인 3) ⓘ 알려진 : 알려지지 않은 4) ⓘ 투입 : 산출 5) ⓜ 의도적인 : 우연한
6) ⓘ 선천적인 : 획득한 7) ⓝ 부당한 : 공정한 8) ⓚ 즐거운 : 즐겁지 않는 9) ⓒ 출석한 : 결석한 10) ⓓ 내부의 : 밖의
11) ⓑ 흡입구 : 배출구 12) ⓕ 신하 : 왕 13) ⓐ 참을 수 있는 : 참을 수 없는 14) ⓔ 책임 있는 : 무책임한

4. 정답 및 해설

1) ④ 한 여성이 어린 아이들 유괴를 시도하고 있다.

   abstain 삼가다 / abandon 버리다 / hijack 공중 납치하다 / kidnap 유괴하다
2) ② 우리는 더 많은 자금을 교사와 교실에 헌신할 수 있다.

   ascribe – 탓으로 돌리다 / devote 헌신하다 / describe 기술하다 / dictate 구술하다
3) ① 그 화산은 8년 째 활동을 하지 않았었다.

   inactive 황동하지 않은 / overt 명백한 / obvious 명백한 / loose 느슨한
4) ③ 우리는 어떤 종료의 부적절한 행동도 참지 않을 것이다.

   performance 성과 / promotion 승진 / behaviour 행동 / demonstration 증명
5) ① 마지막 황제는 나태한 삶을 살았다.

   idle 게으른 / diligent 근면한 / industrious 근면한 / hardworking 근면한

5. 정답

1) intuition 2) dominate 3) equator 4) exempt 5) premium 6) domicile 7) dignify 8) antidote 9) debt 10) adequate

---

정답과 해설 **Exercise 11**

1. 정답

1) ⓔ 2) ⓘ 3) ⓖ 4) ⓗ 5) ⓘ 6) ⓚ 7) ⓘ 8) ⓑ 9) ⓐ 10) ⓕ 11) ⓓ 12) ⓜ 13) ⓝ 14) ⓒ

2. 정답

1) ⓓ offense 2) ⓖ defendant ① bona fide 4) ⓐ ramify 5) ⓚ feature 6) ⓔ surface 7) ⓒ prophecy 8) ⓕ defer

9) ⓑ fine 10) ① eliminate 11) ⓗ flagrant 12) ① flatter

3. 정답 및 해설

1) ① 장점 : 단점 2) ⓓ 글자 그대로 : 비유적으로 3) ⓐ 단조로운 : 다양한 4) ⓑ 습기 있는 : 건조한 5) ⓗ 주인 : 하인

6) ⓒ 학식이 있는 : 무지한 7) ⓕ 위도 : 경도 8) ① 빌려준 사람 : 빌린 사람 9) ⓚ 적당한 : 극도의 10) ① 결혼하다 : 이혼하다

11) ⓔ 증가, 곱셈 : 분할, 나눗셈 12) ⓖ 물질적인 : 정신적인

4. 정답 및 해설

1) ④ 법안은 언론인이 정부 관료의 명예를 손상하는 것을 범죄로 만들 것이다.

　　besmirch (명예, 인격을) 손상시키다 / slander 중상모략하다 / speak ill of 욕을 하다, 모욕하다 / commend 칭찬하다

2) ① 도시의 담들이 낙서 예술을 위한 풍요로운 예술적 토양이 되고 있다.

　　barren 불모의 / abundant 풍부한 / fecund 비옥한 / prolific 비옥한

3) ③ F.B.I.는 조사사실을 확인도 부정도 하지 않으면서 논평을 거절했다.

　　corroborate 확인하다 / verify 입증하다 / exaggerate 과장하다 / validate 입증하다, 확인하다

4) ② 나는 상냥한 경영자가 그녀의 경영능력을 증명하는 것을 지켜봐왔다.

　　amiable 상냥한 / adamant 단호한 / cordial 다정한 / genial 상냥한

5) ② 국민들은 특별한 이념을 주장하는 대통령이 아니라 소통하는 대통령을 원했다.

　　claim 주장하다 / prevail 우세하다 / allege 단언하다, 주장하다 / assert 주장하다

5. 정답 및 해설

1) ④ 그들은 골동품에 대해 친밀감을 갖고 있다.

　　hostility 적의 / antagonism 반감 / animosity 악의 / liking 좋아함

2) ① 새로운 유전자는 약간의 장점을 부여할 수 있다.

　　bestow 수여하다 / induce 유도하다, 유발하다 / contemplate 심사숙고하다 / instill 심어주다

3) ③ 증가하는 에너지 부족이 시위를 자극하는 데 기여했다.

　　suppress 억압하다 / assert 단언하다 / stimulate 자극하다 / ensue 잇따라 일어나다

4) ② 그곳은 눈을 감고 있으면 위로가 우리를 사로잡을 것이다.

　　behavior 행동 / consolation 위로 / convenience 편리 / command 명령

5) ① 지난달 나는 악성 호흡기 전염병을 앓게 되었다.

　　contagion 전염병 / injury 부상 / outbreak 발발 / symptom 증세

6) ④ 나를 위해 글을 쓴다는 것은 인위적이고 불필요한 활동이다.

　　meticulous 까다로운 / scrupulous 꼼꼼한 / sterile 메마른 / redundant 과다한

7) ② 지역민들의 태도는 텍사스 작은 마을의 특성을 드러낸다.

　　refine 정제하다 / reveal 드러내다 / request 요구하다 / refer 조회하다

8) ③ 창의적인 소동과 경쟁이 르네상스를 촉발시켰다.

　　hardship 고난 / trouble 고통 / turmoil 소란, 소동 / enzyme 효소

9) ② 그들은 대화재와 싸우기 위해 혁신에 혁신을 거듭했다.

　　flame 화염 / inferno 대화재, 지옥 / blaze 불길, 화재 / ignition 발화

10) ④ 시도조차 하지 않고, 수행자(연기자)가 가만히 있을 때는 아무런 업적도 없다.

　　endeavor 노력 / substance 물질 / heroism 영웅적 행위 / achievement 업적

6. 정답 및 해설

1) ② 그 주의 지식기반은 불충분하다.

　　insufficient 부족한 / adequate 충분한 / defective 결함이 있는 / indispensable 없어서는 안될

2) ③ 오랜 기간 가장 부유했던 미국 중산층이 차별성을 잃고 있다.

copious 풍부한 / profuse 풍부한 / impoverished 가난해진 / wealthy 부유한

3) ④ 그들이 정부 업무에 간섭하는 것이 허용되지 않았다.

interrupt 방해하다 / obstruct 방해하다 / intervene 간섭하다 / sit on its hands 방관하다

4) ① 그것은 매우 능숙하고 잔인한 정부를 묘사하고 있다.

immature 미숙한 / dexterous 솜씨 좋은 / adroit 능숙한 / adept 능숙한

5) ③ 부자병은 아이들을 괴롭힐 수 있는 정신적인 문제를 말한다.

inflict 괴롭히다 / torment 괴롭히다 / prop up 지원하다, 받쳐주다 / undermine 약화시키다

6) ② 통화가치가 갑작스럽게 등락을 거듭할 수 있다.

seesaw 널뛰다 / stabilize 안정되다, 안정시키다 / ebb and flow 변동하다 / vary 변화하다

7) ③ 불법 복제약이 수백 명의 영아사망의 역할을 하였을 것으로 의심받고 있다.

forged 위조된 / confiscated 몰수된 / genuine 진짜의 / imitated 모방된

8) ④ 흔히 유로존의 "주변부"로 일컬어지는 지역에서 희소식이 발견되었다.

perimeter 주변 / backdrop 배경 / fringe 가장자리 / core 중심, 핵심

9) ① 축제가 그들의 경험을 확대할 기회를 제공했다.

diminish 줄이다 / magnify 확대하다 / expand 확대하다 / intensify 심화시키다

10) ③ 여학생들이 남학생보다 실질적으로 더욱 끈질기고 융통성이 있다.

available 이용할 수 있는 / reliable 의지가 되는 / rigid 완고한 / spontaneous 자발적인

7. 정답

1) **reflect** 2) **fluent** 3) **welfare** 4) **enforce** 5) **prefer** 6) **firms** 7) **influx** 8) **fortitude** 9) **fluid** 10) **definite**

정답과 해설 **Exercise 12**

1. 정답

1) ⓠ 2) ⓞ 3) ⓗ 4) ⓟ 5) ⓚ 6) ⓛ 7) ⓔ 8) ⓓ 9) ⓙ 10) ⓝ 11) ⓑ 12) ⓒ 13) ⓘ 14) ⓐ 15) ⓜ 16) ⓕ 17) ⓖ

2. 정답

1) ⓘ **informality** 2) ⓟ **conform** 3) ⓕ **reform** 4) ⓚ **foundation** 5) ⓡ **fundamental** 6) ⓑ **fragile** 7) ⓜ **infraction** 8) ⓓ **frantic** 9) ⓣ **subterfuge** 10) ⓐ **defuse** 11) ⓞ **ingest** 12) ⓝ **digress** 13) ⓢ **exaggerate** 14) ⓔ **conscience** 15) ⓛ **degenerate** 16) ⓙ **acquaint** 17) ⓒ **genocide** 18) ⓗ **effuse** 19) ⓖ **stenography** 20) ⓠ **diagnosis**

3. 정답 및 해설

1) ⓘ 비정상적인 : 정상적인 2) ⓔ 이단의 : 정통의 3) ⓛ 실제의 : 명목상의 4) ⓚ 필수의 : 선택의 5) ⓘ 주간에 활동하는 : 야행성의
6) ⓗ 비관주의 : 낙관주의 7) ⓜ 질녀 : 조카 8) ⓝ 짝수의 : 홀수의 9) ⓑ 긍정적인 : 부정적인 10) ⓒ 좁은 : 넓은
11) ⓕ 인위적인 : 자연스런 12) ⓐ 명확한 : 모호한 13) ⓓ 멋진 : 끔찍한 14) ⓖ 주관적인 : 객관적인

4. 정답 및 해설

1) ③ 위 도표는 기술부에서 활용되고 있다.

sequence[síːkwəns] 순서

2) ④ 그는 정치에 책임과 근면 같은 가치를 주입하기를 원했다.

manipulate[mənípjəlèit] 조작하다

3) ② 솔직히 말해서, 그 일은 내 능력 밖이다.

modest[mάdist] 겸손한

4) ① 그는 선수들에게 마음에서 우러나오는 도보여행을 제안했다.

capricious[kəpríʃəs] 변덕스러운

5) ④ 키예프에 주재 서방외교관들이 우크라이나와 러시아의 위기를 확산시키고 있다.

　　spread 확산시키다 / circulate 퍼뜨리다, 유통시키다 / disseminate 퍼뜨리다 / dissipate 소멸하다, 낭비하다, 소멸시키다

5. 정답 및 해설

1) ② 계약서는 그에게 월드 투어 이행하도록 요구했다.

　　determine 결정하다 / carry out 수행하다 / involve 수반하다, 관련시키다 / develop 개발하다

2) ① 경제학자들은 예측내용에 대해 솔직한 대화를 가졌다.

　　forecast 예측 / prevalence[prévələns] 널리 퍼짐 / remission (병의) 차도, 감면 / severity[sivérəti] 엄격

3) ③ 콘텐츠는 표절도, 저작권과 상표를 침해하지도 않았다.

　　legitimize 정당화하다, 합법화하다 / indemnify 배상하다 / transgress (법을) 어기다

　　prosecute[prάsəkjùːt] 기소하다 / trademark 상표, 트레이드마크

4) ① 여론 조사의 차이는 태도의 진정한 변화를 반영한다.

　　authentic 진정한, 진짜의 / contemporary 동시대의 / thorough 철저한 / intimate 친밀한

5) ④ 그를 구하려는 20번의 수술은 헛된 노력으로 판명되었다.

　　prove out 판명되다 / stunning 깜짝 놀랄, 멋진 / adequate 충분한 / vigorous 활발한 / vain 헛된

6. 정답 및 해설

1) ④ 피임약의 등장은 가정생활에 지대한 변화를 촉진시켰다.

　　advent 도래 / catalyze[kǽtəlàiz] 촉진시키다 / immense 막대한 / enormous 막대한 / fundamental 근본적인 / insignificant 무의미한

2) ③ 점진적인 지지율 하락에도 불구하고, 그 당은 권력을 유지할 수 있었다.

　　transitive 과도적인 / drastic 급격한 / gentle 완만한

3) ② 미국 관리들은 아낌없는 사과를 했다.

　　lavish 아낌없는 / stingy 인색한 / prolific 다산의 / generous 관대한

4) ① 민주주의 도래가 권력을 강화에 원심력을 가져왔다.

　　centripetal[sentrípətl] 구심의 / inertial 관성의 / orbital 궤도의 / dense 밀집한

5) ④ 부끄러운 열기가 1944년에 역사적인 정점에 도달했다.

　　apex 정점 / zenith 절정 / pinnacle 정점 / nadir[néidər] 최악의 순간

6) ② 그 바다는 남북한 국경에서 가장 불안한 지역으로 남아있다.

　　volatile[vάlətil] 휘발성 있는 / verge 가장자리 / pivot 중심 / perimeter 주변 / border 국경

7) ③ 그 시스템은 기발한 대안을 제시했다.

　　dexterous 능숙한 / inventive 창의적인 / unimaginative 상상력이 없는 / indispensable 필수적인

*archaic[ɑːrkéiik] 낡은, 구식의

7. 정답

1) **refugee** 2) **franchise** 3) **congregate** 4) **suffrage** 5) **cryptograms** 6) **fugitives** 7) **endogenous** 8) **segregate** 9) **agnostics** 10) **front-page**

정답과 해설　　*Exercise 13*

1. 정답

1) ⓜ 2) ⓝ 3) ⓕ 4) ⓞ 5) ⓒ 6) ⓘ 7) ⓖ 8) ⓑ 9) ⓓ 10) ⓐ 11) ⓗ 12) ⓙ 13) ⓛ 14) ⓔ 15) ⓚ

2. 정답

1) ① humble 2) ⓓ iterate 3) ⓞ inherit 4) ① transit 5) ⓠ periodic 6) ① dehydrate 7) ⓤ cohere 8) ⓟ peninsula 9) ⓒ method 10) ⓥ insomnia 11) ⓔ adjust 12) ⓢ identify 13) ⓖ injure 14) ⓡ homage 15) ⓜ sojourn 16) ⓗ isolate

17) ⓘ perjure 18) ⓝ humiliate 19) ⓑ mishap 20) ⓕ homicide 21) ⓚ inhere 22) ⓐ somniloquy

3. 정답 및 해설
1) ⓚ 일시적인 : 영구적인 2) ⓛ 사적인 : 공적인 3) ⓜ 후임자 : 전임자 4) ⓙ 강등시키다 : 승진시키다 5) ⓘ 비난하다 : 칭찬하다
6) ⓝ 보수적인 : 진보적인 7) ⓐ 소비 : 생산 8) ⓑ 경솔한 : 신중한 9) ⓗ 이론적인 : 실제적인 10) ⓒ 신성한 : 세속적인
11) ⓕ 가치 없는 : 귀중한 12) ⓖ 맺음말 : 머리말 13) ⓓ 부족한 : 풍부한 14) ⓔ 역경 : 번영

4. 정답 및 해설
1) ④ 온라인 서비스업 종사자들은 소비자에게서 개인 신상 명세 수집을 금지하고 있다.
   prohibit 금지하다 = forbid, proscribe, veto ↔ permit 허락하다
2) ② 인접한 부엌역시 현대화되었다.
   adjacent 인접한 = adjoining, contiguous, neighboring / subsequent 그다음의, 차후의
3) ③ 이러한 약들은 면역세포 단백질 활동을 억제한다.
   inhibit 억제하다 = suppress, restrain, curb ↔ facilitate 촉진하다
4) ③ 침체에 빠진 경제는 완전고용에 가까운 경제와 다르게 행동한다.
   behave 행동하다 = conduct, demean, comport / concede 인정하다
5) ① 모기와 정체를 알 수 없는 모호한 것을 잡아먹는 식물이 있다.
   ambiguous 애매한, 모호한 = equivocal, indeterminate, inconclusive ↔ definite 명확한

5. 정답 및 해설
1) ④ 우리의 새로운 여행 일정표는 플로리다 New College에서 시작될 것이다.
   itinerary[aitínərèri] 여행 일정표 = schedule / excursion 소풍 / destination 목적지 /
   souvenir 기념품
2) ③ 몇몇 들불 중 하나가 강한 바람과 낮은 습도로 가속화 되었다.
   humidity 습도 = moisture / temperature 온도 / vapor 수증기 / precipitation 강수
3) ① 그는 명성을 회복하고 연설가로서 새로운 직업을 구축하기를 원했다.
   rehabilitate 회복하다 = restore / confine 제한하다 / implement 시행하다 / embody 구체화하다
4) ② 그들은 소수 임차인을 쫓아내려는 이유로 그를 고소했다.
   eject 쫓아내다 = expel / bail out 탈출하다 / exert 발휘하다 / embrace 수용하다
5) ③ 러시아 군부가 보여준 능력은 우리에게 중요하다.
   exhibit 전시하다, 과시하다 = display / examine 검토하다 / inhibit 억제하다 / evaluate 평가하다

6. 정답 및 해설
1) ④ 다양성, 재능 그리고 관용은 편견과 편협함을 넘어 승리한다.
   prejudice 편견 = preconception 편견, bias 편견, stereotype 고정관념 ↔ impartiality 공평함
2) ③ 많은 유권자들은 보수적인 정통성을 고수했다.
   adhere 고수하다 = cling ↔ break away 이탈하다 / grasp 붙잡다, 이해하다 / stifle 억누르다, 억압하다
3) ④ 그 의식은 모든 인종에게 단조롭지만 중요한 의식 중 하나이다.
   humdrum 단조로운 monotonous, prosaic ↔ hilarious 아주 재미있는 / mediocre 평범한
4) ② 유전적 암에서, 돌연변이 된 유전자가 정자를 통해서 전염될 수 있다.
   hereditary[hərédətèri] 유전적인 = genetic 유전의, inherent 타고난 ↔ acquired 후천적인 / indigenous 교유의, 토착의
   / mutate 돌연변이하다 / transmit 전파하다, 전염하다
5) ③ 그들은 이단행위로 투옥되고 처형되었다.
   heresy[hérəsi] 이단 = heterodoxy, cult 이교 ↔ orthodoxy 정설, 정교 / rhetoric 미사여구, 수사법

7. 정답
1) odometer 2) conjecture 3) hesitate 4) exodus 5) hypnosis 6) itinerary 7) exhumed 8) sedition 9) insular 10) judicial

1. 정답 및 해설
1) ⓟ 2) ⓣ 3) ⓢ 4) ⓘ 5) ⓑ 6) ⓡ 7) ⓠ 8) ⓐ 9) ⓝ 10) ⓒ 11) ⓓ 12) ⓖ 13) ⓜ 14) ⓕ 15) ⓚ 16) ⓔ 17) ⓞ 18) ⓛ 19) ⓙ
20) ⓗ

2. 정답
1) ⓡ **lever** 2) ⓣ **delude** 3) ⓤ **imbibe** 4) ⓝ **alleviate** 5) ⓩ **multilingual** 6) ⓦ **illustrate** 7) ⓞ **liberal** 8) ⓟ **paralysis**
9) ⓠ **librate** 10) ⓧ **ellipse** 11) ⓥ **colloquial** 12) ⓗ **interlude** 13) ⓢ **longevity** 14) ⓪ **liquidate** 15) ⓚ **latent**
16) ⓘ **beverage** 17) ⓜ **collateral**　18) ⓨ **illusion** 19) ⓖ **lapse** 20) ⓑ **translucent** 21) ⓔ **alliterate** 22) ⓕ **analysis**
23) ⓒ **aquaculture** 24) ⓓ **license** 25) ⓙ **luster** 26) ⓛ **collude**

3. 정답 및 해설
1) ⓝ **익히지 않은 : 익힌** 2) ⓜ **소매 : 도매** 3) ⓘ **이성 : 감정** 4) ⓛ **시골특유의 : 도시풍의** 5) ⓚ **거친 : 부드러운**
6) ⓘ **분별없는 : 신중한** 7) ⓑ **저항 : 굴복** 8) ⓐ **지체시키다 : 가속하다** 9) ⓗ **공화국 : 군주제** 10) ⓕ **급진적인 : 점진적인**
11) ⓔ **부동산 : 동산** 12) ⓓ **폭로 : 은폐** 13) ⓒ **질 : 양** 14) ⓖ **존경하다 : 멸시하다**

4. 정답 및 해설
1) ④ 입양아들은 높은 비율의 합법적인 약물사용 보여준다.
　　latent 잠재적인
2) ② 그와 동료가 펭귄 알의 부화를 추적 관찰하는 데 도움을 줬다.
　　foe 적
3) ② 법안은 집주인들이 자신들 소유의 역사적인 건물을 방치하는데 일조했다.
　　apprise 알리다 / snub 무시하다
4) ① 그들은 수백만 명의 피난민 권리를 결코 포기하지 않을 것이다.
　　forbear 억제하다 / forsake 버리다
5) ③ 우리는 진실을 삭제하려는 그들의 노력에 동조하지 않았다.
　　sympathize 동정하다 / stipulate 규정하다

5. 정답 및 해설
1) ③ 새들도 각자의 귀로 구별할 수 있는 독특한 방언으로 노래한다.
　　argot 은어 / platitude[plǽtətjùːd] 상투어 / patois[pǽtwɑː] 방언, 사투리 / jargon[dʒάːrgɑn] (전문, 특수) 용어
2) ③ 이러한 업적은 우리가 추가 자본을 책정하는데 믿음을 주었다.
　　allocate 할당하다 / alleviate 완화하다 / accommodate 편의를 도모하다 / distribute 분배하다 / comply 동의하다
3) ④ 그녀는 자신의 연례보고서를 의회에 넘겨주었다.
　　declare 선언하다 / launch 시작하다 / address 연설하다 / hand over 넘겨주다
4) ④ 채무자의 상환능력이 개선되어 연체금도 줄어들고 있다.
　　foreclosure 압류 / damages 손해배상금 / negligence 부주의 / arrears 연체금
5) ① 스마트 폰과 의류가 쇄도한 가운데 이상한 품목이 나타났다.
　　inundation 쇄도, 범람 / downpour 폭우 / divulgence 폭로 / swamp 늪

6. 정답 및 해설
1) ② 조직은 회원정책에 대해 신중한 검토를 할 시간이 필요하다.
　　premeditated 사전에 계획된 / impetuous 성급한, 충동적인 / substantial 실질적인 / prominent[prάmənənt] 현저한
2) ③ 박테리아는 널리 사용되는 약물을 피하기 위해 진화한다.

evade 피하다 / shun 피하다 / defy 도전하다 / relinquish 포기하다

3) ② 내가 이 사람이 갖고 있는 무능함을 넌지시 말해줄 것이다.

　　allure 유혹하다 / affirm단언하다 / seduce 유혹하다 / perceive 감지하다

4) ③ 의회는 개혁 법안의 결함을 고치는 과정에서 협력할 수 있다.

　　diversify 다양화하다 / cooperate 협력하다 / dispute 논쟁하다 / consent 동의하다

5) ④ 가장 지적이고, 유능하며, 근면한 의사조차도 실수를 한다.

　　earnest 성실한 / industrious 근면한 / bona-fide 성실한 / indolent 나태한

7. 정답 및 해설

1) **collapse** 2) **relevant** 3) **illuminate** 4) **elaborate** 5) **elongate** 6) **liquidity** 7) **equilibrate** 8) **levy** 9) **unilateral** 10) **eclectic**

정답과 해설　　*Exercise 15*

1. 정답

1) ⓤ 2) ⓗ 3) ⓖ 4) ⓙ 5) ⓘ 6) ⓕ 7) ⓚ 8) ⓡ 9) ⓒ 10) ⓑ 11) ⓐ 12) ⓟ 13) ⓓ 14) ⓣ 15) ⓠ 16) ⓝ 17) ⓞ 18) ⓜ 19) ⓛ 20) ⓔ 21) ⓢ

2. 정답

1) ⓡ commemorate 2) ⓘ manacle 3) ⓧ dementia 4) ⓠ remain 5) ⓥ marked 6) ⓦ macroeconomics 7) ⓜ medieval 8) ⓐ command 9) ⓣ merchandise 10) ⓞ manuscript 11) ⓟ countermeasure 12) ⓩ manipulate 13) ⓔ imminent 14) ⓢ majestic 15) ⓝ metamorphosis 16) ⓨ reprimand 17) ⓒ mince 18) ⓑ manage 19) ⓕ permanent 20) ⓓ major 21) ⓚ reminiscent 22) ⓖ maniac 23) ⓗ menace 24) ⓤ countermand 25) ⓛ minute 26) ⓙ manual

3. 정답 및 해설

1) ⓔ 정적인 : 역동적인 2) ⓜ 온화한 : 엄격한 3) ⓝ 일반적인 : 구체적인 4) ⓗ 가라앉다 : 뜨다 5) ⓘ 단계적인 : 갑작스런 6) ⓚ 단단한 : 느슨한 7) ⓒ 술 취한 : 술 취하지 않은 8) ⓟ 풍부 : 부족 9) ⓠ 인색한 : 관대한 10) ⓓ 해고하다 : 고용하다 11) ⓞ 곧은 : 굽은 12) ⓐ 단순함 : 복잡함 13) ⓑ 자발적인 : 의무적인 14) ⓙ 굴복하다 : 저항하다 15) ⓛ 미혼여성 : 총각 16) ⓕ 날카롭게 : 둔하게

4. 정답 및 해설

1) ② 그 일은 엄청난 양의 신뢰를 요구한다.

　　immense 엄청난 = enormous, huge, tremendous / tiny 작은

2) ④ 저명한 마에스트로 Mariss 활동에 대한 최근 보고서는 의문을 제기 한 것이다.

　　eminent 저명한 = distinguished, prominent, outstanding / indistinct 불분명한

3) ① 그녀는 캐나다로 입국을 허락받았다.

4) ③ 그 외교관이 시리아 내전에 평화로운 해결책을 중재하기 위해 배정되었다.

　　mediate 중재하다 = arbitrate, conciliate, go between / hamper 방해하다

5) ③ 일곱 명의 학생들은 기술 기업 활동에 몰두할 것이다.

　　immerse 몰두하다 = engross, absorb, preoccupy / distract 집중이 안 되게 하다

5. 정답 및 해설

1) ① 정부가 사람들의 삶에 간섭하지 말아야 한다.

　　interfere 간섭하다 / intrude 침해하다, 방해하다 / loathe 몹시 싫어하다 / sanction 제재, 허가, 제재하다, 인가하다

2) ② 국가를 과거로부터 해방시키는 방법은 기존 상징물을 뒤 없는 것이다.

　　elucidate 밝히다 / liberate 해방시키다 / overthrow 전복시키다 / frustrate 좌절시키다

3) ③ 투자가들은 합병 계획에 대해 신중한 승인을 제안했다.

　　acquisition 획득 / takeover 기업 인수, 탈취 / amalgamation 합병 / strategy 전략

4) ④ 그들은 놀라울 정도로 다양한 스타일과 영향력을 보여준다.

　　vigorous 원기 왕성한 / massive 거대한 / marble 대리석, 대리석 같은 / astonishing 놀라운

5) ① 썩 좋지 못한 경제상황에도 불구하고, 기업실적은 대단히 양호하다.

　　commonplace 평범한, 흔한 / mundane 세속적인 / outrageous 너무나 충격적인 / energetic 활동적인

6. 정답 및 해설

1) ③ 그들은 이러한 화려한 무늬와 대칭을 이루고 있다.

　　gorgeous 화려한 / symmetry 대칭, 균형 = equilibrium 균형, proportion 비율, 균형 ↔ asymmetry 비대칭 / axis 축

2) ③ 시 관리들은 절도범들이 국외로 도망쳤다고 추측했다.

　　surmise 추정하다 = guess, assume, speculate ↔ guarantee 장담하다

3) ② 네 자신을 이야기 속에 들여놓지 않는 것이 언론인의 금언이다.

　　maxim 격언, 금언 = proverb, adage, aphorism ↔ vulgarism 저속한 말, 비속어

4) ④ 엘리트 위원회는 그러한 이점을 극대화하는 제안을 추진해야 한다.

　　magnify 확대하다 / exaggerate 과장하다 / enlarge 확대하다 / overstate 과장하다 ↔ diminish 깎아내리다, 줄이다

5) ① 설치 미술품은 자유와 억압에 대한 비유를 제공한다.

　　installation 설치, 설비, 설치 미술품 / constraint 억압 / metaphor 은유, 비유 ↔ simile 직유 / analogy 유추 / trope 수사어구 / hyperbole 과장법

7. 정답

1) **demise** 2) **commend** 3) **maneuver** 4) **memorandum** 5) **commence** 6) **metabolism** 7) **kleptomania** 8) **intermit**
9) **manifest** 10) **amnesia**

정답과 해설　　*Exercise 16*

1. 정답

1) ⓜ 2) ⓢ 3) ⓣ 4) ⓠ 5) ⓤ 6) ⓥ 7) ⓛ 8) ⓒ 9) ⓚ 10) ⓡ 11) ⓖ 12) ⓕ 13) ⓗ 14) ⓔ 15) ⓓ 16) ⓐ 17) ⓝ 18) ⓘ 19) ⓦ
20) ⓙ 21) ⓧ 22) ⓞ 23) ⓟ 24) ⓑ

2. 정답

1) ⓛ municipal 2) ⓞ mobilize 3) ⓥ nausea 4) ⓨ moderate 5) ⓧ annex 6) ⓦ admonish 7) ⓢ commons
8) ⓟ paramount 9) ⓩ necromancy 10) ⓕ acrimony 11) ⓔ transmute 12) ⓓ motion 13) ⓛ remorse 14) ⓒ mortgage
15) ⓠ anomalous 16) ⓗ amount 17) ⓜ connotation 18) ⓚ remove 19) ⓘ mutual 20) ⓙ matrimony
21) ⓑ paleontology 22) ⓐ montage 23) ⓖ nocuous 24) ⓤ motive 25) ⓝ community 26) ⓡ modest

3. 정답 및 해설

1) ⓕ 영원한 : 일시적인 2) ⓘ 거짓 : 진실 3) ⓗ 비극 : 희극 4) ⓜ 두꺼운 : 얇은 5) ⓞ 불편한 : 편한 6) ⓟ 중요한 : 하찮은
7) ⓑ 질서 : 혼란 8) ⓐ 낭비하는 : 검소한 9) ⓛ 전체의 : 부분적인 10) ⓓ 길들여진 : 야생의 11) ⓚ 사려 깊은 : 배려심이 없는
12) ⓒ 조용한 : 시끄러운 13) ⓔ 숭배하다 : 멸시하다 14) ⓙ 연결하다 : 연결을 끊다 15) ⓝ 서양 : 동양
16) ⓖ 느슨하게 하다 : 단단히 죄다

4. 정답 및 해설

1) ② 폭력을 포기하지 않는다면 미국은 어떤 정부도 받아들일 수 없다.

　　renounce 포기하다 = give up, abandon, abjure / abet 선동하다

2) ③ 은행업자들과 변호사들은 법적인 관료적인 장애를 극복했다.

　　surmount 극복하다 = overcome, conquer, get over / surrender 넘겨주다, 항복하다

3) ④ 지구 온난화나 기후변화가 개인적으로 그들에게 어느 정도 상처를 줄 것이다.

　　moderate 적당한, 누그러뜨리다 = proper, appropriate, modest / substantial 상당한

4) ① 디트로이트시는 산업성장을 지원하기 위하여 파이프라인을 건설했다.

　　accommodate 편의를 도모하다, 지원하다 = support, assist, shore up / assess 평가하다

5) ④ 관료 직에 고용된 사람들의 수가 증가하고 있는 것이 눈에 띈다.

　　notable 주목할 만한 두드러진 = conspicuous, salient, distinguished / ordinary 보통의

5. 정답 및 해설

1) ② 그들은 영국으로부터 자신들의 독립을 선언했다.

　　pronounce 선언하다 = declare / denounce 비난하다 / claim 주장하다 / propel 추진하다

2) ② 5,000달러 이상 기부자의 리스트가 게재되었고; 15% 정도는 익명으로 처리되었다.

　　anonymous 익명의 = cryptonymous / unanimous 만장일치의 / ambiguous 애매한 / anecdote 일화

3) ③ 그들은 환대와 더불어 널찍한 숙박시설에 머물렀다.

　　commodious 널찍한 = spacious / cogent 설득력 있는 / clandestine 비밀리에 하는 / wo-by-four 좁은

4) ① 의사들은 비정상적인 쌍둥이를 낙태시켰다.

　　abort 낙태하다 = miscarry / mitigate 완화시키다 / mortify 굴욕감을 주다 / suspend 일시 중지하다

5) ① 그는 미국에게 보편적인 의료서비스를 채택할 것을 촉구했다.

　　adopt 채택하다 = embrace 받아들이다 / adapt 적응시키다 / trigger 축발시키다 / shun 피하다

6. 정답 및 해설

1) ② 법안은 기업오너에게 종업업원을 해고하거나 강등시킬 더 많은 권한을 부여할 것이다.

　　demote 강등시키다 ↔ promote / degrade 비하하다 / relegate 좌천시키다 / enthrall 마음을 사로잡다

2) ② 그의 이름에 불명예스러운 명성을 얻게 되었다.

　　ignominious 불명예스러운 ↔ honorable / shameful 창피한 / mean 비열한 / infamous 악명 높은

3) ④ 유파스나무는 건강을 손상시키고 몸과 마음을 쇠약하게 한다.

　　enervate 기력을 빼앗다 ↔ boost / enfeeble 약하게 하다 / deteriorate 악화되다 / debilitate 심신을 약화시키다

4) ③ 소비자들과 투자가 사이에 낙관론이 증가하고 있다.

　　optimism 낙관론 ↔ pessimism / tranquility 평온 / enthusiasm 열정 / breakthrough 돌파구

5) ③ 병적인 비만의 발생은 저비용 설탕 음식 섭취와 일치한다.

　　morbid 병적인 ↔ sound 건전한 / unwholesome 불건전한 / abnormal 비정상적인

　　outbreak 발생 / obesity 비만 / coincide with 일치하다

7. 정답 및 해설

1) **summon** 2) **immunity** 3) **neglect** 4) **innocents** 5) **narcosis** 6) **modify** 7) **mutations** 8) **subordinate** 9) **pernicious** 10) **osteoporosis**

정답과 해설　*Exercise 17*

1. 정답

1) ⓘ 2) ⓗ 3) ⓕ 4) ⓚ 5) ⓓ 6) ⓜ 7) ⓐ 8) ⓞ 9) ⓒ 10) ⓛ 11) ⓟ 12) ⓢ 13) ⓣ 14) ⓖ 15) ⓑ 16) ⓙ 17) ⓡ 18) ⓔ 19) ⓝ 20) ⓤ 21) ⓠ

2. 정답

1) ⓧ impunity 2) ⓤ panoply 3) ⓘ metropolis 4) ⓜ apparatus 5) ⓟ pedestrian 6) ⓞ appease 7) ⓝ dispense

8) ⓢ paternal 9) ⓑ pathetic 10) ⓦ participate 11) ⓥ petition 12) ⓔ expatriate 13) ⓨ stipend 14) ⓩ prepare

15) ⓓ repent 16) ⓒ accompany 17) ⓣ platitude 18) ⓐ impart 19) ⓖ fetch 20) ⓗ parasite 21) ⓠ imperative

22) ⓙ pandemic 23) ⓛ compensate 24) ⓡ compare 25) ⓚ dispel 26) ⓕ omnicompetent

3. 정답 및 해설

1) ④ 협상가들은 자신들의 노력이 교착상태에 빠졌다고 선언했다.

impasse 교착상태 = deadlock, stalemate, standstill(답보상태) / walkout 파업

2) ② 현제도하에서, 민족주의자들의 편파성이 실질적으로 증가했다.

partiality 편파, 불공정성 = bias(편견), injustice(불공평), one-sidedness(편파적임) / fairness 공평

3) ③ 하원은 사형제 폐지에 225대 104로 압도적으로 찬성을 하였다.

overwhelmingly 압도적으로 / repeal 폐지하다 = rescind, abolish, nullify / maintain 유지하다

4) ① 심리학은 이러한 이집트인들의 열정을 조금이나마 설명을 해주었다.

tenacity 고집 / passion열정 = ardor, fervor, enthusiasm

5) ④ 삼성 Galaxy S의 판매가 지난해 실적을 능가할 것 같다.

surpass 능가하다 = exceed, outdo, go beyond / outsource 외주화하다

4. 정답 및 해설

1) ③ 그 요원의 능력은 뇌에 이식된 마이크로 칩으로 확장되었다.

implant 심다, 이식하다 = graft 이식하다 / instill 스며들게 하다 / inculcate 주입하다, 심어주다 / infuse 주입하다

2) ③ 우리가 새로운 패러다임을 갖지 못한 이유는 경제학자들이 멍청해서가 아니다.

paradigm 모범, 패러다임 = paragon 모범 / context 배경, 전후관계 / implication 함축 / parable 우화

3) ② 그 칼럼들은 인간행동이 경제에 영향을 미치는 방식을 설명한다.

explain 설명하다 = account for / discuss 토론하다 / decide 결정하다 / introduce 소개하다

4) ④ 허가 없이 유적지에서 유물을 취득하는 것은 무단 침입에 해당되는 범죄이다.

archaeological site 유적지 / trespass 침입하다 = encroach / obliterate 지우다 engender 초래하다 / exacerbate 악화시키다

5) ② 높은 한계 소비 성향은 지속적인 경제성장을 창출할 수 있다.

propensity 경향 = disposition 경향, 기질 / predilection 편애 / currency 통화 / condition 조건

5. 정답 및 해설

1) ① 우리는 인종 또는 민족 집단을 폄하할 의도는 없었다.

respect 존중하다 / disparage 얕보다 = belittle, depreciate, underrate

2) ④ 유권자의 무관심이 임박한 선거에서 낮은 투표율을 초래할 것이다.

imminent 임박한 / apathy 무관심 = insensibility, callosity, impassiveness / regard 주목, 관심

3) ③ 모토로라는 불공정하게 경쟁을 방해한 특허분쟁에서 애플에 승소했다.

patent 특허 / impede 방해하다 = hinder, hamper, obstruct / espouse 지지하다

4) ② 단풍나무 수액이 구멍을 통해 매달린 양동이로 흘러들었다.

pendent 매달린 = suspended, pensile, dangly / riveted 고정된

5) ① 그는 자산가격의 경험적 분석으로 노벨경제학상을 공동수상했다.

theoretical 이론적인 / abstract 추상적인 / inductive 귀납적인 / deductive 연역적인

6. 정답

1) photosynthesis 2) subpoenas 3) paranoia 4) panacea 5) dispatched 6) parole 7) complacent 8) pundits
9) Centripetal 10) patriarchy

1. 정답

1) ⓔ 2) ① 3) ① 4) ⑨ 5) ⓝ 6) ① 7) ① 8) ⓜ 9) ⓓ 10) ⓑ 11) ⓐ 12) ⓒ 13) ⓚ 14) ⓗ

2. 정답

1) ⓟ privilege 2) ⓢ chasten 3) ⓩ impose 4) ⓠ purpose 5) ⓗ compress 6) ⓦ compunction 7) ⓐ psychiatry
8) ⓞ reputation 9) ① repose 10) ⓤ purify 11) ⓓ deport 12) ⓝ acupuncture 13) ⓥ psychosis 14) ① impute
15) ⓑ proliferate 16) ① pungent 17) ⓚ appreciate 18) ⓔ impugn 19) ⓨ expropriate 20) ⓧ depute 21) ⓡ implement
22) ① pursue 23) ⓜ apprise 24) ① purge 25) ⑨ appropriate 26) ⓒ castigate

3. 정답 및 해설

1) ① **피보호자 : 보호자** 2) ⓚ **다양성 : 획일** 3) ① **절정 : 최하점** 4) ⓝ **활기찬 : 약한** 5) ⓜ **모음 : 자음** 6) ⓔ **효력이 없는 : 효력이
있는** 7) ⓞ **동물학 : 식물학** 8) ⓒ **애매한 : 분명한** 9) ⓓ **마녀 : 남자 마법사** 10) ⓟ **운문 : 산문** 11) ⓗ **지혜 : 어리석음**
12) ⓐ **자발적인 : 의무적인** 13) ⓑ **도매 : 소매** 14) ① **미덕 : 악덕** 15) ① **달이 차오르다 : 시들어 지다** 16) ⑨ **정맥 : 동맥**

4. 정답 및 해설

1) ② 재무성은 10월 17일 이후 남아있는 현금 잔고를 대폭 감소시킬 것이다.
   consume, use up, exhaust 다써버리다 / replenish 다시 채우다
2) ④ 방콕의 엘리트들은 시골 다수의 정치적 목소리를 억누르려 하고 있다.
   stifle, quell, oppress 억누르다 / represent 대표하다
3) ① 외국인에 대한 불평이 계속해서 정부를 당혹스럽게 하고 있다.
   usurp 찬탈하다 / bewilder, embarrass 당황스럽게 하다 / confuse 혼란스럽게 하다
4) ③ 상원금융위원회는 법안을 13대9로 통과시켰다.
   consent 동의하다 / permit 허락하다 / ratify 비준하다 / veto 거부하다
5) ③ 그때부터, 보안요원들은 보복 공격을 대비하고 있었다.
   brace for ~에 대비하다 / revenge, retaliation, vengeance 보복, 복수 / resentment 분함, 분개

5. 정답 및 해설

1) ① 분석 오류가 있는 프로젝트를 시가 제기한 것은 잘못된 것이다.
   propound 제기하다 / propose 제안하다 / deploy 배치하다 rectify 바로잡다
2) ② 그녀는 다양한 스타일로 다작을 한 작가였다.
   prolific 다작의, 다산의 / productive 다작의, 다산의 / paternalistic 온정주의적인 / widespread 널리 퍼진 / prodigal
   낭비하는
3) ③ 그들은 가해자들이 추구할 언론의 관심을 허용치 않기를 원했다.
   deprive 허용하지 않다, 빼앗다 / derive 끌어내다, 비롯되다 / exploit 이용하다, 착취하다 / divest 빼앗다 / attribute – 을
   탓하다
4) ④ 사업가가 10년 전 자신의 파산 관련 링크를 삭제해도 되는가?
   expunge 삭제하다 / elude 피하다 / exhume 발굴하다 / eradicate 근절하다 / delete 삭제하다
5) ② 정부는 달러와 유러화에 대한 통화 가치의 평가절하를 허락했다.
   depreciate 평가절하하다 / deprecate 비난하다 / devalue 평가절하하다 / chastise 꾸짖다 / deplore 개탄하다

6. 정답 및 해설

1) ④ 스위스 사회주의자들은 부자들 재산을 몰수하지 않는다고 오스트리아인들을 비난했다.
   reprove, scold 꾸짖다 / admonish 훈계하다 / commend 칭찬하다
2) ③ 나이지리아 여성들은 수습 미용사나 재단사로 채용되고 있다.

trainee, probationer 수습직원, intern 인턴 / master 달인, 대가

3) ① 부패한 관리들은 은행에 돈을 맡기기를 싫어한다.

withdraw 인출하다 / confine 국한시키다 / balance 잔고, 균형을 유지하다 / accumulate 축적하다

4) ④ 당신이 종업원 앞에서 항상 평정심을 갖기를 원한다.

calmness, tranquility, imperturbability 침착 / apprehension 불안

5) ④ 이번 주 우리는 디지털 독자들에게 무료로 접속할 기회를 제공하고 있다.

courtesy, free, pro bono 무료의 / paid 유료의

7. 정답

1) **rapport** 2) **probe** 3) **punctuate** 4) **multiplying** 5) **repugnant** 6) **impounded** 7) **disposed** 8) **deployed** 9) **probate**
10) **deposed**

---

1. 정답

1) ⓖ 2) ⓜ 3) ⓙ 4) ① 5) ⓗ 6) ⓝ 7) ⓑ 8) ⓒ 9) ⓚ 10) ⓕ 11) ① 12) ⓐ 13) ⓔ 14) ⓓ 15) ⓞ

2. 정답

1) ⓨ enroll 2) ⓢ satire 3) ⓜ rodent 4) ⓚ erupt 5) ⓧ inquire 6) ⓞ ascend 7) ⓛ erode 8) ⓩ rupture 9) ⓟ derange
10) ⓠ assault 11) ⓝ corrupt 12) ⓦ sacrifice 13) ⓐ conquer 14) ⓔ saturate 15) ⓡ rapture 16) ⓤ insult
17) ⓣ erect 18) ① scale 19) ⓕ corrode 20) ⓓ disrupt 21) ⓥ abrasion 22) ① sanctify 23) ⓗ ravage 24) ⓖ exult
25) ⓒ prerogative 26) ⓑ exile

3. 정답 및 해설

1) ① 파산을 옹호하는 것은 조직화된 노동계와 합의를 파기하는 것이다.

plead 애원하다 / abrogate repeal 폐지하다 / annul, nullify 무효화하다

2) ④ 우리는 우리의 경험을 기록하기 위하여 우리의 경험을 지속적으로 방해한다.

interrupt, hinder, disturb, obstruct 방해하다 / interpret 설명하다

3) ① 환경보호국은 석탄 화력 발전소에서 발생하여 떠다니는 스모그를 규제할 수 있다.

reprove 나무라다 / regulate 규제하다 / control 통제하다 / restrict 제한하다 / restrain 저지하다

4) ③ 시스템을 현대화하는 것이 그것을 기후 친화적으로 만들 것이라는 네 말은 적절하다.

correct, accurate 정확한 / right 옳은 / proper 적절한 / revised 수정된

5) ④ 내가 얼마나 거만하고 자기중심적이었는지를 몰랐다.

arrogant, haughty, overbearing 거만한 / conceited 자만하는 / modest 겸손한

4. 정답 및 해설

1) ② 재활병원이 파산을 면할 자금을 마련해야 한다.

arrange, prepare 준비하다 / assemble 모이다 / tidy 정돈하다 / straighten 똑바르게 하다

2) ① 감독은 세련된 감정이입을 통해서 그녀의 의식이 깨어가는 과정을 추적했다.

exquisite 세련된, 예민한 / delicate 섬세한 / clumsy 어설픈 / bumbling 실수를 많이 하는 / awkward 서투른

3) ③ 방법은 환경 보호주의자와 탐욕스러운 개발업자들의 이해를 화해시키는 것이다.

rapacious, greedy 탐욕스러운 / recondite 난해한 / querulous 불평하는 / conscientious 양심저인

4) ④ 새로운 제재조치가 강제되면 법안은 프로그램 가속화를 요구할 것이다.

require, request 요구하다 / inquire 묻다 / determine 결정하다 / encourage 격려하다

5) ② 나 역시 터키정부에 중국과 무역협정을 신속하게 비준할 것을 촉구했다.

ratify 비준하다 / approve 찬성하다 / rectify 바로잡다 / veto 거부하다 / amend 개정하다

5. 정답 및 해설

1) ③ 가난은 많은 부모들이 자녀에게 물려줄 수 있는 유일한 가보였다.

heirloom 가보 / bequeath, hand down 물려주다 / bestow 부여하다 / atone 속죄하다 / inherit 상속받다

2) ② 이러한 신체적인 모습은 노력과 땀으로 얻어낸 후천적 특성이다.

acquired 획득된, 후천적인 / obtained 획득된 / innate 선천적인 / remarkable 주목할 만한 / established 인정받는

3) ④ 내가 급진적인 불교도라고 불리는 것이 자랑스럽다.

extreme 극도의 / militant 공격적인 / avant-garde 전위적 / moderate 온건의

4) ① 성장과 오염사이에는 확고한 관련이 있다.

flexible 융통성 있는 / strict 엄격한 / stern 단호한 / austere 소박한

5) ③ 소위 말하는 문화 전쟁이 유럽전반에 두드러지게 증가하고 있다.

salient, outstanding, striking, prominent 두드러진 / indistinct 또렷하지 않은

6. 정답

1) **escalate** 2) **interrogate** 3) **transcend** 4) **surrogate** 5) **corroborate** 6) **eradicate** 7) **massacre** 8) **sanctions**
9) **resilience** 10) **reign**

정답과 해설　　*Exercise 20*

1. 정답

1) ⓘ 2) ⓚ 3) ⓕ 4) ⓜ 5) ⓔ 6) ⓖ 7) ⓓ 8) ⓗ 9) ⓛ 10) ⓑ 11) ⓙ 12) ⓐ 13) ⓒ 14) ⓝ

2. 정답

1) ⓞ **establish** 2) ⓥ **stereotype** 3) ⓜ **designate** 4) ⓧ **apostate** 5) ⓨ **consign** 6) ⓣ **dissolve** 7) ⓩ **destine**
8) ⓝ **restitution** 9) ⓢ **coexist** 10) ⓘ **resolve** 11) ⓦ **exert** 12) ⓗ **institute** 13) ⓒ **desist** 14) ⓕ **dissociate**
15) ⓑ **station** 16) ⓚ **constitute** 17) ⓔ **insist** 18) ⓛ **consolidate** 19) ⓖ **simultaneous** 20) ⓓ **absolute** 21) ⓤ **conserve**
22) ⓐ **associate** 23) ⓙ **stagnant** 24) ⓟ **solvent** 25) ⓠ **anesthesia** 26) ⓡ **substitute**

3. 정답 및 해설

1) ② 대만, 말레이시아, 브루나이 역시 몇몇 섬에 대해 영유권을 주장한다.

2) ③ 연구소는 연구원들이 연구내용을 활용하고 전파하는 것을 권장하였다.

disseminate, spread, propagate, diffuse 확산시키다 / dissipate 소멸되다

3) ④ 합의사항은 정부당국에 농업용 토지를 보존하도록 요구한다.

preserve, conserve 보존하다 / protect 보호하다 / uphold 유지하다 / devour 걸신들린 듯 먹다

4) ① 정치인들은 적대적 반대도 인내해야 한다.

persevere, endure, bear, put up with 참다, 인내하다 / hassle 재촉하다

5) ③ 그러한 정보는 회원국의 기여도를 평가하는데 이용된다.

assess, evaluate, measure 평가하다 / estimate 추산하다 / approximate 비슷하다

4. 정답 및 해설

1) ② 그러한 인종적인 분노는 후보선택에 강력한 영향을 미쳤다.

resentment 분함 / grudge 원한 / sentiment 감정 / egotism 이기주의 / compromise 타협

2) ① 그들 지지자들은 죽음을 근본적인 식이 장애 탓으로 돌렸다.

ascribe, attribute - 탓하다 / inscribe 새기다 / unearth 발굴하다 / safeguard 보호하다

3) ④ 그 제안은 대략 70개 달하는 비닐봉지대한 지방 조례를 대체할 것이다.

　　supersede, replace 대신하다 / constitute 구성하다 / represent 대표하다 / deem 생각하다

4) ① 많은 우크라이나인들이 전쟁을 대비하기 위해 징집되었다.

　　conscript, draft 징집하다 / consecrate 축성하다 / confiscate 몰수하다 / dispatch 파견하다

5) ② 모든 낙서는 어떤 것을 의미한다.

　　conceit 자만심 / graffiti 낙서 / exploration 탐험 / incorporation 설립

5. 정답 및 해설

1) ④ 그 정치적 반체제인사는 최근역사에서 가장 유명한 죄수 중 한명이다.

　　dissident 반체제 인사 / rebel, traitor 반역자 / dissenter 반대자 / adherent 지지자

2) ② 그의 학교 출석이 점점 산발적이 되었다.

　　intermittent 간헐적인 / incessant 끊임없는 / transient 일시적인 / sparse 희박한

3) ③ 구글은 문제의 단순화와 손실완화를 시도하고 있다.

　　complicate 복잡하게 만들다 / demonstrate 입증하다 / facilitate 용이하게 하다 / coordinate 조정하다

4) ① 그러한 고집스런 접근이 그의 첫 직장생활 12년 동안 제대로 효과가 있었다.

　　capricious 변덕스러운 / stubborn, headstrong, stiff-necked 고집 센, 완고한

5) ③ 분별 있는 사람이라면 그렇게 행동하지 않을 것이다.

　　prudent 신중한 / shrewd 상황 판단이 빠른 / judicious 분별력 있는

6. 정답

1) **assignments** 2) **prescribe** 3) **observe** 4) **sever** 5) **simulate** 6) **destitute** 7) **subsidy** 8) **reservoir** 9) **prosecute**
10) **inseminate**

정답과 해설　　*Exercise 21*

1. 정답

1) ⑨ 2) ⑩ 3) ⑰ 4) ⓞ 5) ⑨ 6) ① 7) ⓔ 8) ⓗ 9) ⓐ 10) ⓓ 11) ⓒ 12) ⓝ 13) ⓑ 14) ⓚ 15) ① 16) ⓕ 17) ①

2. 정답

1) ⓞ **strive** 2) ⓠ **presume** 3) ① **perspire** 4) ① **instrument** 5) ⓩ **atmosphere** 6) ⓝ **insurrection** 7) ⓟ **precinct**
8) ⓢ **instruct** 9) ⓗ **satellite** 10) ⓤ **insure** 11) ⓥ **respire** 12) ⓚ **persuade** 13) ① **extinct** 14) ⓖ **summary**
15) ⓨ **restrain** 16) ⓦ **destroy** 17) ⓒ **expire** 18) ① **assure** 19) ⓐ **instinct** 20) ⓧ **obstruct** 21) ① **conspicuous**
22) ⓑ **consume** 23) ⓓ **distress** 24) ⓡ **construe** 25) ⓜ **restore** 26) ⓔ **surface**

3. 정답 및 해설

1) ③ 그들은 자신만의 별개의 언어와 믿음체계를 가지고 있다.

　　distinct, plain, evident, definite 분명한 / equivocal 모호한

2) ③ 그녀는 최종 선적물이 언제 수출될지 추정하기를 거절했다.

　　speculate, assume, presume, surmise 추정하다 / aver 단언하다

3) ① 10일은 투자가에게 주식을 축적할 부당한 혜택을 주기에 충분한 시간이다.

　　accumulate, amass, accrue 축적하다 / increase 증가시키다 / deduct 공제하다

4) ④ 관리들은 금융위기의 근본 원인을 말하는데 신중한 태도를 취해왔다.

　　circumspect, cautious, prudent, discreet 신중한 / frivolous 경솔한

5) ④ 이러한 무역업자들은 자신들의 상여금을 위협하는 어떤 것도 어떤 사람도 경멸한다.

　　scorn 경멸하다 / disdain 무시하다 / look down on 경시하다 / admire 존경하다

4. 정답 및 해설

1) ① 정부는 그 소송에 아직 대응하지 않고 있다.

   reply 대응하다 / comment 논평하다 / recognize 인정하다 / recast 재구성하다

2) ③ 그는 몇 달 내로 생산이 재개되기를 희망했다.

   revise 수정하다 / withdraw 물러나다 / restart 재개하다 / presume 추정하다

3) ④ 부활을 무대에 올리는 방법에 대한 윤곽은 명확하다.

   easter 부활절 / redemption 상환 / apostle 사도 / revival 부활

4) ② 일부 은행권 종사자들이 공모해서 조작하려고 무역업자들에게 장려금을 제공했다.

   delude 속이다 / conspire 공모하다 / connive 묵인하다 / construe 해석하다

5) ② 부검은 이행되었지만, 전면적인 결과는 발표되지 않았다.

   forensic 법의학적인 / postmortem 부검 / defendant 피고 / plaintiff 원고

5. 정답 및 해설

1) ② 그를 단념시키기가 쉽지 않다.

   deter 단념시키다/ persuade 설득하다 / disperse 해산하다 / discern 알아차리다

2) ② 절망하거나 낙담할 때가 아니다.

   delude 속이다 / exhilarate 아주 신나게 만들다 / extort 갈취하다 / exculpate 무죄를 입증하다

3) ④ 수만 명의 스위스 인들이 번영의 기쁨을 한껏 즐겼다.

   flourish 번창하다 / thriving 번창하는 / boom 호황 / deterioration 쇠퇴

4) ④ 그들은 호화롭고 세련된 브랜드에 어울리지 않는다.

   elegant 우아한 / refined 세련된 / highbrow 교양 있는 / clumsy 서툰

5) ③ 이것은 대단히 건설적인, 협력적인 관계의 본보기이다.

   irrelevant 무관한 / contemporary 동시대의 / destructive 파괴적인 / trifling 하찮은

6. 정답

1) **instigate** 2) **correspondent** 3) **sumptuous** 4) **constrains** 5) **surge** 6) **constellation** 7) **ensue** 8) **perspective**
9) **stigma** 10) **strangled**

정답과 해설   *Exercise 22*

1. 정답

1) ⑨ 2) ① 3) ⓚ 4) ① 5) ⓔ 6) ⓒ 7) ⓗ 8) ① 9) ① 10) ⓑ 11) ⓐ 12) ⓓ

2. 정답

1) ⓢ determine 2) ⓞ extend 3) ⓖ extenuate 4) ⓤ abstain 5) ⓥ claustrophobia 6) ① architect 7) ⓝ temper
8) ⓐ tentative 9) ⓔ protest 10) ① contemporary 11) ⓩ tempt 12) ① intend 13) ⓧ territory 14) ⓨ continent
15) ⓠ tremble 16) ⓒ protect 17) ① testify 18) ⓕ attend 19) ⓚ pretend 20) ⓓ entail 21) ⓑ inter 22) ① contend
23) ⓜ trepidation 24) ⓦ entangle 25) ⓟ superintend 26) ⓗ retain

3. 정답 및 해설

1) ④ LA경찰서는 비싼 소송비용을 줄이기 위한 기본적인 조치를 취하는데 실패했다.

   curtail, reduce, retrench, cut back 줄이다 / expand 확장하다

2) ④ 네가 싫어하는 생각을 통해서 배울 수 있다.

   detest, loathe, abhor, abominate 혐오하다 / adore 숭배하다

3) ② 그에게서 건축은 환경을 고려해야한다.

   contemplate, ponder, consider, mull over 숙고하다 / grasp 움켜잡다, 파악하다

4) ② 그는 고집스럽고, 역동적이면서도 대단한 카리스마를 가지고 있다.

   persistent, pertinacious, dogged 고집 센 / composed 침착한

5) ③ 돌고래가 위협을 감지해내는데 능숙하다는 것을 알아냈다.

   sense, perceive 감지하다 / discern 알아차리다 / enhance 높이다

4. 정답 및 해설

1) ② 그럼에도 불구하고, 그 계획은 워싱턴 엘리트사이에서 신화적인 지위를 얻어낼 것이다.

   sustain 지탱하다 / obtain 얻다 / assign 배정하다 / attribute ~ 덕분으로 보다

2) ① 이러한 조치들은 구매자들이 가짜 신분증을 사용하지 못하게 할 것이다.

   deter 단념시키다 / prohibit 금지하다 / impose 도입하다 / legislate 법률로 제정하다 / permit 허락하다

3) ① 몇몇 기관들이 공지 없이 공유지에서 늑대를 전멸시켰다.

   exterminate 전멸시키다 / eradicate 근절하다 / gnaw 갉아먹다 / devour 걸신들린 듯 먹다 / refrain 삼가다

4) ③ 많은 사람들이 전염병과 관련된 불길한 지역에서 여행을 했다.

   contagion 전염병 / calamity 재앙 / infamy 악명 / infection 전염병 / wrath 분노

5) ③ 이러한 기사들은 객관성이 부족한 것으로 묵살하는 것은 자연스런 추세이다.

   disposal 처리 / arrangement 준비 / inclination 경향 / distribution 분배

5. 정답 및 해설

1) ④ 타임은 어려움을 겪고 있는 잡지사와 수익성이 좋은 미디어를 분리하기로 결정했다.

   assort 분류하다 / disconnect 연결을 끊다 / separate 분리하다 / consolidate 통합하다

2) ④ 환경론자들이 두려워하는 수압으로 인한 균열은 수돗물을 오염시키게 될 것이다.

   contaminate, pollute 오염시키다 / deplete 고갈시키다 / corrupt 부패하게 만들다 / purify 정화하다

3) ② 양면적인 정책이 안보 상황을 악화시키는 원인이 되고 있다.

   ambivalent 양면적인 / deteriorate, aggravate, exacerbate 악화시키다 / alleviate 완화하다 / dwindle 줄어들다

4) ③ 감정의 깊이와 순수함이 다른 영화를 소심하고 작게 느껴지게 한다.

   cowardly fainthearted 겁이 많은 / bold 용감한 / vulnerable 취약한

5) ③ 정부는 이집트에 대한 군사원조의 일시적인 동결을 발표했다.

   tentative 잠정적인 / provisional, transient 일시적인 / everlasting 영구적인

6. 정답

1) **contingent** 2) **attempt** 3) **sustain** 4) **detail** 5) **attenuate** 6) **tangible** 7) **terminology** 8) **intimidate** 9) **detained** 10) **attest**

정답과 해설   *Exercise 23*

1. 정답

1) ⓗ 2) ⓜ 3) ① 4) ⓑ 5) ⓞ 6) ⓝ 7) ⓖ 8) ⓐ 9) ⓟ 10) ⓕ 11) ⓔ 12) ⓚ 13) ⓓ 14) ① 15) ① 16) ⓒ

2. 정답

1) ① **distribute** 2) ⓖ **detour** 3) ⓧ **perturb** 4) ⓤ **monotonous** 5) ⓗ **contribute** 6) ⓕ **contract** 7) ⓢ **abuse** 8) ① **torrent** 9) ⓟ **retribution** 10) ⓨ **contour** 11) ⓩ **subtract** 12) ⓔ **distract** 13) ⓒ **exuberance** 14) ⓦ **retort** 15) ① **utensil** 16) ⓞ **turnaround** 17) ⓠ **extract** 18) ⓑ **attract** 19) ⓥ **intrude** 20) ⓓ **torture** 21) ⓝ **undulate** 22) ⓜ **enthusiasm** 23) ⓐ **protract** 24) ⓚ **trace** 25) ⓕ **protrude** 26) ① **detonate**

3. 정답 및 해설

1) ④ 군은 목요일 시위를 불법적인 소요라고 규정했다.

　　disturbance, uproar, commotion, tumult 소요, 소동 / equilibrium 평정

2) ② 그것은 그녀가 감내해왔던 고통을 전하기에는 충분치 않았다.

　　torment, agony, distress, anguish 고통 / pinnacle 정점

3) ③ 그의 목표는 다양한 출처의 유머에 대해 최근 연구를 종합하는 것이다.

　　synthesize, gather up, piece together, aggregate 종합하다 / illustrate 설명하다

4) ① 일본 재무상은 이번 주 했던 논평을 공개적으로 철회했다.

　　embody 구체화하다 / recant, call off, revoke 취소하다

5) ④ 학생들은 사회적 구조와 성격 특성에 대한 현재 연구 대해 배운다.

　　characteristic, character, property 특징, 특성 / principle 원칙

4. 정답 및 해설

1) ② 그는 그녀 계획을 알지도 알려고 하지도 않았으며, 어떤 규제도 참견하지 않았다.

　　obtrude 참견하다 / interfere 간섭하다 / abandon 버리다 / desert 저버리다 / neglect 방치하다

2) ① 그는 그러한 거래를 보수적인 가치에 대한 배신이라고 비판했다.

　　betrayal, treachery 배반 / deception 속임 / collision 충돌 / delusion 망상, 착각

3) ③ 그러한 주제들이 여성 문학을 지배해서는 안 된다.

　　synopsis, outline 개요 / motif 주제 / plot 구성, 줄거리

4) ④ 나는 그녀가 나쁜 사람이라고 묘사하려 하지 않았다.

　　intend 의도하다 / attempt 시도하다 / admit 인정하다 / depict 묘사하다

5) ① 도덕이나 정치적인 문제는 앞으로 더욱 다루기 쉬울 것이다.

　　manageable 감당할 수 있는 / intractable 다루기 힘든 / obdurate 고집 센 / tenacious 집요한

5. 정답 및 해설

1) ③ 화요일에 그는 전 각료와 부통령을 해임했다.

　　general 일반적인 / gross 총, 중대한 / partial 부분적인 / overall 종합적인

2) ② 정부는 추상적인 개념에 근거한 과정에 특허를 부여해야한다.

　　summary 요약, 간략한 / concrete 구체적인 / absurd 터무니없는 / absolute 완전한

3) ① 일부 우물이 흙탕물의 대규모 유입으로 탁하게 되었다.

　　limpid 맑은 / thick 두꺼운 / murky 탁한 / cloudy 탁한

4) ① 발전소 운영자에게 보장된 요금이 시장을 왜곡하게 될 것이다.

　　rectify 바로잡다 / discriminate 구별하다 / twist 왜곡하다 / entice 유도하다

5) ④ 그 게임은 배우기 너무 어렵고 지나치게 많은 번거로운 규칙이 있다.

　　monotonous 단조로운 / annoying 짜증나는 / bothersome 성가신 / straightforward 간단한

6. 정답

1) **hypothesis** 2) **anatomy** 3) **abound** 4) **thermostats** 5) **inundated** 6) **attire** 7) **theocracy** 8) **epitome** 9) **extrude**
10) **utilitarian**

정답과 해설　**Exercise 24**

1. 정답

1) ⓡ 2) ⓘ 3) ⓞ 4) ⓣ 5) ⓝ 6) ⓟ 7) ⓒ 8) ⓠ 9) ⓖ 10) ⓔ 11) ⓚ 12) ⓤ 13) ⓑ 14) ⓓ 15) ⓕ 16) ⓐ 17) ⓢ 18) ⓙ 19) ⓗ
20) ⓜ 21) ⓛ

2. 정답

1) ⓛ edible 2) ⓗ survey 3) ⓘ warrant 4) ⓨ envision 5) ⓟ involve 6) ⓢ evoke 7) ⓤ obese 8) ⓙ devise 9) ⓚ evolve 10) ⓧ invoke 11) ⓩ reward 12) ⓥ convict 13) ⓕ revolve 14) ⓑ vigor 15) ⓓ vulgar 16) ⓜ vicinity 17) ⓦ carnivore 18) ⓣ diverge 19) ⓝ warn 20) ⓒ vicarious 21) ⓐ revolutionize 22) ⓠ purvey 23) ⓖ volunteer 24) ⓞ victim 25) ⓡ ward 26) ⓔ evidence

3. 정답 및 해설

1) ② 연방검찰은 전 증권 중개인이자 정보원의 보석을 취소했다.

　revoke, rescind, cancel 취소하다 / nullify 무효화하다 / assent 동의하다

2) ④ 소유주가 전 종업원에 대한 감독 실패 혐의로 기소되었다.

　supervise, oversee, superintend 감독하다 / manage 관리하다 / supersede 대신하다

3) ① 한 노조가 그 제안에 대해 격렬한 반대를 공개적으로 표명했다.

　vehement, violent, intense, fierce 격렬한 / capricious 변덕스러운

4) ③ 과소비 반대 캠페인이 사치품 쇼핑 중심지에 타격을 입혀왔다.

　extravagant, prodigal 낭비하는 / sumptuous opulent 호화로운 / stingy 인색한

5) ③ 그들은 에너지 절약을 보다 잘 인식하고 보상하기 위해 자신들의 규칙을 수정했다.

　revise, amend, modify 수정하다 / alter 고치다 / advocate 옹호하다

4. 정답 및 해설

1) ② 그러한 위협행위는 우리 국민들을 도발하는 것이다.

　evacuate 대피시키다 / enrage 격분하게 만들다 / condemn 비난하다 / embrace 수용하다

2) ① 암시장 제품으로 가득채운 여행 가방이 아주 생생한 스냅사진을 만들어 냈다.

　vivid, graphic 생생한 / vague 애매한 / subtle 미묘한 / vital 필수적인

3) ① 그 제품은 저렴한 가격에 다용도이면서 품질이 좋다.

　versatile, general-purpose 다목적의, 다용도의 / particular 특별한 / characteristic 독특한 / specific 구체적인

4) ③ 위험한 신용등급을 받은 회사들은 일반적인 계약은 없다.

　devoid of ~이 없는 / covenant 약속[계약], contract 계약 / breach 위반 / discretion 재량권, 신중함 / liability 책임

5) ④ 정부 보조금이 최고 수치에 도달했다.

　subvention, subsidy 보조금 / levy 추가 부담금 / tariff 관세 / arrears 연체금

5. 정답 및 해설

1) ④ 자신을 개관적으로 볼 수 있으면 가장 어려운 난제들도 사라질 것이다.

　intractable 아주 다루기 힘든 / vanish, fade 사라지다 / banish 추방하다 / abscond 종적을 감추다 / appear 나타나다

2) ④ 삼차원적인 모양이 상냥하면서도 삐딱하게 보인다.

　benign 상냥한, 유순한 / perverse 비뚤어진, 삐딱한 / headstrong 고집불통의 / hardheaded 냉정한, 고집스러운 / deviant 일탈적인 / obedient 순종하는

3) ① 법은 취재원을 밝히지 않을 기자의 권리를 보호한다.

　divulge, disclose, reveal, expose 폭로하다 / conceal 숨기다

4) ① 고금리가 답보대출로 인한 은행 수익을 줄였다.

　revenue, profit, earnings 수익 / income 소득 / expenditure 지출

5) ② 우리는 대규모의 부정적인 재정판단을 할 잠재적인 위험을 피해야한다.

　adverse 부정적인 / unfavorable 비판적인 / advantageous 유리한 / enterprising 진취적인 / obvious 분명한

6. 정답

1) improvise 2) aver 3) venerate 4) vection 5) voracious 6) purview 7) invoices 8) convoy 9) traverse 10) valorize

The Second Story

어원으로 영단어 길들이기(下)

초판 1쇄 발행 | 2021년 12월 15일

지은이 | 박영로
발행인 | 위성
펴낸곳 | 디아콘출판사
주 소 | 서울시 마포구 독말로 6길 9(합정로) 2층 2376호
전 화 | 070-7578-6804
홈페이지 | www.diatoon.com
출판등록번호 | 제2019-000201
총 판 | 하늘유통(031)947-7777

ISBN | 979-11-967676-9-3(53000)